Partha Bose

●

Alexander der Große

Partha Bose

Alexander der Große

Die Kunst der Strategie

Die zeitlosen Führungsprinzipien des
erfolgreichsten Eroberers der Geschichte

Übersetzung: Sabine Schilasky

Bibliografische Information Der Deutschen Bibliothek

Die Deutsche Bibliothek verzeichnet diese Publikation in der Deutschen Nationalbibliografie; detaillierte bibliografische Daten sind im Internet über http://dnb.ddb.de abrufbar.

Originaltitel: „Alexander the Great's art of strategy: the timeless leadership lessons of history's greatest empire builder". Published by Gotham Books, a division of Penguin Group (USA) Inc.
Copyright © 2003 by Partha Bose

ISBN 3-7093-0063-0

Umschlag: Bradford Foltz und AG MEDIA GmbH, unter Verwendung eines Fotos des Gemäldes von Charles le Brun: „The Triumph of Alexander or the Entrance of Alexander into Babylon", 1673, Louvre
© Bridgemanart.com
Übersetzung: Sabine Schilasky
© der deutschsprachigen Ausgabe
LINDE VERLAG WIEN Ges.m.b.H., Wien 2005
1210 Wien, Scheydgasse 24, Tel.: 0043/1/24 630
www.lindeverlag.at
Druck: Hans Jentzsch & Co. GmbH., 1210 Wien, Scheydgasse 31

Für Baba, Ma, Vinita, Priyanka und Pranay

INHALT

ALEXANDERS REICH – 323 V. CHR.

Aral-
see
(Oxos-
See)

KASACHSTAN

Jaxartes (Syr Darya)

Oxos (Amu Darya)

USBEKISTAN

Alexandria Eschate
(Khojend)   TADSCHIKISTAN   CHINA

Marakande
(Samarkand)   SKYTHIEN

TURKMENISTAN

SOGDIANA

Kaspisches Meer

Aornos

MARGIANE
(Turkmenistan)   GANDHARA

Bactra
(Balkh)

BAKTRIEN

Taxila

Hindukusch

DIEN   HYRKANIEN   Bucephala

Rhagai
(Teheran)   Nicaea

PARTHIEN   AREIA   Sangala

Ekbatana   Alexandria Ariorum
(Hamadan)   Kaspische Tore   (Herat)

AFGHANISTAN

IRAN   ARACHOSIEN

Alexandria (Arachoton)
(Kandahar)

sa   Oxiana-
Berge

USIANE   Alexandria (Opiana)

DRANGIANE

Pasargadai
Persepolis   Indus

PAKISTAN   INDIEN

KARMENIEN   GEDROSIEN
(Baluchistan, Pakistan)

PERSIEN

Pattala

Straße von Hormuz

Persischer Golf   Golf von Oman

Erythräisches Meer

VEREINIGTE ARABISCHE   OMAN
EMIRATE

DANKSAGUNG DES AUTORS

Dieses Buch basiert auf jahrelanger Forschung und Recherche, weshalb viele Menschen den Inhalt und die Form bewusst oder unbewusst mitgestaltet haben. Neun von ihnen verdienen die besondere Erwähnung. Sie lasen und kommentierten die Entwürfe und halfen mit ihren Vorschlägen, dieses Buch zu schreiben. Nick Sullivan, ein versierter Autor, Lektor, Verleger und Unternehmer, hat jedes Wort gegengelesen, und wenngleich er eingangs wenig bis gar kein Interesse an Alexander hatte, so ist er im Laufe der Zeit doch zu einem Fachmann geworde. Mein guter Freund aus den Tagen an der Business School, Paul Zigman, hat unverdrossen gelesen, was ich als meine ersten Überlegungen beschreiben möchte, und mir präzises, bisweilen hartes Feedback gegeben, was die Richtung und den Inhalt des Buches betraf. Max Landsberg, einer der erfolgreichsten und angesehensten Autoren zum Thema Führung und Coaching, die ich kenne, hat die ersten Kapitel gelesen und mich an seiner Erfahrung als Verfasser dreier Bücher teilhaben lassen. Martin Liu begleitete mich von dem Moment an, da ich die Idee zu einem Buch hatte, und hat meine dauernden Fragen zum Veröffentlichungsprozess mit unerschütterlicher Freundlichkeit und Geduld beantwortet.

Dieses Buch wäre ohne die Hilfe und Anleitung meines Freundes und Mentors Graham Sharman nie entstanden. Er nahm sich trotz seines engen Terminplans als Universitätsprofessor, Direktor und Strategieberater die Zeit, mir zu jedem Kapitel detaillierte Rückmeldungen zu geben. Ich betrachte es als Privileg, mit Alan Kantrow zusammengearbeitet zu haben, meinem Freund, Kollegen und Mentor seit über zwölf Jahren. Seine Intelligenz und sein Verstand bereicherten den Inhalt dieses Buches. Alan, der oberste Vordenker der Monitor Group, war außerordentlich großzügig mit seiner Zeit und außergewöhnlich hilfreich während der Entstehung des Buches. Auch die Ermutigungen, Anregungen und Hinweise von Mark

Fuller, dem Vorstand der Monitor Group, waren von zentraler Bedeutung. Es gab zahlreiche Gelegenheiten, bei denen ich mich hilfesuchend an Mark wandte, und er half mir nicht bloß, die richtige Richtung zu finden, sondern spornte mich durch seinen Enthusiasmus, sein Interesse und sein Wissen zum Thema an, mich in Höhen vorzuwagen, von denen ich weiß, dass ich sie nie wirklich erlangen werde. Ganz besonderen Dank schulde ich Joel Fuller, dem CEO der Monitor Action Group, und Steve Jennings, Seniorpartner bei Monitor, für ihr konstantes Coaching, ihre Anleitung und ihre Fürsprache, vor allem aber für ihre Unterstützung und ihre Freundschaft, die das Schreiben dieses Buch möglich machten.

Weil das Buch über mehrere Jahre „in Arbeit" war – genau genommen über Jahrzehnte –, haben Freunde und Kollegen von überall, wo ich lebte, auf vielfache Weise dazu beigetragen. Selbst auf die Gefahr hin, dass diese Danksagung dadurch die Züge einer Oscar-Dankesrede annimmt, möchte ich mich bei einigen von ihnen namentlich bedanken. Da sind zunächst einmal meine Freunde aus Indien, J.R.S. Rathore und Vinayak Hazare, die sich bereitfanden, zahlreiche Touren zu den abgelegensten Buchläden und Bibliotheken zu unternehmen. Dann meine Freunde aus der Technischen Hochschule, Abhijit Chavan, Jay Chennat, Mukul Gala, Virender Jamwal, Krishna Kilambi und Bryan Shah, die sich so großzügig mit meinem Interesse an der Antike arrangierten und für mich einsprangen, wann immer ich eigentlich die Frequenz eines Auslegerstrahls hätte errechnen sollen oder die isometrische Ansicht eines Bündels zeichnen. Ich danke meinem Freund Raj Pillai, der seit fünfundzwanzig Jahren mein Weggefährte und Vertrauter ist. Er und seine Frau Sudha waren immer für mich da, wenn ich große Veränderungen in meinem Leben zu bewältigen hatte – und sorgten mehr als einmal dafür, dass die Übergänge möglichst reibungslos ausfielen. Besonderen Dank schulde ich meinem Studienfreund, dem heutigen Venture-Kapitalgeber im Silicon Valley, Ajmal Noorani, dessen Gedanken zu diesem Buch eine große Hilfe waren. Ich möchte auch meinen Lehrern in Indien danken – besonders Ramesh Dewani sowie Rumi und Veena Mistry, die mich in meinen unterschiedlichsten Interessen bestärkten und unterstützten. Auch meinen engen Freunden Sanat Kumar Banerji und Haripada Mukherji möchte ich für ihren unermüdlichen Beistand danken. Meinem Cousin Joydeep Ghosh danke ich dafür, dass er die Antiquariate in Mumbai auf der Suche nach längst vergriffenen Büchern u.a. über das alte Indien durchstöberte.

Viele Freunde aus meiner Zeit als Journalist in New York haben mir mit ihren Anregungen zur Seite gestanden. Drei meiner Schreiberkollegen, Aseem Chhabra und Arthur und Betty Pais, waren mir eine unerschöpfliche Quelle der Inspiration, deren Ratschläge, sowohl zu diesem Buch im Besonderen als auch in vielen beruflichen und persönlichen Angelegenheiten im Allgemeinen, mir mehr bedeuteten, als ihnen je bewusst sein dürfte. Ich möchte auch Susan Qualtrough danken, die nicht nur eine der strengsten und anspruchsvollsten Verlegerinnen ist, die ich kenne, sondern mir darüber hinaus in zwanzig Jahren stets Ermutigung und Ansporn war. Der selige Charles Emerson, ehedem mein Vorgesetzter bei McGraw-Hill, war mir ein wichtiger Ratgeber und Förderer im Leben wie in meiner Karriere als Wirtschaftsjournalist. Jahar und Bharati Bhattacharaya, Yatin und Shukla Ghosh sind mir seit meiner Ankunft in New York City vor zwanzig Jahren feste Stützen.

Viele Freunde in London haben mir bei diesem Buch geholfen, besonders Martin Giles, der den Wirtschaftsteil von *The Economist* leitet, und Lucinda McNeile, die als eine der ersten Redakteurinnen Interesse an meinem Buchprojekt bekundete. Mein Freund Roger Katz steuerte als Geschäftsführer von Hatchards die interessantesten Erfahrungen bei, die sich ein Buchkäufer nur wünschen kann. Des Weiteren möchte ich an den verstorbenen Gordon Lee erinnern, der in mehr als dreißig Jahren als Redakteur beim *The Economist* nicht nur den redaktionellen Kurs wesentlich mitbestimmte, sondern auch unzähligen Journalisten mit Rat und Tat zur Seite stand. Großen Dank schulde ich auch Jhumur und Bhabanath Basu, Susan und Hamish Curran sowie Angela und Roger Prise für ihren Ansporn zu diesem Buch. Meine früheren Vorgesetzten und Mentoren bei McKinsey, Ian Davis und Shyam Lal, und meine dortigen Kollegen Allison Gallienne, Torsten Oltmanns, Ivan Hutnik, Michael Hersch und Pom Somkabcharti haben mich unermüdlich unterstützt. Sie alle gaben mir unschätzbare Ratschläge während der Planung und Ausführung dieses Projekts. Geoff Andersen, der mit mir beim *The McKinsey Quarterly* arbeitete, versetzte mich mit seinem innovativen Graphikdesign stets aufs Neue in Erstaunen. Er schaffte es, die kompliziertesten Details und komplexesten Fakten klar und anschaulich darzustellen.

Viele Freunde in Boston haben keine Mühen gescheut, mir Hilfe in jedweder Form zukommen zu lassen – nicht zuletzt durch ihr freundliches Verständnis für mein monatelanges Einsiedlertum. Bob und Anne Eccles erwiesen sich einmal mehr als großartige Freunde und enorme Hilfen, indem sie mir den Weg zu Wissensquellen wiesen, die mir ausgesprochen nützlich waren. Dasselbe gilt für Som und Subroto Bhattacharya, Steve und Marian Carlson, Tony und Swati Elavia, Vivek und Bhavini Joshi, Raman und Anju Mehra wie auch die Harvard-Business-School-Professoren Nitin Nohria (und seine Frau Monica Chandra) und Pankaj Ghemawat. Der leitende Redakteur der *Harvard Business Review*, Anand Raman, hat geduldig mehrere Kapitel des Buches gelesen und mir wertvolle Ratschläge erteilt, von denen der Text enorm profitierte. Professor S. P. Kothari von der Sloan School of Management des MIT hat dieses Buch während der gesamten Entstehungsphase begleitet. Seine Frau Dafni, die griechische Wurzeln hat, konnte mir viele hilfreiche Informationen über die feinen regionalen Unterschiede geben. Von meinen Sloan-Freunden möchte ich besonders meinem Mitschüler Shankar Suryanarayan, der heute bei Roche in der Schweiz arbeitet, sowie seiner Frau Jayashari für ihre Unterstützung danken. Und schließlich geht mein Dank auch an meine Freunde in Boston, Tony und Jane Worcester, die mir große Hilfen waren und mich ihrem Freund Professor David Mitten vorstellten, der einen ausgesprochen beliebten Kurs über Alexander den Großen in Harvard hält.

Viele Freunde und Kollegen bei Monitor haben mir geholfen, indem sie Kapitel des Buches lasen und kommentierten. Besonders danken möchte ich Jeron Paul und Stephanie Kehrer, die mich auf Informationsquellen aufmerksam machten, welche ich ohne sie wohl nie entdeckt hätte, und die ihre Wochenende opferten, um die ersten Entwürfe zu dem Buch zu lesen. Jerons Vater, Charles Randall Paul, war so freundlich, die Kapitel über Mythen durchzusehen und mir viele nützliche Hinweise zum Inhalt zu geben, wobei er auf seine extensiven akademischen Forschungen auf diesem Gebiet an er University of Chicago zurückgriff. George Eliades, gelernter Historiker, hat mir zu vielen Kapiteln bereichernde Hinweise gegeben und für mich den Kontakt zur historischen Fakultät in Harvard hergestellt, wo er promovierte. Amy Hustad brachte mich mit ihrem Mann Mark Kutz zusammen, der am Archeological Institute of America arbeitet und mich wiederum seinem Lehrer vorstellte, Helmut Koester, emeritierter Professor der Divinity School von Harvard, dem ich ein besseres Verständnis der Rolle verdanke, welche die Theologie in der Heldendarstellung der Antike spielte. Dankbar bin ich auch für die Anregungen meines Kollegen Dave Dyer, einem der besten Wirtschaftshistoriker weltweit. Daves Kollegin bei der Winthrop Group, Julia Heskel, die Alte Mazedonische Geschichte in Harvard, Brown und Yale lehrt, hat mir zahlreiche Vorschläge gemacht, die dem Inhalt zugute kamen. Ich danke auch Jon Pearson, Anne Lee und Ervin Tu für die vielen Diskussionsrunden zu diesem Buch. Viele Partner bei Monitor, insbesondere Chris Argyris, Bhaskar Chakravorti, Ralph Judah, David Levy, John Morre, Nikos Mourkogiannis, Fernando Musa, Jeffrey Rayport, Rajeev Singh-Molares, Mark Thomas und Katsuyuki Tochimoto haben mir wertvolle Hilfe beim Schreiben des Buches geleistet. Meine Assistentin Fern Fergus überwachte meinen Kalender mit Argusaugen, und ich stehe tief in ihrer Schuld, weil sie dafür sorgte, dass ich so wenige Wochenenden wie möglich unterwegs war, denn sonst wäre dieses Buch nicht zustande gekommen.

Mein Agent und Freund Rafe Sagalyn war mir bei der Planung und Umsetzung eine große Hilfe. Ohne seine Ermutigung hätte ich mich wohl kaum darauf eingelassen, und seine Kenntnis der Verlagswelt und Begleitung durch den Veröffentlichungsprozess hat mir das Schreiben deutlich leichter gemacht, als es normalerweise sein dürfte. Jennifer Graham von der Sagalyn Agency half mir, meinen Weg durch die komplizierte Welt der Auslandsrechte zu finden, und Antony Topping von Greene and Heaton handelte meisterhaft die Rechte für Großbritannien und das Commonwealth aus. Ich danke Bill Shinker, meinem Verleger bei Gotham Books, für sein immenses Vertrauen in dieses Buch und seine unerschütterliche Zuversicht, dank der das Schreiben zu einem reinen Vergnügen wurde. Ich staune immer wieder über Bills Wissen. Lauren Marino, meine Lektorin, hat Tage darauf verwendet, den Inhalt durchzugehen und mir reichlich Feedback zu geben. Sie war während des gesamten Entstehungsprozesses streng und anspruchsvoll, zugleich aber auch sensibel und freundlich. Es war eine Freude, mit ihr zusammenzuarbeiten, und ich danke ihr für ihre Anregungen, durch welche die Entwürfe erst zu richtigen Kapiteln in einem echten Buch wurden. Brooke Capps, Laurens und Bills herausragende Assistentin, hat mit engelsgleicher Geduld und wunderbarem Humor jede meiner zahlreichen kleineren Anfragen bearbeitet. Und schließlich danke ich Mark Roy von Gotham, der das Manuskript durch den gesamten Veröffentlichungsprozess begleitete, sowie Craig Schneider, der das gesamte Manuskript sehr umsichtig und wunderbar redigierte.

Niemandem gebührt größerer Dank als meiner Familie, die meine jahrelange Recherche und die Monate des Schreibens zu erdulden hatte. Ich habe mich über lange Phasen so weit aus dem gesellschaftlichen Leben zurückgezogen, dass Freunde meine Frau Vinita fragten, ob wir noch verheiratet wären. Vinita hat derweil unverdrossen mehrere Entwürfe zu jedem Kapitel gegengelesen und mit positives Feedback gegeben, ohne das dieses Buch nicht wäre, was es ist. Ihre Ermutigung, ihr Enthusiasmus und ihre ungebrochene Unterstützung haben meine Arbeit erst möglich gemacht. Meine Kinder Priyanka und Pranay haben sich damit abgefunden, dass ich bei Fußballspielen, Fechtturnieren, Elternsprechtagen und Musikvorführungen fehlte, und ich weiß, dass sie es schmerzlich vermissten, nicht mit ihrem Dad Ball zu spielen oder ins Kino zu gehen, auch wenn sie es sich nie anmerken ließen. Priyanka, die sich für Altphilologie zu interessieren begann, brachte mir viele Bücher aus der Bibliothek mit, von denen sie hoffte, sie könnten mir helfen; und das taten sie. Pranay wurde, glaube ich, von meinen Verlegern bestochen, denn er fragte mich immer wieder, wie ich mit dem Buch vorankäme und wann wir wieder ein normales Familienleben führen könnten. Ich möchte meinen Eltern danken, Kali Krishna Bose und Sibani Bose, die mir stets Mut machten, meinen Träumen nachzujagen, und einiges unternahmen, mir bei deren Verwirklichung zu helfen. Ebenso danke ich meinem Bruder Suprotim, seiner Frau Lilian, meinen Schwiegereltern Sharad und Nirmala Khandekar, meinem Schwager Sunil Khandekar und seiner Frau Swati, sowie meinem Neffen Sunjay und meinen Nichten Maya und Supriya, die mich ermutigten und mir verziehen, dass ich bei diversen wichtigen Anlässen abwesend war – und an dem Buch schrieb. Ich danke ihnen allen.

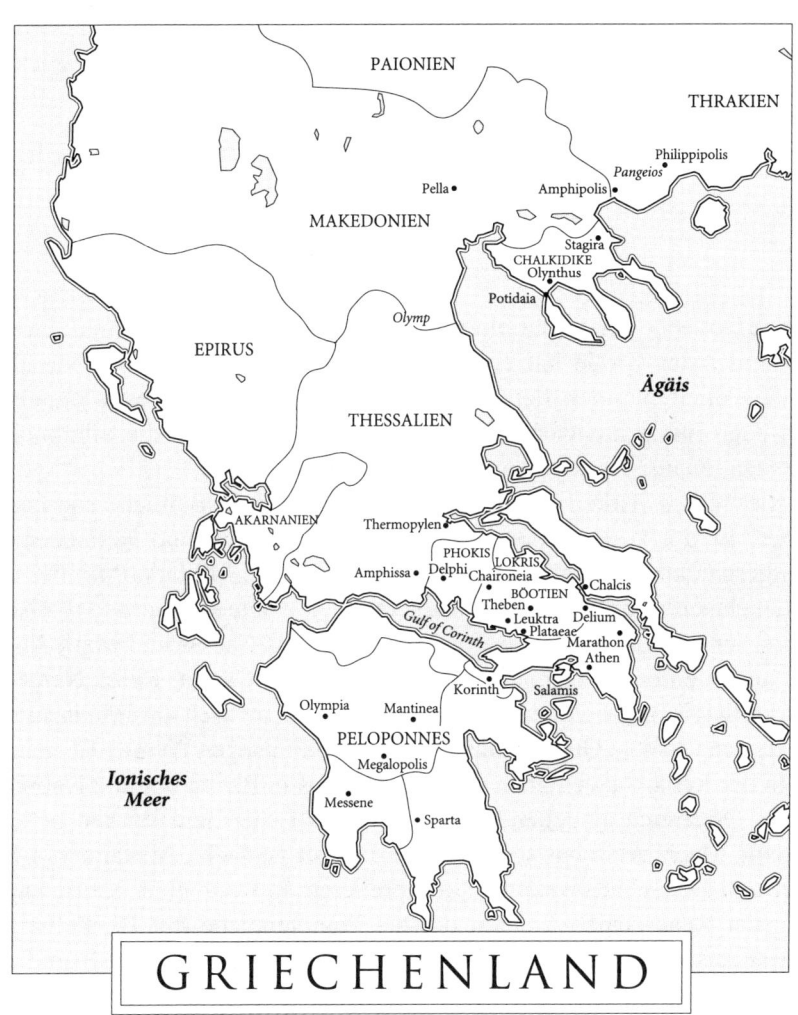

PAIONIEN

THRAKIEN

Philippipolis

Pangeios

Pella •

Amphipolis •

MAKEDONIEN

Stagira •
CHALKIDIKE
Olynthus

Potidaia •

Olymp

EPIRUS

THESSALIEN

Ägäis

AKARNANIEN

Thermopylen •

PHOKIS   LOKRIS
Delphi • Chaironeia
Amphissa •   BÖOTIEN   Chalcis
                  Theben •   Delium
                  • Leuktra •
                  • Plataeae   Marathon •
Gulf of Corinth   Athen •

Korinth •   Salamis •

Olympia •   Mantinea •

PELOPONNES

*Ionisches
Meer*

Megalopolis •

Messene •   • Sparta

GRIECHENLAND

EINLEITUNG

Die Doyenne der Altphilologie, Edith Hamilton, schrieb einmal: „Alexander der Große hat etwas, das einem den Atem raubt. Wie alles Große – die Pyramiden, der Grand Canyon, der Mount Everest – kann man sich auch daran nie wirklich gewöhnen. Es führt über die alltäglichen Grenzen hinaus, die wir dem Möglichen gesetzt haben."

Alexanders Wirken erstreckte sich über zahlreiche Bereiche und Disziplinen. Er dürfte der größte Militärstratege, Taktiker und Herrscher der Weltgeschichte gewesen sein, dessen Erfolge viele Militärs, Politiker und Unternehmer beeinflussten. In der antiken Welt prägte sein Vorbild römische Herrscher wie Gnaeus Pompejus Magnus, Julius Caesar und Mark Anton wie auch den ersten römischen Kaiser Augustus Caesar, Roms Nemesis, den karthagischen Feldherrn Hannibal, und den im weit entfernten Indien wirkenden Chandra Gupta Maurya sowie dessen listigen Premier Chanakya.

In der Renaissance haben sich die Medicis in Italien und die Habsburger in Österreich eingehend mit Alexanders Leben und Wirken befasst. Niccolò Machiavelli hat sogar Karriere damit gemacht, Alexanders Feldzüge und Herrschaftssystem zu interpretieren. In kaum einer Kunstsammlung der Renaissance-Adligen durften Wandteppiche mit Darstellungen Alexanders fehlen. Als der Habsburger Friedrich III. 1452 nach Rom kam, um sich vom Papst zum Herrscher des Heiligen Römischen Reiches krönen zu lassen, war es ein opulenter Wandteppich aus der Sammlung Kardinals Francesco Gonzaga, des Marquis von Mantua, der besondere Aufmerksamkeit und Ruhm erntete – mit Bildern von den Errungenschaften Alexanders.[1]

Im 17., 18. und 19. Jahrhundert galt er den größten Generälen als Vorbild, etwa Friedrich dem Großen, Prinz Eugen, Napoleon Bonaparte, Horatio Nelson, dem Herzog von Wellington und Winston Churchills Vorfahr, dem Herzog von Marlborough. Amerikas größte Feldherren, George

Washington (der im Ruhestand vergeblich versuchte, eine Büste Alexanders des Großen für seinen Wohnsitz in Mount Vernon zu bekommen), Robert E. Lee und Ulysses S. Grant führten ihre militärischen Erfolge auf die Strategien und Taktiken zurück, die sie von Alexander übernahmen. Führende Generäle und Politiker während und nach dem Zweiten Weltkrieg, von Erwin Rommel und Bernard Montgomery bis hin zu Norman Schwarzkopf, haben sich angeblich von Alexanders Taten inspirieren lassen.

Bei den Unternehmern gilt Ted Turner, der Gründer von CNN, als ein großer Bewunderer Alexanders des Großen.[2] Seine Errungenschaften werden des Öfteren mit denen Alexanders verglichen. J. Pierpont Morgan, ein Finanzier, der zum Aufbau solcher Säulen der amerikanischen Industrie wie General Electric, U.S. Steel, der Eisenbahnen und der nach ihm benannten Finanzinstitution mit heutigem Namen J. P. Morgan Chase beitrug und als inoffizieller Notenbankchef galt (die Federal Reserve wurde erst wenige Monate nach seinem Tod gegründet), wurde anlässlich der Verleihung der Ehrendoktorwürde von einem Yale-Professor mit Alexander dem Großen verglichen. Viele Eltern nennen ihre Kinder Alexander nach Alexander dem Großen, und einige lassen sich bei der Namensgebung sogar von einzelnen Ereignissen in dessen Leben inspirieren – wie etwa der Vater des Baseball-Spielers Ty Cobb, der seinen Sohn Tyrus taufte, nachdem er etwas über Alexanders Belagerung der gleichnamigen Stadt gelesen hatte.

Bei meiner ersten Begegnung mit Alexander war ich sieben Jahre alt. Meine Eltern nahmen mich zu einer Besichtigung der Ruinen von Alexanders Hafenstadt auf der Insel Failaka mit, vor der Küste Kuwaits. Die Insel wurde von Alexander auf seinem Rückweg von Indien besiedelt und nach seinem Tod von den Königen Kleinasiens als Station zwischen dem westlichen Ende ihres Reiches im heutigen Irak und dem östlichen in Indien genutzt. Failaka hatte ein Museum mit einer Sammlung alter mazedonischer Münzen und einen relativ gut erhaltenen alten griechischen Tempel. Beides fiel 1990 leider den Plünderungen und der Verminung durch die irakische Armee Saddam Husseins zum Opfer.

Wer wie ich in jungen Jahren in Kuwait lebte, kam unweigerlich mit dem reichen und vielschichtigen Erbe des alten Mesopotamiens (das sich vom heutigen Irak bis zur Türkei erstreckte), Phöniziens (heute der Libanon) und Ägyptens in Berührung. Für meine Freunde, Nachbarn und Lehrer stellten diese Kulturen ihr Erbe dar. Ein Thema ständiger Debatten war, wie viel Alexander der Große zu diesen Zivilisationen beigetragen habe, ebenso wie die ewige Diskussion, ob die Griechen mehr über Astronomie von den Ägyptern gelernt hätten als umgekehrt. Waren die griechischen Bewohner Alexandrias – insbesondere so berühmte wie Euklid – Griechen oder Ägypter? Oder: Was lernten die Ägypter über das Vermessen ihrer Pyramiden von den Griechen, das sie nicht schon vorher wussten?

Eine noch persönlichere Verbindung zu Alexander ergab sich für mich aus der Tatsache, dass ich im indischen Patna geboren bin. Patna ist heute eine heruntergekommene Stadt, ein Musterbeispiel für urbane Anomie, Verfall und Armut. Sie ist die einzige indische Stadt, die über die fast 60 Jahre der Unabhängigkeit ein negatives Wachstum aufweist, sprich: den Menschen in Patna geht es heute schlechter als vor 60 Jahren. Und doch hat die Stadt eine Zeit unangefochtener Herrschaft gesehen: Damals hieß sie Pataliputra und war die Hauptstadt des alten Indiens, die Alexander unbedingt erreichen wollte und nie konnte. Chandra Gupta Maurya, der sich mit Alexander bei dessen Ankunft in Indien angefreundet hatte, scheuchte dessen Nachfolger Seleukos Nikator von seiner Basis in Pataliputra auf und jagte ihn aus Indien hinaus – allerdings erst, nachdem er einen Waffenstillstand zwischen Indien und den Seleukiden-Reichen ausgehandelt hatte (im Zuge dessen auch die Heirat mit dessen Tochter vereinbart wurde). Vieles von der Geschichte des alten Pataliputra (oder Indiens überhaupt) findet sich nicht in alten indischen Texten – die leider größtenteils unauffindbar sind –, sondern in griechischen Geschichtsdokumenten. Selbst der wichtigste historische Text über Alexander, geschrieben von Arrian, heißt *Anabasis* [Geschichte] *des Alexander und Indicas* [später Indien]. Wie beinahe jeder, der sich für seinen Geburtsort interessiert, habe auch ich mich lange Zeit mit Pataliputra befasst, und je mehr ich über die Stadt erfuhr, umso mehr erfuhr ich über Alexander.

Hinzu kommt, dass kein Kind eine indische Schule besucht, ohne mit den Geschichten über Alexander in Berührung zu kommen. Jedes indische Kind hört von Alexanders Schlacht mit dem indischen König Poros, und jedes indische Kind lernt einen Kindervers über den Heldenmut beider Männer. Niemand wächst in Indien auf, oder in irgendeinem anderen Land, das einst unter makedonischer Herrschaft war, ohne Filme, Tanz- oder Theaterdarbietungen zu sehen, in welchen die Rolle des makedonischen Herrschers romantisch verklärt wird. In Indien wurden ungefähr so viele Filme über Alexander (oder, wie er dort heißt, Sikander) gedreht, wie es englischsprachige gibt. Ein Schwarz-Weiß-Film mit dem Titel *Sikander* wurde

1941 von Sohrab Modi in Hindi und Urdu gedreht und lockt bis heute das Publikum in die Kinos. Interessanterweise war Modi ein Parse – ein Nachfahre der persischen Anhänger Zarathustras. Die Parsen hatte Alexander besiegen müssen, um Persien zu erobern, das größte Reich jener Zeit. Heute leben die meisten Parsen in Indien.

Als ich mich während des Studiums und als Berater mit Strategie befasste, wurde mir klar, dass Alexanders Schatten weit genug reicht, um bis heute die Art und Weise zu beeinflussen, wie wir Geschäfte, Kriegsführung oder Politik angehen. Seine Taten haben nicht bloß etwas „Atemberaubendes", wie Edith Hamilton schrieb, sondern auch etwas Zeitloses. Das fiel mir besonders stark 1991 auf, als mein Vorgesetzter und Mentor Graham Sharman und ich uns mit dem General unterhielten, der die logistische Leitung über die multinationalen Truppen im Golfkrieg hatte, General William „Gus" Pagonis, und erkannten, wie sehr die Strategien und Taktiken Alexanders das Vorgehen der U.S. Army auf eben jenem Wüstensand Arabiens bestimmten, den er selbst 2.500 Jahre zuvor durchschritten hatte.

Als Beobachter, Teilhaber und Autor von Management-Ideen und -Trends habe ich eingeschüchtert festgestellt, wie viele der Ideen und Konzepte, die wir heute anwenden, um das Ungewisse besser zu verstehen oder Entscheidungen für die Zukunft zu fällen, ursprünglich von Alexander stammen. So nimmt es denn wenig wunder, wenn hin und wieder mitten in der Diskussion eines Problems ein leitender Manager oder Geschäftsführer ausruft, man solle an die Lösung genauso herangehen, wie es Alexander einst tat. Auch überrascht es nicht, in den Büros von Topmanagern Bücher über Alexander oder eine Büste von ihm zu sehen, zum Zwecke der Orientierung und Inspiration, aufgestellt auf einem Sockel.

Es gibt einen einfachen Grund, weshalb sich die Menschen auf der Suche nach Orientierung mit Alexanders Biographie beschäftigen. Nehmen wir beispielsweise die Denkweisen des Managements. Trotz der Fortschritte, die während der letzten Jahrzehnte im Management gemacht wurden, und trotz eines Übermaßes an „Durchbrüchen" und „großen Ideen", lässt sich nicht leugnen, dass jene Ideen, welche die Managementpraktiken grundlegend formten und veränderten, letztlich Anpassungen an althergebrachte Überzeugungen und erprobte Ansätze aus anderen Bereichen waren. Frederick Winslow Taylor, der Vater des wissenschaftlichen Managements, war ein Maschinist und Erfinder, ohne dessen Beiträge die Massenproduktion ein Traum geblieben wäre. Elton Mayo war ein in Australien geborener Psychologe, dessen Arbeit über den Einfluss von kurzen Pausen auf die Motivation und Produktivität von Arbeitern in der von Western Electric betriebenen Hawthorne-Fabrik bei Chicago mehr für das Verständnis von Arbeiterverhalten ausgerichtet hat als all die Wälzer über Verhaltensweisen in Betrieben zusammengenommen. Mary Parker Follett war eine politische Aktivistin und soziale Unternehmerin, deren Arbeit über Bürgerengagement und demokratische Werte in den Armenvierteln von Boston und London so viel für Zusammenarbeit und Machtverteilung tun konnte, wie es heutige Ideen von Teamwork höchstens hoffen können zu erreichen. W. Edwards Deming war ein Statistiker, dessen Arbeit über die japanische Volkszählung nach dem Zweiten Weltkrieg die Grundlage zur Qualitätsbewegung bilden sollte. Jay Forrester, der Vater der Systemdynamik, erfand dieses Feld, indem er Lehren aus den Feedback-Kontrollsystemen in der Elektrotechnik anwandte. Der größte Management-Denker, der in Österreich geborene Peter Drucker, arbeitete lange Zeit als Full-Time-Journalist. Und dies sind nur ein paar Leute, deren Ideen, selbst wenn sie Jahrzehnte alt sind, für die Managementpraxis von zentraler Bedeutung sind.

Demgegenüber stehen rasch verblassende Ideen der Neunziger wie „Reengineering", „Redesign der Kernprozesse" oder „Kernkompetenzen", die heute in Unternehmerkreisen etwa denselben Wert haben wie der ghanaische Cedi in der Wechselstube. Während diese Ideen der letzten Jahrzehnte so unecht scheinen wie eine 3-Dollar-Note, hallen jene, die mehrere Jahrzehnte oder Jahrhunderte zurückliegen, nach wie vor laut und deutlich in den Köpfen und Herzen der Menschen wider. Von den Gedanken und Taten Alexanders des Großen zu lernen, ist eine Erfahrung, als würde man aus der Originalquelle des Wissens über Strategie und Taktik trinken. Er war auf vielerlei Weise nicht bloß der Begründer bis heute angewandter Strategien und Taktiken, die Nationen nutzen, um Kriege zu gewinnen, und Unternehmen, um im Wettbewerb zu bestehen. Alexander der Große hat über diese Ideen die Art geprägt, wie Generationen seit beinahe 2.500 Jahren die Welt sehen und in ihr leben.

Fundamentale Veränderungen ereignen sich meist in Zeiten großer Krisen. So kam auch Alexander zu einem kritischen und besorgniserregenden Zeitpunkt in der mazedonischen Geschichte an die Macht. Sein Vater,

Philipp II., war gerade einem Attentat zum Opfer gefallen, die von ihm eroberten griechischen Städte standen kurz vor einer Rebellion, und das mächtige persische Reich war im Begriff, Griechenland und Makedonien anzugreifen.

Nachdem er in einer Nachfolgeschlacht gesiegt hatte, wurde Alexander im zarten Alter von zwanzig Jahren König von Makedonien und Griechenland. Interessant ist allerdings, dass er sich niemals selbst als „König von Makedonien und Griechenland" titulierte, um den Griechen nicht das Gefühl zu geben, er wäre ihr Herrscher. Stattdessen nannte er sich schlicht „König Alexander". Bald schon erstreckte sich sein Imperium vom Balkan in Mitteleuropa bis Südeuropa und von Nordafrika durch ganz Asien hindurch bis nach Nordwestindien. In seinem Bestreben, die Welt von Griechenland bis zum Land „auf der anderen Seite des Ozeans" zu regieren, eroberte er zahlreiche große alte Reiche und Zivilisationen: Persien, das seit über drei Jahrhunderten einen Großteil Asiens beherrscht hatte, ebenso wie Ägypten, Babylonien, Assyrien und Indien.

Alexander änderte die Kriegsführung von Grund auf. Bisher kannte man einzig die Frontalschlacht, bei der die eine Seite über die andere herfiel wie ein Mottenschwarm über eine Straßenlaterne – bis die größere Armee gewann. Alexander hat als erster Kriegsherr vorgemacht, wie eine kleinere Armee eine größere allein durch kluge Strategien und Taktiken besiegen kann – und das wiederholt. Er zeigte, wie man einen Gegner überwältigt, indem man ihn an seinen entscheidenden Punkten angreift, und wo sich diese Punkte an der Feindesfront oder -flanke befinden müssen. Am wichtigsten aber war vielleicht die Erkenntnis, dass der entscheidende Punkt nicht notwendigerweise der schwächste sein muss, wie jeder annehmen würde. Er demonstrierte, wie man wirklich sinnvolle Informationen gewinnt – nicht durch das Foltern oder Bestechen von Einheimischen, wie es die Kriegsherren Persiens pflegten, sondern indem man die Erkenntnisse von Experten aus einer Vielzahl von Bereichen nutzt und synthetisiert.

Was machte Alexander so außergewöhnlich? Ein Faktor war gewiss, dass sein Vater für ihn schon im Teenageralter einen anerkannten Lehrer nach Makedonien holen ließ – Aristoteles. Unter dessen Anleitung lernte Alexander, anderen Menschen und Kulturen mit einer Sensibilität zu begegnen, wie sie kein Herrscher vor ihm und nur wenige nach ihm bewiesen. Und diese Eigenschaft kam ihm zugute, denn keines der von ihm besetzten Länder rebellierte je. Als er mitten in einem Feldzug sein Heer verdoppeln musste, meldeten sich 30.000 Perser freiwillig in seine Armee. Er hatte eine beneidenswerte Gabe, seine Truppen zu motivieren, stets größere Herausforderungen anzunehmen und allen Widrigkeiten zu trotzen, wie etwa den schneebedeckten Hindukusch in Afghanistan und die Uxian-Berge im späten Winter und beginnenden Frühling zu überqueren, zu Fuß oder auf Pferden durch die Sahara und die arabische Wüste zu ziehen oder feindliche Armeen zu attackieren, die viermal größer waren als die eigene. Und immer war Alexander an der Spitze. Nie verlangte er von seinen Truppen, was er selbst nicht zu tun bereit war – als Erster in der Schlacht, immer mitten im Kampfgeschehen, jederzeit bereit, seinen Mitstreitern zu Hilfe zu eilen, ganz gleich, welchen Ranges sie waren.

Als Alexander 323 v.Chr. in Babylon starb, hinterließ er Städte und Kulturen, die bis heute existieren. Er steht für den Aufbau eines Imperiums und verkörpert alles, was die größten Eroberer der Welt nach ihm anstrebten.

Dieses Buch wendet sich an alle, die sich für Alexander den Großen interessieren und mehr darüber erfahren wollen, wie er unser Handeln von heute prägt. Es ist keine enzyklopädische Aufzählung seiner Errungenschaften – das wäre ein zu großes Unterfangen, dem viele qualifiziertere Autoren eher gewachsen sein dürften als ich. Ja, dieses Buch geht sogar bewusst selektiv in der Auswahl der Ereignisse und Situationen vor, die es beschreibt.

Thukydides, der wohl größte Geschichtsschreiber, der je gelebt hat, definierte das Zielpublikum für sein Buch *Die Peloponnesischen Kriege* vor knapp 2.500 Jahren als jene Menschen, welche „die Ereignisse klar verstehen wollen, die sich in der Vergangenheit zutrugen, und die (der menschlichen Natur gehorchend) sich zum einen oder anderen Zeitpunkt auf weitestgehend ähnliche Weise in der Zukunft wiederholen werden". Der historische Kontext dieses Buches ist weit bescheidener: Es soll dazu dienen, uns an die Ereignisse der Vergangenheit zu erinnern und daran, wie selten das, was wir oft als „Durchbrüche" im Denken und Handeln bezeichnen, wirklich neu ist.

Und schließlich ist es Ziel dieses Buches, den Lesern kleine Kostproben von Alexanders Wortgewalt zu übermitteln. Bedeutende Führungskräfte sind gleichermaßen für das bekannt, was sie sagen, wie für das, was sie tun. Abgesehen von Altphilologen und ihren Studenten sind nur wenige mit dem vertraut, was Alexander sagte (oder was von einer Generation zur nächsten als von ihm Gesagtes weitergetragen wurde). Wo immer es mir möglich war, habe ich eine kleine Kostprobe seiner Worte aufgenommen, in der Hoffnung, dass die Leser das Echo trotz der Jahrhunderte, die uns trennen, vernehmen mögen.

Vor beinahe 2.500 Jahren, im Jahre 336 v.Chr., bestieg Alexander der Große den Thron Makedoniens, nachdem sein Vater, König Philipp II., einem Mordanschlag zum Opfer gefallen war.

Philipp war 46 Jahre alt gewesen, als er starb. Seine Herrschaft über Makedonien begann 359 v.Chr. – drei Jahre bevor Alexander geboren wurde. In den 23 Jahren, die er herrschte, hatte er fast ganz Griechenland zusammengeführt und sein Imperium erstreckte sich bis in Gebiete der heutigen Türkei. Er hatte zahlreiche griechische Stadtbezirke (oder „polis") eingenommen und sie unter seiner Führung zu einer gebündelten Macht vereint. Einige von ihnen waren demokratisch, andere waren Oligarchien, in denen die Macht in den Händen der aristokratischen Elite lag, und die übrigen waren totalitär. Er unterwarf sie nie seinen Regeln oder stellte sich als König von ganz Griechenland hin. Er starb als „Philipp, König von Makedonien" und „Hegemon" oder „Oberster General" von ganz Griechenland.

Unter seiner Herrschaft als „Oberster General" waren beinahe alle griechischen Stadt- und Teilstaaten zusammengekommen. Doch auch wenn die Perser in der Schlacht bei Marathon 490 v.Chr. von den Griechen überlegen geschlagen worden waren, blieben sie eine Bedrohung: 480 v.Chr. überfiel die persische Armee unter dem großen König Xerxes Griechenland, zerstörte seine Inseln und machte seine großen Bauten– einschließlich des Tempels der Athene auf der Akropolis – dem Erdboden gleich. Im Jahr 480 v.Chr. siegten letztlich die Athener in einer Seeschlacht, bei der sie die leichtgläubigen Perser in den Golf von Salamis lockten, und auch im darauffolgenden Jahr konnten sie, angeführt von den Landratten Spartas, in einer Landschlacht bei Platäa den Sieg erringen.

Wenngleich die Stadtstaaten sich gegenseitig nicht trauten und zwischen 431 und 404 v.Chr. zwei Koalitionen in den 27-jährigen peloponnesischen Kriegen einander bekämpften, wusste Philipp, dass er die meisten für eine Schlacht gegen Persien zusammenbringen konnte. Entsprechend machte er sich, ganz der ewige Politiker, 338 v.Chr. nach der Eroberung des Großteils Griechenlands auf und fragte bescheiden an, ob sich die Stadtstaaten unter ihm als „Obersten General" für eine heilige Schlacht gegen Persien vereinen könnten, um Rache zu nehmen für all die Sakrilege, die Persien auf griechischen Boden begangen hatte. Zwei Jahre später war er tot.

Zweifellos hätte Alexander niemals über ganz Griechenland herrschen, die Perser besiegen, bis nach Indien marschieren und als Alexander der Große berühmt werden können – buchstäblich wie im übertragenen Sinne –, wäre Philipp nicht gewesen, einer der besten Taktiker des Altertums. Es war Philipp, der, inspiriert durch die Arbeit eines thebanischen Generals namens Epameinodas, dem sinnlosen Frontalangriff ein Ende setzte, der bisher die einzige Taktik für alle Armeen gewesen war, unabhängig von der Größe. Allerdings war Alexander keineswegs der unverdiente Nutznießer der Hinterlassenschaften seines Vaters. Alexander war der größte Stratege und Taktiker aller Zeiten.

Eine Siegesarmee aufbauen

Philipp brachte Tausende Truppen zusammen, die als eine selbstsichere, disziplinierte, durchtrainierte und gut organisierte Einheit funktionieren sollten. Er verbesserte die Organisation in der makedonischen Kavallerie. Während er als Geisel in Theben gehalten wurde (um dafür zu sorgen, dass seine beiden älteren Brüder sich benahmen, nachdem seine Mutter und sein Schwager gemeinsam den Vater, König Amyntas, umgebracht hatten), hatte er die Kavallerie-Manöver des thebanischen Königs Epameinodas studiert. Er war gleich nach der Schlacht von Leuktra in Theben gewesen, wo Epameinodas, der als größter General des Altertums galt, mit seiner Armee den Spartanern eine vernichtende Niederlage zufügte und damit Spartas 35-jährige totalitäre Herrschaft über den Rest Griechenlands beendete, die seit den Peloponnesischen Kriegen währte.

Philipp erfuhr direkt von thebanischen Kriegern, wie Epameinodas die Kavallerie von Theben in eine Einheit fasste und diese Einheit dann in die Schlacht schickte. Bis Leuktra war die Kavallerie immer wie eine Gruppe von Einzelkämpfern auf Pferden gewesen, die sich einzelnen Gegnern der feindlichen Kavallerie oder Infanterie stellten – nie als koordinierte Einheit. Wie Theben blickte auch Makedonien auf eine lange Tradition der

Pferdezucht und Reitkunst zurück. Und wie es der Zufall wollte, waren makedonische Pferde hervorragend dressiert, damit sie sich durch die hügelige Landschaft lenken ließen – und nicht auf Geschwindigkeit getrimmt wie die persischen Pferde.

Philipp war ein glühender Verehrer der Schriften Xenophons, eines Militärhistorikers, Philosophen und Generals, der einst die Truppe anführte, die als „die Zehntausend" in die Geschichte eingingen. Unter Xenophons zahlreichen Beiträgen zur Kriegsführung fanden sich auch Gedanken darüber, wie man einen Rückzug plant und durchführt (siehe Kapitel 2), und wir werden lesen, wie Philipp und Alexander Xenophons Erkenntnisse in diversen Schlachten nutzten – insbesondere in der Schlacht von Chaironeia.

Von Xenophon stammen auch zwei weitere Bücher, die Philipp stark beeinflussten. Das eine, *Über die Reitkunst*, war eine Lehrschrift, die sich mit der Zucht und Pflege wie auch mit Grundbegriffen der Dressur befasste. Das andere Buch handelte von den Vorzügen der Arbeitsteilung. Zur Arbeit in einer griechischen Schuhmanufaktur hielt Xenophon 370 v.Chr. fest: „Wer sich einer hoch spezialisierten Tätigkeit verschreibt, wird sie zwangsläufig auf bestmögliche Weise ausführen"[3] – und das über 2000 Jahre bevor die Industrielle Revolution den Gedanken der Arbeitsteilung voll und ganz übernahm.

Philipp hielt sich an Xenophons Ausführungen und teilte die Kavallerie in drei voneinander losgelöste Einheiten, von denen sich jede auf eine bestimmte Aufgabe spezialisierte. Die höchste Einheit bildete die der Ritter (Hetairoi). Wie die europäischen Ritter des Mittelalters trugen auch die Reiter dieser Eliteeinheit Bronzehelme mit Pferdehaarbüscheln, ein Fischschuppen ähnliches Kürass oder eine Rüstung vom Hals bis zur Hüfte sowie lange Beinröhren an den Unterschenkeln. Jeder von ihnen war mit einem leichten, lederüberzogenen Holzschild, einem langen Speer und einem keltischen Schwert bewaffnet. Die Pferde wurden ebenfalls mit einem Kopfteil und einer Brustplatte geschützt. Auch wenn einige der Rittereinheiten aus Baronen bestanden, die von Philipp für ihre Dienste mit Provinzen belohnt wurden, so bestanden die meisten doch entweder aus Familienmitgliedern oder professionellen Kavalleristen im Dienste der Barone. Über den Heldenmut und die Ritterlichkeit dieser Kämpfer gibt es ähnliche Sagen wie über die Ritter von König Artus.

Das Training der Eliteeinheiten

Jeder Ritter durfte bis zu drei Pagen als Begleitung haben. Philipp hatte die Strukturen so vorgegeben, dass die Ritter ihre Pagen als Lehrlinge annahmen, die das Handwerk des Ritterseins von jungen Jahren an lernten – manche „Lehrlinge" waren erst sieben Jahre alt. Der Legende zufolge gab es stets mehr Bewerber als freie Pagenstellen. Ein Page wurde zum Knappen, wenn er mit einem Ritter als Schildträger in der Schlacht gewesen war, und hatte er sich dann im militärischen Training bewährt und seine Kenntnis in Staatskunst und Diplomatie bewiesen, wurde er als Ritter übernommen. Alle Armeebefehlshaber und Generäle ebenso wie die zivilen Verwalter in Makedonien wurden aus der Rittereinheit ausgewählt. Die Zahl der Ritter in Makedonien lag konstant bei etwa 2000, die in acht Schwadronen von je 250 Mann dienten. Die Überraschungstaktik der Ritter entschied praktisch jede Schlacht, die unter Philipp oder Alexander gefochten wurde.[4]

Die rangnächste Einheit war die der thessalonischen Kavallerie. Wie die Makedonier führten auch die Thessaler die Wurzeln ihrer königlichen Familie auf den griechischen Gott Herakles zurück, weshalb sie sich quasi als Vettern der Makedonier betrachteten. Thessalien war schon seit langem mit Makedonien verbündet, und seine schwere Kavallerieeinheit, die in etwa genauso groß war wie die Ritterschwadrone, hatte stets an der Seite der Ritter gedient. Die Thessaler in der Einheit waren Adlige und ihre Verwandten und standen ihren makedonischen Vettern an Heldenmut in nichts nach.

Auf dem dritten und niedrigsten Rang folgte die leichte Kavallerie. Deren Reiter waren lediglich mit Schild und Schwert bewaffnet und daher beweglicher. Sowohl Philipp als auch Alexander rekrutierten ihre leichte Kavallerie aus den verbündeten Staaten oder den Clans der griechischen Kaufleute, die für jeden zu kämpfen bereit waren, solange der Preis stimmte. Eingesetzt wurden sie für gelegentliche Blitzangriffe an den feindlichen Linien, um die Gegner zu verwirren – nicht unbedingt zu verletzen oder zu töten –, teils aber auch zur Verstärkung oder Umlenkung schwerer Kavalleriegefechte. Bei großen Militärexpeditionen kamen häufig auch Bogenschützen und Lanzenreiter als Begleitung der leichten Kavallerie zum Einsatz, deren Aufgabe einzig in der Aufweichung der feindlichen Flanken bestand. Dies war das erste Mal in der Geschichte der Kavallerieschlachten, dass eine Störtechnik angewandt wurde.

Im Gefolge der Kavallerieschwadronen fanden sich leichte Infanterietruppen, die so genannten Hypaspisten („Schildträger"), die mit Schwerten und Speeren vordrangen, bis die schwere Infanterie eintraf. Diese Einheiten waren insgesamt 3000 Mann stark und bestanden aus Junkern in der Ausbildung zum Ritter. Nach Philipps – und später Alexanders – Strategie kämpften Kavallerie und Infanterie in der Schlacht zusammen, sodass der Übergang von einer Kavallerie- zu einer Infanterieattacke nahtlos verlief. Da die Hypaspisten bereits viele Jahre als Pagen bei den Rittern gedient hatten, eigneten sie sich am besten dafür, die Übergänge von schweren „hammergleichen" Kavallerieangriffen zu den meisterhaften Speerattacken der Infanterie zu sichern. Und weil die Hypaspisten auf diese Weise beizeiten lernten, worum es bei einer Infanterieattacke ging, wurden sie später auch zu besseren Kavalleristen.

Philipps größte organisatorische Neuerung war die Phalanx-Formation, die zur angesehensten und am meisten nachgeahmten Formation in der Infanteriegeschichte werden sollte. Die griechischen Stadtstaaten kämpften bereits seit Jahrhunderten mit der Phalanx. Allerdings war sie dort eine Formation aus möglichst vielen Kriegern, die schwere Ausrüstung trugen, als eine Einheit ins Gefecht zogen, ihre Kameraden schützten *und* den Feind schlugen, was in dieser Kombination die Kontroll- und Koordinationsfähigkeiten der meisten Sterblichen weit überschreiten dürfte.

Philipp vereinfachte sowohl den Auftrag als auch die Organisation der Phalanx und verwandelte sie in eine unbezwingbare Einheit. Er begann zunächst einmal damit, sie von den schweren Metallrüstungen zu befreien, welche die Infanteristen (Hopliten) trugen. Dazu ersetzte er die schweren Bruststücke, Bauchreifen und das Beinzeug durch leichtere Schutzkleidung aus gehärtetem Leder und Mischmaterialen. Der schwere Bronzehelm mit seiner starken Sichteinschränkung musste einem Lederhelm weichen, der zwar den Kopf, aber nicht das Gesicht bedeckte. Überdies verlängerte Philipp die Speere (Sarissa), die die Hopliten trugen, von acht auf fünfzehn Fuß. Dieser längere und schwerere Speer musste mit beiden Händen geführt werden, also schaffte Philipp das Schwert ab, das die Infanteristen bis dahin neben dem Speer mitgeführt hatten, und stattete sie mit einem kleinen Dolch aus, den sie an der Hüfte trugen.

Früher war die Phalanx vor allem darauf bedacht gewesen, ihre rechte Seite zu schützen, während sie vorwärts drängte. In der Linken hielten die Kämpfer das Schild, in der Rechten den Speer. Fiel ein Kamerad zu ihrer

Rechten, war diese Seite plötzlich dem Feind preisgegeben. Philipp veränderte die Formation vollständig, sodass alle Kämpfer sich ausschließlich auf die Vorwärtsbewegung konzentrierten. Er verringerte den Umfang des Schilds von drei auf zwei Fuß. Diese deutlich leichteren Lederschilde konnten die Infanteristen um den Hals tragen und sie so je nach Bedarf nach rechts oder links bewegen. Das kleinere Schild und die durch den langen Speer, der mit beiden Händen gehalten wurde, verursachte leichte Seitwärtsneigung der Körper machte eine noch engere Formation möglich. Dadurch ragten nicht nur mehr Speere vorn aus der Phalanx heraus, sondern die längeren Speere ermöglichten auch, dass bei einer ersten Kollision mindestens die ersten fünf Reihen auf den Feind einstachen – gegenüber den ersten drei Reihen bei der früheren Phalanx.[5]

Jede einzelne Phalanx-Kolonne war mindestens acht, vorzugsweise 16 Mann tief und bot gleich mehrere Berührungspunkte mit dem Feind. Eine einzelne Kolonne konnte aus bis zu 128 Soldaten in einer Reihe bestehen, und wenn sich die Kolonnen bewegten, sah es ungefähr so aus, als würde ein Rudel Tausendfüßler seitwärts laufen. Während nun die ersten fünf Reihen der Phalanx den Gegner mit ihren Speeren traktierten, wehrten die hinteren mit ihren meist nach oben gerichteten Speeren die Bogen- und Schleudergeschosse sowie die Wurfspeere ab, ehe sie ihre Speere nach unten richteten und dort an den gefallenen Feinden beendeten, was ihre Vordermänner begonnen hatten. Der griechische Historiker Polybius schrieb im 2. Jahrhundert v.Chr., in einer Armee, die einem solchen „Speersturm" gegenüberstand, waren nicht selten zehn Speerspitzen auf einen einzelnen Soldaten gerichtet. „Nichts kann gegen die Phalanx bestehen", schrieb Polybius. Ein römischer Soldat mit seinem Schwert, so Polybius, war wehrlos gegen zehn Speere, die auf einmal auf ihn zukamen. Er konnte sie weder angreifen noch zerschlagen. Den Römern blieb also nur die Flucht.

Nachdem Philipp die grundsätzliche Anordnung der Phalanx verändert hatte, begann er, seine Soldaten auf flexible Formationsveränderungen im Gefecht zu trainieren. Früher hatte sich die Phalanx nur in Rechteckformation vorwärts bewegt. Philipp ließ sie stattdessen in einer schrägen Formation auf den Gegner zumarschieren, sozusagen von links, und bestärkte sie durch tiefere Truppenkolonnen. Sobald der Feind angeschlagen war, kam eine Reservetruppe vom hinteren Teil der Phalanx, die um die Rechte des Gegners herumlief und ihn so mit der anderen Phalanx praktisch in die Zange nahm. Phalanxformationen konnten auch konvexe oder konkave

Form annehmen. Die Soldaten mussten in ihrem Gefechtsmarsch blitzschnell entscheiden können, welche Formation in der gegebenen Situation die beste war. Sollten sie sich weiter rechteckig, diagonal, als Zange mit zurückfallender Mitte oder aus der Mitte nach vorn bewegen?

Ein zentrales Element in Philipps Organisation der makedonischen Phalanx war, dass die Auswahlkriterien für die Infanteristen nicht Stärke oder Schnelligkeit waren, sondern Mut und Entschlossenheit. An den Seiten und in den hinteren Reihen der Phalanx marschierten harte, erfahrene Männer, von denen Philipp wusste, dass sie niemals kneifen würden. Ihr Job bestand darin, die jüngeren Truppenmitglieder zu ermutigen, damit sie angesichts der feindlichen Attacken nicht den Mut verloren. Die Phalanx hatte nur die eine einzige Aufgabe, vorwärts zu marschieren. Und Philipp übertrug die Entscheidungsgewalt darüber, wie diese Aufgabe erfüllt würde, den Phalanx-Offizieren.

Einen professionellen Armee-Kader aufbauen

Philipp führte als Erster das Konzept einer Berufsarmee ein, in der die Soldaten freiwillig dienten und nicht, weil sie einberufen wurden. Kein anderes Land hatte zu jener Zeit ein stehendes Freiwilligenheer. Persien beispielsweise, damals der mächtigste Staat, trommelte Freiwillige zusammen oder heuerte griechische Kaufleute an, wann immer ein miitärischer Angriff drohte oder die Perser eine Militärexpedition planten, was recht häufig vorkam. Griechische Stadtstaaten wie Athen riefen ihre Bürger in die Schlacht, wenn sie sie brauchten; die Bürger wählten dann ihre Generäle, die abwechselnd die Führung der Truppen übernahmen. Sparta verpflichtete gleich sämtliche Bewohner zum Militärdienst auf Lebenszeit.

Philipp investierte eine Menge in den Aufbau eines professionellen makedonischen Heeres. Ein Page, der zum Ritter werden sollte, musste zunächst eine Reitausbildung absolvieren. Da die Steigbügel noch nicht von Indien bis nach Griechenland vorgedrungen waren, mussten die Pagen lernen, sich nur mit den Oberschenkeln auf dem Pferd zu halten und dabei eine Hand für die Waffe freizuhaben. Je älter sie wurden, umso schwerer wurde die Ausrüstung, die sie auf dem Pferd mitführen mussten, bis sie mit 14 Jahren in der Lage waren, eine volle Rüstung beim Reiten zu tragen. Parallel wurden die Pferde auf Führigkeit und Ausdauer trainiert. Ob ein Pferd schnell war oder nicht, war unwichtig, es musste vor allem fit und agil sein. Bis ein Pferd so trainiert war, dass es mit seinem Reiter perfekt harmonierte und alle Kommandos exakt ausführte, vergingen mindestens fünf Jahre. Dann allerdings waren die Pferde auch so konditioniert, dass sie einen Reiter in voller Rüstung über lange Strecken tragen konnten – zumeist durch raues Gelände.

Jeder makedonische Soldat lernte mit extremen Bedingungen fertig zu werden. Dazu absolvierte die Infanterie lange Märsche – bis zu 40 Meilen – in voller Rüstung, mit Waffen und zusätzlichem Gewicht, das einer Monatsration entsprach. Sie marschierten über die Bergkämme und durch die Täler Makedoniens, durch die Marschlandschaften und die flachen Seen, um ihre Ausdauer unter extremen Bedingungen zu trainieren. Wenn sie gut acht Stunden später an ihrem Ziel anlangten, nachdem sie mit einer Durchschnittsgeschwindigkeit von acht Meilen die Stunde gelaufen waren, mussten sie sich selbst ein Essen und ein Nachtlager bereiten. Nach einer dreistündigen Rast kehrten sie meist mit derselben Geschwindigkeit zu ihrer Basis zurück, wo sie rechtzeitig anlangten, um ein Bad im eisigen Fluss Helikon oder im nahe der makedonischen Hauptstadt Pella gelegenen Thermaischen Golf zu nehmen.

Während ihrer Märsche wurden die Soldaten an die großen griechischen Siege und die Taten berühmter Generäle erinnert. Der führende Feldwebel rief zum Beispiel: „Wer gewann Leuktra?"

Und die Soldaten antworteten im Chor: „E-pa-mei-no-das!"

Philipp bezweckte mit dem Training, seinen Soldaten Respekt vor den Errungenschaften großer Heeresführer einzuflößen und ihnen ein besseres Verständnis der großen Schlachten zu vermitteln. Zwischen den Lektionen aus der Geschichte wurde immer wieder der Verhaltenskodex der Armee rezitiert, den jeder Soldat kennen und befolgen musste. Wer gegen den Kodex verstieß, wurde öffentlich hart bestraft. Als zwei Offiziere in flagranti mit einer jungen Lautenspielerin nachts in einem Lager ertappt wurden, wurden sie am nächsten Morgen öffentlich ausgespeitscht – nicht unähnlich den öffentlichen Auspeitschungen, die George Washington vornehmen ließ, um die Army in ihren frühen Jahren zu disziplinieren.

Die Armeen des großen Römischen Reiches beobachteten die pädagogischen Bemühungen Philipps genauestens. In Rom, wie in Sparta, galt keine Kunst höher als die der Kriegsführung. Die Soldaten marschierten mit Gepäck in die Schlacht, einschließlich Spaten, Pickel, Schaufeln, Kellen und Äxten, mit denen sie jede Nacht Gräben aushoben, bevor sie sich schlafen legten; sie marschierten auch in Friedenszeiten mit diesem Gepäck. Aber sie schafften nur 20 bis 25 Meilen am Tag, nicht 40 wie die Makedonier.

Roms Armee erreichte nie die Geschwindigkeit etwa von Antigonus „dem Einäugigen" – einem der fähigsten Generäle von Philipp und später Alexander. Er führte einmal ein 50.000-Mann-Heer innerhalb sieben Tagen über eine Distanz von 287 Meilen – also 41 Meilen weit am Tag. Kein Wunder, dass er seinen Feind vollkommen überrumpelte und besiegte. Oder nehmen wir Alexander selbst, der ein Heer von 50.000 in 17 Tagen über Afghanistans schneebedeckten Hindukusch führte und seinen Feind überraschte, der eine solche Leistung für ausgeschlossen gehalten hatte.

Für eine Zeit, in der sich die Führenden mit mehr Männern umgaben, als die späteren Renaissance-Prinzen in ihrer Entourage hatten, war Philipps Beraterstab erstaunlich klein. Sogar seine Armeehierarchie war mit ihren sieben Ebenen extra so gestaltet, dass er stets im direkten Kontakt mit den Truppen auf den untersten Rängen stand. Seine Kommandokette bestand aus ihm an erster Stelle, zwei Stellvertretern und sieben der besten Ritter, die als Generäle dienten. Unter jedem General gab es eine fünfstufige Hierarchie, die die gesamte Armee kontrollierte. Rechte, Zuständigkeiten, Kompetenzen, Leistungsanforderungen sowie Vergütungen und Anreize waren für jede einzelne Ebene genau festgelegt. Obwohl das Wort des Kommandanten höchstes Gewicht hatte, gab es für besondere Probleme einen Kriegsrat, der sich mit Fällen „politischer" Natur befasste. Zu diesem Kriegsrat gehörten die Generäle.

Expansion ohne Kampf

Resolut und zielstrebig, wie er war, ließ Philipp nichts zwischen sich und seine Ambitionen kommen – er trug sie praktisch wie eine zweite Haut. Und er war bereit, jede erdenkliche Taktik einzusetzen, um seine Ziele zu erreichen: Der Zweck heiligt die Mittel.

Mit jeder Schlacht, die Philipps makedonische Armee gewann, wurde sie in den Augen der Außenwelt mehr zum Mythos. Gegnerische Truppen neigten bald dazu, einfach ihre Waffen niederzulegen, wenn sie den Makedoniern gegenüberstanden. Und wenn sie doch gegen sie kämpften, war ihnen immer bewusst, dass ihr Gegner das unbezwingbare makedonische

Heer war – etwa so wie alle Baseballteams innerlich zittern, wenn sie gegen die New York Yankees antreten. Doch trotz seiner militärischen Stärke und des Mythos, der sein Heer umgab, glaubte Philipp keineswegs an Kampf um jeden Preis. Er verabscheute sinnloses Blutvergießen, und deshalb wollten Männer aus ganz Griechenland in seiner Armee dienen.

Statt eine Schlacht nach der anderen zu führen, wandte Philipp andere Taktiken an, sein Herrschaftsgebiet auszuweiten: Er bestach die Herrscher der Nachbarstaaten, schloss Bündnisse mit ihnen, deren Gegenleistung in der Landübergabe an ihn bestand, oder er heiratete einfach die begehrteste Prinzessin der jeweiligen Nation. In einer Zeit, da sich Nationen ob der unsinnigsten Gründe gegenseitig den Krieg erklärten, sah Philipp die militärische Konfliktlösung als allerletzte Option. Beinahe 2000 Jahre später sollte Philipps Vermeidung sinnlosen Blutvergießens zur Maxime für überlegene Heeresführer wie Friedrich den Großen, Napoleon Bonaparte und John Churchill, den Herzog von Marlborough, werden.

Die Balkanstaaten an der nördlichen Grenze Makedoniens vertraten ein einfaches Motto, das Herodot wie folgt beschreibt: „Am wichtigsten ist es, nicht besetzt zu sein; am beschämendsten, das Land zu bestellen; zu höchsten Ehren aber kommt, wer von Kriegen und Plünderungen lebt." Getreu diesem Motto hatten sich die Länder so lange bekriegt, dass sie außerstande waren, sich gemeinsam gegen Philipps Expansionsstreben zu verbünden. Südlich von Makedonien waren die griechischen Stadtstaaten, denen Makedonien immer schon vollkommen gleichgültig war. Die Griechen führten ein Leben der entspannten Spaziergänge an Sandstränden unter einem Himmel, der das ganze Jahr über azurblau war, während die Makedonier hart arbeiten mussten, um zu überleben.

Henry David Thoreau schrieb in *Walden*, die Menschen in Massachusetts, wie die Amerikaner allgemein, „führen ein Leben in stiller Verzweiflung". Makedonier hingegen führten ein Leben der *brutalen* Verzweiflung. Noch heute tummelt sich die Mehrheit der Griechen in Bikini und Badehose am Strand und schlürft mit kleinen Schirmchen verzierte eisgekühlte Cocktails. Indes tragen die Makedonier (besonders im Norden) ethnische Konflikte aus und kämpfen hart um ihren Lebensunterhalt. Die langen, eisigen Winter in vielen abgelegenen Regionen Makedoniens und die kurzen Sommer machen es schwer, genügend Nahrungsvorräte zu produzieren.

Während seiner 23-jährigen Regentschaft hat Philipp das alles geändert. Er eroberte als Erstes Makedoniens nördliche, östliche und westliche

Nachbarn und dehnte die Grenzen von der Adria bis zur Ägäis aus – einschließlich der heutigen Länder Albanien, Serbien, Montenegro, Bulgarien und Teile der Türkei. Anschließend zog er nach Süden zum Ionischen Meer und nahm die griechischen Stadtstaaten ein. Diese Nationen waren keine leichten Opfer. Es handelte sich um die mächtigen Staaten Athen, Theben, Thrakien und Thessalien, die so manche Überfälle und Eroberungsversuche des großen persischen Achämeniden-Imperiums erfolgreich abgewehrt hatten – immerhin des größten Reiches jener Zeit. Doch sie alle erlagen der Arglist Philipps.

War Krieg die einzig verbleibende Möglichkeit, einen Nachbarstaat zu unterwerfen, dann erklärte Philipp eben, wenn auch widerwillig, den Krieg. Er sorgte dann allerdings auch dafür, dass es die andere Seite teuer zu stehen kam – um andere Staaten davon abzuschrecken, sich gegen ihn aufzulehnen. Er kämpfte gegen eine 10.500 Mann starke Armee Illyriens (heute: Albanien) und tötete über 7000 feindliche Soldaten. Die Illyrer verfügten über eine exzellente Kavallerie, also verlegte Philipp sich darauf, die Infanterie zu ignorieren und direkt das Reiterheer zu attackieren – das er prompt dezimierte. Angesichts der unterworfenen Kavallerie war die Moral der Truppen derart geschwächt, dass sie leicht in die Flucht geschlagen werden konnten.

Niemals jedoch plünderte Philipp die von ihm eroberten Länder. Er schuf Städte und Dörfer und sorgte dafür, dass die Leute am wachsenden Wohlstand Makedoniens teilhatten. Benachbarte Herrscher wurden bisweilen von ihrem Volk unter Druck gesetzt, sich mit Philipp zu verbünden. Gingen sie freiwillig auf eine Allianz ein, beließ Philipp die Herrscher auf ihrem Thron, unter der Bedingung, dass sie ihm gehorchten; er verbot ihnen, auf eigene Faust Kriege zu erklären, und verpflichtete sie, ihn bei seinen Feldzügen zu unterstützen.

Beim Volk war Philipp so beliebt, dass selbst die Athener sich insgeheim wünschten, ihre chaotische Demokratie aufzugeben und Teil der makedonischen Monarchie zu werden. Für Philipp war Athen ein besonders wertvoller Besitz. Es war eine Inseldemokratie inmitten eines Meeres von Oligarchien und Monarchien. Allerdings brachte die Demokratie auch mit sich, dass man sich in Athen nie einig war, schon gar nicht im Hinblick auf die drohende Invasion der Makedonier.

Sogar Demosthenes, der wohl beste Redner aller Zeiten, wurde weitestgehend ignoriert, wenn er durch Athens Straßen zog und vor den Makedoniern warnte. Seine Reden klangen bald wie das hohle Getrappel eines alten Kriegspferdes – jede Menge Emotionen, aber wenig Kraft. Für ihn war Philipp „nicht nur ein Grieche, der keinem Griechen verwandt ist, sondern nicht einmal ein Barbar aus einem nennenswerten Land; nein, er ist eine Pest aus Makedonien, einer Region, in der man nicht einmal einen Sklaven kaufen kann, der sein Salz wert ist"[6]. Demosthenes' Schmähreden auf Philipp waren so berühmt und vehement, dass böse rhetorische Attacken und Beschimpfungen bis heute als „Philippika" bezeichnet werden. Demosthenes hat mit seinen Reden Preise für besondere Dienste am Staat gewonnen – mehr nicht.

Heirat statt Krieg

Wenn seinen Feinden mit Bündnisangeboten und Drohungen nicht beizukommen war, erkundete Philipp die Heiratsmöglichkeiten. Wie Heinrich VIII., der englische Tudor-König des 16. Jahrhunderts, bewies auch Philipp einen unstillbaren Appetit, was Heiraten – und Sex – anging. Auch wenn er durch nichts anderes aufgefallen wäre als durch seine acht Ehefrauen und zahlreichen Geliebten, die er hielt wie ein Araberprinz Pferde, damit wäre er auf jeden Fall in die Altertumsgeschichte eingegangen. Philipp heiratete oft – und er heiratete junge, sittsame Prinzessinnen benachbarter Staaten. Anders jedoch als Heinrich VIII., der sechsmal heiratete, um einen Erben zu zeugen, ging Philipp seine acht Ehen aus rein politischen oder ökonomischen Gründen ein – nicht aus Liebe, denn die gehörte ausschließlich seinen Geliebten. Seine Ehen sollten Territorialallianzen mit Nachbarstaaten fördern oder wohlhabende Schwiegerväter an ihn binden, die ihn bei seinen Feldzügen unterstützten. Entsprechend heiratete er, mit Ausnahme seiner letzten Frau, nie eine makedonische Prinzessin.

Philipp heiratete Olympias, die Mutter Alexanders, als sie erst 16 war. Sie war seine dritte Frau. Er versprach jeder seiner angehenden Bräute, sie würde der einzige Schwan auf seinem Teich sein – ein Versprechen, das er gegenüber Olympias ungefähr ein Jahr hielt. Olympias war eine Prinzessin aus dem Königreich Epirus, einer kleinen, aber mächtigen Nation im Westen Griechenlands, deren Südspitze an das heutige Albanien grenzte. Die Königsfamilie von Epirus stammte angeblich von Achilles ab, dem griechischen Gott und mythischen Helden, und der Flotillenstürmerin Helena von Troja. Olympias war außergewöhnlich schön, hatte aber das

Temperament eines Vulkans. Ihre Persönlichkeit brachte Männer dazu, in einem Moment auf Händen und Knien einen Berg besteigen zu wollen, bloß um zu ihr zu gelangen, und im nächsten Moment schreiend aus dem Zimmer zu rennen, ins Kloster zu gehen oder Kriege zu führen, um von ihr wegzukommen.

Hätte es im alten Makedonien Heiratslizenzen gegeben, hätten jene von Philipp nur kurz Gültigkeit gehabt. Doch ganz gleich, wie es gerade um seine Ehen stand, Philipp kümmerte sich stets um die Familien seiner Frauen. Sie konnten also, wie man so sagt, sicher sein, dass er ihre Haut nicht verkaufen würde, bevor der Bär geschossen war. Er war ihnen immer ein verlässlicher Partner. So stand er beispielsweise Olympias' jüngerem Bruder Alexander in Epirus nach dem Tod des Vaters bei, als dessen Onkel sich den Thron aneignen wollte. Philipp stärkte Alexander auf dem Thron, indem er ihn mit seiner Tochter Kleopatra verheiratete. Bei den Feierlichkeiten zur Vermählung wurde Philipp ermordet.

Philipps Ehen mit Töchtern aus benachbarten Staaten, seine Eroberungskriege und die Bündnisse, für die er andere gewann, das alles schuf ein Makedonien, das in seiner Größe an zweiter Stelle direkt hinter Persien stand. Jeder Bürger dieses ausgedehnten Reiches, unabhängig von seinem wirtschaftlichen oder gesellschaftlichen Stand, genoss denselben Status: Jeder war Makedonier. Die Aristokratie, die es gab, setzte sich aus Leuten zusammen, die sich ihren privilegierten Stand durch persönliche Qualitäten und Taten verdient hatten und nicht bloß durch ihre Geburt. „Obwohl die Makedonier sehr wohl an die Monarchie gewöhnt waren", schrieb der römische Historiker Quintus Curtius Rufus, „lebten sie eher im Schatten der Freiheit als irgendein anderes Volk."[7] Phillipp baute neue Städte und verbesserte die Infrastrukturen der bereits existierenden. Er baute Kanäle und Wasserstraßen für die Bewässerung und den maritimen Handel. Straßen verliefen kreuz und quer durch das weite Makedonien und verbanden Dörfer und Städte miteinander. Auch wenn Philipp normalerweise die Könige der von ihm eroberten Länder als Gouverneure der Provinzen an der Macht ließ, bestimmte er die in diesen Provinzen betriebene Politik von der Hauptstadt Pella aus. Philipps Makedonien gilt als erste Nation in Europa, die eine zentralisierte politische, militärische und adminstrative Führung und eine dezentralisierte Exekutive hatte.

In diese Welt der makedonischen Vormachtstellung in Europa wurde Alexander hineingeboren. Makedonien wurde von den griechischen Stadtstaaten nicht mehr als eine „barbarische" Nation beschimpft und hatte unter Philipp ganz mit seiner Vergangenheit gebrochen, um zur zweitmächtigsten Nation nach Persien aufzusteigen. Das heißt allerdings keineswegs, zwischen Makedonien und den griechischen Stadtstaaten hätte vollkommenes Vertrauen geherrscht – tat es nicht. Makedonien war gefürchtet für seine Macht, geachtet für seine Effizienz und respektiert für seinen wirtschaftlichen und kulturellen Wohlstand.[8]

Jedes Kapitel dieses Buches befasst sich mit einem wesentlichen Ereignis aus dem Leben Alexanders, wobei die kurzen Darstellungen dazu dienen sollen, den Strategieansatz des makedonischen Herrschers zu illustrieren – sei es bei der Kriegsführung, beim Regieren, bei der Schaffung von Mythen, bei der Eroberung neuer Länder, beim Transport von Vorräten oder bei der Zusammenfassung unterschiedlicher Kulturen zu einem vereinten globalen Imperium, das beinahe die gesamte bekannte Welt umspannte. Jeder Aspekt von Alexanders Leben wird im Kontext moderner Gegebenheiten oder Situationen reflektiert, um die Verbindungen deutlich zu machen, die zwischen seinen Taten und unserem heutigen Handeln zu ziehen sind. Es soll an dieser Stelle darauf hingewiesen werden, dass die Auswahl der Beispiele und Personen aus der Neuzeit – aus der Wirtschaft, der Politik, der Kriegsführung, dem Sport, der Kunst und der Geschichte – vor allem auf persönliche Erfahrungen und Umstände aus meinem Leben auf drei verschiedenen Kontinenten – Europa, Asien und Nordamerika – zurückgeht. Zum Teil ist sie auch durch die feste Überzeugung motiviert, dass Strategie ein zu komplexes und zu dynamisches Themengebiet ist, um es einer Kategorie zuzuordnen. Je weiter die Erfahrungen gefächert sind, auf die Strategieentwürfe zurückgreifen, umso wirkungsvoller sind die Ergebnisse.

Ich habe mich bemüht, in jedem Kapitel den Schwerpunkt auf die zeitgenössischen Probleme oder Situationen zu legen, mit denen wir konfrontiert sind und die wir bewältigen müssen – seien es politische, militärische oder Unternehmensstrategien, die wir brauchen, oder neue Perspektiven, mit denen wir die Welt betrachten müssen, in der wir leben. Dieses Buch hat ausdrücklich nicht den Anspruch, die vollständige Geschichte Alexanders des Großen zu erzählen, ebenso wenig wie es vorgeben will, eine komplette Abhandlung von allem zu sein, was wir aus seinem Leben lernen könnten. Vielmehr ist der Inhalt bewusst selektiv und wertend und basiert auf meinen persönlichen Lernerfahrungen und Vorlieben. Zum Ausgleich dafür, dass ich den Lesern meine Sichtweisen aufdränge, habe ich versucht, es so lesbar wie möglich zu gestalten; und ich hoffe, dass mir das einigermaßen gelungen ist.

Das Buch beginnt mit der Geburt Alexanders und seinen ersten Jahren, insbesondere jenen unter Aristoteles. Das Hauptaugenmerk gilt den Aspekten der Aristotelischen Pädagogik, die seinen Schriften zu entnehmen sind und von denen wir glauben, dass sie Alexander als Herrscher und Welteroberer wesentlich prägten. Das Buch endet mit seinem Tod und der Aufteilung der Beute seines Imperiums. Wir begleiten Alexander also durch sein ganzes Leben. Zwischendurch versuchen wir, seinen Spuren in chronologischer Ordnung zu folgen, doch bisweilen bringen wir auch unterschiedliche Lebensabschnitte zusammen – entweder um eine Behauptung zusätzlich zu belegen oder um zu illustrieren, wie sehr sich zeitlich voneinander losgelöste Ereignisse gegenseitig bedingen oder einfach zusammengehören.

Das Leben und die Persönlichkeit Alexanders waren sehr kompliziert, und die Quellen, die sein Leben und seine Errungenschaften dokumentieren, liegen zeitlich und qualitativ so weit auseinander, dass es ein unmögliches Unterfangen wäre, sie auch nur ansatzweise zusammenbringen oder vereinheitlichen zu wollen. Deshalb mögen die Kapitel hier und da einzelnen Perlen einer Kette ähneln. Jede dieser Perlen aber umschließt ein reales Problem, mit dem wir heute konfrontiert sind. Wie bilden wir Fachleute aus und weiter? Wie gehen wir an grundsätzliche Strategiefragen im Wettbewerb, wie an das Wo, das Wann und das Wie heran? Wie handhaben wir den Wechsel von einer Führungskraft zur nächsten? Wie verschaffen sich Führungskräfte während ihrer „ersten hundert Tage" Autorität? Warum erfinden Führungskräfte Mythen? Wie viele unterschiedliche Führungsstile kann eine einzelne Person haben, und welche wendet sie wann und wo an? Wie gehen wir mit kultureller Annäherung und sozialen Sittenkodizes um, wenn wir unseren Einfluss vergrößern wollen? Wie plant man, was man auf einen Feldzug mitnimmt und was nicht? Welche Rolle spielt das strategische Vexierspiel im Konkurrenzkampf? Warum sind die Vermächtnisse von Führungskräften oft in so empfindlichem Gleichgewicht, dass sie jederzeit vom Podest zu fallen drohen? Auf diese Fragen wollen wir uns konzentrieren, wenn wir uns mit dem Leben Alexanders und vieler anderer Führungskräfte beschäftigen, die seinem Beispiel folgten, ihm nacheiferten oder deren Leben einen ähnlichen Verlauf nahm wie seines.

KAPITEL 1

IN DER GEGENWART DES GROSSEN

In jener Nacht hatte sich ein heftiger Sturm über dem Mittelmeer zusammengebraut. Orkanartige Winde schlugen eine Schneise der Verwüstung durchs Land. Selbst in der benachbarten Ägäis türmten sich die Wellen zu Bergen, während der Sturm sich nordwärts wandte und über das griechische Festland und Makedonien hinwegfegte. In der makedonischen Hauptstadt Pella wackelten die Wände des königlichen Palastes, während es draußen donnerte und blitzte, als Königin Olympias in den frühen Stunden des 26. Juli 356 v.Chr. mit einem Knaben niederkam. Er erhielt den Namen Alexander III. und sollte eines Tages „Alexander der Große" genannt werden.

Im Morgengrauen hatte sich der Sturm beruhigt, und Königin Olympias' Ehemann, König Philipp II., machte sich für eine großangelegte Invasion der griechischen Küstenstadt Poteidaia an der Ägäis bereit. Philipp und seine makedonischen Truppen hatten die ganze Nacht gegen den Sturm angekämpft und die Invasion vorbereitet. Entlang der Küste hatte das Unwetter Bäume gefällt, Boote zerstört und Häuser unter Sandmassen begraben. Der Entschlossenheit der Makedonier jedoch hatte der Sturm nichts anhaben können. Obwohl von heftigen Regenfällen durchnässt, waren die Makedonier in Stellung für den Angriff gegangen und nahmen die Stadt binnen Minuten ein. Kein griechischer Soldat, der halbwegs bei Verstand war, wollte es mit einem so entschlossenen Heer aufnehmen.

Ungefähr zur selben Zeit, als Philipp Poteidaia einnahm, schlug sein Spitzengeneral Parmenion im Norden die Truppenverbände der Paionen und Illyrer – zweier mächtiger Nationen im heutigen Serbien und Albanien. Und als wäre das noch nicht genug, gewannen Philipps Reiter im südlichen Griechenland, in der kleinen Stadt Olympia, das erste und beliebteste der panhellenischen Spiele (heute die „Olympiade"), das Wagenrennen.

Dieser Sieg war ein ähnlicher Meilenstein wie die Goldmedaille, die Jesse Owens 1936 bei den Olympischen Spielen in Berlin vor Adolf Hitler gewann, denn die Griechen hatten die Makedonier lange Zeit als keine wirklichen Griechen angesehen (und die Spiele waren ausschließlich den Griechen vorbehalten) und Makedonien als eine Nation, die nichts außer dem Holz für ihre Schiffe zu bieten hatte. Indem sie Philipp erlaubten, an den Spielen teilzunehmen, zeigten sie sich also bereit, Makedonier als Griechen zu akzeptieren. Angesichts der Tatsache, dass Philipps Makedonien zur stärksten Macht der Welt nach den Persern aufgestiegen war, hatten sie allerdings ohnehin keine andere Wahl.

Die königliche Geburt

Tage von solch historischer Tragweite kamen in der Geschichte des kleinen Makedoniens in Griechenlands Norden äußerst selten vor. Die Militärsiege waren wichtig, der Gewinn des Wagenrennens war aufregend, doch der Grund, weshalb sämtliche Makedonier beschwingt und mit einem Lächeln auf dem Gesicht herumgingen, war die Geburt Alexanders, die eine klare Linie für den makedonischen Thron markierte. Auch wenn Philipp erst 27 war, als Alexander geboren wurde, so machte der Umstand, dass fast alle bisherigen makedonischen Herrscher eines vorzeitigen gewaltsamen Todes gestorben waren, die Geburt eines Thronfolgers zu einem sehr erfreulichen Ereignis.

Die Geschichte war nicht freundlich mit Makedonien umgesprungen. Drei Könige hatten innerhalb von zehn Jahren den Thron bestiegen. Erst wurde Philipps Vater, König Amyntas, ermordet, dann dessen ältester Bruder und schließlich starb sein älterer Bruder auf dem Schlachtfeld. Daher war die Geburt Alexanders für die Bewohner Makedoniens ein seltener Hoffnungsschimmer. Und die Feierlichkeiten sollten beweisen, dass sie gewillt waren, die brutalen Kräfte zu überwinden.

In Pella zog das Volk zum Feiern auf die Straße, obwohl die Rückkehr Philipps mit seiner siegreichen Armee erwartet wurde. Pellas baumgesäumte Alleen verliefen von Norden nach Süden und verbanden den Königspalast mit der Agora, dem Markt, wo die Feiernden standen. Die Straßen, welche die Alleen von links nach rechts querten, teilten die Stadt in Einzelblöcke, von denen jeder für die königliche Feier geschmückt und verziert war. Festwagen wurden auf den Markt gerollt, die die 12 olympischen Götter Makedoniens und aller Griechen repräsentierten. An allen vier Seiten des Marktplatzes befanden sich Altarräume mit vergoldeten Kuppeln, in denen nun Höflinge standen und Cidre oder Wein mit hohem Alkoholgehalt ausschenkten.

Später an diesem Tag führte Philipp eine siegreiche Armee in die Stadt. Als er hoch zu Ross die Allee hinauffritt, seinen mit Pferdehaar geschmückten Bronzehelm in der einen und die Zügel in der anderen Hand, brachen seine Untertanen in laute Jubelrufe aus. Die untergehende Sonne beschien die üppig grünen Rasenflächen, die die Alleen in zwei Hälften teilten und glänzten wie edle Aubussonteppiche.

Die Geburt eines Königskindes löst immer eine ganze Reihe von Ritualen aus. Kurz nachdem Philipp im Palast angekommen war, der auf einem Grashügel lag, legte er seine königlichen Gewänder an. Begleitet von seiner Frau und mit seinem Baby im Arm, ging er stolz auf die von Fackeln erleuchtete Palastveranda, um Alexander seinen Untertanen zu präsentieren. Der wolkenbedeckte Nachthimmel tauchte hinter dem Palast in die stillen Wasser des Thermaischen Golfs.

In einer Szene, die an die *Ilias* erinnert, hob Philipp seinen Sohn gen Himmel und in Richtung des entfernten Olymps und betete zu Zeus und den anderen Göttern. Wie Hektor, der zu Zeus gebetet hatte, er möge seinem Sohn den höchsten Ruhm unter allen Trojanern gewähren, ihn mutig und stark wie seinen Vater machen und ihn über ganz Troja herrschen lassen, betete auch Philipp, Alexander möge Ruhm, Macht und Können beschert sein – und eine Herrschaft über ganz Griechenland. Und er betete, ebenfalls wie Hektor, darum, dass alle Menschen von seinem Sohn als „einem besseren Mann als sein Vater"[1] sprechen mögen.

Die Makedonier glaubten, dass ihre Könige direkte Nachfahren der griechischen Götter vom Olymp waren, dessen Gipfel an klaren Tagen von Pella aus zu sehen war. Die Temeniden, die mehrere makedonische Herrscher stellten, waren ursprünglich gar nicht aus Makedonien, lebten aber seit 650 v.Chr. dort, seit Perdiccas I. von der südgriechischen Insel Argos dort angekommen war und die argäische Herrschaft begründet hatte. Die Temeniden sahen sich als Nachkommen des Herakles (bei den Römern Herkules), dem Sohn des Zeus. Dank des fernen Ursprungs ihrer Familie blieben sie von den kleinen und unsinnigen Clan-Querelen unter den Makedoniern unberührt, ganz abgesehen davon, dass sie ihre göttliche Herkunft von der Masse abhob. Ein Teil der Hochachtung, die die Makedonier

ihren Königen entgegenbrachten, war auf die Bewunderung ihrer Fähigkeiten und ihres Mutes als Monarchen zurückzuführen, doch vor allem
wurden sie für ihre göttliche Abstammung verehrt. Ja, die meisten behandelten ihre Monarchen wie lebende Gottheiten.

Makedonische Monarchen kultivierten den Mythos um ihre Abstammung auch recht tatkräftig. Sie interpretierten alle möglichen Omen, um
ihre göttliche Verbindung zu betonen – und die Hagiographen jener Zeit
waren nur allzu gern bereit, den Wünschen ihrer Monarchen zu entsprechen.
Und so spielte auch Philipp an diesem Abend, als er auf der von dorischen
und ionischen Säulen gestützten Veranda stand, auf die Zerstörung des Ar-
temis-Tempels in der Nacht zuvor an. Der auf einem felsigen Hügel in der
Stadt Ephesus in der heutigen westlichen Türkei gelegene große Holztem-
pel der Göttin der Geburt, eines der Wunderwerke der Antike, war im Gewitter vom Blitz getroffen worden und hatte sofort Feuer gefangen.

Die fliehenden Priester waren durch die Stadt gerannt und hatten ver-
kündet, der Brand des Tempels stünde für die Geburt *des* Menschen, der das
Persische Reich in die Knie zwingen würde, damals das größte Imperium
und Griechenlands Erzfeind. Hier in seinen Händen wäre dieser Mensch,
erklärte Philipp der Menge voller Stolz, die daraufhin in wilden Jubel aus-
brach. Später ließ sich selbst der Historiker Plutarch von Philipps Propaganda von der göttlichen Einmischung hinreißen und schrieb: „Kein
Wunder, dass der Tempel der Artemis zerstört wurde, da die Göttin bei der
Geburt Alexanders war."[2]

Alexander war 13, als Philipp beschloss, sein Sohn bräuchte eine weit
bessere Ausbildung als die durch die übliche Riege aus Linguisten, Gram-
matikgelehrten, Dichtern und Sportlehrern gewährleistete, die ihn bisher
unterrichtete. Philipp selbst hatte sehr von der Erziehung profitiert, die er
während seiner Geiselhaft von Seiten der hervorragenden Lehrer in Theben erfahren hatte.[3] Deshalb wollte er für Alexander einen Lehrer, der ihm
nicht bloß eine gute Ausbildung zukommen ließ, sondern ihn darüber hinaus lehrte, die Probleme zu lösen, mit denen er eines Tages als König
konfrontiert sein würde. Er wollte nicht, dass Alexander gängigen Problemen
mit auswendig gelernten Antworten begegnete. Er sollte mit einem geistigen Grundgerüst ausgestattet sein, das es ihm erlaubte, an alle Aufgaben
heranzugehen, die sich ihm stellten. Beinahe genauso wichtig war, dass
Alexander die Grenzen seiner physischen und geistigen Fähigkeiten er-

kannte. Wie der griechische Dramatiker Sophokles es ausgedrückt hätte, brauchte der Prinz einen Lehrer, der ihm „die Führung des Ruders und die Zurückhaltung des Zügels" beibrachte.[4] Und schließlich musste es ein Lehrer sein, der Alexanders geistiger Stärke gewachsen war – ein Lehrer, der nicht bloß zwei Seiten einer Sache schneller erkannte als sein Sohn, sondern vielleicht sechs.

Philipp wählte Aristoteles als diesen Lehrer aus, der mehr oder minder aus dem Nichts auftauchte. Aristoteles war Makedonier und auf der Insel Stagira geboren. Seine Familie war der Königsfamilie Makedoniens wohl bekannt, denn sein Vater war der Arzt von Philipps Vater Amyntas gewesen. Aristoteles war erst kurz zuvor bei der Auswahl für einen Spitzenjob an Platos Akademie in Athen übergangen worden, wo er über 20 Jahre studiert und gelehrt hatte, und lebte das zurückgezogene Leben des Intellektuellen auf der Insel Lesbos. Er nahm das Angebot des Königs ohne zu zögern an.

Aristoteles kam in ein Makedonien der kulturellen Grazie und literarischen Eleganz. In der Hügellandschaft von Mieza, einem Ausflugsgebiet gleich außerhalb der Hauptstadt Pella, hatte man ihm eine prunkvolle Schule gebaut. Auf einer Seite hatte sie einen atemberaubenden Blick auf den Thermaischen Golf, wo man die dünnen Masten der dreistöckigen Triremen auf und ab hüpfen sah. Vor den drei übrigen Seiten erstreckte sich grüne Wildnis. Die meisten Tage war Mieza mit seinen Kopfsteinpflasterwegen und schattigen Pfaden ein Bild sonniger Ernsthaftigkeit. Hier und da diskutierten Schüler in Gruppen die persische Dichtung oder die griechischen Dramen. Botanische und zoologische Gärten waren um die Schule herum angelegt worden, um Aristoteles' Interesse an der Biologie entgegenzukommen.

Philipp hatte die Ritterordnung der Generäle und Kommandeure bereits professionalisiert und glaubte, aus den Schülern von Mieza künftige Rittergenerationen rekrutieren zu können. Deshalb bat er die makedonischen Barone, ihre Söhne in Alexanders Alter nach Mieza zu schicken, damit sie mit seinem Sohn lernten. Die Schule war als Institut für militärische ebenso wie kulturelle und philosophische Bildung gedacht. Vor allem aber sollte hier die künftige Militär- und Führungselite ausgebildet werden, die irgendwann über Makedonien und seine Territorien herrschen würde.

Als künftige Führer Makedoniens mussten diese Schüler auf die Lösung komplexer und unvorhergesehener Probleme vorbereitet werden, die nicht unbedingt festen Themen- oder Spezialgebieten zuzuordnen sein mochten. Sie mussten also lernen, eigenständig zu denken, schwere Entscheidungen zu fällen, wiederkehrende Muster bei unterschiedlichen Problemtypen zu erkennen, Fakten zu suchen, um Hypothesen zu belegen oder zu widerlegen, auf ihr Wissen und auf das Wissen anderer zuzugreifen und gemeinsam an der Planung und Gestaltung der Zukunft zu arbeiten.

Damit sie nicht mit einer zu eingeschränkten Weltsicht aufwuchsen, lud Philipp Lehrer, Dichter, Künstler und Wissenschaftler aus Ägypten und solche, die aus Persien verbannt waren, ein, als Gastdozenten in Mieza zu lehren. Aus seiner Zeit in Mieza ist kaum etwas überliefert, aber wir können uns vorstellen, dass Aristoteles ein akademisches Programm entwickelte, das seinen Schülern sowohl ein tiefes Eintauchen in ihre jeweiligen Spezialgebiete als auch ein Erkunden vieler anderer Gebiete bot, sodass Alexander und seine Mitschüler sämtliche Probleme der Kriegsführung, des Regierens, der öffentlichen Politik und der Rechtsprechung angehen konnten, mit denen sie es als zukünftige Führer Makedoniens unweigerlich zu tun bekämen. Wir können sicher sein, dass Alexander unter Aristoteles mit einer Vielzahl von Lerndisziplinen konfrontiert wurde, weil er später in seinen Feldzügen eine umfassende Kenntnis der verschiedensten Bereiche bewies. Außerdem wissen wir, dass Aristoteles zu jenen Athener „Schullehrern" zählte, die sich für eine Vielzahl von Disziplinen interessierten. Genau genommen interessierte er sich nicht bloß dafür, sondern war ein Fachmann – ihm werden 150 Fachbücher zu so unterschiedlichen Themen wie Meteorologie, Metaphysik, Physik und Politik zugeschrieben. Eine berühmte Zeile des griechischen Poeten Archilochos aus dem siebten Jahrhundert lautet: „Der Fuchs weiß viele Dinge, aber der Igel weiß eine große Sache."[5] Aristoteles wurde als ein Fuchs gesehen, ja, als einer der größten Universalgelehrten, der sich auf so unterschiedlichen Feldern wie der Politik und der Traumdeutung tummelte, während sein Lehrer Plato als ein Igel mit einer großen, alles übergreifenden Leidenschaft galt, nämlich der Meister aller Meisterphilosophen zu sein.

Den Geist das Denken lehren

In Mieza wurde Alexanders Geist darauf trainiert, nach Fakten und Mustern zu suchen, und zwar aus einer Vielzahl von Quellen, an den unterschiedlichsten Orten und bei anderen Leuten, um aus dem Gesammelten eine Lösung zu formulieren. Eine der wesentlichen Fertigkeiten Alexanders als Feldherr in der Schlacht war seine Fähigkeit, Fakten über eine bestimmte Region aus den unterschiedlichsten Quellen zu erfahren – etwa von Meteorologen, Landwirtschaft Treibenden, Botanikern, Zoologen, Bauingenieuren, Hydrologen, Historikern und sogar von dem einen oder anderen Sophisten in seiner Umgebung – und diese dann auf eine Weise zu synthetisieren, dass er schließlich den besten Zeitpunkt für die Invasion ermittelt hatte, die nötige Truppenstärke kannte und wusste wie die betreffende Region seinem nächsten Feldzug nützlich sein könnte.

Doch er holte sich nicht bloß die Fakten, die ihm die Experten lieferten, und ergänzte sie mit dem, was er bereits wusste, sondern war sich außerdem im Klaren darüber, dass keine noch so kluge Analyse die Ortskenntnis ersetzen konnte, die jemand besaß, der mit der Region oder einem zu lösenden Problem vertraut war. So geschah es beispielsweise, dass er die von seinen Experten empfohlene Route über ein Gebirge verwarf zugunsten der Wegbeschreibung eines einheimischen Hirtenjungen, dessen Familie seit Jahrzehnten Herden trieb und alle Pfade, Felsspalten und Winkel kannte.

Die Suche nach verschiedenen Faktensträngen aus unterschiedlichen Quellen, anhand derer zu einer Lösung gefunden werden sollte, setzte eine gewisse Bescheidenheit voraus, die, das können wir mit Sicherheit sagen, Aristoteles Alexander und seinen Mitschülern beigebracht hatte – die Einsicht, dass es zu keinem Problem eine perfekte Antwort gab. Sie waren gelehrt worden, dass die Welt, mit der sie es als Herrscher, Gouverneure und Generäle zu tun bekämen, ein kompliziertes Gefüge aus Menschen, Gefühlen, Sichtweisen, Annahmen und Vorlieben war. Und angesichts der komplizierten Verhältnisse, die einem Problem – jedem Problem – zugrunde lagen, wäre es unglaublich schwierig für sie, eine perfekte Lösung zu finden. Wonach sie allerdings streben sollten – davon musste Aristoteles sie überzeugt haben – war die nächstmögliche Annäherung an die perfekte Antwort. Wie Charles Kingsfield, die von John Houseman gespielte Filmfigur aus *Zeit der Prüfungen*[6] *(The Paper Chase),* zu den Erstsemestern an ihrem ersten Tag an der Harvard Law School sagt: „Manchmal werden Sie das Gefühl haben, die richtige Antwort zu kennen. Ich versichere Ihnen, dass es sich dabei um eine Verblendung Ihrerseits handelt. Sie werden nie die richtige, absolute und endgültige Antwort finden."

Die Jungen begriffen bald, dass die nächstmögliche Annäherung alles andere als einfach werden würde. Da sie sich einmal in einer Welt zwischen Volk und Politik bewegenwürden, in der sie es mit Problemen zu tun bekämen, deren Komplexität nicht nur durch eigene vorherige Erfahrungen, die Moral und die ethischen Positionen beeinflusst würden, sondern mindestens ebenso stark durch die Haltungen anderer – seien es Einzelne oder Gruppen –, sollten sie von vornherein lernen, bei ihren Problemlösungsansprüchen gewisse Abstriche zu machen. Hinzu kamen klassische Denkfehler, ein Thema, mit dem Aristoteles sich sehr gern beschäftigte. Deshalb hielt er sie an, ständig und wiederholt zu prüfen, inwiefern ihre Entscheidungen mit ihren eigenen und den allgemeinen moralischen Standards vereinbar waren. Und hier machte tatsächlich Übung den Meister. Als Generäle und Herrschende mussten sie darauf vorbereitet sein, Entscheidungen in Sekundenschnelle zu fällen. Dabei konnte es ihnen zweifellos helfen, zuvor schon Erfahrungen im Wälzen möglichst vieler und unterschiedlicher Probleme gesammelt und so ihr Urteilsvermögen geschärft zu haben. Eine Routine des ständigen Reflektierens sollte sie in die Lage versetzen, Kompromisse bei ihren Entscheidungen zu finden, die sie später nicht bereuen würden.

Wir können uns nur vorstellen, wie Aristoteles die reichhaltigen Erfahrungen aus der makedonischen Beteiligung an diversen politischen und militärischen Konflikten mit seinen Nachbarn nutzte, um seinen Schülern das Denken beizubringen. Während die Jungen in Mieza waren, wurde Philipp vom Amphiktionenrat, dem höchsten Rat der griechischen Stadtstaaten, gebeten, sich schlichtend in den so genannten „Ersten Heiligen Krieg" einzuschalten. Die Phoker, ein kriegerisches Volk in Zentralgriechenland, hatten die heiligsten Tempel der Griechen besetzt, den Apollo-Tempel in Delphi sowie den nahe gelegenen Thermopylenpass. Wollte man die Griechen wirklich verärgern, gab es keine verlässlichere Methode als die, eine ihrer beiden heiligsten Stätten zu besetzen – beide einzunehmen, war ein Affront sondergleichen.

Delphi stand für die Identität der Griechen. Jeder Stadtstaat legte seine geographischen Koordinaten so, dass Delphi im Zentrum stand. Jeder griechische Mann, jede griechische Frau und jedes griechische Kind verehrte den Thermopylenpass als Heiligtum, umso mehr seit den Ereignissen von 480 v.Chr., als 300 tapfere Spartaner, den Kopf ihres geliebten Königs Leonidas auf einen Pfahl gesteckt, die Schilder geschlossen und die Speere gespitzt, vergebens eine Angriffswelle nach der anderen der 100.000 Perser abwehrten – einzig um den griechischen Verbündeten den Rückzug vom Pass zu ermöglichen, damit sie sich auf einen Kampf gegen die Perser in der Ebene vorbereiten konnten. Wenngleich die rund 30 griechischen Stadtstaaten sich ohne Unterlass bekriegen konnten – und es auch taten – genügte die bloße Erwähnung des „heißen" Thermopylenpasses, um sie auf wundersame Weise zu einer einheitlichen Gruppe zu verschweißen.

Philipp marschierte mit seinen Truppen ein, und die Phoker ergaben sich. Obschon die Phoker ungefähr so viel Mitleid erregten wie der Menschenfleischfresser Tonton Macoutes unter den belagerten Haitianern von heute, gab Philipp dem Druck sämtlicher griechischer Stadtstaaten im Amphiktionenrat nicht nach, die Phoker zu Sklaven zu machen oder ihre Städte und Dörfer zu zerstören. Dabei war dieses Vorgehen keineswegs moralisch indiskutabel für Philipp, der gegenüber anderen sehr wohl schon zu solch drastischen Maßnahmen gegriffen hatte. Warum also bestrafte er die Phoker nicht so, wie der Rat es verlangte? Was hatte er davon, die Phoker laufen zu lassen? Inwieweit förderte diese Geste seine Kontrolle über den Rat, die er ja offensichtlich anstrebte? Was konnte das bedeuten? Aristoteles, der wenige Jahre nach Mieza die Wissenschaft der Logik begründete, dürfte damals üppig Stoff für seine jungen Schüler gehabt haben.

Einer der Grundsätze in Mieza lautete, die Jungen zur Zusammenarbeit anzuhalten, und wir können uns lebhaft vorstellen, wie der damals 42-jährige Aristoteles sie zur gemeinsamen Problemlösung anleitete und motivierte. Am Beispiel der Feldzüge Alexanders, mit denen wir uns später noch eingehend befassen werden, können wir sehen, wie er mit seinen Kollegen Ansichten austauschte und moralische Grundsätze infrage stellte, wie jeder Einzelne eine eigene Sichtweise und Lösungsvorstellung für bestimmte Probleme hatte, wie diese unterschiedlichen Perspektiven berücksichtigt und geprüft wurden, sodass sie sich letztlich wie richtige Kollegen verhielten, die mit- und aneinander wuchsen. Der gemeinsame Austausch förderte gegenseitiges Vertrauen und Respekt – die Kernbedingungen für Professionalismus. In ihren Schlachten kamen ihnen ebendieses Vertrauen und ebendieser Respekt sehr zugute. Weil sie immer schon eng zusammengearbeitet hatten und ihre jeweiligen Ansichten so gut kannten, konnten sie schnelle Entscheidungen treffen und darauf vertrauen, dass sie genauso umgesetzt wurden, wie sie es erwarteten – wir werden diesem Phänomen wieder und wieder begegnen. Die Schüler Aristoteles' waren einander so nah, wie es nur irgend möglich war. Sie konnten, buchstäblich und metaphorisch, die Sätze des anderen beenden.

Einflüsse auf Harvard Law und Harvard Business

Wir wissen natürlich nur wenig und vor allem wenig Genaues darüber, was Aristoteles Alexander beibrachte, aber wir wissen sehr wohl, dass die Jahre, die Alexander in Mieza war, seine Ansichten zu einer Vielzahl von Themen wesentlich prägten. Und diese Ansichten beeinflussten unser Denken und werden es weiterhin in vielfacher Weise beeinflussen. Aristoteles' Lehrmethoden sind wichtig, weil sie mit jenen identisch sind, die heute u.a. in der medizinischen, der betriebswirtschaftlichen, der juristischen, der pädagogischen und der militärischen Ausbildung angewandt werden.

Sokrates war der erste Lehrer in Athen, der seine Schüler in den Diskurs einführte. Er verwickelte jeden in einen Dialog – vorzugsweise in den Sportstadien und -hallen. Aristoteles übernahm die sokratische Lehrweise als Erster und wandte sie im formellen Unterrichtskontext an – diszipliniert und rigoros. Er gab die Inhalte vor, die diskutiert wurden, richtete sich in der Diskussionsmethode aber nach dem sokratischen Ansatz. So war es beispielsweise nicht ungewöhnlich, dass Aristoteles spazieren gehend von einer Gruppe Schüler begleitet wurde, mit denen er in einen intellektuellen Dialog verwickelt war. (Seine Anhänger, die ebenfalls beim Spazierengehen lehrten, wurden Peripatiker genannt, und seine Lehrmethoden als peripatischer Stil bezeichnet.)

Als Christopher Columbus Langdell 1870, aufbauend auf die aristotelische Methodik, die „Elenktik" oder „dialogorientierte" Rechtslehre an der Havard Law School einführte, kam das einer Revolution der Lehrmethoden gleich. Langdells Ansatz bestand darin, in den Kursen Zusammenfassungen echter Fälle zu benutzen, um Gesetze sowohl theoretisch als auch praktisch zu untermauern. In der Praxis funktionierte das so, dass ein Kursteilnehmer „angerufen" wurde, die Fakten zum Fall darzustellen, eine Analyse durchzuführen und eine Vorgehensweise zu empfehlen – den Raum mit seiner Intelligenz zu füllen, wie Charles Kingsfield es seinen Studenten beschreibt.

Darauf folgt ein Dialog zwischen dem Lehrenden und den Studenten, bei dem jedem Studenten Gelegenheit gegeben wird, die Fakten oder die empfohlene Vorgehensweise zu unterstützen oder zu widerlegen. Für jemanden, der mit dieser Lehrmethode nicht vertraut ist, sei sie hier skizziert: Darstellung des Problems einschließlich einer Wiederholung der Fakten, damit alle das Problem gleich klar sehen; Beziehen und Vertreten einer Position; Widerlegung der vorgeschlagenen Position und Vertreten einer Gegenposition; und zuletzt die Verteidigung einer kontinuierlichen Reihe von Positionen und Gegenpositionen, während der Lehrer hilft, die zentrale Lehre aus dem Fall zu ermitteln.

1924 übernahm die Harvard Business School den Ansatz von Harvard Law, indem sie die dialogorientierte Fallmethode einführte, die den Studenten helfen sollte, den mythischen Zustand des „Denkens wie ein Geschäftsführer" zu erreichen. Inzwischen wird an allen Rechts- und Betriebswirtschaftsschulen nach diesem pädagogischen Ansatz vorgegangen – ganz zu schweigen von den Hochschulen für Medizin, Journalismus, Pädagogik und sogar Theologie, die ebenfalls das aristotelische Modell übernahmen. Seminaristen an den theologischen Hochschulen lernen nicht mehr nur Liturgien anzubieten, sondern auch mit den Problemen ihrer Gemeindemitglieder umzugehen.

Während es heutzutage alltäglich ist, einen Betriebswirtschaftsprofessor in einem amphitheaterähnlichen Klassenraum auf und ab gehen und intensiv zuhören, nachfragen und antworten zu sehen (demonstrativ die Weisheit hervorzukitzeln, die im Wissen liegt, und das Wissen, das in Informationen liegt – T.S. Eliot möge die Anspielung entschuldigen)[7], war die damalige Einführung der Lehrmethode als Denktraining alles andere als selbstverständlich. Der damalige Präsident in Harvard, Charles W. Eliot, stellte die Idee einer gesonderten Business School mit diskursiven Lehrmethoden erstmals zu Beginn des 20.Jahrhunderts vor, kurz nach Gründung der Business School. An seinem Institut sollten die führenden Köpfe der Eisenbahnen, Banken und Fabriken geschult werden, die gerade erst begannen, die Industrielandschaft Amerikas zu sprenkeln.

Viele Professoren in Harvard lehnten sich gegen Eliots Konzept auf, wortführend unter ihnen A. Lawrence Lowell, Professor für Staatswesen, der später Eliot als Präsident ablösen sollte. „Wirtschaft im Allgemeinen ist eine ziemlich vage Angelegenheit", schrieb Lowell, „für die es wahrscheinlich unmöglich ist, so etwas wie ein professionelles Training anzubieten." Eliot aber konnte sich letztlich durchsetzen, und die Harvard Business School öffnete 1908 ihre Türen. Die Debatte über die akademische Strenge und Disziplin in der Wirtschaft dauerte gleichwohl an.[8]

Die Fallmethode als Lehrkonzept für Betriebswirtschaft wurde erst unter dem zweiten, 1921 eingesetzten Dekan, Wallace B. Donham, ernsthaft in Erwägung gezogen. Donham, Absolvent der Harvard Law School, hatte bereits nach der Fallmethode gelernt. Nun war es sein Job, einen ähnlich strengen Ansatz für die Betriebswirtschaftslehre zu etablieren. Firmen, die Absolventen seines Instituts einstellten, begrüßten es sehr, dass ihre neuen Mitarbeiter und künftigen Führungskräfte bereits mit der komplexen Realität der Unternehmensführung in Berührung gekommen waren und es nicht bloß mit abstrakten und übertriebenen Ideen, Grundstrukturen und Konzepten zu tun gehabt hatten, wie sie in der Theorie und den Lehrbüchern überwogen. Und auch die Lehrenden, die ohne Berührungsängste auf ein Feld vordrangen, das weitab von Theorien, Lehrmodellen oder Grundsätzen lag, zeigten sich erfreulich offen und ließen sich nicht von einem fehlgeleiteten Stolz abhalten, ein neues intellektuelles Gefüge für ein neues Studiengebiet aufzubauen. Statt an der traditionellen Forschung festzuhalten, die auf quantitativen Modellen und Schlussfolgerungen basierte, machten sich die Lehrenden auf zur „klinischen Forschung" in der realen Welt, die ihnen jede Menge Fallbeispiele für die Entscheidungsfindung im gehobenen Management bescherte.

Den Charakter festigen

Aristoteles war ein Optimist, wie er im Buche steht. Ihm wird die Aussage zugeschrieben, wer richtig handle, würde den Lohn und die guten Dinge im Leben erreichen.[9] Ein zentrales Thema seines Buches *Nichomachische Ethik* ist, wie wir Charakter in Situationen beweisen, in denen eine Entscheidung auf Basis moralischer Grundsätze nicht offensichtlich infrage kommt. Tugenden wie die Respektbezeugung und die Bewunderung gegenüber anderen durch Zusammenarbeit können gelehrt werden, aber wie bereitet man die Ritter darauf vor, die richtigen moralischen und ethischen Urteile immer und zu jeder Zeit zu fällen? Man braucht nur einen Blick auf die lange Liste der heutigen Insider-Händler, sexuellen Nötiger und Bilanzmanipulatoren zu werfen, die von den hervorragend erhaltenen und gepflegten schein-georgianischen Universitäten kommen, um zu sehen, wie allgegenwärtig dieses Problem nach wie vor ist.

Aristoteles behandelte alle Probleme in seinen Werken über Ethik so, dass die moralischen Implikationen für Alexander und seine Ritter klar erkennbar wurden. Bezeichnenderweise aber verzichtete er grundsätzlich darauf, moralische Absoluta vorzugeben. Vielmehr bezweifelte er, dass es solche Absoluta überhaupt gab – praktische Entscheidungsfindung konnte nie dieselbe Sicherheit und Schlüssigkeit bieten wie die Mathematik.[10] Desgleichen vertrat er den Standpunkt, die moralischen Werte hingen von der jeweiligen Situation ab, in der sie zur Anwendung kamen – seiner Meinung nach war es nicht praktikabel, in jeder Situation dieselben Wertmaßstäbe anzusetzen. Daher ermutigte er seine Schüler, „die Mitte" zu suchen – eine Position irgendwo dazwischen. Was die Tapferkeit betraf, so lag diese Mitte nach Aristoteles irgendwo zwischen den Extremen Angst oder Feigheit und rücksichtslosem Selbstvertrauen, was den Sieg anging, zwischen Großmut und Skrupellosigkeit.

Um die jeweilige Mitte zu finden, mussten seine Schüler mehrere Runden Selbstbefragung durchlaufen, so wie Aristoteles es auch tat, als er an Platos Akademie in Athen lehrte. Er vermittelte diesen jungen Männern dadurch eine Vorstellung davon, zu welchen Überzeugungen sie in Charakterfragen tendierten – denn die Werte, die sie motivierten, mussten nicht zwangsläufig immer dieselben sein. So waren sie später als Herrscher, Generäle oder Führungskräfte in der Lage, die eigenen Entscheidungen zu prüfen und entsprechend zu korrigieren, damit sie auch zum richtigen Ergebnis gelangten. Man kann etwas auf vielerlei Weise falsch machen, meinte Aristoteles, aber nur auf eine einzige richtig, insbesondere wenn es sich um Fragen der moralischen Tugenden handelte. Er wurde nie müde, seine Schüler wieder und wieder vorsprechen zu lassen, wie ein Schauspiellehrer, der seine jungen Schauspieler so lange ihren Text sprechen lässt, bis sie sich nicht mehr verhaspeln – oder wie die Fallmethode der Wirtschaftshochschulen, bei der die Studenten gezwungen sind, ihre Standpunkte wieder und wieder vorzutragen.

Aristoteles war ein überzeugter Verfechter der praktizierten Moral. „Moralische Werte entstehen als Resultate der Praxis", schrieb Aristoteles[11]. Wie der Baumeister durch das Bauen besser wird und der Leierspieler durch das Spielen, „so werden wir auch gerecht, indem wir gerechte Dinge tun, maßvoll, indem wir maßvolle Dinge tun, mutig, indem wir mutige Dinge tun"[12]. Und das wiederholt. Wir werden sehen, wie sich Alexanders Fähigkeit zur Entscheidungsfindung mit der Zeit verbesserte – je mehr Entscheidungen er traf, umso besser wurden sie.

Aristoteles wusste, je eindrucksvoller und anstrengender die Aufgaben waren, die er seinen Studenten zur Problemlösung stellte, umso mehr würden sie daraus lernen. Dasselbe Prinzip macht das erste Jahr an den Wirtschafts- und Rechtshochschulen, die Assistenzzeit eines jungen Arztes, das Grünschnabeljahr eines Ballspielers, das Grundtraining der U.S. Army oder das Marine-Camp zu einem Reifungsprozess. Und diese Methode entsprach dem, was der chinesische Philosoph des fünften Jahrhunderts v.Chr., Lao-Tse, schrieb: „Wenn du zu mir sprichst, werde ich zuhören. Wenn du mir etwas zeigst, werde ich hinsehen. Aber wenn du es mich erleben lässt, werde ich lernen."

Aristoteles war klug genug, jedes Problem so zu formulieren, dass seine Schüler gezwungen waren, die moralischen Implikationen ihrer Entscheidung zu berücksichtigen. Die fallorientierte Lehrmethode der Wirtschafts- und Rechtshochschule hingegen, bei der es um die Entscheidung um jeden Preis geht (statt einfach wegzugehen), ignoriert häufig die moralische Dimension und ermutigt zur Ausbildung von Fachleuten, die ethische Fragen kurz nebenbei abfertigen. Ein weiterer Nachteil der Fallmethode gründet direkt in ihrer Stärke. Wegen ihrer Vogelperspektive, also der Perspektive der gehobenen Position, sind die Studenten meist nicht auf die Anforderungen von Jobs weiter unten auf der Karriereleiter vorbereitet.

Damit die Schüler von Mieza nicht mit einer rein theoretischen Weltsicht groß wurden, nahm Philipp kleine Gruppen von ihnen des Öfteren mit in die Schlacht. Hier konnten sie hautnah miterleben, wie das, was sie in der Klasse lernten, in der Praxis eingesetzt wurde. Hinterher bekamen sie kleine Aufträge, um ihr Können zu beweisen – selbst während sie noch in Mieza waren. In Friedenszeiten wurden sie eingeladen, bei Entscheidungsfindungen der Regierung als Beobachter dabeizusein. Den makedonischen Generälen haftete aufgrund ihrer Erfolge in den Schlachten der Mythos der Unverletztlichkeit an. Eng mit ihnen zusammenzuarbeiten und sie in Aktion zu sehen, half den Schülern, diesen Mythos zu entlarven. Wichtig aber war vor allem, dass sie mitansahen, wie diese großen Generäle die Folgen ihres Handelns genau überlegten und sich auf die Reaktionen vorbereiteten, die ihre Handlungen hervorrufen würden.

Es ist schon ziemlich beeindruckend, welche enorme Sicherheit die Ritter von Mieza bei all ihren Feldzügen darin demonstrierten, die Reaktionen auf ihr Tun im Vorwege einzuschätzen. Sie überlegten genau, welche Auswirkungen ihr Handeln haben wird, wobei sie etwa drei bis vier Schritte vorausdachten. Und sie konnten ziemlich exakt vorhersagen, wie die Dominoreaktionen auf ihre Taten aussehen würden. Anders als Robert

Redfords Filmfigur in *Der Kandidat*, der nach der gewonnenen Wahl in den U.S. Senat sich selbst fragt: „Und was nun?", hatten sich die Ritter bereits im Vorwege mit den Langzeitfolgen von allem, was sie planten und taten, beschäftigt, sodass bei ihnen das „Was dann?" vor der Tat stand.

Die „Ritter" des Zweiten Weltkrieges

Die Revolution des pädagogischen Ansatzes, die an der Harvard Law School und der Harvard Business School stattgefunden hatte, färbte auch auf das Offizierstraining ab. In den späten 1920ern übernahm George C. Marshall die Leitung der Ausbildung an der Infantry School in Fort Benning, Georgia, und begann das, was man die „Benning Revolution" in der Militärausbildung nennt.[13] Marshalls Ziel war es, die Offiziere durch die Schaffung richtiger, überzeugender Schlachtsituationen zu trainieren, in denen sie Entscheidungen über Leben und Tod fällen mussten – anstelle der herkömmlichen Ausbildung anhand von Büchern, Anleitungen und Vorlesungen. Wie die Historikerin Barbara Tuchman schrieb: „Taktik, das Herzstück militärischer Kunst, das Feld, auf dem ein Mann klar denken können muss, egal wie erschöpft er sein mag, war die zentrale Fähigkeit."[14] Marshall, der die Feldzüge Alexander des Großen studiert hatte, revolutionierte die Militärausbildung auf eine Weise, die nicht allzu entfernt an diejenige erinnerte, welche Alexander und seine Ritter in Mieza erfahren hatten.

Tuchman erzählt in ihrem Buch die Geschichte davon, wie Marshall mit der 15. Infanterie in China diente und sich ereiferte, als er hörte, dass ein Offizier unter seinem Kommando während einer Übung keinen Befehl zur Einschließung einer gegnerischen Flanke erteilen konnte, weil er nicht genug über das Terrain wusste, auf dem die Übung stattfand. Laut Tuchman war Marshall noch entsetzter, als er erfuhr, dass der fragliche Offizier in Benning Klassenbester gewesen war. Er konnte es gar nicht erwarten, die Institution von Grund auf zu verändern.

Marshall, der sich auch eingehend mit dem Amerikanischen Bürgerkrieg beschäftigt hatte, wusste nur zu gut, wie zu viel Planung die Fähigkeiten der Unionstruppen lähmte, ihre Siege unter brillanten Generälen wie Ulysses S. Grant oder William T. Sherman und Don Carlos Buell – oder zumindest ein Unentschieden – gegen die Konföderiertentruppen von Shiloh (die Pittsburgh-Landung) zu nutzen, um hinterher klare Siege zu erkämpfen. Hauptsächlich lag es an Generälen wie Henry Wager Halleck, der das Feldkommando von Grant nach Shiloh übernahm, die auf dem Weg nach Korinth trödelten und so den Kampf gegen die Konföderierten mieden. Obwohl die Unionsgeneräle viel mehr Männer unter ihrem Kommando hatten sowie einen gewaltigen Militärkomplex, der sie stützte, sicherten sie sich bestenfalls unklare oder Pyrrhus-Siege gegen die Südstaatenarmee, die vor allem aus Zivilisten bestand.

Ein Grund dafür mag die Weigerung der Generäle gewesen sein, sich auch nur zu rühren, bevor sie nicht alles – die Vorräte, die Männer und die Informationen – an Ort und Stelle hatten. Sie wollten einen Krieg nach Buch führen. All diese Männer waren knietief durch die Theorien gewatet, aber „ihr Problem war, dass der Bürgerkrieg nach Qualitäten verlangte, die sie sich während ihrer Studien nie angeeignet hatten."[15] In den Lehrbüchern für Militärstrategie stand beispielsweise lange zu lesen, dass Feldzüge oft durch das Nichtkämpfen gewonnen würden – was auf einzelne Feldzüge Philipps zutreffen dürfte, bei denen er vorteilhafte Bündnisse schloss und diplomatische Schritte unternahm und so die Schlacht überflüssig machte. Diese großen Generäle jedoch glaubten, eine reine Demonstration ihrer Größe würde reichen, den Feind in die Knie zu zwingen. Leider bestand dieser Feind aber nicht bloß aus der Armee der Konföderierten, sondern aus der gesamten Bevölkerung der Südstaaten, die, wie der Historiker Bruce Catton sagte, nicht eher aufgeben würde, als bis sie endgültig und vernichtend geschlagen war und nie mehr kämpfen könnte.

Doch selbst wenn die Unionsgeneräle kämpften, dann scheiterten sie oft daran, ihren Feind nach dem Sieg nicht zu verfolgen, um ihn von der Aufstellung neuer Truppen abzuhalten – eine aufschlussreiche Lehre aus den Feldzügen Alexanders. Nach Shiloh zum Beispiel, wo Hallecks 125.000-Mann-Armee etwas mehr als doppelt so stark war wie die Truppen, die der Konföderiertengeneral Pierre Toutant Beauregard von seinem Vorgesetzten Albert Sidney Johnston übernommen hatte, der in Shiloh gefallen war, ging Halleck strikt nach Buch vor und folgte dem Gegner nicht, um komplette „Vernichtung" zu erreichen. Stattdessen tat Halleck, was in den Lehrbüchern wie folgt geschrieben stand: Er „okkupierte das Territorium, teilte seine Armee in einzelne Sonderkommandos und machte sich in aller Ruhe daran, seine Vorteile zu konsolidieren; er konzentrierte sich auf die Karte und das, was ein Stratege normalerweise in diesem Fall zu tun hat, und nicht auf die Männer, die die gegnerische Nation auf den Spitzen ihrer Bayonette trugen"[16].

Viele Historiker glauben, das Vorgehen nach Buch hätte den Bürgerkrieg um zwei Jahre verlängert und die Glaubwürdigkeit zahlreicher eigentlich brillanter Unionsgeneräle zerstört – und deren Willen, wie manche in Washington behaupten. Der Krieg endete erst, als Generäle wie Ulysses S. Grant das Kommando übernahmen, die die Entschlossenheit und die Nerven für einen heftigen Krieg mitbrachten.

Als Marshall in Fort Benning ankam, bestand die Fakultät aus einem veritablen *Who's Who* der zukünftigen US-Militärführer, die alle zu Marshalls Protégés werden sollten. Diese Lehrer gingen als die großartigen amerikanischen Generäle des Zweiten Weltkriegs in die Geschichte ein: Dwight D. Eisenhower, der oberster Kommandant der Alliierten wurde, George S. Patton, der wohl fähigste aller US-Generäle und fraglos von den Deutschen am meisten gefürchtet, Omar N. Dradley, Eisenhowers Klassenkamerad in West Point und einer der meistgeschätzten und effektivsten Bodenkriegsgeneräle, General Walter Bedell Smith, der Eisenhower als Stabschef diente, General Joseph Lawton Collins, der die Schiffe am D-Day kommandierte und dessen Gewehre Löcher in die Beton-Atlantikmauer Hitlers schlugen, die groß genug waren, um Tausende von Männern, Lastwagen und Panzern durchzulassen, unter ihnen General Mathew Ridgeway, Kommandant der 82. Luftlandetruppe, die tausende Fallschirmjäger über dem besetzten Frankreich abwarf. Sie alle – etwa 170 Militärführer des Zweiten Weltkriegs – trafen sich in Fort Benning.

Alexanders Klasse in Mieza war Fort Benning nicht unähnlich. In beiden fanden Männer zusammen, die eines Tages den Lauf der Welt ändern sollten. Zu Alexanders Klasse gehörten: Ptolemais Soter, der Alexander als General diente und nach dessen Tod das Ptolemäische Reich in Ägypten aufbaute (es endete 13 Generationen später mit dem Tod der letzten Ptolemäerin Kleopatra VII.); Seleukos Nikator, der ihm ebenfalls als General diente und dann das Reich der Seleukiden aufbaute, die mehr als 150 Jahre über einen Großteil Asiens herrschten, von Syrien bis an die Grenzen Indiens; Perdikkas, der Alexander bei all seinen Expeditionen als einer seiner fähigsten Kommandeure zur Seite stand und dem Alexander auf dem Sterbebett seinen Siegelring übergab, sowie viele andere.

Sobald Marshall in Fort Benning ankam, rief er Joseph Stilwell zu sich, der viele Jahre in China gedient hatte, eine Zeit lang mit Marshall zusammen. Stilwell sollte Marshalls Stellvertreter werden, und es gab natürlich einen Grund, weshalb Marshall gerade ihn dafür auserwählt hatte. Stilwell konnte auf reichhaltige Erfahrungen im Kampf gegen bekannte und unbekannte Feinde im chinesischen Dschungel zurückgreifen und entsprechend realistische taktische Übungen für die Schüler entwerfen, und zwar in den dichten Pinienwäldern von Georgia, wo die Feldtelefone außer Betrieb gesetzt worden waren, alle Boten verlässlich nicht wieder auftauchten, die Berichte der Nachrichtenoffiziere absichtlich unvollständig und irreführend waren, die Karten falsch und, ganz gleich wie gut die Truppen vorbereitet waren, die Feinde eine Überraschung nach der anderen parat hatten – was ihre Stärke, ihre Manöver, ihre Angriffstaktik und ihre Stellung betraf. Mit ihrem Hang, Dinge zu tun, die entweder unsinnig aus Sicht der theoretischen Kriegsführung waren oder wahnwitzig blöde, waren die Feinde dennoch erstaunlich effektiv.

„Sobald er die Leitung übernommen hatte, warf Marshall das Buch weg", schrieb Tuchman, „zugunsten realistischer Übungen, die Initiative und Urteilsvermögen fördern und nicht korrekte Lösungen vorgeben sollten."[17] Der Dienst unter General Pershing hatte Marshall den Wert kurzer, klarer Befehle aus dem Hauptquartier oder von einem Bataillonskommandoposten gelehrt, deren Ausführung dem jeweiligen Divisions- oder Kompanieoffizier überlassen wurde. Bisher hatte sich die Militärausbildung auf die Vermittlung detaillierter Pläne und akkurater, vollständiger Berichte über den Feind und das Terrain gestützt und war davon abhängig gewesen, dass Offiziere die Befehle von höherer Stelle klaglos befolgten. Marshall warf nicht bloß die theoretischen Aspekte des Krieges zugunsten praktischer über den Haufen, sondern er überzeugte seine Mitausbilder, ihren Unterricht an den ersten sechs Monaten eines Krieges auszurichten, wenn zu wenige Vorräte und Männer da sind, statt an den letzten Tagen, wenn beides im Überfluss vorhanden ist.[18] Marshall veränderte die amerikanische Militärausbildung dahin gehend, dass die Offiziere laufend gezwungen waren, nachzudenken und neu zu entscheiden. Und er weitete das Training so aus, dass es Offiziere hervorbrachte, die führen konnten.

Gut 2.000 Jahre vor Marshall wusste Aristoteles schon, Alexander beizubringen, dass das laufende Überdenken der Situation den Unterschied zwischen Erfolg und Scheitern, zwischen Leben und Tod ausmachen könnte. Schnelles, klares Denken brauchte jeder, der seine Umgebung verstehen und sich ihren Bedingungen anpassen wollte, um ein bestimmtes Ziel zu erreichen. Also warf Aristoteles, der „Fakten"-Mensch, Alexander einen nicht abreißenden Strom von Fakten und Situationen vor und beobachtete, wie er ein Problem eingrenzte, aufnahm und löste, obgleich er dazu viele unterschiedliche, oft widersprüchliche Fakten präsentiert bekam. Sein Lehrer brachte ihm bei, wie er gedankliche Verbindungen zwischen Fakten herstellte, wie er die Schwachstellen in der Logik eines Arguments entdeckte und welche zusätzlichen Informationen er brauchte – selbst wenn er schon in einer Informationsflut zu ersticken meinte. Alexander und seine Mitschüler waren schnell gut darin, Muster zu erkennen, sie zu extrapolieren und Urteile auf rein intuitiver Basis zu fällen. Der mit dem Nobelpreis ausgezeichnete Psychologe Herbert Simon hat über die menschliche Entscheidungsfindung geforscht und sagt, Intuition wäre „in Gewohnheit eingefrorene Analyse" – wie sie etwa große Schachspieler beherrschen, die imstande sind, 50.000 Muster zu erkennen, in denen die Figuren auf dem Schachbrett angeordnet sein können.[19] Der Erfolg Makedoniens, vor allem in den Schlachten, dürfte zum größten Teil auf ebendiese Eigenschaft zurückzuführen sein, die Aristoteles bei Alexander förderte.

Die Kunst des Fragenstellens

Oft sah man Aristoteles im Schatten unter einem Baum sitzen – wie es auch in Athen seine Gewohnheit gewesen war – und seinen Schülern spitze Fragen stellen. Manchmal lag dabei Ekel oder Verachtung in seiner Stimme, dann wieder war er knapp und direkt. Zumeist aber wirkte er nachdenklich, versonnen und seine Stimme hatte ein freundliches, wohlklingendes Timbre. Der Klang seiner Frage verwies unmittelbar auf die Art der Fragen – von denen jede darauf zielte, eine bestimmte Antwort von seinem Publikum zu bekommen. Alexander studierte den subtilen Fragenstil seines Lehrers – die Art, wie er eine Frage formulierte, wie er einzelne Worte dehnte oder betonte, wo er Pausen machte.

Die Fähigkeit, Fragen richtig zu stellen, kam Alexander bei seinen Feldzügen sehr zugute, wenn er sich auf die Leute verlassen musste, die er führte, und auch auf die, die er eroberte, dass sie ihm die richtigen Informationen gaben, die er brauchte, um Urteile zu fällen. Er konnte eine Frage gezielt so formulieren, dass er anhand der Antwort, die er bekam, genau einschätzen konnte, inwieweit er dem Befragten trauen konnte. Es gab zahlreiche Momente, in denen er mittels der so gewonnenen Erkenntnisse zu der Entscheidung kam, das Geschick der gesamten makedonischen Armee von einem Hirtenjungen, einem Fischer oder einem Seher abhängig zu machen – Menschen, die er eben erst kennen gelernt hatte. Bei anderen Gelegenheiten fragte er immer wieder nach, weil er überzeugt war, dass das erste Bild einer Situation nicht der Wirklichkeit entsprach.

Aristoteles, der sich sehr für Biologie interessierte und seine Freizeit mit dem Kategorisieren und Segmentieren von unterschiedlichen Pflanzen- und Tierarten verbrachte, wandte diese Segmentationsschemata auch auf die Welt des Intellekts an. Er schuf eine Taxonomie für die Arten von Fragen, die Menschen stellten, und lehrte jeden seiner Schüler, instinktiv gute Fragen zu stellen, bei denen der Ton, die Form und die Sequenz, die Pausen und die Betonungen zwecks dramatischer Effekte ebenso viel Gewicht hatten wie der Inhalt.

Der verstorbene Professor C. Roland Christensen von der Harvard Business School, der für die Betriebswirtschaftslehre tat, was Aristoteles für die Lehre und Praxis der Philosophie und Politik tat – insbesondere für die Fallmethode – bemerkte einmal, dass es im Ganzen nur etwa sechs oder acht Grundtypen von Fragen gibt, die Lehrer stellen können, um ihren Schülern zu helfen, die Komplexität einer gegebenen Situation zu erfassen. Zu diesen sechs oder acht Grundtypen gibt es jeweils Dutzende untergeordneter Fragen, aber auf der hohen abstrakten Ebene sind und bleiben es nur diese wenigen.

Die wichtigsten davon sind Fragen der Information, der Interpretation, der Extension oder einfach hypothetische. „Wann personalisieren wir eine Frage?" wollte Christensen von Wirtschaftswissenschaftslehrern wissen, die er ausbildete. „Wann wählen wir eine niedrigere Abstraktionsebene? Welche Fragen eignen sich eher für die erste Phase eines Kurses, welche eher für eine spätere? Was ist so besonders an der ersten Frage, die wir einem Kurs stellen?" Christensen hat sogar die Art beschrieben, wie bei der Falllehre zugehört werden sollte – wie unterscheidet man zwischen dem Hören auf den Inhalt und dem auf die Gefühle? Und schließlich müssen Lehrende, schrieb Christensen, zwischen einer Taxonomie von Reaktionen unterscheiden können: „Wann sagen wir ‚Hmm'? Wann schreiben wir etwas an die Tafel? Wann paraphrasieren wir, was ein Student gesagt hat?"[20]

Eine Atmosphäre der Ironie

Die Ritter mussten risikobereite Menschen sein, und Risikobereitschaft war ein Zug, den Mieza in der kommenden Generation der makedonischen

Führer bestärkte. Der Schlüssel zur Risikobereitschaft war eine offene Atmosphäre, in der Autoritäten und Ideen angezweifelt werden durften. Das passte Aristoteles gut. Als Ausländer an Platos Akademie in Athen hatte er sich unterdrückt gefühlt, weil er nicht immer frei aussprechen konnte, was er dachte. Obwohl es inzwischen über dreißig Jahre her war, dass die Athener Sokrates vergiftet hatten – unmittelbar vor Aristoteles' Ankunft an Platos Akademie in Athen –, hielt dieses Ereignis die Philosophen (und besonders die ausländischen unter ihnen wie Aristoteles) doch davon ab, ihre festen Überzeugungen offen auszusprechen. Daher verwundert es nicht, wenn Aristoteles, der stets ein Pragmatiker gewesen war, sich größtenteils zurückgehalten hatte.

Er tat alles in seiner Macht Stehende, damit Alexander und die andere Schüler begriffen, dass jeder und alles kritisiert werden konnte. Und diejenigen, die Kritik übten, wurden vor der Mehrheit geschützt, die eine andere Meinung vertrat. Niemand und keine Institution war von der Kritik ausgenommen – nicht einmal der König, der unter den Rittern als „primus inter pares" galt und eher kraft seines Intellekts und Charismas über sie herrschte als aufgrund der Macht seiner Abstammung und göttlichen Verbindungen. Die Kritik mochte noch so lachhaft kindisch oder persönlich verletzend ausfallen, ihr mit Offenheit zu begegnen gehörte zu den wesentlichen Grundsätzen von Mieza.

Die Verwendung von Ironie, besonders der sokratischen Ironie, zu der die Vortäuschung von Ahnungslosigkeit gehörte, war erlaubt und üppig vorhanden. Die Jungen waren so gründlich in die griechische Literatur eingearbeitet – nicht bloß in Homers *Ilias* und *Odyssee*, sondern auch in die Werke großer griechischer Dramen- und Komödienschreiber wie Euripides, Sophokles und Aristophanes, ebenso wie in die Dichtung Pindars – dass die Gespräche unter ihnen häufig die Form eines ironischen Zwischenspiels annahmen.

Verspaare und Zitate aus den großen Werken dienten als nützliche Kurzumschreibungen unter den Rittern, mit denen sie ihre Gefühle über etwas oder über sich austauschten, ohne dass die übrigen Zuhörer mitbekamen, was eigentlich gesagt wurde. Eine Episode, auf die wir im nächsten Kapitel näher eingehen werden, handelt davon, dass Alexander das beliebte „Vater, Braut und Bräutigam auf einmal" aus Euripides' *Medea* zitierte, um indirekt auf die Ermordung seines Vaters Philipp, Philipps letzter Frau Kleopatra und ihres Beschützers Attalus anzuspielen. Oder bei einem königlichen Diner, bei dem der offizielle Geschichtsschreiber der makedonischen Armee, Callisthenes (der außerdem Aristoteles' Neffe war) ein Loblied auf die Makedonier sang, zitierte Alexander aus Euripides' *Bacchae* „von noblen Dingen kann jeder Gutes sagen", womit er Callisthenes anhalten wollte, die wahre Größe seiner Eloquenz zu beweisen, indem er sich kritisch über die Makedonier äußerte. Die Jungen in Mieza tauchten so tief in die griechische Klassik ein, dass selbst ihre Handlungen in den Schlachten Episoden aus diesen Werken ähnelten. Beispielsweise band Alexander, nachdem er Gaza in Palästina eingenommen hatte, den Statthalter mit den Knöcheln an die Hinterachse eines Wagens und befahl, dass er zu Tode geschleift werden solle – eine Reminiszenz an das Schicksal, das sich Achilles am Ende der *Ilias* für Hektor überlegte.

Selbst Aristoteles wurde nicht verschont

„Wer immer sich zum Richter auf dem Gebiet der Wahrheit und des Wissens aufschwingt", sagte Einstein, „wird im Gelächter der Götter untergehen." Aristoteles tat alles in seiner Macht Stehenden, um nicht als der Pächter von Wahrheit und Wissen wahrgenommen zu werden. Vielmehr unternahm er einiges, um den Göttern keinerlei Anlass zu Hohn und Gelächter zu bieten.

Natürlich ging es Alexander in dieser Atmosphäre grenzenloser Offenheit glänzend – und, dem ausdrücklichen Wunsch seines Lehrers entsprechend, nahm er auch diesen bisweilen in die Kritik. Seit dem Erscheinen von Platos *Republik* waren einige Jahre vergangen, einem Buch, das zusammen mit Aristoteles' *Politik* noch heute zu den einflussreichsten Veröffentlichungen über politische Philosophie gilt. Platos Buch stellte drei Staatsformen dar, konzentrierte sich hauptsächlich jedoch auf eine utopische Form, in der seinen Vorstellungen gemäß Philosophenkönige herrschen sollten. Eine solche Staatsform wäre nur mittels einer Revolution durchzusetzen. Während seiner Zeit in Mieza widerlegte Aristoteles Platos Ideen – vor allem die der Revolution zur Durchsetzung des Wandels, des kommunalen anstelle des privaten Besitzes und die Machtkonzentration auf die Elite. Zweifellos wird es einige Kritiker Platos gegeben haben, aber angesichts der Art und Weise, wie Alexander seine politische Philosophie auf seinen Feldzügen vertrat, dürfte auch die aristotelische Position einigen Anfeindungen ausgesetzt gewesen sein.

Wie Universitätsstudenten oft als erste Leser der Veröffentlichungen ihrer Professoren fungieren, dienten Alexander und seine Ritter Aristoteles als Versuchskaninchen. Wir können uns nur ausmalen, was für ein Fest es Alexander gewesen sein muss, die Ideen Aristoteles' infrage zu stellen. Alexander glaubte fest an die Bedeutung der Koexistenz unterschiedlicher Kulturen im Gegensatz zur Vorherrschaft einer einzelnen. Dementsprechend dürfen wir wohl davon ausgehen, dass er den aristotelischen Gedanken einer überlegenen griechischen Kultur und Zivilisation sowie einer untergeordneten Rolle der Frauen in der Gesellschaft nicht kommentarlos hinnahm. Wie wir noch sehen werden, stand Alexanders Lebenswerk letztlich für Haltungen, die gerade in diesem Punkt im diametralen Gegensatz zu jenen seines Lehrers standen.

Gegen Ende der Feldzüge Alexanders erfuhr die ausgezeichnete Beziehung zwischen ihm und Aristoteles einen herben Dämpfer, als Alexander sich so sehr über Callisthenes' Kritik an der Hochachtung des Feldherrn für die persische Gesellschaftsordnung und Kultur ärgerte, dass er den offiziellen Geschichtsschreiber und Neffen Aristoteles' ermorden ließ. Er machte Aristoteles für die Entgleisung seines Neffen verantwortlich und wollte sich an seinem alten Lehrer rächen – dem er praktisch in jeder freien Minute von seinen Feldzügen geschrieben hatte und dessen persönliches Exemplar der *Ilias* er jeden Abend las und unter seinem Kopfkissen aufbewahrte.

Es war ein unglücklicher Bruch, der Lehrer und Schüler entzweite. Alexander, der während seines Indien-Feldzugs zu beschäftigt war, setzte seine Rachepläne gegen Aristoteles nicht um. Aristoteles indes, zutiefst enttäuscht von seinem Schüler, soll damals gesagt haben, niemand würde freiwillig in einem Umfeld leben wollen, wie Alexander es geschaffen hatte. Bedauerlicherweise für Aristoteles, sollte sich seine enge Beziehung zu Alexander nach dessen Tod als Nachteil erweisen. Im Laufe eines kurzen Aufbegehrens der Griechen gegen alles Makedonische war Aristoteles gezwungen, aus Athen zu fliehen und sich an seinen Geburtsort, der Insel Stagira, zurückzuziehen, wo er einige Jahre später im Alter von 62 Jahren starb. Sein Lebenswerk sollte die Intellektuellen der nächsten zwei Jahrtausende wesentlich prägen.

In den drei Jahren, die Alexander von Aristoteles ausgebildet wurde, brachte Mieza eine Gemeinschaft von Adligen hervor, die intellektuell und physisch darauf vorbereitet waren, es mit der ganzen Welt aufzunehmen. Vor allem aber gewann Alexander unter Aristoteles eine Weltsicht, die umfassender und vielseitiger war, als sie irgendeine andere Ausbildungsstätte hätte bieten können. Zudem wurde in Mieza nicht bloß gelehrt und gelernt, sondern mindestens im selben Maße eine Bruderschaft geformt. Die unterrichtsfreien Zeiten waren nicht minder wichtig als der Unterricht, denn der Förderung der Gemeinschaft wurde große Bedeutung beigemessen. Wen die Schüler hier kennen lernten und wie gut, war beinahe ebenso wichtig wie das, was sie lernten. Die Jungen sollten bald als Alexanders Gefährten, Kommandeure, Leibwächter und Vertraute dienen.

Zusammenfassung der zentralen Themen

1. DEN GEIST DAS DENKEN LEHREN

Aristoteles wandte die sokratische Lehrmethode an, um Alexander und die anderen Ritter zu lehren, Fakten und Muster in einer Vielzahl von Quellen zu erkennen und auf systematische und verständnisvolle Weise zur spezifischen Problemlösung zu verknüpfen.

2. DEN CHARAKTER FESTIGEN

Damit sie die moralischen Implikationen ihrer Entscheidungen abwägen konnten, lernten Alexander und die anderen Schüler Aristoteles', wiederholte Selbstbefragungen durchzuführen. Aristoteles förderte seine Schüler dahin gehend, dass sie in ihrer Rolle als Herrscher, Generäle und politische Führer moralisch gefestigt sein würden.

3. LEKTIONEN ZUM BAU EINES IMPERIUMS

In Mieza lernte eine eindrucksvolle Gruppe Schüler, Entscheidungen zu treffen, die sie nicht bloß befähigten, die gesamte bekannte Welt zu erobern, sondern das Gelernte beim Aufbau großer Imperien wie des ptolemäischen in Ägypten und des seleukischen in Asien anzuwenden.

4. RISIKOBEREITSCHAFT FÖRDERN

Mittels der Kultivierung von analytischem Denken, Selbstkritik und intellektueller Ehrlichkeit entstand ein Umfeld des kritischen Denkens und der Risikobereitschaft, in dem alles und jeder infrage gestellt werden durfte und sollte.

5. Die Kunst des Fragenstellens

Aristoteles impfte seinen Schüler eine Taxonomie von Fragen ein, die sie als Kommandierende und Führende nutzen sollten, um Informationen zu prüfen, neue Informationen zu erhalten und genau jene Informationen abzufragen, die sie brauchten. Wie auch die Lehrenden an der Harvard Business School lernten, ist die Kunst des guten Fragenstellens ein wesentlicher Aspekt im Management.

KAPITEL 2

DIE GEBURTSSTUNDE DER STRATEGIE

Mit sechzehn Jahren, 340 v.Chr., verließ Alexander Mieza, um seinen Vater bei den Regierungsaufgaben im rapide expandierenden und zusehends mächtigeren makedonischen Staat zu unterstützen. Während seiner Zeit in Mieza war Alexander besorgt angesichts der Geschwindigkeit, mit der sein Vater die geographische Expansion seines Reiches vorantrieb – nicht etwa weil er nicht stolz auf Philipp war, sondern weil er fürchtete, wenn sein Vater das Makedonische Reich weiter in diesem Tempo vergrößerte, würde für ihn und seine Freunde nichts mehr zu erobern übrig bleiben – und demonstrierte damit einen Zeitgeist der Ungeduld, der seither alle jungen Generationen prägte.

Philipp war sich des Wunsches seines Sohnes bewusst, Raum zur Festigung der eigenen Autorität zu bekommen, ebenso wie der Bedrohung, die er für den Thron Makedoniens darstellte (Alexanders Mutter Olympias war wild entschlossen, ihrem Sohn den Thron zu sichern, was Philipp wusste). Also ernannte er Alexander zum Regenten von Makedonien, wann immer er auf einen längeren Feldzug ging. Auf diese Weise entspannte Philipp eine Situation, die andernfalls wohl zu einer schwer gestörten Vater-Sohn-Beziehung eskaliert wäre. Erstmals setzte er Alexander als Regenten von Makedonien ein, bevor er auf einen Feldzug ins Innere von Byzanz ging.

Ein Stammesvolk im Norden Makedoniens, die Maedi, hatten zu jener Zeit eine Revolte gegen die makedonische Herrschaft gestartet. Alexander machte sich mit einem kleineren Kavalleriekontigent auf nach Norden und unterwarf die Region. Er löste die einheimische Garnison auf, die bislang für die Sicherheit gesorgt hatte, und ersetzte sie durch ein multinationales Heer aus verschiedenen griechischen Stadtstaaten. Außerdem nahm er die größte Stadt des Landes ein und lud Immigranten aus den Nachbarstaaten ein, sich in diesem fruchtbaren und produktiven Land anzusiedeln. Er benannte die Stadt in Alexandropolis um, ähnlich wie sein Vater jüngst in Thrakien alle wichtigen Städte eingenommen und den Namen einer Stadt in Philippopolis geändert hatte (das heutige Plovdiv in Bulgarien). Auch Philipp hatte hier ein Heer platziert, das sich aus Soldaten der griechischen Stadtstaaten zusammensetzte. Als Philipp auf dem Rückweg von Byzanz nach Makedonien war und sich fragte, wie er seinen Ruf beim Amphiktionenrat wiederherstellen könnte, bot sich ihm zufällig eine günstige Gelegenheit. Der griechische Städterat hatte gerade erfahren, dass die Lokriten, die in der Stadt Amphissa im zentralen Griechenland lebten, das Land nahe dem heiligen Tempel des Apollo in Delphi kultivierten. Daraufhin zogen die griechischen Stadtstaaten in den Zweiten Heiligen Krieg. (Der Erste Heilige Krieg, den wir bereits im ersten Kapitel erwähnten, war durch einen ähnlich Vorfall provoziert worden, nämlich die Bebauung des Landes nahe Delphi durch die Phoker.)

Der Amphiktionenrat forderte Athen und Theben auf, gegen die Eindringlinge auf dem heiligen Land vorzugehen. Jedoch lehnten Athen und Theben ab; Athen war zu sehr nach innen orientiert, und in Theben war man noch gebeutelt von dem Ersten Heiligen Krieg. Nun wandte sich der Städterat an Philipp, der nicht nur zur Intervention bereit war, sondern das „Problem" auch noch erschreckend schnell aus der Welt schuf. Philipp war ein großer Opportunist und ein meisterhafter Diplomat, der mit den Werten und Motiven der Griechen vertraut war. Den meisten gebildeten, selbsternannten Kaffeesatzlesern war er ein Rätsel. Normalerweise ging er längst nicht auf jeden Hilferuf ein, und dann eilte er plötzlich herbei? Hinter seinem Verhalten war einfach kein Muster oder ein entzifferbarer Code zu erkennen. Und dennoch versuchten sie alle, seine Gesten zu lesen, wie es der Baseballschlagmann bei dem gegnerischen Werfer versucht. Nur dass sie die Signale durchweg falsch verstanden – wenn sie einen schnellen Ball erwarteten, kam ein gerader Wurf; wenn sie sich für einen geraden Wurf bereit machten, kam ein seitlicher Ball.

Bisweilen wartete Griechenland mit versammelten Mannen wie ein randvolles Stadion auf Philipp, der kommen und das Spiel retten sollte, aber er nahm seinen Schläger und ging nach Hause. So geschehen im Jahr 346 v.Chr., nur sechs Jahre vor dem beschriebenen Ereignis, als Philipp auf die Bitten des größten Redners Athens, Isokrates, gar nicht reagierte, er möge die vier Hauptstadtstaaten Athen, Argos, Sparta und Theben in einem Kreuzzug gegen Persien einen.[1]

Einige Historiker vermuteten, dass Philipp selbst den Städterat veranlasste, seine Hilfe anzufordern, weil mittlerweile der ganze griechische Norden unter seinen Einflussbereich oder seine direkte Kontrolle fiel, da er sich so auch Einfluss auf Zentral- und Südgriechenland sichern wollte. Zudem war sein Schutz des heiligen Apollo-Tempels von Delphi ein Akt von beispielloser Tragweite, der die Griechen in helle Begeisterung versetzt haben dürfte.

Philipp führte die makedonische Armee zusammen mit Alexander gen Süden, wandte sich allerdings kurz vor Amphissa nach Osten und nahm Elatea ein. Die Besetzung geschah aus rein strategischen Gründen, denn hier kamen alle Athener, Thebaner und Spartaner durch, wollten sie nach Norden. Mit der Besetzung hatten die Makedonier also die Kontrolle über die Nordpassage. Taktische Okkupationen wie diese, die einem ganz anderen Zweck dienten – der Unterwerfung der mächtigen Stadtstaaten – hatte es im Altertum noch nie gegeben. Die Makedonier machten sie zum festen Bestandteil ihrer Militärstrategie.

Zwei weitere Beweggründe waren natürlich die Unterwerfung des Feindes in der Schlacht und die Eroberung seiner Hauptstadt zwecks Ausübung physischen und psychischen Drucks. Dies waren die drei Grundsäulen der Militärstrategie, wie sie während des amerikanischen Bürgerkrieges ebenfalls verwandt wurde – und bis zu einem gewissen Grad bis heute verwandt wird. Nun hat der technische Fortschritt mit seinen hochentwickelten mechanischen Boden- und Luftangriffen den Militärstrategen noch weitere Möglichkeiten eröffnet, aber die Grundtaktiken sind nach wie vor dieselben. Im Kampf der US-Kräfte gegen die Taliban und Al Kaida in Afghanistan beispielsweise stützte sich die amerikanische Strategie bei aller Verfügbarkeit – und gelegentlichem Einsatz – von fortschrittlichsten Technologien auf die Einnahme von Städten wie Herat (übrigens eine Stadt, die Alexander als Alexandria-in-Areia gegründet hatte) und Mazar-e-Sharif als Basis für einen großangelegten Angriff und die Eroberung von Kabul, der afghanischen Hauptstadt. All diese Manöver dienten dazu, die Taliban in ihrer Hochburg Kandahar in Unruhe zu versetzen (einer weiteren Stadt Alexanders in Afghanistan).

An einem finsteren Tag im September 339 v.Chr. erfuhr die Athener Versammlung, dass Philipp und Alexander mit der makedonischen Armee in Elatea einmarschiert waren und den Zugang nach Norden abgeschnitten hatten. Den ganzen Vormittag wurde Alarm geblasen, und schon bald herrschten Angst und Schrecken in der ganzen Stadt. Doch selbst als die Stadtältesten hinausgingen und die Athener fragten, was als Nächstes getan werden sollte, traute sich niemand, seine Meinung zu sagen. Die Bevölkerung Athens war derart verängstigt, dass in dem Stadtstaat eine Stille herrschte wie während der Siesta auf einem mexikanischen Marktplatz. Einige Athener fürchteten sich schrecklich vor den Makedoniern. Andere hofften im Stillen, die Makedonier würden ihrer ohnehin vom Weg abgekommenen Demokratie ein Ende setzen. Doch weil jeder, der offen die Art kritisierte, wie Athen geführt wurde, sofort von den Stadtältesten als moralisch verdorben gezüchtigt wurde, behielten die Leute ihre Ansichten lieber für sich.

Beinahe ein Jahr lang griffen Philipp und Alexander nicht an. Sie hätten Elatea als Angriffsbasis nutzen können, waren sich jedoch darüber im Klaren, dass ein solcher Angriff eine Ausweitung der Kommunikations- und Versorgungslinie erfordert hätte, wodurch ihre Truppen gezwungen gewesen wären, längere Distanzen bis zum Feind zurückzulegen (was an sich natürlich kein Hindernis für die Makedonier war, die große Entfernungen in erstaunlich kurzer Zeit zurücklegen konnten).

Wie dem auch sei, die Makedonier blieben in Elatea und festigten dort ihren Halt. Professor Michael Porter von der Harvard Business School, einer der führenden Denker für Unternehmensstrategie, schrieb: „Wesentlich bei der Strategie ist, zu wissen, was man nicht tun sollte.“[2] Die Makedonier hatten beschlossen, nicht anzugreifen – für annähernd ein Jahr. Wie Präsident Abraham Lincoln, der eine riesige Armee zusammenstellte und alle Kriegsvorbereitungen bereits im Frühstadium der Sezession traf, aber keinen Angriff befahl, sondern eine Abwarten-und-Tee-trinken-Haltung bezog (teils wohl auch, um seine Leute in Position zu bringen), warteten auch die Makedonier ab, ob die griechischen Stadtstaaten aufgeben würden oder nicht.

In mancher Hinsicht schienen sie gemäß den Empfehlungen des chinesischen Militärphilosophen Sun Tzu vorzugehen: Die höchste Form der Kriegsführung ist, die feindlichen Bemühungen mittels Strategie zu „vereiteln“; die zweithöchste Form der Kriegsführung ist, den Feind durch Bündnisse zu erobern oder durch Bündnisse mit anderen, die uns zuvor nicht wohlgesonnen waren, mürbe zu machen; die dritthöchste Form ist

… eine Schlacht zu kämpfen. Die schlechteste Form der Kriegsführung ist, den Feind durch die Belagerung seiner Städte zu erobern.[3] Sun Tzus *The Art of War (Die Kunst des Krieges)* gelangte erst Jahrhunderte nach Philipp und Alexander über die Grenzen Chinas hinaus, obwohl es schon 450 v.Chr., über 100 Jahre vor den beschriebenen Ereignissen, geschrieben worden war.

Der Einmarsch der Makedonier nach Elatea entsprach dennoch Sun Tzus Rat für die höchste Form der Kriegsführung. Zuvor hatten die Makedonier alle nordgriechischen Städte unter Dach und Fach gebracht, und nun kontrollierten sie die Passage zwischen den Staaten in der Mitte und dem Süden nach Norden. Aber die griechischen Stadtstaaten begriffen nicht, dass sie schachmatt waren. Also verlegten sich Philipp und Alexander auf Sun Tzus zweite Option: den Feind durch Bündnisse zu bezwingen. Alexander führte Friedensmissionen zu allen drei mächtigen Stadtstaaten, um sie als Bündnispartner zu gewinnen. Seine Angebote wurden abgelehnt. Nun entschieden sich die Makedonier für Sun Tzus dritte Alternative: zur Schlacht bereitmachen. Heimlich planten sie einen Krieg gegen zwei der Städte – Athen und Theben; Sparta war als militärische und wirtschaftliche Macht von Theben marginalisiert worden, seit es 371 v.Chr. bei Leuktra eine schwere Niederlage erfahren hatte.

Athens großer Redner Demosthenes war der Einzige, der Makedoniens Friedensangebote durchschaute. Er ging nach Theben und überredete die Stadträte, mit Athen gemeinsam Front gegen die Makedonier zu machen.[4] Die Athener und die Thebaner ließen sich von Demosthenes überzeugen, dass sie es sich nicht leisten konnten, dazustehen wie die Kühe, wenn's donnert. Sie konnten es sich einfach nicht erlauben, weiterzuleben, als wäre alles beim Alten.

Athener und Thebaner, unversöhnliche Feinde mit einer langen Geschichte gegenseitiger Unterstellungen, kamen im Sommer 338 v.Chr. zusammen, beinahe ein Jahr nach Ankunft der Makedonier in Elatea. Zu den Gesprächen trafen sich die Staatsmänner-Generäle der Stadtstaaten, die in platter Moralrhetorik ganz groß, in Strategie und taktischer Kriegsführung allerdings eher schlecht waren. Die Makedonier planten indes jeden ihrer Schritte gründlich und strategisch effektiv und achteten darauf, keinen der beiden Stadtstaaten zu provozieren, bevor nicht alle Vorbereitungen abgeschlossen waren. Sie gingen in kleinen Schritten vor und zwangen die beiden Stadtstaaten zu einer Landschlacht auf Grasebenen, die groß genug für den Einsatz der makedonischen Kavallerie waren. Hinzu kam, dass diese Landschlacht weit weg von den Stadtmauern Athens oder Thebens geführt wurde, von wo aus sie die Makedonier in einen langwierigen Zermürbungskrieg verwickeln hätten können – wie von Sun Tzu beschrieben. Die Makedonier kontrollierten bereits den Golf von Korinth, der den Norden Griechenlands vom Süden trennte, aber sie stationierten ihre Marine noch nicht dort. Also konnten die Athener sie auch nicht mit ihrer überlegenen Flotte bekämpfen. Die Makedonier wussten, wie man sich in kleinen Schritten vorwärts bewegt, von denen ein jeder dem Gegner nichtig erschien, in der Summe mit den anderen jedoch eine große Bedrohung darstellte.

Erst als Philipp und Alexander im Spätsommer 338 v.Chr. zum Kampf bereit waren, machten sie ihre Kriegsabsichten deutlich. Sie unternahmen einen Blitzangriff bei Nacht gegen die lokritische Stadt Amphissa und schlugen die griechische Schutzgarnison vernichtend. Die Lokriter waren jene Leute, gegen welche vorzugehen der Amphiktionenrat ursprünglich Philipp gebeten hatte, weil sie das Gebiet um den heiligen Tempel des Apollo in Delphi bestellten. Die Makedonier nahmen Amphissa aber nicht etwa ein, um sich mit dem Rat gut zu stellen – vielmehr war der Rat seit der Besetzung Elateas ohnehin machtlos – sondern um ein weiteres Bollwerk gegen jede Bewegung von Menschen oder Gütern aus dem Süden und der Mitte Griechenlands nach Norden zu haben. Damit hatten die Makedonier praktisch zwei Wegblockaden errichtet – eine auf der Rechten (Elatea), die andere auf der Linken (Amphissa). Selbst wenn es gelang, irgendwen oder irgendwas durch Elatea zu schleusen, würde er oder es spätestens in Amphissa aufgehalten werden. Die Mitte und der Süden Griechenlands waren also komplett abgeschnitten. Doch immer noch ergaben sich die Stadtstaaten nicht.

Die Schlacht von Chaironeia

Die griechischen Stadtstaaten rüsteten sich zur Schlacht. Da sie nicht sicher waren, ob und woher ein Angriff der Makedonier erfolgen würde, stellten die Athener und Thebaner ihre Truppen so weit nördlich von ihren Städten wie möglich auf. Der Ort, den sie wählten, war Chaironeia (heute Khairónia) in der Mitte Griechenlands, an der Hauptstraße, die die großen Stadtstaaten mit den Nationen im Norden verband. Die Stadt lag unmittelbar südlich von Elatea. Was die Stadtstaaten betraf, würde diese Lage den Krieg nicht zu nah an ihre Territorien kommen lassen, die sie mit starken und hohen Mauer sicherten – in der Hoffnung, dass Befestigungen den Feind abhalten könnten. Ein ähnliches Vertrauen auf Befestigungen sollte später Adolf Hitler bewegen, zig Tonnen Beton und Stahl in den Bau von Bunkern, Mauern und anderen Schutzbauten zu kippen, was sich als vergebliche Maßnahme gegen den Vormarsch der Alliierten in Nordwesteuropa erweisen sollte.

Für Philipp und Alexander hätte die Wahl der Griechen gar nicht besser ausfallen können. Die Schlacht von Chaironeia ging in die Geschichtsschreibung ein, als jene erste Schlacht, bei der Strategie und nicht bloß Taktik eine Rolle in der Kriegsführung spielte. Philipp konzentrierte sich ganz darauf, wo seine Attacken den eigenen Truppen einen Vorteil und den feindlichen möglichst einen Nachteil einbrachten, wann der Überraschungseffekt am größten wäre, wie die Schwächen des Gegners möglichst früh erkannt und ausgenutzt werden könnten, welche Täuschungsmanöver dem Gegner am ehesten die eigene Absicht verschleierten, in welcher Reihenfolge und aus welcher Richtung die Attacken stattfinden sollten, wer welche Attacken anführen sollte und wie jede einzelne durchgeführt werden müsste, damit der Feind am Ende vollkommen und endgültig vernichtet wäre, und welche Ergebnisse von jedem einzelnen Schritt erwartet wurden – alles zusammen ergibt eine Strategie. Nicht minder detailliert wurden die taktischen Elemente geplant: welche Teile der makedonischen Linien eine defensive Rolle spielten und wann; welche eine offensive Rolle spielten und wann; welche sowohl defensiv als auch offensiv agieren konnten und wie die einzelnen Teile der Armee (die Phalanx, die leichte Kavallerie, die schwere Kavallerie) miteinander und gegen den Feind kämpften, um einen schnellen und entscheidenden Sieg zu erlangen – mit einem Minimum an Blutvergießen auf makedonischer Seite. Wie wir an der Schlachtbeschreibung sehen werden, spielte die Phalanx anfänglich eine offensive Rolle, dann eine defensive und dann wieder eine gegenoffensive, bis die Kavallerie den entscheidenden Schlag ausführte. Napoleons Diktum „Die ganze Kunst der Kriegsführung besteht in einer vernünftigen und extrem umsichtigen Defensive, gefolgt von rapiden und kühnen Attacken"[5] könnte ohne weiteres von der makedonischen Strategie abgeleitet sein, was es wahrscheinlich auch war, wenn man bedenkt, wie sehr Napoleon von Alexanders Strategien und Taktiken beeinflusst war.

Das „Wo" der Schlacht auswählen

Die weiten Grasebenen von Chaironeia waren ein geeignetes Territorium für die Kavallerie Thebens und die Phalanx Athens. Nur 30 Jahre zuvor hatten die Thebaner unter ihrem großen General Epameinodas in Leuktra die weit größere und besser ausgebildete spartanische Armee geschlagen – und damit der korrupten und tyrannischen 35 Jahre dauernden Herrschaft Spartas über Griechenland ein Ende gesetzt, welche eine Folge des Sieges im Peloponnesischen Krieg war. Wenn Thebens 6.000 Truppen eine spartanische Armee von 11.000 Mann besiegen konnten, überlegten die Generäle des griechischen Stadtstaates, dann könnte es ein weit größeres Heer aus beiden Stadtstaaten wohl mit den Makedoniern aufnehmen. Chaironeia lag unweit nördlich von Leuktra und das Terrain war daher ähnlich. Zudem wirkten die Makedonier, zumindest auf den ersten Blick, weit weniger beeindruckend als die Spartaner, für die die Kriegsführung die höchste Kunstform war. Die Spartaner, die sich von acht bis 60 Jahren dem militärischen Training verschrieben, sahen ihren Lebenssinn bis in den Ruhestand hinein einzig darin, die Befehle des Staates auszuführen. Individuelle Freiheit, Verantwortung und Initiative wurden systematisch unterdrückt. Der Staat kümmerte sich um alles. Sparta war ein Modell für die Art Sozialismus, die unlängst die Sowjetunion zu Fall gebracht hat. Der Sinn und Zweck des Staates bestand ausschließlich darin, Kriege zu führen, sonst nichts. Jeder Spartaner wurde auf Furchtlosigkeit, Härte und Befehlsgehorsam gedrillt – ohne zu fragen, warum. Viele Historiker haben über die Gründe der autokratischen Regeln in Sparta geschrieben. Einer der wohl aufschlussreichsten Berichte stammt von einem Reisenden, der nach seinem Aufenthalt in Sparta schrieb, er hätte endlich begriffen, warum die Spartaner so versessen aufs Sterben waren – nachdem er das Essen dort gekostet hatte. Zum Leidwesen der Athener und Thebaner war Chaironeia aber auch exakt das Terrain, das die Makedonier brauchten, um ihre Kavallerie und ihre Phalanx optimal einzusetzen. Makedonische Späher hatten berichtet, dass es sich um größtenteils flaches Gelände handelte, was bedeutete, dass die makedonische Kavallerie und die Phalanx schnell und beweglich operieren konnten. Des Weiteren wurden detaillierte Informationen über die genaue Zahl und die Stellung der Thebaner und Athener gesammelt. In der heutigen Zeit der Spionagesatelliten und ferngesteuerten Flugzeuge mit Kameras mag dies nicht besonders raffiniert anmuten, doch in einer Zeit, in der Kriege in erster Linie zwischen zwei Armeen stattfanden, die sich gegenseitig suchten (und, wie wir später sehen werden, konnten sich bis 100.000 Mann starke Heere durchaus um weniger als eine Meile „verpassen", wie Schiffe bei Nacht) und sich mit Frontalangriffen traktierten, bis die kleinere Armee aufgab, markierte die makedonische Analyse des Schlachtfeldes einen Wendepunkt in der Geschichte der Kriegsführung. Ihre Strategien und Taktiken machten den Hobbes'schen, naturabhängigen Angriffskriegen, bei denen sich die Armeen vor- und zurückbewegten wie beim Tauziehen, bis die kleinere von der größeren besiegt oder zu ihr übergelaufen war, ein Ende.

Wir wissen nicht, ob es Philipp oder Alexander war, der das vorherige Sammeln von Informationen durchsetzte, aber wir können mit Sicherheit sagen, dass dieses detaillierte Ausspähen des Gegners einen wesentlichen Teil der Militärtaktik Alexanders ausmachte. Vieles an dieser holistischen Ausrichtung lässt sich direkt auf die Schulzeit bei Aristoteles in Mieza zurückführen. Angeregt durch Alexanders Erfolge bei der Informationsgewinnung, haben viele Generäle, die ihre Strategien und Taktiken an ihm orientierten, es ebenfalls eingesetzt, etwa Hannibal, Julius Caesar, Augustus Caesar, Friedrich der Große und Napoleon. Für sie alle wurde das detaillierte Ausspähen des Gegners zum zentralen Meilenstein in ihrer Militärlaufbahn – wie der berühmte Satz Caesars „Ganz Gallien ist in drei Teile geteilt" belegt, oder Napoleons gründliche Recherche in den großen Bibliotheken von Paris, wo er alles über ein Land las, das er zu erobern plante.

Auch zwei Jahrtausende später hat diese Taktik nichts an Gültigkeit eingebüßt. Im Zweiten Weltkrieg beispielsweise landeten britische U-Boote am Neujahrsabend 1943 an den Stränden der Normandie, um Bodenproben zu nehmen. Eine römische Karte des Gebiets vom Ende der Gallischen Kriege, 58–50 v.Chr., als Frankreich endgültig unter römische Besetzung fiel, enthielt nämlich Hinweise darauf, dass es hier torfige Sumpfgebiete gab.[6] War der Boden unter dem Strand tatsächlich torfig, hätten die Alliierten ihre Invasionspläne über die Normandie ändern müssen, denn auf solchem Boden würden die Panzer und Lastwagen einsacken, die wichtig für die Invasion waren. Oder denken wir an den Aufruf der BBC an ihre Hörer nach der Evakuierung der British Expeditionary Forces in Dünkirchen, Vorkriegspostkarten und Familienphotos von der Küste der Normandie zu schicken.

Die Militärplaner in London hatten so viele Informationen – und vor allem Luftaufnahmen – nach der deutschen Besetzung Frankreichs gesammelt, dass sie die neuen Bilder nur mit den Vorkriegsaufnahmen zu vergleichen brauchten, um die deutschen Festungen und Gräben auszumachen.[7]

Sogar Brieftauben wurden eingesetzt, die man bei Nacht in Käfigen mit Fallschirmen abwarf. Dabei waren detaillierte Anweisungen, wie sie gefüttert werden sollten, sowie kleine Täschchen, in denen die Nachrichten zu verstauen waren. Am Morgen notierten die französischen Bauern alles, was sie beobachtet hatten, und ließen die Tauben wieder frei, die ihre Botschaften dann nach England trugen.

Zum Teil ist es den überlegenen Nachrichtensystemen zu verdanken, dass England eine deutsche Invasion im kritischen Jahr 1940 abwehren konnte, nachdem Frankreich gefallen war. Der britische Premier Winston Churchill wusste sehr wohl, dass er die Deutschen ohne die Hilfe der Vereinigten Staaten nicht abwehren könnte (die Roosevelt-Regierung war zu diesem Zeitpunkt zwar nicht gewillt, sich in den Krieg einzuschalten, erklärte sich jedoch bereit, Großbritannien materielle Hilfe zukommen zu lassen), weshalb er eine dreigleisige Strategie entwickelte, Deutschland zu sabotieren. Eine Ausweitung des Nachrichtendienstes durch Agenten, die ins besetzte Frankreich, nach Polen und sogar nach England eingeschleust wurden; strategische Bombardierung deutscher Industrie- und Militärstandorte mit britischen Lancasterbombern; und eine Seeblockade durch die britische Marine – die seit dem Sieg über die spanische Armada unter Sir Francis Drake die weltweit stärkste war.

Zurück ins Jahr 338 v.Chr., da verfügten Theben und Athen zwar nicht über Nachrichtendienste, sehr wohl aber über ein Übermittlungssystem für Nachrichten vom Schlachtfeld zu den Stadtstaaten. Sie hatten ihre Stellung in Chaironeia so gewählt, dass sie zum Süden hin die Berge als Rückzugsort hatten, und die Bergpässe eingenommen – nicht bloß um ihren möglichen Rückzug zu sichern, sondern auch den Nachrichtenfluss in die Städte zu gewährleisten. Reiter wurden für den Botendienst zwischen der Frontlinie und den beiden Stadtstaaten eingesetzt. Mit diesem als Staffel aufgebauten Informationssytem konnten Berichte über den Schlachtenverlauf mit einer Geschwindigkeit von bis zu 150 Meilen am Tag weitergeleitet werden[8], was bedeutete, dass beide Stadtstaaten in weniger als zwei Stunden aktuelle Berichte von der Schlacht bei Chaironeia erhielten. Östlich und westlich ihrer Stellungen waren unüberwindbare Gebirgskämme, weshalb die Makedonier nur von Norden kommen konnten, wo die beiden Verbündeten die Pässe freigemacht hatten, um genau das zu erreichen. Die anderen Pässe waren von den griechischen Stadtstaaten verriegelt worden, sodass den Makedoniern keine Möglichkeit blieb, Athen und Theben von hinten anzugreifen.

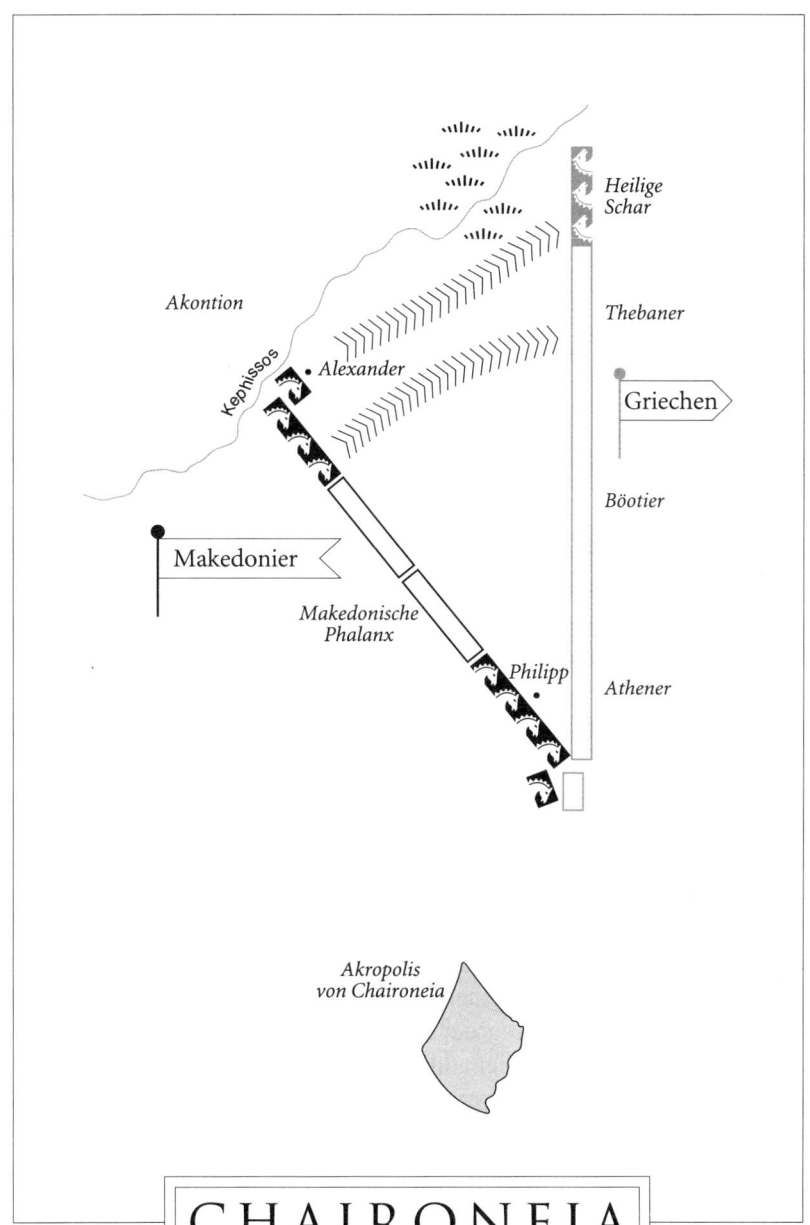

Akontion

Kephissos

Alexander

Heilige
Schar

Thebaner

Griechen

Böotier

Makedonier

Makedonische
Phalanx

Philipp

Athener

Akropolis
von Chaironeia

CHAIRONEIA

Die Stadtstaaten stationierten ihre Armeen zwischen einer Zitadelle zur Linken, wo sie ihre Vorräte und Ausrüstungen untergebracht hatten, und den Fluss Zephissus direkt unterhalb der Berge.[9] Sie hatten genügend Vorräte, um mehrere Monate durchzuhalten. Das Land gen Süden erhob sich zu einem flachen Bergkamm, und die Kommandeure der Athener und Thebaner beschlossen, möglichst viele Truppen auf diesem Kamm in Stellung zu bringen – von hier hofften sie, besonders schnell auf einen makedonischen Angriff reagieren zu können. Thebens 12.000 Mann starke Infanterie und 800 Mann starke Kavallerie bildeten die rechte Flanke, Athens 10.000 Infanteristen und 600 Kavalleristen die linke. Zwischen ihnen standen weitere 14.000 Mann Infanterie und 600 Mann Kavallerie aus den kleinen Stadtstaaten und Provinzen, die den mächtigen Stadtstaaten freundlich gesonnen waren. Insgesamt waren es also 36.000 Mann Infanterie und 2.000 Mann Kavallerie auf der Athen-Theben-Seite.[10]

Motorräder, Schneepflüge und Autos

War Chaironeia eines der ersten Beispiele von Armeen, die strategische Entscheidungen darüber fällten, *wo* sie gegen den Gegner antraten, so ist die Frage nach dem „Wo" inzwischen zum zentralen Strategieelement in der Wirtschaft, dem Militär und der Politik von heute geworden. Die D-Day-Landung der Alliierten in der Normandie am 6.Juni 1944 ist eines der besten Exempel dafür. Hitlers Einheiten hatten vier Jahre lang die Strände in und um die Normandie gesichert, indem sie reihenweise Stacheldraht und Minen im Flachwasser des Ärmelkanals verteilten. Sie glaubten auch, eine Invasion zusätzlich durch die massiven Bunker und Festungen aus Beton und Stahl entlang der Atlantikküste abwehren zu können – eine Art Chinesische Mauer. Die Deutschen jedenfalls hielten ihre Atlantikmauer für undurchdringbar – sie würde jede Armee zurück in den Kanal treiben.

Die gleichzeitige Landung der alliierten Truppen an vier Stränden der Normandie und die Sicherung der Landköpfe in Vorbereitung einer Invasion Frankreichs und anschließender Niederschlagung Hitlers sind heute Geschichte. Die ganze Nacht wurden Fallschirmspringer abgeworfen, deutsche Stellungen bombardiert und mit Minenräumern Seepassagen freigemacht für die folgenden Kriegsschiffe, die Tausende von Angriffsbooten und Fahrzeugen brachten, um allein am ersten Tag beinahe 175.000 alliierte Soldaten über den Ärmelkanal zu bringen – eine Überquerung in einem Ausmaß, wie sie bis dato nur von Julius Caesar und Wilhelm dem Eroberer gemeistert worden war, als sie 2.000 bzw. 1.000 Jahre zuvor in Großbritannien einfielen.

Eines der besten Beispiele für die gelungene Entscheidung eines Unternehmens, was das „Wo angreifen?" betrifft, dürfte Hondas Sicherung einer Landkopfes im amerikanischen Motorradmarkt gewesen sein. Die Wahl des „Wo" fällt häufig darauf, Landköpfe zu sichern. 1959 eröffnete der 52-jährige frühere Automechaniker Soichiro Honda mit zwölf jüngeren Kollegen gemeinsam ein kleines Geschäft am Pico Boulevard Nr. 4077 in Los Angeles. Zwar hatte Honda mit seinem Geschäftspartner Takeo Fujisawa bereits elf Jahre lang eine kleine Motorrad- und Mopedbaufirma in Japan betrieben, doch internationale Erfahrungen oder Präsenz besaßen sie gar keine. Eine kurz zuvor durchgeführte Umfrage des Japanese Ministry of International Trade and Industry (MITI – Ministerium für internationalen Handel und Industrie) hatte empfohlen, in den Anfängen der internationalen Expansion näher am Heimatland zu bleiben und Indonesien vorgeschlagen. Indonesien hat eine große Bevölkerungsdichte und wäre daher als Zielmarkt für Hondas „neues" Moped ideal gewesen: das 1959 entwickelte Honda 50 SuperCub. Mit dem 50 ccm Viertakter mit oben gesteuertem Motor hatten die Fahrer zum ersten Mal in der Geschichte des Motorrads und Mopeds eine verlässliche Maschine, die mehr Zeit auf der Straße als in der Werkstatt verbrachte – im Gegensatz zu ähnlichen Fahrzeugen. Nach der MITI-Studie könnte die Wahl eines anderen ausländischen Zielmarktes ein vorzeitiges Ende der internationalen Ambitionen Hondas bedeuten.

Vergleichbar der makedonischen Armee, die wenig Erfahrungen in der Schlacht gegen harte Gegner wie die Athener und Thebaner hatte (Philipp war zuvor dem Thraker König unterlegen) und dennoch beschloss, es notfalls mit beiden gleichzeitig aufzunehmen, hatte Honda keinerlei internationale Erfahrungen, schlug trotzdem die MITI-Empfehlungen in den Wind und ging in die USA – dem größten und am heißesten umkämpften Markt für Motorräder. Zudem war dieser Markt in festen Händen der heimischen Hersteller wie Harley-Davidson und britischen Importen wie Norton und Royal Enfield. Vor allem aber plante Honda gar nicht, hier das neue Honda 50 anzubieten. Soichiro Honda und Takeo Fujisawa wollten in den USA vielmehr ihre 125 ccm, 250 ccm und 305 ccm großen Motorräder (mit hoher Marge) verkaufen und zum Marktführer werden.

Die Honda-Mitarbeiter zockelten auf dem SuperCub durch die Straßen von Los Angeles und warben Vertreiber für ihre Motorräder. Die Kreuzung aus Motorrad und Lambretta gefiel den Angelinos so gut, dass viele bei

Honda anfragten und Verkaufsadressen erfragten. Bald hatte die Nachricht vom beinahe unverwüstlichen und praktischen Kleinkraftrad, das relativ leise von null auf 40 Meilen beschleunigte, die Runde gemacht, und Tausende Kaufinteressenten meldeten sich. Bei ihren Händlern fanden sie das Moped nicht, denn die fürchteten um ihr Image als Verkäufer bulliger Macho-Maschinen. Sears und ein Sportartikel-Vertreiber boten als Erste das SuperCub an, das den Ruf eines Model-T in der Mopedwelt bekam. Honda änderte seine Marketingstrategie, indem man sich nicht mehr an die Käufer großer Motorräder wandte, sondern an ein Kundensegment, das sich von dem Slogan „Die nettesten Leute trifft man auf einer Honda" angesprochen fühlte. Diese Zielgruppe waren junge und alte Leute, Männer und Frauen, die das SuperCub als Transportmittel benutzten. Weltweit verkaufte sich das Moped über 30 Millionen Mal – und wird bis heute gebaut.

Sobald sie sich die Landspitze im amerikanischen Mopedmarkt – und anschließend im Motorradmarkt – gesichert hatten, wandten sich Hondas Leute dem Auto zu. Hierbei konzentrierten sie sich auf dieselbe Verbrauchergruppe wie beim Moped und avancierten seit den frühen 1960ern zu einer dominanten Kraft auf dem internationalen Markt. Ihr Wissen um die Verbraucherbedürfnisse und das gezielte Bedienen dieser Wünsche durch innovative Nutzung und effizientes Management der Vertriebsnetzwerke waren wesentliche Zutaten zum Erfolg Hondas. Der Anspruch war vor allem der, den Markt mit praktischen und umweltfreundlichen Fahrzeugen zu bedienen. Doch auch wenn Honda heute einer der größten Autobauer in den USA – und weltweit – ist, steht das Mopedgeschäft nach wie vor an erster Stelle. Dieselbe Technologie, mit der sie sich bei den kleinen Maschinen den Marktanstieg sicherten, haben die Hersteller genutzt, um ihre Präsenz im Motorrad-, Rasenmäher, Schneepflug-, Jet-Ski-Markt und noch vielen anderen Märkten auszubauen.

Hondas Erfolg – und der vieler anderer Firmen, wie etwa Wal-Mart im Einzelhandel – beruht in erster Linie auf der Fähigkeit, zu erkennen, *wo* sie in Wettbewerb eintreten wollen. Und sobald sie sich auf ein geographisches Segment oder einen Produktmarkt verlegt haben, passen sie ihre Strategien und Taktikten flexibel dem jeweiligen Markt an – was die Zielgruppe, die Produkte, die Kundenkanäle (Direktvertrieb oder über Einzelhändler) und die genauen Teile und Sequenzen ihres Geschäftssystems betrifft, die sie kontrollieren wollen. In den USA fingen sie mit eigenen Händlern an, gingen dann in den Motorenbau und schließlich in den Karosseriebau.

Ähnlich verläuft die Geschichte von Wal-Mart. In den frühen 1980ern begann das Unternehmen als kleiner Nischen-Einzelhändler mit 250 Läden in den Südstaaten und wuchs binnen weniger Jahre so an, dass es nicht nur seinen viel größeren und mittlerweile insolventen Konkurrenten Kmart mit achtmal so vielen Niederlassungen überholte, sondern auch Sears, Roebuck and Company, die über hundert Jahre alten Pioniere auf dem Gebiet der unterschiedlichen Vertriebsformate (Versand, Lieferservice, Hausmarken). Der Schlüssel zu Wal-Marts Erfolg als größter und gewinnstärkster Einzelhändler der Welt lag in der simplen logistischen Technik, dem so genannten „cross docking" – einem Vertriebssystem, bei dem Waren von den Zulieferern an Wal-Marts regionale Lager gehen, wo sie dann sortiert, verpackt und an die einzelnen Niederlassungen weitergeleitet werden. Das bedeutet, die Waren liegen nicht tagelang in einem Wal-Mart-Lager, sondern können innerhalb von weniger als achtundvierzig Stunden vom Lieferanten zur Niederlassung gelangen.[11] Wal-Mart konnte seine Regale deshalb so schnell wieder auffüllen, weil die Geschäfte weitab von den großen Metropolen in kleinen Südstaaten-Städten mit Bevölkerungszahlen von 100.000 und oder mehr lagen. Und diese Niederlassungen befanden sich nicht bloß in kleinen Städten, sondern dort auch noch in billigen Gewerbegebieten, wo die Lkw problemlos zu jeder Tages- und Nachtzeit anliefern konnten.

Wie Honda wusste auch Wal-Mart genau, in welchen geographischen Regionen man am besten in den Wettbewerb einstieg und welche Teile des Geschäftssystems unbedingt unter Firmenkontrolle bleiben mussten – zunächst die Standortwahl und die Logistik, inzwischen auch das Vertriebsmanagement und die Preisgestaltung. Wichtig ist also nicht bloß die sorgfältige Wahl des Wann, Wo und Wie, sondern auch eine klare Strategie, in welcher Form und welcher Reihenfolge diese Kriterien kombiniert werden sollen. Dabei gleichen sich die Kombinationen dieser individuellen Entscheidungen nie. „Das Wichtigste am unternehmerischen Entscheidungsmuster, also der so genannten Strategie, ist dessen Einzigartigkeit", schrieb Kenneth R. Andrews, Professor an der Harvard Business School, in seinem bahnbrechenden Buch von 1971, *The Concept of Corporate Strategy*. Und genau aus diesem Grunde sind Kmart und Sears gescheitert, als sie versuchten, Wal-Marts Entscheidungsmuster zu kopieren: Ihre Strategien waren nicht einzigartig auf ihre Bedürfnisse abgestimmt, ja, vielmehr handelte es sich meist um Nachahmungen Wal-Marts. Andrews war ein klarer

Verfechter des inviduellen unternehmerischen Ansatzes, bei dem der Charakter, die Ziele und Ansprüche sowie der Zweck eines Unternehmens nach außen demonstriert werden und sich in allem äußern, was das Unternehmen tut. Ein Wettbewerbsvorteil im Markt kann seiner Meinung nach nur durch einen eindeutigen Ausdruck und die hartnäckige Durchsetzung dieser Differenzmerkmale erreicht werden, die jeder Unternehmensstrategie etwas Einzigartiges verleihen. „In einer Wirtschaft, in der alle Firmen dieselbe Strategie zu verfolgen scheinen, werden alle außer dem Marktführer langfristig in Schwierigkeiten kommen – so wie American Motors Corporation, Chrysler Corporation und Ford Motor Company immer wieder mal größere, mal geringere Schwierigkeiten hatten, der General Motors Company hinterherzueifern, die dorthin kam, wo sie heute steht, weil sie eben *nicht* dem ehemaligen Marktführer, Henry Ford, nacheiferte", schrieb Andrews.[12]

Wann kommen, wann gehen?

Bis zum Morgengrauen des 2. August 338 v.Chr. wussten die Kommandeure der griechischen Stadtstaaten nicht genau, wann oder ob überhaupt die Makedonier nach Chaironeia vordringen würden. Die Makedonier wiederrum schickten selbst während der Schlachtvorbereitungen weiter Vermittler in beide Staaten, die erkunden sollten, ob sich der eine oder andere Stadtstaat mit ihnen gegen den jeweils anderen verbünden würde. Um die Gegner restlos zu verwirren, sandten sie sogar einen Boten mit wichtigen Schlachtplänen nach Pella, in der Hoffnung, er würde von einer Garnison der Athener oder Thebaner aufgegriffen. Und so kam es denn auch. Die Pläne stellten einen fiktiven Marsch auf Thrakien dar – nicht unähnlich den fiktiven Plänen der British Fourth Army in Schottland von einer Invasion Norwegens, um von hier mit den alliierten Kräften gegen Deutschland vorzugehen (siehe auch Kapitel 9: Die Kunst der Täuschungsstrategie).

Während die Athener und Thebaner sie nun voller Spannung erwarteten, machten sich die Makedonier aktiv daran, mögliche Bündnispartner ihrer Gegner zu neutralisieren. Amphissa etwa war Makedonien wie auch Theben wohlgesonnen, weshalb die Makedonier hier als Erstes einmarschierten, um die Stadt endgültig auf ihre Seite zu bringen. Diverse andere griechische Stadtstaaten waren angesichts der makedonischen Einnahme Amphissas verwirrt. Sie meinten, die Makedonier wollten sich eventuell den Zugang zum Golf von Korinth sichern – der lebenswichtig für die Versorgung der nördlichen und mittleren griechischen Regionen war – und hierüber ihre Truppen und Vorräte ins Land bringen. Um ihnen diesen Vorteil zu nehmen, blockierten die Athener und Thebaner alle Pässe, über die Menschen und Waren vom Golf ins Landesinnere gelangen konnten.

Philipp und Alexander nutzten den Golf von Korinth nicht als Versorgungsweg. Ihr Vorgehen war teils dazu gedacht gewesen, die Gegner zu verwirren, und teils einer von mehreren Schritten, sich einen Wettbewerbsvorteil zu verschaffen, weil sie wussten, dass sie als Invasionsarmee immer im Nachteil wären. Nach all den Schlägereien und Zwistigkeiten, die sie in und um Griechenland bereits erlebt hatten, unterschätzten sie die Schlagkraft eines Feindes nicht, der sie auf seinem eigenen Grund und Boden bekämpfte. Sie hatten die Lektion zwei Jahrtausende vor Napoleon gelernt, der sie von den Russen lernen musste, vor den Briten und den Russen, die sie von den Afghanen lernten, und vor den Amerikanern, die sie von den Vietnamesen lernten.

Also verhielt sich die makedonische Garnison auch dann noch ruhig, als die Thebaner den symbolisch wichtigen – und heiligen – Thermopylenpass einnahmen. Er lag einfach zu weit östlich von ihrem gegenwärtigen Aktionsfeld. Deshalb konzentrierten sie sich weiter ganz darauf, die beiden Pässe nahe dem kritischen Pass bei Parapotamii zu befreien, die den Zugang zu den Ebenen von Chaironeia kontrollierten. Über den Bergpass von Parapotamii verliefen der Zephissus und die Hauptstraße nach Theben. Als die makedonische Armee die beiden anderen Pässe einnahm, wurde die thebanische Garnison vom Parapotamii-Pass abgezogen. Die Makedonier hatten sich nun freien Zugang nach Chaironeia verschafft und alle Pässe und Regionen nördlich davon unter ihrer Kontrolle. Sie konnten nun jederzeit nach Chaironeia vordringen und, vor allem, sich jederzeit schnell zurückziehen.

Die makedonische Sicherung einer Rückzugsroute entsprach den Schriften des Xenophon, eines Historikers und Generals aus dem vierten Jahrhundert v.Chr., dessen Werke gleichrangig mit denen anderer Historiker wie Thukydides und Herodot sind. Interessanterweise empfiehlt der angesehenste Management-Guru aller Zeiten, Peter Drucker, allen Leuten, die sich an der Quelle des Managementdenkens laben wollen, ebenfalls die

Schriften Xenophons. Xenophon hatte einst die als „die 10.000" in die Geschichte eingegangene Armee geführt – 10.000 griechische Kaufleute, die erfolgreich nach Persien einmarschierten, um Cyrus den Jüngeren zu stützen, den zweiten Sohn des persischen Herrschers Dareios II. Die Kaufleute mussten sich zurückziehen, nachdem Cyrus in der Schlacht gegen seinen älteren Bruder getötet worden war, der damals ein Heer von angeblich zwanzigfacher Größe befehligte.

Philipp und Alexander waren beide glühende Verehrer der Xenophon-Schriften und folgten seinem Rat. Für sie war die Entscheidung, wann man sich aus Chaironeia *zurückziehen* sollte, ebenso wichtig wie die, wann man nach Chaironeia *einmarschieren sollte*. Xenophons Äußerungen über die Kunst des strategischen Rückzugs zählen bis heute zu den besten praktischen Ratgebern über strategische und taktische Operationen in der Schlacht. Gerade vor diesem Hintergrund scheint es fragwürdig, wenn multinationale Unternehmen monatelange Planungen und Vorbereitungen investieren, um zu entscheiden, wann sie in einen neuen Markt vordringen, die wenigsten jedoch Pläne entwerfen, wann sie sich zurückziehen sollten. Wie fatal sich das Fehlen einer Rückzugsstrategie auswirken kann, haben wir an Coca-Cola und IBM in den 70ern gesehen, als ihre Unternehmungen durch einige sich entwickelnde Weltregierungen unerwartet in ihren Grundfesten erschüttert wurden. Die Rückzugsstrategie, bzw. ihre Abwesenheit, war und bleibt der wunde Punkt bei globaler Expansion.

Auch in der westlichen Militärtradition hielt man in relativ modernen Zeiten wenig von Rückzugsplanung. Die Historikerin Barbara Tuchmann verweist in diesem Zusammenhang darauf, wie der amerikanische Army-General Joseph Stilwell von der Kunst des strategischen Rückzugs überrascht wurde. Stilwell kam 1911 erstmals nach China, wenige Wochen nach Beginn der Revolution, welche die Nation von einer Monarchie in eine Republik wandeln sollte, und leitete dort mehrere Einsätze, während sich das Land von der Kontrolle der sich befehdenden Kriegsherren befreite, erst von den Nationalisten und dann von den Kommunisten regiert wurde, bis zum Ende des Zweiten Weltkrieges. Stilwell hatte in West Point alle Taktiken und Strategien für offensive Manöver gelernt – niemals wann und wie ein Rückzug erforderlich war. Die Chinesen hingegen maßen dem Rückzug mindestens so viel Bedeutung bei wie der Vorwärtsbewegung. Sie glaubten, mit einem kalkulierten Rückzug eine Option für einen künftigen Vormarsch zu gewinnen. Die Notwendigkeit des strategischen Rückzugs, und die Durchführung eines solchen, war ein fortwährender Streitpunkt zwischen Stilwell und den großen chinesischen Generälen, an deren Seite er diente. Er erkannte zwar ihre Effektivität, doch im Kontext dessen, was er in West Point unter anderem bei Dennis Hart Mahan über „offensive" Strategie und Taktik gelernt und im Dienst der American Expeditionary Force (AEF) unter General John J. Pershing erlebt hatte, machte sie einfach keinen Sinn.

Die Rolle der AEF im Ersten Weltkrieg hatte darin bestanden, nicht nur den Alliierten zu helfen, sondern ihre Befehlshaber davon zu überzeugen, ihre Stellungskriegtaktik – d.h. das Verfolgen klar eingegrenzter Ziele gefolgt von rapider Konsolidierung – zugunsten der amerikanischen Militärdoktrin der maximalen offensiven Durchbrechung der feindlichen Linien aufzugeben.[13] In einer solch offensiven Doktrin spielte Rückzug keine Rolle. Gemäß den amerikanischen Historikern und vielen europäischen Militärhistorikern, die größtenteils ignoriert wurden, war einer der Gründe, weshalb der Große Krieg so lange gedauert hatte und beide Seite so teuer zu stehen gekommen war, der, dass beide eine weitestgehend defensive Schlacht führten – einen Zermürbungskrieg, in dem auf eine begrenzte offensive Aktion Monate der Stellungssicherung folgten.

Yamaha Wo Tsubusu

Henry Mintzberg, der kanadische Management-Guru, hat schon vor längerem bemerkt, dass bei es bei einem Strategiewechsel wichtiger sein dürfte, den richtigen Zeitpunkt zu bestimmen, als die richtige Art. Seine Strategieveränderungen zu verschieben, bis alle anderen gerüstet und vorbereitet sind, kann am Ende heißen, dass man wartet, bis es zu spät ist; ein vorzeitiger Strategiewechsel kann nicht minder wertlos sein. Der Kampf zwischen Honda und Yamaha um die Vorherrschaft in der japanischen Motorradbranche bietet ein anschauliches Beispiel für angemessenes Timing.

Während der 1970er sah Honda, der weltweit größte Motorradbauer, mit Besorgnis zu, wie Yamaha seine Kapazitäten und seine Produktivität beständig steigerte. Allerdings war man bei Honda zu jener Zeit so sehr damit befasst, das Autogeschäft auszubauen, dass man die Bedrohung durch Yamaha nicht gebührend ernst nahm, bis diese 1981 die Absicht äußerten, Hondas Vorherrschaft auf dem Motorradmarkt zu erschüttern: Sie eröffneten eine neue Fabrik, deren Produktionsleistung Yamaha weit an Honda als weltgrößtem Motorradbauer vorbeikatapultiert hätte.

Honda antwortete mit dem japanischen Schlachtruf *Yamaha wo tsubusu*, was grob übersetzt etwa heißt: „Wie werden euch nicht nur umbringen, zertreten und begraben, sondern auch noch auf euren Gräbern tanzen." Honda, die sich auf die Autoproduktion konzentriert hatten, nutzten ihr dort gewonnenes Wissen über flexible Herstellungstechniken, um nicht nur die gesamte Modellreihe zu erneuern, sondern auch noch das Angebot zu verdoppeln. Yamaha, die mit 60 Modellen angefangen hatten – wie Honda auch – begriffen zu Beginn der Schlacht nicht recht, wann sie neue Modelle einführen sollten, um den Abzug ihrer Kunden zu den 120 neuen Honda-Hot-Rods aufzuhalten. Und so endeten sie damit, nur halb so viele Modelle auszutauschen und neu einzuführen alsHonda.

Hondas Reaktion war zum Teil reine Wahrnehmungssache. Sie nutzten denselben Basismotor, statteten ihn allerdings mit genügend eigenen Extras aus, um die Kunden in den Läden zum Staunen zu bringen. Eine Menge war allerdings auch real: Honda bot tatsächlich eine Reihe technischer Innovationen, etwa einen viel größeren Motor, der ebenso groß wie die Honda-Automotoren war, neue Materialzusammensetzungen, durch die die Motorräder robuster und leichter wurden, und so fort. Aber Honda wusste um die Bedeutung des *Wann* bei strategischen Manövern und achtete peinlich genau auf das Timing. Die Kunden waren der alten Modelle überdrüssig und bereit für eine neue Serie von „Lifestyle"-Modellen, die neu, hochmodisch und leidenschaftsbesetzt waren. Und genau diese Leidenschaft übersetzte Honda in Profit, indem sie die Modelleinführung mit Sonderaktionen und Werbekampagnen begleiteten. Yamaha war getroffen und versenkt. Der Präsident des Unternehmens war nicht bloß gezwungen, öffentlich klein beizugeben, sondern saß auch noch auf einem gewaltigen Lagerbestand und Verlusten, die wettzumachen das Unternehmen Jahre brauchte.[14]

In den letzten zwei Jahrzehnten erlebte Harley-Davidson ein beachtliches und gewinnträchtiges Comeback. In der beinahe hundertjährigen Firmengeschichte, seit die beiden Zwanzigjährigen, William Harley und Arthur Davidson, auf die Idee kamen, einen Verbrennungsmotor zwischen zwei überdimensionierte Gummireifen zu packen, ist das Unternehmen einige Male fast untergegangen. Als den heutigen Managern klar wurde, dass ihr gegenwärtiges Kundenprofil von untersetzten Männern mittleren Alters (Durchschnittsalter 46) in Lederjacken mit Glatze oder Pferdeschwanz sie in absehbarer Zeit dem Untergang weihen könnte, haben sie sich ein weiteres Mal – wie nach dem Zweiten Weltkrieg – daran gemacht, „Öfen" zu entwerfen und zu bauen, die junge Männer und Frauen ansprachen. Harley-Davidson brach mit der Tradition der großen, schweren, klobigen Maschinen mit den breiten Hinterteilen und einem Minimum an 650-ccm-Motoren und tat sich mit Firmen wie dem deutschen Autobauer Porsche zusammen, um ein Motorrad-Design hervorzubringen, das hip, cool, leicht und schnell war, zugleich aber noch das klassische Harley-Motorengeräusch hatte.

Der von Porsche entworfene flüssiggekühlte Motor des V-Rod markiert nicht nur einen Bruch mit Harleys Vergangenheit der ausschließlich luftgekühlten Motoren, sondern die verstellbaren Sitze und 360 Pfund Gewicht eröffnen auch ein neues Marktsegment unter Frauen und jungen Männern – ein wichtiger Schritt für ein Unternehmen, das bislang vor allem als Ausstatter der Hell's Angels bekannt war.[15] Für Harley, die trotz ihrer Profitabilität Marktanteile an leichte, modische japanische Motorräder oder ihren leistungsorientierten teutonischen Cousin verloren, hätte das Timing der Einführung von leichteren Motorrädern gar nicht besser sein können.

Das Wie:
Stärken optimal nutzen, Schwächen optimal verschleiern

Als die Sonne im Osten aufging, beobachteten die Späher der Thebaner und Athener auf den Bergpässen des Petrachos zur Linken und des Acontion zur Rechten, wie 30.000 makedonische Infanteristen und 2.000 Kavalleristen durch Parapotamii und die benachbarten Pässe in die Ebenen von Chaironeia zogen. Die Hornisten bliesen Alarm, und ein kombiniertes Heer aus 38.000 Thebanern und Athenern (sowie einiger kleiner befreundeter Stadtstaaten) nahm die zuvor festgelegten Positionen auf dem Bergkamm ein, der den Petrachos mit dem Acontion verband. Die Thebaner nahmen die rechte Seite der etwa eine Meile langen Front zum Flussufer hin, und die Athener die linke zur Zitadelle. Auf der makedonischen Seite stand Philipp zur Rechten an der Spitze der makedonischen Infanterie, und Alexander führte auf der Linken die thessalischen Reiter. Die makedonische Kavallerie unter dem Kommando Parmenions marschierte zu Alexanders Linker. Auf dem Bergkamm oben war die berühmte 300 Mann starke „Heilige Schar" der Thebaner in Stellung gegangen, die den entscheidenden

Schlag für Theben (über die Spartaner) in Leuktra und Matinea ausgeführt hatte. Diese Kavallerieeinheit bestand aus 150 Paaren, die zusammenlebten, zusammen trainierten und als eine Kampfeinheit funktionierten. Sie standen nun Alexander gegenüber. Und zwischen den Außenkanten hatten beide Seiten ihre Phalanx postiert.

Die Makedonier gingen auf dem Schlachtfeld in Position, wobei Philipp sich gegen die Athener Linke stellte. Die makedonische Front stand im 45-Grad-Winkel zur Frontlinie der griechischen Stadtstaaten. Während also Philipp den Athenern Auge in Auge gegenüberstand, waren es ein paar hundert Meter zwischen ihm und Alexander an der Spitze des linken Flügels sowie der thebanischen „Heiligen Schar". Diese Formation, die Rechte „nach vorn geworfen" und die Linke „verweigert", war die Wiederholung einer historisch verbürgten Erfolgsstellung: Thebens General Epameinodas hatte zweimal einen Krieg gegen zahlenmäßig überlegene Feinde gewonnen, indem er eine ähnlich „schiefe Schlachtordnung" verwandte, und dennoch waren nicht die Thebaner oder ihre Verbündeten, die Athener, auf die Idee gekommen, sich so aufzustellen, sondern die Makedonier.

Die Makedonier waren sich ihrer eigenen Stärken ebenso bewusst wie ihrer Schwächen. Eine Stärke lag in der detaillierten Planung der Schlacht, einschließlich der einzelnen Formationen, die sie über Jahre immer wieder geübt hatten. Eine weitere Stärke war die Manövrierfähigkeit ihrer Kavallerie und die vereinfachte Form ihrer Phalanx – die Infanteristen mussten sich lediglich darauf konzentrieren, vorwärts, seitwärts oder rückwärts zu marschieren, *und nicht* darauf, die rechte Flanke zu schützen, weil ihre Schilder links waren – und ihre längeren und leichteren Speere (gegenüber jenen der griechischen Kämpfer).

Die makedonischen Schwächen lagen zum einen in ihrer leicht unterlegenen Truppenzahl, zum anderen darin, dass die Athener und Thebaner mehrere Tage vor ihnen auf den Ebenen angekommen waren und daher das Terrain besser kannten (die Besetzung des Bergkamms war ein klares Indiz, dass sie diese bessere Geländekenntnis zu ihrem Vorteil nutzen wollten), und schließlich hatten es die Makedonier bei der „Heiligen Schar" mit der besten schweren Kavallerie in ganz Griechenland zu tun.

Die Besetzung des Bergkamms durch die Thebaner und Athener war ein Beispiel für klassische strategische Positionierung: Die Thebaner und Athener hatten eine vorteilhafte Stellung entdeckt, sie nahmen sich vor, von dieser Stellung aus zu kämpfen und zu verteidigen, und sie warteten nun, dass der Feind käme und zuschlüge. Sie hatten allerdings keinerlei Vorstellung, was geschehen würde, sollten die Makedonier anders als auf die erwartete Weise angreifen.

Übertragen auf die Unternehmensstrategie würde man sagen, ihre Position war nicht haltbar. Und das nicht bloß, weil sie davon abhängig war, dass die Makedonier sich auf eine bestimmte Weise näherten, sondern auch weil Athen und Theben die Kontroll- und Koordinationsprobleme von zwei unterschiedlichen Armeetypen nicht durchdacht hatten – einer stehenden Berufsarmee und einer aus Stadtsoldaten – die durch eine lose Allianz verbunden waren. In der Geschäftswelt vertritt Michael E. Porter die Ansicht, dass die Notwendigkeit von interner Kontrolle und Koordination entsprechende Koordinierungsmaßnahmen und Abstriche der Unternehmen erfordert. Unternehmen „die versuchen, für ihre Kunden alles zu sein, riskieren jedoch Verwirrung in den Schützengräben, wenn die Mitarbeiter versuchen, alltägliche Entscheidungen ohne klare Vorgaben zu fällen"[16].

Leider hatten die Thebaner und Athener keinerlei Koordinierungsmaßnahmen eingeleitet und so weder klare Vorgaben dazu erteilt, wie die Makedonier anzugreifen wären, noch dazu, wie wichtige Kontroll- und Koordinationsprobleme zu lösen wären, etwa wer die oberste Befehlsgewalt hatte, wie sie zusammenarbeiten sollten, wie sie sich gegenseitig in der Schlacht Rückendeckung geben müssten, etc. Hinzu kam, dass Theben zwar formelle Führungsstrukturen in seinem Heer hatte, Athen hingegen, das kein stehendes Heer hatte, über solche Strukturen nicht verfügte. Philipp bemerkte einmal, dass die Athener ständig einen ganzen Fundus an Generälen anzubieten schienen, während er in seinem ganzen Leben nur einen großen General in Makedonien gefunden hatte – Parmenion.

Vom jedem Bürger Athens wurde erwartet, im Krieg seine oder ihre Pflicht zu tun. Sie konnten zwar nicht eingezogen werden, aber sie hatten ihre Bürgerpflicht zu erfüllen. Die politischen Führungskräfte rotierten an der militärischen Führungsspitze, nur leider konnten diese Politiker keine Entscheidungen treffen, da alle Entscheidungen nach einem Konsens verlangten. So ist es denn auch kein Wunder, dass an der Spitze des athenischen Gefolges ein unerfahrener und unentschiedener General stand. Selbst Demosthenes, der ein großer Redner, mittelmäßiger Diplomat, schlechter Politiker und bemitleidenswerter Soldat war, erhielt kraft seiner politischen Stellung in Athen das Kommando über ein Athener Kontingent.

Die Makedonier wussten um die mangelnde Koordination zwischen den Thebanern und Athenern. Doch wenngleich ihnen diese einen gewaltigen Vorteil verschaffte, waren sie klug genug, die damit verbundenen Nachteile zu erkennen, nämlich die Unvorhersehbarkeit der gegnerischen Operationen. Ihnen war klar, dass ihre Berufsarmee gegen eine Kombination von Berufsarmee *und* einem Heer aus Bürgersoldaten antrat. Vor allem Philipp war, dank seiner Jugend in Theben, mit den Taktiken und Strategien der Thebaner vertraut und konnte deren Manöver, abgesehen von wenigen Überraschungen, ziemlich sicher voraussagen. Wie ein amerikanischer Football-Trainer hatte Philipp die makedonische Armee auf eine ganze Reihe von unterschiedlichen Defensiv- und Offensiv-Spiele der Gegner vorbereitet.

Die Manöver der Stadtsoldaten hingegen waren so unvorhersehbar wie die aller Bürgerarmeen in der Geschichte von damals bis heute. Hinzu kam, dass alle Berufsarmeen sich darin einig waren, was ein Sieg und was eine Niederlage ist, während die Bürgersoldaten zumeist ihre Lebensweise verteidigten – im amerikanischen Bürgerkrieg war das die Erhaltung der Sklaverei –, weshalb sie in der Schlacht andere Maßstäbe für Sieg wie für Niederlage ansetzten. Die Makedonier mussten also zunächst einmal diese Unvorhersehbarkeit ausschalten und sich sowohl auf die Planung und Durchführung ihrer Attacken konzentrieren als auch auf eine Schlachtführung, die am Ende keinerlei Missverständnisse mehr zuließ.

Sie hatten sehr klar vorgegeben, wer was kontrollieren würde. Philipp führte das oberste Kommando und stand an der Spitze des rechten Flügels; Alexander führte den linken makedonischen Flügel an. Darüber hinaus hatte Philipp seinem Sohn mehrere erfahrene Kommandeure für den Notfall zur Seite gestellt, da es das erste Kommando Alexanders war. Jeder in der makedonischen Armee, ob Infanterist oder Kavallerist, wusste genau, wann er was zu tun hatte – wann er angreifen, wann verteidigen und wann aufgeben musste. Die Makedonier kontrollierten perfekt, was man in der Wirtschaft als das „Aktivitätssystem" eines Unternehmens bezeichnet.

Nach Porter dreht sich bei der Strategie alles um das „*Kombinieren* von Aktivitäten"[17]. Southwest Airlines macht es vor, indem das Unternehmen eine Bandbreite unterschiedlicher Aktivitäten kombiniert – von der schnellen Abfertigung am Gate mittels Flügen ohne Bordmahlzeiten, ohne Gepäckweiterleitung und ohne Sitzreservierung, über den Einsatz nur eines einzigen Flugzeugtyps (der Boeing 737) zwecks Wartungsoptimierung und Kosteneinsparung und sogar bis hin zur legendären Rückseite ihrer Cocktail-Servietten. Genau so kombinierten auch die Makedonier eine ganze Reihe von Aktivitäten, um das zu erreichen, was Porter als „strategische Passform" bezeichnet. Ihre Truppen konnten durch die leichten Waffen schnell manövrieren, besaßen bessere Informationen und Nachrichtendienste als ihre Gegner und statteten ihre Infanterie mit effektiveren Speeren aus als die andere Seite. Jeder einzelne Abschnitt ihrer Bataillone agierte nach festen Vorgaben und kommunizierte über vereinbarte Zeichen und Boten mit den anderen. Wie in Porters Unternehmensstrategie dargelegt, kam es auch hier auf jeden Schritt an, der in der Verknüpfung mit den Aktivitäten der anderen zu einer strategischen Kette wurde, die so stark war wie ihr stärkstes Glied.

Die indirekte Annäherung

Eines der zentralen taktischen Manöver in der Kriegsführung ist die indirekte Annäherung bei der Attacke, bei der Täuschungsmanöver und Verwirrungstaktiken dazu dienen, die gegnerischen Kräfte zeitweise abzulenken und so die eigene Position zu stärken. Die Makedonier hatten diese Taktik bereits eingesetzt, als sie Amphissa nicht, wie vom Amphiktionenrat gefordert, besetzten, sondern daran vorbei nach Elatea zogen und erst in einem Überraschungsangriff Monate später Amphissa unter ihre Kontrolle brachten. Auf dem Schlachtfeld von Chaironeia sollten sie dieselbe indirekte Annährung erneut vormachen.

Der natürliche Vorteil der Athener und Thebaner durch ihre Verteidigungsstellung auf den Bergkämmen musste schnellstmöglich von den Makedoniern neutralisiert und der Gegner damit demoralisiert werden. Die Schlacht begann mit Philipp an der Spitze eines Trupps von Hypaspisten (leicht bewaffneten Infanteristen mit Schildern), die auf eine großes Kontingent schwerer Athener Infanteristen einstürmten. Als sie die Makedonier den Berg hinaufkommen sahen, stürzten sich die Athener ihnen entgegen – was bei ihren schweren Rüstungen recht eindrucksvoll wirkte. Doch in dem Moment, da sie ihre Speere auf die Makedonier richteten, befahl Philipp mit einem Zeichen den sofortigen Rückzug. Aufgrund ihrer leichten Bewaffnung konnten sich die Makedonier rasch vom Bergkamm zurückziehen, wobei sie ihre Speere weiter auf die Athener richteten. Das war eine List, denn die Athener, überglücklich, die angreifenden Makedonier zurücktreiben zu können, gaben nun ihre Stellung auf dem Bergkamm auf, ohne es zu merken, und rissen damit eine Lücke in ihre eigene Frontlinie. Philipp verhielt sich mit seinem leicht bewaffneten Kontingent wie der Rattenfänger von Hameln und lockte die Athener Truppen von ihrer sicheren Verteidigungsstellung weg. Damit hatten die Athener ihren strategischen Vorteil verloren. Die makedonische Infanterie stoppte nun ihren Rückzug, bildete sich in Windeseile zu einer offensiven Formation und griff die Athener an.

Die aber hatten nicht bloß ihren strategischen *Vorteil* aufgegeben, ohne darüber nachzudenken, was sie taten, sondern sich einen deutlichen strategischen *Nachteil* geschaffen, indem sie Lücken in ihre Linien rissen. Und da die Lücken jetzt einmal gerissen waren, befahl Philipp seinen 16 Reihen tiefen Phalanxen, gegen die 8 bis 12 Reihen tiefen der Athener und Thebaner in der Mitte vorzugehen.

Am anderen Ende der makedonischen Front griff die schwere thessalische Kavallerie unter Alexander die Thebanischen Phalanxen und die Heilige Schar an. Dank des Gedränges, das Philipp inszeniert hatte, öffneten sich immer größere Lücken zwischen den Stellungen der Thebaner und Athener. Die Thebaner blieben auf ihren Stellungen, aber in den Spalt, der das eine Ende der Thebaner freigab, drang Alexander ein, während Parmenion mit der leichten Kavallerie auf der anderen Seite um sie herumging.

Die schwere Infanterie der Athener wurde nach und nach dezimiert, doch die besser ausgebildeten Thebaner Truppen versuchten, ihre Stellung zu halten. Vergebens. Die Kavallerie der Thessalier und Makedonier donnerte in die offenen Lücken und umzingelte die Thebaner. Es folgte ein wildes Gemetzel, in dessen Verlauf auch die Heilige Schar abgeschlachtet wurde, die außerstande war, gegen die von allen Seiten umzingelten Thebaner zu manövrieren, und fiel exakt an der Stelle, wo sie ihre Formation aufgestellt hatte. Nur 46 von 300 Rittern überlebten. Beinahe die gesamte Thebaner Armee, die durchaus gewillt war zu kämpfen, ging zu Boden, als die makedonischen Speerschwärme der Phalanx und die schwere Kavallerie über sie herfielen.

Auf der Athener Seite hatten die freiwilligen Bürgersoldaten begonnen, sich über den südlichen Pass zurückzuziehen, den sie sich für diesen Zweck freigehalten hatten. Eigentlich war es weniger ein Rückzug als eine panische Flucht in die Sicherheit. Leider entkamen nur wenige. Der Historiker Plutarch, der aus Chaironeia stammte, erzählte die tragische Geschichte – oder komische, je nach Sichtweise – vom Rückzug Demosthenes', der eilig davonhinkte, um sich in Deckung zu bringen. Ob dieses Hinken von den Scherben Griechenlands rührte, das er doch auf seinen Schultern trug, oder von einer echten Verletzung, ist nicht bekannt. Sehr wohl bekannt aber ist, dass sich sein Umhang in einem Brombeerstrauch verhakte. Während er nun versuchte, den Umhang freizubekommen, beobachtete er voller Panik die heranrückende Kavallerie der Makedonier. Demosthenes fiel vor ihnen auf die Knie, achtete gar nicht auf die Schreie der verwundeten Athener, weinte und flehte um sein Leben. Er wollte nicht sterben. Über 2000 Athener Soldaten und die meisten Thebaner hatten weniger Glück. Ihre Leben waren ausgelöscht worden.

Größe im Sieg

Die Armeen der großen Stadtstaaten von Theben und Athen waren in den Ebenen von Chaironeia vollständig und beschämend geschlagen worden. Makedonien hatte gesiegt. Panik verbreitete sich in beiden Stadtstaaten, als der Sieg der Makedonier bekannt wurde. Aber sie hatten wenig zu befürchten – besonders Athen. Am Morgen nach der Schlacht ritt Alexander in Begleitung Parmenions mit einer kleinen Kavallerieeinheit in Athen ein und überbrachte Urnen mit der Asche der gefallenen Athener. Hinter ihnen marschierten die Gefangenen, praktisch die gesamte Athener Armee abzüglich der 2000 Toten. Die Athener beobachteten staunend, wie das makedonische Kontingent den Hügel hinauf zur größten Grabstelle des Stadtstaates ritt, gefolgt von offenen Wagen mit weiteren Toten. Der Zug ähnelte dem des größten Athener Generals Perikles, der die Gefallenen nach dem ersten Jahr des Peloponnesischen Krieges im Jahr 431 v.Chr. ebenfalls hergebracht hatte.

Auf dem Friedhof, von wo aus man die gesamte Stadt überblickte, stellten die makedonischen Soldaten gesenkten Hauptes die Urnen in einer Reihe an den freien Grabstellen auf, als würden sie ihre eigenen Gefallen beisetzen wollen. Anschließend lösten sie die Ketten der Gefangenen und ließen sie frei. Die Athener waren von dieser Geste so gerührt, dass sie Philipp und Alexander in der Versammlung am selben Nachmittag zu Bürgern Athens ernannten.

Philipp und Alexander nahmen die Ehrung an und versprachen, die Athener zu verschonen, sofern die Ratsversammlung aufgelöst und Athen zum Verbündeten der Makedonier wurde. Alle Athener Truppen – und vor allem ihre Schiffe – sollten fortan unter makedonischem Kommando stehen. Bei den Thebanern zeigten sie sich weniger großzügig – teils weil Philipp während seiner Geiselhaft in Theben mit vielen von ihnen Freundschaft geschlossen hatte und nun tief enttäuscht war, dass sie sich mit den Athenern gegen ihn verbündet hatten. Er fühlte sich von ihnen verraten. Wie tief seine Enttäuschung war, hing damit zusammen, wie man im alten Griechenland und in Makedonien über Beziehungen dachte. Ähnlich dem von Michael Douglas in *Wall Street* gespielten Charakter Gordon Gekko war man entweder ganz für ihn (Freund) oder ganz gegen ihn (Feind).

Die Vergeltung, die Philipp an den Thebanern übte, zielte direkt auf die Stärke der thebanischen Armee. Philipp wusste, wie gut die Thebaner ihre Soldaten ausbildeten, also wollte er auf jeden Fall verhindern, dass sie gleich die nächste Armee gegen ihn aufstellten. Deshalb wurden die Soldaten in die Sklaverei verkauft und ihre Kommandeure geschlossen exekutiert. Um die Gefallenen der Heiligen Schar zu ehren, bauten die Makedonier eine Löwenstatue aus Stein über deren Grabstelle. Diese Statue steht bis heute dort, gleich neben dem Weg durch die Ebenen, und jüngste Ausgrabungen ergaben, dass die Zahl der Leichen exakt der jener Gefallenen von vor fast 2.400 Jahren entspricht.

Im Jahr darauf, 337 v.Chr., bat Philipp alle griechischen Stadtstaaten nach Korinth, wo der Korinthische Bund geschlossen wurde – ähnlich der Zusammenkunft der Führer aller Gegner Deutschlands im Ersten Weltkrieg im Bourbonenpalast von Versailles oder dem Treffen des russischen Zaren, des österreichischen Kaisers und des preußischen Königs mit den Regierenden der kleineren Staaten beim Wiener Kongress im September 1814 nach der ersten Abdankung Napoleons.

In Korinth schwor jeder griechische Stadtstaat – und zwar mehrfach –, keinen Krieg gegen die anderen zu führen, sich nicht an kriegerischen Handlungen gegen Philipp oder Alexander zu beteiligen und sich ohne ausdrückliche Genehmigung durch den Bund nicht bei anderen Nationen zu verdingen. Damit sollten die griechischen Armeen der Kaufleute davon abgehalten werden, in persische Dienste zu treten.

Philipp erhob sich vor den Delegierten und bat um Ernennung zum „Hegemon" und „Bundesfeldherrn" der vereinten Armeen des Bundes. Er hatte Griechenland so vollkommen unter Kontrolle, dass er sie ebenso gut hätte bitten können, ihn zum Alleinherrscher zu ernennen – Griechenland unterstand so oder so seinem Kommando. Aber er hatte es auf ihr Wohlwollen und ihre Männer, ihre Trireme und ihren Reichtum abgesehen – das Land interessierte ihn nicht.

Philipp verstand es hervorragend, den Leuten Träume zu verkaufen. Er wollte nicht einfach Bundesfeldherr um des Ranges willen werden, sondern die Griechen in die Schlacht gegen seinen Erzfeind Persien führen. Und diese Absicht verkaufte er ihnen nicht als seine alleinige Ambition. Vielmehr vermittelte er ihnen den Zug gegen Persien als Chance, Revanche für die Untaten der Perser zu nehmen, die vor allem unter ihrem großen König Xerxes über die griechischen Städte, Tempel und Menschen hergefallen waren. Philipp wusste, wenn er diese Karte ausspielte, würde ihn jeder Grieche unterstützen.

Xerxes war zwar längst tot, aber Philipp sprach dessen Namen trotzdem immer wieder aus, weil er damit alle Griechen geschlossen hinter sich bringen konnte – und seinen eigenen Namen so zum Synonym für die Hoffnung machte. Xerxes' Angriffe auf Griechenland vor etwa 150 Jahren standen nach wie vor für die Bedrohung schlechthin, da er von allen persischen Herrschern die mit Abstand schrecklichsten und nachhaltigsten Angriffe verübt hatte. Die Hoffnung, für die Philipp nun stehen wollte und sollte, entsprach der, wie sie der Athener General Themistokles und die Zähigkeit seiner Truppen zu wecken vermochten, als sie mit einer List die weit größere Flotte der Perser bei Salamis besiegten. Der persischen Bedrohung musste also begegnet werden, und das versprach Philipp zu tun, vorausgesetzt die Griechen unterstellten sich vereint seinem Kommando, um den „guten Krieg" zu kämpfen und zu gewinnen, wie Churchill es im Zweiten Weltkrieg formulierte. Entsprechend wählte ihn der Bund einstimmig zum Bundesfeldherrn.

Der preußische Militärphilosoph Carl von Clausewitz definierte Strategie im achtzehnten Jahrhundert als den Einsatz oder die Androhung des Einsatzes von Streitkräften im Krieg zur Verwirklichung von militärischen oder politischen Zielen. Wie Philipp und Alexander in Chaironeia gezeigt haben, geht es bei der Strategie um die Ausnutzung von geographischen, wirtschaftlichen, sozialen, zwischenstaatlichen, politischen und verhaltensbedingten Gegebenheiten zur Erreichung höher gesteckter Ziele. Ihnen ging es nicht um die Beherrschung Griechenlands, sondern um die Beherrschung zu einem höheren Zweck, nämlich dem, Makedonien und Griechenland zusammen in einen Eroberungskrieg gegen Persien zu führen. In der Geopolitik beobachten wir ebenfalls die Anwendung strategischen Denkens, wenn Nationen andere nicht aus rein taktischen Gründen erobern, sondern um sich Zugang zu menschlichen oder mineralischen Ressourcen, zu Häfen oder Schiffahrtslinien zu sichern. Phlipp und Alexander hatten mit der Niederschlagung Persiens ein Thema gewählt, das in Griechenland seit 499 v.Chr. aktuell war, und sie hatten es verstanden, dieses Ziel zur Stärkung der eigenen Position zu nutzen – indem sie die Macht Makedoniens mit der der griechischen Stadtstaaten vereinigten. Ihr Vorschlag war für die Griechen einfach zu gut, als dass sie ihn ablehnen konnten.

James Brian Quinn, emeritierter Professor an der Amos Tuck School of Business Administration in Dartmouth und ein führender Vordenker für Unternehmensstrategie, schrieb in seinem viel beachteten Buch *Strategies for Change: Logical Incrementalism*, die „Prinzipien" der Schlacht von Chaironeia wären „von zeitloser Gültigkeit und in den nächsten 2.300 Jahren bei vielen erfolgreichen ‚großen' und ‚Kampf'-Strategien ebenso wie im strategischen Denken überhaupt wiederholt aufgetaucht"[18]. Des Weiteren schrieb er: „Die wohl erstaunlichste Analogie im Zweiten Weltkrieg waren die Schlachtstrategien von Patton und Rommel, die exakte Kopien des makedonischen Konzepts von Konzentration, rapidem Durchbrechen der feindlichen Linien, Einkreisen und Angriff des Feindes von hinten waren. Ähnliche Konzepte durchwirken bis heute wohldurchdachte Strategien – sei es in der Politik, der Diplomatie, dem Militär, dem Sport oder der Wirtschaft."[19]

Zusammenfassung der zentralen Themen

1. DAS ENDE DES FRONTALANGRIFFS

Philipps und Alexanders Strategien und Taktiken haben gezeigt, dass Kriege nicht nach der Hobbes'schen, unzivilisierten Art ausgetragen werden müssen und dass eine kleinere Armee sehr wohl einen größeren Gegner besiegen kann.

2. STRATEGIE UND TAKTIK STATT NUR TAKTIK

Nach der Einnahme von Elatea blieben die Makedonier fast ein Jahr an Ort und Stelle, wo sie die Zeit mit der Planung und Vorbereitung ihrer nächsten Schritte verbrachten, aber nicht angriffen. Sie zeigten damit, dass im Krieg, wie auch in der Politik und der Wirtschaft, die „Essenz der Strategie" darin besteht, „zu entscheiden, was man nicht tut".

3. Die wichtige Wahl des „Wo" in der Schlacht

Wie die Entscheidung von Unternehmen, wo sie in den Wettbewerb gehen, war auch die Entscheidung, wo die Schlacht aufgenommen würde, ein wesentlicher Teil der Strategien und Taktiken Philipps und Alexanders. Die Konzentration auf das „Wo" katapultierte Honda in den 60er Jahren vom kleinen japanischen Motorradhersteller in eine Position, in der sie nicht mehr bloß die größten Motorradbauer waren, sondern zugleich auf dem Weg, eine führende Stellung im Autobau zu übernehmen.

4. „Wann" man vorprescht und wann man sich zurückzieht

Wann nach vorn schieben, wann nach hinten ziehen, wann offensiv zuschlagen und wann defensiv spielen – die Antworten lesen wir im Verhalten der Makedonier. Hondas Schlag gegen Yamaha in der Motorradindustrie zeigt eine moderne Anwendung des makedonischen Wissens.

5. Das „Wie" der Schlacht- oder Wettbewerbsentscheidung

Die Frage nach dem „Wie" durchzieht jeden einzelnen Schritt der Makedonier, von der Stellung bis zum Timing des Angriffs, von der Verschleierungstaktik bis hin zu den Verwirrmanövern – alles zielte auf einen maximalen Schaden auf der gegnerischen Seite bei minimalen Verlusten auf der eigenen – und darum geht es bei richtig großen Siegen.

KAPITEL 3

DIE MÄNNER, DIE KÖNIGE SEIN KÖNNTEN

Für König Philipp von Makedonien war es ein wahrlich feierlicher Anlass, als er seine Tochter Kleopatra im Oktober 336 v.Chr. zum Altar führte. Nach jahrzehntelangen Kriegen war sein Land zur größten Macht in Südeuropa aufgestiegen. Beinahe ganz Griechenland befand sich in makedonischer Hand und unter Philipps Kontrolle. Nun schritt er also zum Altar, den Kopf leicht geneigt, weil ihn die sentimentalen Gefühle eines Vaters überkamen, der seine Tochter an einen anderen Mann verlor, aber auch sichtlich von Schmerzen in seinen Armen und Schultern geplagt. Er war in der Schlacht so viele Male verletzt worden, dass jedes längere Gehen in ihm die Erinnerung an die Hiebe, Stiche und Prellungen weckte, als wäre es gestern gewesen. Obwohl er sein intaktes Auge sehr anstrengen musste – das andere hatte er im Kampf verloren – spielte er brillant mit der Menge. Er erwiderte jedes Winken, jedes Klatschen und jeden Jubelruf mit der Ernsthaftigkeit eines großen Schauspielers, der seine wahren Gefühle und seinen wahren Zustand hinter einer Maske wohlstudierter Reaktionen verbirgt.

Kleopatra sollte ihren Onkel mütterlicherseits (Olympias' Bruder) heiraten, der ebenfalls Alexander hieß. Philipp hatte bei seinen nordwestlichen Nachbarn von Epirus bereits interveniert, als es Nachfolgestreitigkeiten gab, und war seinem Schwager beigestanden. Die Vermählung seiner Tochter mit Alexander von Epirus sollte ein Signal für Philipps ungebrochene Loyalität sein. Philipp war entschlossen, die Tempeltreppen hinauf zum Altar zu gehen, ohne zu stolpern. An strategisch wichtigen Stellen hatte er Leibwächter platziert, die ihn halten sollten, falls seine schwachen Knöchel nachgaben. Er lächelte seiner Tochter und seinen Untertanen freundlich zu, als er die ersten paar Stufen erklomm. Dann hielt er kurz inne, um zu verschnaufen und neue Kraft zu sammeln für die nächsten Stufen. Doch er hatte erst ein paar geschafft, als seine Knöchel nachgaben und er nach vorn in die Arme seines nächsten Leibwächters fiel, der neben ihm ging.

Als seine Tochter sich hinabbeugte, um ihm aufzuhelfen, verdrehte Philipp die Augen gen Himmel und sackte auf den Stufen zusammen. Binnen Sekunden färbte sich sein weißes Hemd rot, und seine Tochter, die neben ihm kniete, stieß einen verzweifelten Schrei aus, bevor sie ohnmächtig wurde. Philipp lag in der Lache seines eigenen Bluts, das sich über seine Kleider und die Treppe ergoss wie dickflüssige Farbe. Philipps persönlicher Leibwächter, ein Adliger namens Pausanias, von dem er gedacht hatte, er würde ihn vor einem Sturz bewahren, hatte ihm einen Dolch in die Brust gerammt.

Philipp war erst 46 Jahre alt, als er starb.

Ungeregelte Nachfolge

Philipp starb, ohne seinen Sohn Alexander als Thronfolger festgesetzt zu haben, auch wenn er bereits einige Schritte ergriffen hatte, die auf genau diese Absicht hindeuteten (als er ihm beispielsweise das Kommando in Chaironeia übergab). Solche Dinge kommen bis heute oft genug in Politik und Wirtschaft vor. Die ungeregelte Nachfolge mag schon bei kleineren Unternehmen und Institutionen ein ziemliches Chaos hervorrufen, aber denken wir an die ehrwürdige Investmentbank Goldman Sachs, die auf eine Geschichte zurückblickt, in der sie fast alles richtig machte, und dennoch stand sie eines Tages ohne einen Vorstand da, weil Gustave Lehmann Levy keinen Nachfolger festgelegt hatte, bevor er im Oktober 1976 einen Schlaganfall erlitt. Auch er hatte sich zwar schon mit potenziellen Nachfolgern umgeben, aber keinen Erben genannt, und so stürzte sein Tod das Bankhaus in ein heilloses Durcheinander.[1]

Philipp war stolz auf die Fähigkeiten und den Scharfsinn, den sein Sohn bewies, wenn er während seiner Abwesenheit die Regierungsgeschäfte in Makedonien übernahm. Freude und Stolz erfüllten ihn, wenn er sich auf seinen Feldzügen befand und hörte, wie sich seine Generäle und Kommandeure abends am Feuer über Alexander als den Herrscher und Philipp als *seinen* obersten General sprachen.

Natürlich war nicht immer alles eitel Sonnenschein. Zwei Ereignisse hätten Alexander sogar beinahe aus der makedonischen Machtpolitik hinauskatapultiert. Das eine hatte mit dem Heiratsvorschlag zu tun, den Philipp vom persischen Gouverneur erhielt, betreffend eine Vermählung von Philipps unehelichem Sohn Arrhidaeus mit dessen thessalischer Geliebten. (Arrhidaeus war Philipps ältester Sohn und, wie wir im zehnten Kapitel sehen werden, kehrte er nach Alexanders Tod für kurze Zeit als Regent nach Makedonien zurück.)

Wie Plutarch die Geschichte erzählt, sandte der Satrap (Gouverneur) des persischen Teils von Thrakien einen Vermittler, der Philipp eine Heirat zwischen der Tochter des Satrapen und Arrhidaeus vorschlagen sollte. Als man im Königspalast davon erfuhr, soll Königin Olympias Alexander überzeugt haben, dass eine solche Heirat zur Zerschlagung von Philipps Imperium zu Arrhidaeus' Gunsten führen würde. Sie holte sich sogar Hilfe und Unterstützung bei einigen von Alexanders engsten Freunden, die ihre Schlussfolgerungen bestätigen sollten, wie etwa Ptolemais, der später zu einem von Alexanders Spitzengenerälen und schließlich zum Herrscher von Ägypten aufstieg. Gemeinsam erklärten sie Alexander, dass Philipp gar nicht mehr in der Position wäre, einen anderen Ausgang herbeizuführen, weil die Macht des persischen Imperiums seine Entscheidungen beeinflussen würde.

Sobald Alexander überzeugt war, wurde er aktiv. Er engagierte einen Tragödiendarsteller, der in einer Sophokles-Tragödie in Pella spielte, um die Hochzeit zu torpedieren. Dieser Schauspieler wurde von Alexander auf seine Rolle vorbereitet und reiste dann an den Hof des persischen Satrapen nach Thrakien, wo er dem Perser unter Einsatz seines ganzen dramatischen Könnens erklärte, welch große Sorge ihm die geplante Vermählung bereitete. Mit Tränen in den Augen und feierlicher Stimme zerpflückte er allmählich Arrhidaeus, bis dieser als Heiratskandidat vollkommen indiskutabel war. Er erzählte, Arrhidaeus wäre nicht bloß dumm und mental instabil, was er erwiesenermaßen tatsächlich war, sondern neigte auch noch zu heftigen epileptischen Anfällen, was ebenfalls stimmte – inhaltlich war also an dem Vortrag des Schauspielers nichts auszusetzen, der Arrhidaeus' Unzulänglichkeiten allerdings so schamlos übertrieb und dramatisierte, dass der Satrap sein Heiratsangebot gleich am nächsten Tag zurückzog. Als Philipp erfuhr, was vorgefallen war und wer dahinter steckte, marschierte er angeblich in Alexanders Zimmer im Palast und forderte ihn auf, Makedonien sofort zu verlassen – mit denjenigen seiner Freunde, die bei dem Komplott mitgewirkt hatten. Alexander und seine Gefährten zogen sich daraufhin für einige Monate nach Epirus zurück.

Das andere Ereignis, das ihn und seinen Vater vorübergehend entzweite, hatte mit Philipps Heirat mit Kleopatra zu tun, der Tochter eines makedonischen Barons. Philipps Tochter hieß ebenfalls Kleopatra (der Mädchenname erfreute sich im alten Griechenland großer Beliebtheit, ungefähr so wie heute Catharina).

Obschon sich Olympias und Philipps andere Frauen wiederholt über seine Untreue beschwert hatten, schien es leichter für ein Kamel zu sein, durch ein Nadelöhr zu marschieren, als für Philipp, seinen Frauen treu zu sein. Doch er hatte sie überzeugt, dass all seine Heiraten einzig dem Wohl des Landes dienten – der Expansion des Territoriums oder der Finanzierung weiterer Feldzüge, und sie hatten ihm letztlich widerwillig ihr Einverständnis erteilt. Außerdem hatte er bisher immer nicht makedonische Prinzessinnen geheiratet.

Bei Kleopatra verhielt sich die Sache anders. Hier standen keine Territorial- oder anderweitige Gewinne in Aussicht – Philipp war bereits der mächtigste Herrscher nach dem persischen König. Er wurde auch nicht so schwer von der Midlife-Crisis gebeutelt, dass er dringend eine ganz junge Frau heiraten musste, wie so viele andere Männer. Der einzige einleuchtende Grund für diese Heirat war, so spekulierten viele, dass Philipp einen Erben mit perfektem Stammbaum wollte. Das wiederum irritierte Alexander verständlicherweise ziemlich. Dennoch verlor er kein Wort zu dem Thema – bis zum Tag nach der Hochzeit.

Entgegen den Warnungen einiger Barone, Philipp müsste vor seinem „Ich will" mit einigen Einwänden aus den Gästereihen rechnen, war die Feier sehr friedlich verlaufen. Seine sämtlichen Frauen und ihre nächsten Verwandten hatten die Feierlichkeiten natürlich boykottiert. Beim Hochzeitsempfang sprach Kleopatras Onkel Attalus, ein führender General in der makedonischen Armee, einen Toast auf das Brautpaar aus – auf den 45-jährigen Bräutigam und die 16-jährige Braut. Attalus, der neben dem Paar vorn am Tisch saß, forderte die Gäste auf, dafür zu beten, dass die Verbindung der beiden Brautleute einen *rechtmäßigen* Thronfolger hervorbringen möge. Als die Gäste nun ihre Gläser hoben, flog ein Bronzebecher über die ganze Länge des Festsaals direkt Attalus an die Stirn. Der Werfer war Alexander, der sich unbemerkt unter die anderen Gäste gemischt und ganz hinten an die Tafel gesetzt hatte. Attalus lief das Blut über das Gesicht, als Alexander auf den Tisch stieg und ihm zurief: „Schurke, hältst du mich etwa für einen Bastard?"[2] – auf seine Abstammung von einem makedonischen Vater und einer epirotischen Mutter anspielend.

99

Während Attalus sprachlos dastand und sich noch fragte, was hier vor sich ging, zog der wütende Philipp sein Schwert, schob seine Braut energisch beiseite, die ihn aufhalten wollte, und raste in betrunkenem Zorn auf seinen Sohn zu. Alexander hatte sein Schwert ebenfalls gezogen und sprang vom Tisch, um sich mit seinem Vater zu duellieren. Leider hatte Philipp ein bisschen zu viel getrunken, weshalb seine Knie nach wenigen Schritten nachgaben und er mit der Nase auf dem Steinboden des Bankettsaals landete. Die Gäste eilten herbei, doch Alexander trat zu dem gestürzten Vater und trieb die anderen mit seinem Schwert zur Seite. Dann stellte er sich neben seinem am Boden liegenden Vater auf und erklärte, hier läge ihr König, der Asien erobern wollte, aber es nicht einmal von einem Tischende zum anderen schaffte, ohne das Gleichgewicht zu verlieren.[3] Anschließend schob er sein Schwert wieder in die Scheide und verließ zusammen mit seinen Freunden, die mit ihm an der Tafel gesessen hatten, den Palast. Sie ritten nach Epirus, wohin Olympias sich bereits ins selbstgewählte Exil zurückgezogen hatte, um den Feierlichkeiten zu entgehen.

Innerhalb von sechs Monaten kehrte Alexander allerdings nach Makedonien zurück und diente als Philipps Stellvertreter und als Anführer der makedonischen Kavallerie in der Schlacht. Er mochte innerlich ein wenig verletzt gewesen sein, aber nach außen gab er sich, als wären die familiären Zwistigkeiten beigelegt und erledigt.

Ein Gefühl von Unsterblichkeit

Kein anderes Imperium hat so viele Probleme mit der Erbfolge gehabt wie Makedonien. Das britische Haus der Tudors war im 16. Jahrhundert zwar dicht dran, als die Krone nach dem mehrfach verheirateten Heinrich VIII. innerhalb von zehn Jahren über drei Geschwister weitergereicht wurde, ehe sie für 45 Jahre bei Elizabeth I. landete. Doch selbst den Tudors ist die Brutalität und Unsicherheit der makedonischen Erbfolge letztlich fremd. Das fängt schon damit an, dass die meisten makedonischen Monarchen keines natürlichen Todes starben. Philipp selbst war der Nutznießer einer Thronfolge von Bruder zu Bruder statt von Vater zu Sohn.

Dass er Alexander nicht offiziell zu seinem Thronfolger ernannte, mochte daran gelegen haben, dass er sich für unsterblich hielt. Den Nachfolger zu benennen kam damals dem Verfassen des Testaments gleich – man war gezwungen, sich mit der eigenen Sterblichkeit auseinander zu setzen. Zugegeben, Philipp war reichlich jung, als er starb, insofern ist es bis zu einem gewissen Grade verständlich, dass er noch keinen Thronfolger bestimmt hatte – angesichts der gewalttätigen Geschichte Makedoniens allerdings auch wirklich nur bis zu einem gewissen Grade. In der heutigen Welt der Wirtschaft und Politik jedenfalls gibt es keinen Grund, weshalb die CEOs (Chief Executive Officers) und sonstigen Führungsfiguren trotz fortgeschrittenen Alters oder Krankheit weiter ohne einen klaren Nachfolgeplan durchs Leben gehen. Die Nachfolgeprobleme von und mit 70- oder 80-jährigen CEOs wie Armand Hammer bei Occidental Petroleum, Harold Geneen bei ITT und Harry Gray bei United Technologies sind Paradebeispiele für die Kurse in Nachfolgeplanung an den führenden Wirtschafthochschulen – gleich neben großen politischen Beispielen wie dem PLO-Chef Yassir Arafat oder Kubas Fidel Castro, die dafür berühmt sind, dass unter ihnen niemand wirklich aufsteigen konnte, weil sie stets für Rivalitäten unter ihren engsten Mitarbeitern sorgten, um die eigene Machtposition zu stärken, oder wie Stalin, der einfach jeden aus dem Weg räumte, der ihm gefährlich zu werden drohte.

Selbst in den besten Zeiten und mit detaillierten Nachfolgeplänen ist der Übergang von einer leitenden Führungskraft zur nächsten nie leicht – man braucht sich bloß die Kinderkrankheiten anzusehen, mit denen sich General Electrics neuer CEO Jeffrey Immelt oder IBMs Sam Palmisano plagten, die immerhin von den beiden bestgeplanten Spitzenwechseln in Unternehmen überhaupt profitieren durften. Dennoch war keiner von ihnen darauf vorbereitet oder hatte voraussehen können, mit welchen Erwartungen die Aktionäre in dieser Post-Enron-Phase den Wechsel beäugten.

Es gibt auch solche Fälle, in denen ein Nachfolgeplan da ist, die Führungskraft im Amt jedoch nicht gewillt, ihren Posten aufzugeben, als fürchtete der alte CEO, er müsste den Rest seines Lebens wie King Lear fristen, rastlos umherirrend auf dem Land, das einst ihm gehörte und auf dem er nicht mehr willkommen ist. Deshalb weigern sie sich, Verantwortung an ihre ausgewählten Nachfolger abzutreten. Zumeist endet die Geschichte dann so, dass der zweite Mann dazu degradiert wird, alles zu tun, was der CEO nicht tun *will*. Kevin Sharer, CEO beim Biotechnologieriesen Amgen, beschreibt die Beziehung, die Larry Bossidy angeblich zu Jack Welch gehabt haben soll, wie folgt: „Jack macht, was immer er will, und für mich bleibt der Rest." Eine recht beschönigende Umschreibung für Bossidys Rolle als Chief Operating Officer (COO) unter dem CEO Jack Welch. Wahr ist auf jeden Fall, dass Bossidy GE verließ, um als CEO bei Allied Signal (heute Honeywell) seine eigene Show zu bekommen.

Viele Vizepräsidenten in den Vereinigten Staaten waren ebenfalls zum Bänderdurchschneiden oder zu Beerdigungsbesuchen im Ausland degradiert. Es ist weithin bekannt, dass William McKinleys Vizepräsident, Teddy Roosevelt, von seinen Aufgaben tödlich gelangweilt war. Wäre McKinley nicht einem Attentat zum Opfer gefallen, wer weiß, ob wir Roosevelt jemals als das entschlossene Individuum und den engagierten Staatsmann kennen gelernt hätten, der es verstand, die USA wirklich groß zu machen. Nur die allerwenigsten von uns können die 44 Vizepräsidenten der USA aufzählen – bestenfalls die 14, die Präsidenten wurden. John Adams, der als erster Vizepräsident der USA diente, war nichts als eine lächerliche Ablenkung von George Washington – indem er sich häufiger zum Zielobjekt derber Scherze machte. Er bemerkte damals, das Amt des Vizepräsidenten wäre „das unbedeutendste Amt, das die Menschheit je erfinden oder sich ausmalen konnte".

Obwohl Adams manches Mal den Kopf für Washington hinhielt, standen sich der Präsident und der Vizepräsident nie nahe. Washington sprach sogar einmal von einer „angenehmen Distanz"[4] zu Adams, der ein Faible für Titel hatte, mit denen er den Präsidenten ansprach, und sich dadurch bei diesem äußerst unbeliebt gemacht hatte. Während Washington also auf angenehmer Distanz zu seinem Vizepräsidenten blieb, waren einige andere Präsidenten dafür bekannt, ihren Vizepräsidenten mit unverhohlener Verachtung zu begegnen. Selbst auf dem Höhepunkt des Zweiten Weltkriegs traf sich Franklin Roosevelt nur zweimal mit Vizepräsident Harry Truman, nachdem das FDR-Truman-Team die Wahl gewonnen hatte – und das, obwohl Roosevelts Gesundheit nicht die beste und eine mögliche Ablösung durch den Vize daher so unwahrscheinlich nicht war. Truman blieb über die Kriegsbemühungen des Präsidenten vollkommen im Dunkeln und erfuhr erst, als er nach FDRs Tod den Amtseid geleistet hatte, davon, welche „furchtbare Waffe" die USA entwickelten. Truman beendete den Zweiten Weltkrieg mit dem Befehl, diese „furchtbare Waffe" auf Hiroshima und Nagasaki zu werfen, und führte die USA anschließend in die Frühphase des Kalten Krieges. Als Vizepräsident aber war er aus der Informationskette ausgenommen gewesen, und wäre es nach FDR gegangen, hätte man ihn als erfolglosen Kurzwarenhändler aus Missouri und früheren Senatoren im Gedächtnis behalten, der zufällig unter Roosevelt Vizepräsident war.

Das Rangeln um den besten Platz

Auch wenn alles auf Alexander als Nachfolger hindeutete, da es in Makedonien keine formellen Nachfolgepläne gab, war nicht allen gleich und schlüssig klar, dass Alexander, Philipps ältester *legitimer* männlicher Nachkomme, ihm automatisch auf den Thron folgen würde. Die 60 Barone, die Makedonien regierten, besaßen ausreichend Macht und Stimme in Pella, um eine andere Wendung herbeizuführen.

Die Schlange der Thronanwärter war beständig länger geworden. Alexanders Cousin Amyntas, Sohn seines Onkel Perdikkas, in dessen Namen Philipp Makedonien geführt hatte, besaß offenbar einen älteren und berechtigten Anspruch auf den Thron. Amyntas hatte sich Philipps Gunst zusätzlich erworben, indem er die Tochter heiratete, die Philipp mit seiner illyrischen (heute: albanischen) Geliebten hatte. Zudem hatte Philipps neueste Braut, Kleopatra, unlängst einen Sohn bekommen, der in den Augen einiger blaublütiger Makedonier einen reineren Stammbaum aufwies und damit auch ein höheres Anrecht auf den Thron als Alexander hatte. Attalus, Kleopatras Onkel, hatte genügend Einfluss, um ein paar makedonische Barone für seine Interessen zu gewinnen.

Dann gab es da noch einige unangekündigte Gebote von Baronen, die für uneheliche Kinder Philipps sprachen. Da war einmal ein Anspruch, der für Arrhidaeus angemeldet wurde, dessen Heirat mit der Tochter des persischen Satrapen Alexander und seine Freunde vereitelt hatten. Arrhidaeus war älter als Alexander, und ein paar Barone hätten ihn gern auf dem Thron gesehen. Natürlich wäre er nichts weiter als eine Marionette gewesen. Einige Barone meinten sogar, Kleopatra, Philipps legitime Tochter (und das ältere Kind) hätten einen größeren Thronanspruch als Alexander, da es nirgends in Makedonien ein Gesetz gab, dass männliche Thronfolge vorschrieb.

Trotz seiner jungen Jahre war Alexander ein versierter Kaffeesatzleser. Er war sich der Intrigen im Klaren, die in den Hinterzimmern der Macht geschmiedet wurden, um ihm den Thron zu verweigern. Doch auch wenn sie keine ernste Bedrohung darstellten, wollte er kein Risiko eingehen. Zugleich aber war er nicht bereit, die Macht an sich zu reißen und sich den Thron zu erkämpfen. Philipps Tod hatte einen düsteren Schatten auf Makedonien geworfen. Es herrschte schon genug Unsicherheit und Angst im Land, wie es jetzt weitergehen würde, nachdem der charismatische Herrscher und Eroberer tot war. Alexander wollte die Ängste nicht noch steigern. Vielmehr sah er seine Aufgabe darin, die Unsicherheit und Angst der Menschen zu minimieren, und so plante er einen Übergangsprozess, der genau das erreichen sollte.

Er wusste den Respekt und die Zuneigung der meisten Makedonier auf seiner Seite. In Chaironeia hatte er seine Qualitäten als General bereits bewiesen, als er die schwere Kavallerie gegen die Heilige Schar führte und damit den Schlag, der Theben bezwingen und Makedonien zum Sieg verhelfen sollte. Danach hatte er auch noch einige erfolgreiche Feldzüge angeführt. In Abwesenheit seines Vaters hatte er sich stets als weiser und gerechter Regent gezeigt und alle erforderlichen Qualitäten bewiesen, die einen guten Herrscher ausmachten – wenn auch jeweils nur für kurze Intervalle.

Die meisten Makedonier mochten den Personenkult, der um ihren jungen Prinzen getrieben wurde. Seine Statur war eher gedrungen und muskulös, nicht wirklich imposant. Er hatte hellbraunes Haar und braune Augen, und Historiker beschrieben ihn als ziemlich gut aussehend. Er war agil und schnell und auch in vollständiger Rüstung ein hervorragender Reiter. Außerdem war er ein meisterhafter Schwert- und Speerkämpfer, und sein Heldenmut in verschiedenen Kriegen und Feldzügen war bereits legendär. Ja, es rankten sich sogar schon die ersten Sagen um ihn: Einige Menschen sprachen ihm übernatürliche Kräfte zu, etwa dass er schneller rannte als ein Tiger, Drachen tötete oder beim Sprung mitten in der Luft schweben konnte. Und wie jeder Prinz, der immer alles hatte, gab es auch bei Alexander eine rebellische Seite, wenngleich sich die Geschichten von seinen wilden Parties von Jahr zu Jahr zahmer anhörten, sobald er angefangen hatte, mit seinem Vater zusammen das Land zu führen.

Unsicherheit und Mehrdeutigkeit minimieren

Die Motive anderer lassen sich im Leben oft schwer nachvollziehen, und auch für Alexander war es nicht einfach herauszubekommen, wer loyal war und wer nicht. Trotzdem wusste er, dass er den Übergangsprozess transparent gestalten musste, weil die Nation zu der Zeit danach verlangte. Außerdem wusste er, je länger es dauerte, bis der nächste König gekrönt wurde, umso größer würde die Unsicherheit im Lande, und umso größer die Gefahr weiterer Dolche von hinterrücks und aufgeschnittener Kehlen. Er durfte also keine Zeit verlieren.

Unsicherheit und Mehrdeutigkeit im Hinblick auf die Weitergabe des Zepters können interne Machtkämpfe auslösen, sowohl in Unternehmen als auch in Nationen. Nehmen wir beispielsweise die Inthronisation von Elizabeth I. in England. Es war am frühen Morgen eines nebligen Novembertages im Jahr 1558, als England die Königin Mary Tudor verlor, die nach langer Krankheit friedlich im Schlaf gestorben war. Elizabeth war die älteste Tochter Heinrichs VIII. mit seiner ersten Frau Katharina von Aragon gewesen, und entsprechend lang war die Reihe ihrer potenziellen Nachfolger auf dem Thron. Zu den möglichen Thronfolgern gehörte Elizabeths gleichnamige sechzehnjährige Nichte, Mary Stuart, Königin von Schottland, die durch ihre Großmutter, Margaret, eine Schwester Heinrichs VIII. einen Anspruch auf den englischen Thron hatte. Mary Stuart hatte bereits von ihrem Vater, James V. von Schottland, den schottischen Thron geerbt. Und ihren Anspruch auf den englischen Thron hatte sie durch die Heirat mit dem französischen König Heinrich II. bestärkt. Mary Stuart war Katholikin, und in jener Zeit bedeutete es in England eine Menge, katholisch zu sein.

Mary Tudor hatte dem Katholizismus in England wieder ein Heim gegeben, fast als wollte sie Wiedergutmachung für den Kampf mit Rom leisten, den ihr Vater öffentlich ausgefochten hatte, indem sie den Katholizismus in England auf die Spitze trieb. Heinrich VIII. hatte mit Rom gebrochen, als ihm die Scheidung von Katharina von Aragon verweigert wurde, die er wollte, um Anne Boleyn, die Schwester einer seiner Geliebten, heiraten zu können. Anne, die zweite seiner sechs Ehefrauen, ist die Mutter Elizabeths.

Mary hatte nicht nur Roms Macht in England wiederhergestellt, sondern sie mit allen Mitteln gefördert – mit Fanatismus, Gewalt und sogar mit der Heirat des erzkatholischen und immens mächtigen Königs Phillipp II. von Spanien. England wurde unter ihr wieder zu einer katholischen Nation, und die Katholiken in England wünschten sich nichts sehnlicher, als dass die Krone an Mary Tudors katholische Nichte Mary Stuart ginge und Elizabeth übergangen würde, deren religiöse Neigungen eher unklar und mithin verdächtig waren.

Mary Stuart war allerdings nicht die einzige potenzielle Thronfolgerin. Da waren auch noch Elizabeths Cousins, die ihr Stiefbruder Edward VI. (Sohn Heinrichs VIII. mit seiner dritten Frau, Jane Seymour) testamentarisch als Thronfolger festgelegt hatte. Edward selbst war erst zehn Jahre alt gewesen, als er nach dem Tod von Heinrich VIII. seinem Vater auf den Thron folgte, starb jedoch schon sechs Jahre später, 1553, und hinterließ keine direkten Nachkommen. Indirekt aber hatte er die Enkelinnen seiner Tante Mary, der jüngsten Schwester von Heinrich VIII. als *seine* Thronerben gewollt. Elizabeth war an jenem Morgen, an dem Mary Tudor starb, das einzige Kind Heinrichs VIII., das noch am Leben war, und hatte es nicht nur mit vielen potenziellen Thronfolgern aufzunehmen, auch sonst hätte die Latte kaum höher sein können. In England und in den mächtigen katholischen Nationen Europas, wie Frankreich und Spanien, galt sie als uneheliches Kind – da die Scheidung ihres Vaters von Rom nie anerkannt worden war und dessen Ehe mit Anne Boleyn daher nicht rechtskräftig war.

Heinrich hatte mit der Kirche gebrochen, um ihre Mutter zu heiraten. Und da ihm Papst Clemens VII. die Scheidung verweigerte, hatte er mit der Gründung der Anglikanischen Kirche die Reformation in England eingeleitet und sich selbst als deren Oberhaupt eingesetzt – nur 17 Jahre nachdem Martin Luther am 31. Oktober 1517 seine 99 Thesen an die Tür der Allerheiligen-Kirche in Wittenberg geschlagen hatte, mit denen er den Missbrauch und die Perversion der Glaubensgrundsätze durch die Katholische Kirche anprangerte.

Die Ehe mit Anne Boleyn, Elizabeths Mutter, dauerte leider nicht lange, und als weiteres Zeichen dafür, dass Heinrich bekam, was immer er wollte, billigte das englische Parlament sein Verlangen, die Ehe zu annullieren – und damit den Weg für die dritte von sechs Ehen zu ebnen. Die Annullierung genügte Heinrich VIII. nicht. Er ließ Anne Boleyn wegen vermeintlichen Ehebruchs und Verrats köpfen. Zu diesem Zeitpunkt war Elizabeth erst drei Jahre alt. Für viele, vor allem für die unterdrückten Katholiken in England, liefen die Verweigerung der Scheidung in Rom und vor allem die Annullierung der Ehe durch das Parlament darauf hinaus, dass Elizabeth ein uneheliches Kind Heinrichs war – womit sie keinerlei Thronanspruch hatte.

Aus Heinrichs Perspektive konnte allerdings nichts weiter von der Wahrheit entfernt sein. Er behandelte alle seine drei Kinder, Mary, Edward und Elizabeth gleich; er überhäufte sie mit Liebe und Zuneigung, und selbst als er England zu wahrer Größe führte, war er stets darauf bedacht, genügend Zeit für die Kindererziehung zu haben. Seine Fähigkeiten, bei den meisten Dingen des Lebens die richtigen Entscheidungen zu treffen, sich aber immer wieder auf die falschen Ehen einzulassen, wofür er bis heute berühmt ist, waren geradezu genial. Genau genommen könnte man sagen, Heinrich VIII. wäre ein Paradebeispiel dessen, was der Athener

General Themistokles einmal über den Kopf hinter dem Sieg bei Salamis sagte: „Sein Verstand war seinem Charakter weit überlegen."

Heinrich starb, als Elizabeth 14 Jahre alt war, und mit seinem Tod endete das friedliche und privilegierte Leben der jungen Prinzessin. Ihr zehnjähriger Bruder Edward, dem sie sehr nahe stand, bestieg den Thron. Aber Edward war der Sohn Heinrichs und Jane Seymours, und die Seymour-Familie tat alles in ihrer Macht Stehende, um einen Keil zwischen Bruder und Schwestern zu treiben. Dabei waren sie so erfolgreich, dass es ohne die Intervention der Tuberkulose und loyaler Truppen nie zu einer Krönung Marys gekommen wäre.

Mary und Elizabeth hatten schon zuvor nicht wirklich harmoniert, und ihre Beziehung verschlechterte sich rapide, als Mary, eine fanatische Katholikin, Elizabeth zwang, sich mit Rom zu arrangieren. Als Elizabeth sich weigerte, landete sie wegen Verrats im Tower von London. Doch Mary wurde krank, und während ihrer langer Krankheit nutzte Elizabeth ihre Mittel, um aus dem Tower heraus ihren Einfluss zu stärken. Sie verfügte über nicht unwesentliche Mittel, da sie das Einkommen aus dem Nachlass ihres Vaters klug und profitabel investiert hatte und es verstand, ihre Geschäfte selbst aus der Zelle heraus wie ein Mafiaboss zu führen.

Die Nicht-Katholiken in England waren die intriganten Machenschaften unter Edward VI. und Mary Tudor leid. In der Nation herrschte Cliquenwirtschaft pur. Zudem mussten die Leute unter Mary mit einem Vorschlaghammer-Katholizismus und inquisitionsähnlichen Verfolgungen leben. Außerdem war England durch eine Reihe militärischer Rückschläge gegen den Erzfeind Frankreich gebeutelt. Die Engländer sehnten sich nach den Zeiten unter Heinrich VIII. zurück, der nicht bloß ein Symbol für die Stabilität der englischen Nation und die Verkörperung der Monarchie gewesen war, sondern auch die englische Reformation angeführt und dem Land zu wahrer Größe verholfen hatte.

Obwohl Elizabeth nach Marys Tod das einzige überlebende Kind Heinrichs VIII. war und von praktisch jedermann als Thronfolgerin gewünscht wurde, verließ sie sich nicht allein auf ihre Beliebtheit und wartete tatenlos auf die Krone. Sie wusste, wie der große Jimmy Durante einmal bemerkte, „jeder will mitreden". In den Monaten, in denen Marys Krankheit immer kritischer und ihr Tod absehbar wurde, ließ Elizabeth ihre Getreuen im ganzen Land ausschwärmen und zusätzliche Unterstützung für ihre Thronfolge einwerben. Wie Alexander, der sich auf ein paar erfahrene und sehr vertrauenswürdige Berater verließ, hatte sie einen Beraterstab aus hoch angesehenen, ergebenen und praktischen Getreuen um sich geschart, die sogar ein Übergangsbüro in Brocket Hall in Hertfordshire einrichteten (eine relativ unbekannte politische Maßnahme zu jener Zeit), einige Stunden Fahrzeit von London entfernt. Dort saßen William Cecil (später Lord Burghley), der ihr über 40 Jahre als enger Berater zur Seite stehen sollte, Thomas Parry, ihr Stabschef, Nicholas Throckmorton und Francis Walsingham, der ein großes Spionagenetz organisierte und betrieb. Sie planten Strategien, spielten einzelne Szenarien durch, gewannen neue Freunde für die Prinzessin und neutralisierten ihre Feinde. Sie stellten sogar heimlich Truppen zusammen und horteten im ganzen Land Waffen – nur für den Fall. Auch Frauen arbeiteten heimlich für Elizabeth, indem sie ihre Ehemänner und Freunde überredeten, für Elizabeths Sache einzutreten.[5]

Indes verhielt sich Elizabeth nach außen weitestgehend passiv und ließ niemanden in ihre Karten sehen. Ihr Leben lang war sie sorgsam darauf bedacht, öffentlich als eine kultivierte Persönlichkeit aufzutreten, deren Meinungen, Einstellungen und Positionen so gut wie unbekannt waren. Niemand wusste beispielsweise, wie sie zu Rom stand. Dank ihres verhaltenen Gebarens konnte sie sogar König Philipp II. von Spanien für sich gewinnen, der seine Ehefrau – und *ihre* Schwester – Mary davon überzeugte, dass Elizabeth am ehesten als Nachfolgerin geeignet wäre, die katholischen Interessen zu schützen und zu erhalten. Beide sollten sich irren. England wandelte sich unter Elizabeth von einer katholischen zu einer streng protestantischen Nation, und Philipps Einfluss auf England ebbte rapide ab – endgültig nichtig wurde er mit dem Sieg der britischen Marine unter Sir Francis Drake über die mächtige spanische Armada.

Nach allen sorgfältigen Vorarbeiten vergingen nach dem Tod Marys sechs Stunden, bis Elizabeth auf dem Thron saß. Nun stand zweifelsfrei fest, wer das Land kontrollierte und wohin er bzw. sie es führen würde.

Den Übergangsprozess leiten

Alexander wusste um die Gefahr, in der die makedonische Monarchie schwebte, die einmal von Seiten der benachbarten griechischen Stadtstaaten drohte, welche gewaltsam unter die makedonische Oberherrschaft gestellt worden waren, aber auch von Griechenlands Erzfeind Persien, das die Übergangsphase für Aggressionen gegen Griechenland wie Makedonien nutzen könnte. Deshalb sorgte Alexander mit Hilfe seiner engsten Freunde aus Mieza, die mittlerweile Kommandeure der Rittertruppen waren, für eine Sicherung des Palastes und der größeren Grenzübergänge. Auf diese Weise sollte weithin sichtbar demonstriert werden, dass Makedonien nach wie vor alles unter Kontrolle hatte. Für Alexander war es vor allem wichtig, einen engen Kreis von Leuten zu haben, auf die er sich verlassen und denen er vertrauen konnte, ganz gleich, wie sich die Dinge entwickelten. Wichtig war aber auch, dass sein Ruf gerade in dieser ersten Phase nicht durch emotionelles oder intellektuelles Arsen vergiftet wurde. Bei neuen Führern ist es durchaus nicht unüblich, mit Projekten oder persönlichen Ratschlägen von anderen überhäuft zu werden, die fragwürdigen Interessen dienten. Davor musste Alexander sich schützen.

Sobald Palast und Grenzen gesichert waren, und noch bevor er die Beerdigungsfeierlichkeiten organisiert hatte, rief Alexander seine vertrauten Generäle zusammen. Die meisten von ihnen kannten ihn schon seit seiner Geburt. Bei diesem Treffen erklärte er allen Baronen, das Letzte, was er wollte, wäre, Makedonien mit der „Vision" loszuschicken, man wolle Griechenland in eine neue Richtung lenken. Zunächst einmal reichte das Schreckgespenst Persiens vor den Küsten, um allen klar zu machen, dass Makedonien – zusammen mit Griechenland – sich umgehend auf einen Krieg vorbereiten musste. Griechenland und Makedonien in eine neue Richtung zu lenken, konnte später immer noch kommen, nachdem die Bedrohung ausgeschaltet war. Wie Lou Gerstner am 1. April 1993 erklärte, als er die Führung des angeschlagenen IBM-Konzerns übernahm, der kurz vor der Aufsplitterung stand, brauchte der Moloch gewiss keine weitere Vision.

Alexander bat Antipatros, den höchsten aller Generäle unter Philipp, den Übergangsprozess zu leiten. Er informierte die versammelten Generäle, dass ein Bote Parmenions eingetroffen wäre, dem anderen großen General aus der Regentzeit Philipps, der gerade ein Expeditionsheer von zehntausend Truppen in Kleinasien führte. Parmenion hatte nicht nur seine volle Unterstützung zugesichert, sondern auch angeboten, falls nötig, nach Makedonien zurückzukehren. Statt Parmenion aus Asien abzurufen, beauftragte Alexander Antipatros und Parmenion (in Abwesenheit) zu gemeinsamen Leitern des Übergangsprozesses.

Die Wahl von Antipatros und Parmenion stieß bei den versammelten Generälen auf breite Zustimmung. Beide waren um die 60 Jahre alt, Veteranen mehrerer Schlachten, zählten zu den reichsten Baronen in Makedonien und genossen großen Respekt bei den Streitkräften wie bei der makedonischen Bevölkerung. Es war allgemein bekannt, dass sie keine anderweitigen Throninteressen vertraten. Die meisten ihrer Kinder gehörten zu den höheren Kreisen der makedonischen Gesellschaft – ihre Söhne waren Generäle, ihre Töchter die Ehefrauen von Generälen. Beide hatten schon mehrfach davon gesprochen, sich in den Ruhestand zurückziehen (vorzugsweise in die wärmeren Gefilde der griechischen Stadtstaaten im Süden) und sich nur noch um ihre Obstgärten kümmern zu wollen. Sie träumten davon, Rehe in ihren Gärten äsen zu sehen, dem Plätschern eines Baches zu lauschen und auf Springbrunnen zu blicken.

Antipatros und Parmenion hätten unterschiedlicher kaum sein können, was ihre Herkunft und ihre Persönlichkeit anging. Antipatros war ein echter Selfmade-General, der sich von ganz unten hochgedient hatte und einen exzellenten Ruf als Vermittler und Schlichter genoss, während Parmenion aus privilegiertem Hause stammte und eher brüsk und draufgängerisch war. Antipatros war der perfekte Diplomat, der Wogen glättete und verletzte Eitelkeiten kurierte, Parmenion der Macher. Trotz, oder vielleicht gerade wegen ihrer offensichtlichen Gegensätze hatten sie schon häufig erfolgreich zusammengearbeitet und unterhielten eine freundschaftliche Beziehung, die durch nichts zu erschüttern war.

Ausgerechnet diese beiden Männer für den Übergangsprozess einzusetzen, war ein sehr kluger Schachzug Alexanders. Parmenion nämlich war nicht bloß ein großartiger General, sondern er hatte auch viele treue Freunde in den Armeerängen. Die meisten gehobenen Offiziere und Generäle waren von ihm ausgebildet worden, und praktisch jeder Soldat in der makedonischen Armee hatte irgendwann einmal unter ihm gedient – wenn auch nicht direkt unter Philipp. Parmenion stand für das „institutionelle Gedächtnis" der makedonischen Armee. Niemand kannte die Fähigkeit, Stärken und Schwächen der einzelnen Offiziere so gut wie Parmenion. Und nun, da Philipp gestorben war, gab es keinen mit mehr Schlachterfahrung als ihn.

Antipatros war ein herausragender General und ausgezeichneter Administrator. Als Philipp in Korinth zum Hegemon oder Bundesfeldherrn aller Streitkräfte ernannt wurde, hatte Antipatros mit Parmenion und Alexander an seiner Seite die geheimen Pläne für die Invasion Persiens miterarbeitet. Niemand außer ihnen war in die Einzelheiten der Pläne eingeweiht, da man sich bei einem solch mächtigen Feind unbedingt das Überraschungsmoment sichern musste. Philipps Plan war gewesen, dass Alexander als

Regent in Makedonien zurückblieb, während er eine erste Expedition nach Persien anführte. Doch Alexander wollte jemand Fähigeren finden, der Makedonien verwaltete, während er die Truppen anführte. Und niemand wäre ein besserer Regent als Antipatros. Er genoss das Vertrauen der Barone und war zudem der einzige von ihnen, der dem verführerischen Verhalten Olympias widerstand. Letzteres war ein entscheidendes Kriterium, denn Olympias war erst Mitte 30 und wusste ihren Charme sehr wohl für ihre Zwecke einzusetzen. Sie war immer noch ausgesprochen schön und konnte jedem Mann den Schweiß auf die Stirn treiben, die Knie weich werden und die Kinnlade herunterklappen lassen. Jedem außer Antipatros, der glücklich verheiratet war und nicht dazu neigte, in Olympias Gegenwart vor lauter Bewunderung die Fassung zu verlieren.

Klare Rollenverteilung

Die Rollen, die Parmenion und Antipatros spielten, ähnelten dem, was viele Vorstandsvorsitzende und ihre Stellvertreter in Unternehmen zu tun haben, um den neuen CEO bei der Nachfolge *und* dem Übergangsprozess zu helfen. Ein interessantes Beispiel für einen CEO, der einen Nachfolger ernannte und mit ihm zugleich ein Team mit klar definierten Rollen für den Übergang, kann man bei GE sehen. Bevor Jack Welch Jeffrey Immelt zu seinem Nachfolger als CEO ernannte, hatte er Dennis Dammerman, den damaligen CEO von GE Capital, und Robert Wright, den Chef von NBC, als Vorstandsvorsitzende engagiert, die Immelt beim Eintritt in die neue Position helfen sollten. Wer enttäuscht sein könnte, nicht selbst in die engere Auswahl für den CEO-Posten zu kommen, oder nicht mit Immelt zusammenarbeiten könnte, wurde von Welch gar nicht erst für die Rollen in Betracht gezogen. Sie sollten von denjenigen besetzt werden, die, wie der *New York Times*-Chefredakteur Max Frankel einmal über den früheren Verteidigungsminister Robert McNamara schrieb, ungeachtet ihrer eigenen Brillanz, damit zufrieden waren, „nicht die Sonne, sondern ein sie reflektierender Planet zu sein".

Katharine Graham, die die Washington Post Company als Eignerin und Präsidentin durch eine ganze Reihe von wirtschaftlichen und nationalen Krisen geführt hatte – einschließlich des Kennedy-Attentats, der Pentagon-Affäre und Watergate –, beschrieb die wichtige Rolle, welche der Unternehmensvorsitzende Frederick „Fritz" Beebe bei ihrem Übergang von der

Fulltime-Mutter zur Präsidentin des Unternehmens spielte, nachdem ihr Mann Philip L. Graham im August 1963 plötzlich verstorben war. Beebe hatte einige Jahre zuvor bei der Washington Post Company angefangen und war damals direkt von der Nobelkanzlei Cravath, Swaine and Moore gekommen. In ihrer Autobiographie *Personal History* erzählt Kay Graham, wie ihr Vater, der Eigentümer der *Post*, ihrem Mann geraten hatte, sich einen richtigen Partner zu suchen, der die Verantwortung für die Firma mit ihm teilt – „keinen Angestellten, der gleichzeitig im Vorstand sitzt, einen echten Partner". In Beebe hatte Phil Graham diesen Partner gefunden.

Als Kay Graham die Rolle der Chefin übernehmen musste, in dem Unternehmen, das ihr außerdem gehörte, führte sie gleich zu Anfang ein Gespräch mit Beebe über ihre jeweiligen Rollen. Beebe, der das Unternehmen zusammengehalten hatte, einschließlich der jüngst aufgekauften *Newsweek*, während Phil Graham an manischer Depression litt, bot ihr an, weiterhin Vorstandsvorsitzender zu bleiben. Kay sollte Philip auf den Präsidentenstuhl folgen. „Die Titel selbst interessierten mich überhaupt nicht", schrieb sie, „aber ich begriff, dass es am Ende heißen konnte, dass er der Boss war und ich die Nummer zwei, und ich wollte Klarheit"[6] – nämlich eine gleichberechtigte Partnerschaft, wie sie Beebe und Phil gehabt hatten.

Zunächst war nicht klar, wie eine Beziehung zwischen einem erfahrenen Geschäftsmann wie Beebe und einem Neuling wie Kay Graham funktionieren würde, zumal Kay Graham die Eigentümerin des Unternehmens war, das ihr Vater 30 Jahre zuvor als bankrotte Firma bei einer Auktion ersteigert hatte. Hilfreich für ihre Beziehung war, dass beide, Beebe und Graham, sie wie eine „Geschäftsehe" angingen – sie durchstanden die Höhen und Tiefen der *Post* als gleichberechtigte Partner, insbesondere die Veröffentlichung dessen, was als „die Pentagon-Papiere" in die Mediengeschichte einging und den Anfang von „Watergate" markierte. Beebe starb 1972, wenige Monate nach dem Einbruch und der Verwanzung der Büros der demokratischen Partei im Watergate-Hotel, verübt von sieben Männern, die direkt oder indirekt mit Präsident Richard Nixons Wahlkampf-Komitee verwoben waren.

Katharine Graham ging nicht nur in die Zeitungsgeschichte ein, weil sie die *Post* durch mehrere Krisensteuerte, sondern darüber hinaus eine Zeitungschefin war, die keine Kompromisse machte, was den redaktionellen Standard, die gründliche Recherche betraf, und den Ersten Verfassungszusatz gegen alle Widrigkeiten verteidigte. Sie genoss die ungebrochene Loyalität ihrer Reporter, Redakteure und anderer Angestellten, die in ihr nicht die geldgierige Zeitungsbaronin sahen, wie sie dem Bild so vieler Zeitungsmogule entsprach und entspricht. Vielmehr galt sie als eine Führungskraft, die ihre Institution mit klaren moralischen Werten leitete. Dabei machte sie nebenbei noch ihre Shareholder und Mitarbeiter reich. Der legendäre Investor Warren Buffett dankte ihr persönlich für das Geld, das sie als Verwalterin der *Washington Post* seiner Firma Berkshire Hathaway einbrachte. Die 10 Millionen Dollar, die Buffett 1973 in das Unternehmen investiert hatte, waren gut zehn Jahre später 140 Millionen Dollar wert. „Statt tausend Dank", schrieb Buffett ihr, „sollte ich wohl 65- bis 110-Millionen Mal danke sagen"[7] – entsprechend der Gewinndifferenz gegenüber Buffetts anderen Medieninvestitionen.

Auch Katharine Graham war mit fünfundzwanzig Jahren vollkommen unerwartet auf die Bühne geschubst worden, so wie Elizabeth I., als sie Königin von England wurde. Obwohl sie ihre Jugendjahre im Gefängnis oder in sonstiger Abgeschiedenheit verbracht hatte, war sie auf die Übernahme der Regierungsgeschäfte hinreichend vorbereitet, um schnelle Entscheidungen treffen zu können. In der Frühphase ihrer Regentschaft versuchten einige ihrer Berater auf ziemlich herrische Weise, darüber zu bestimmen, wen sie in der neuen Verwaltung behalten und wen austauschen sollte. Sie rechneten damit, dass Elizabeth ihren Rat wortwörtlich befolgen würde. In diesem Punkt sollten sie allerdings enttäuscht werden.

Sie verschob die Berufungen der Leute für die zentralen Positionen in ihrer Regierung nicht bloß, wie man ihr empfohlen hatte, damit sich der aufgewühlte Staub nach ihrer Thronbesteigung erst einmal legen könnte, sie tat es auch noch sehr öffentlich, sodass jeder erkannte, mit welcher Entschlossenheit sie vorzugehen gedachte. Man hatte ihr geraten, nach und nach die Schlüsselfunktionen in der Regierung neu zu besetzen, in denen noch die Berater ihrer Schwester saßen. Elizabeth aber hatte sie bereits alle vor der Beerdigung Marys ausgewechselt. Sie verringerte sogar die Zahl ihrer Berater, und wählte sie – wie ihr Vater, aber im Gegensatz zu ihrer Schwester – nach Erfahrung und Wissen aus, nicht nach Stellung oder Patronat. Und ungeachtet des hohen Ansehens, das ihre Berater genossen, ließ sie niemanden darüber im Zweifel, wer der Affe und wer der Leierkastenmann war.

Ebenso wenig scheute sie sich, die Nation wissen zu lassen, dass sie die absolute Kontrolle ausübte. Sie saß gerade drei Wochen auf dem englischen

Thron, da sandte ihr das Parlament eine Delegation mit der Bitte, sie möge sich einen Ehemann nehmen, der ihr „solche Aufgaben abnehmen könnte, die nur für Männer geeignet sind"[8]. Die Herren informierten sie, dass es nicht gern gesehen würde, wenn sie eine „vestalische Jungfrau" bliebe, ja, dass es sogar gegen den ausdrücklichen Wunsch ihrer Untertanen verstieße. Daraufhin soll Elizabeth auf ihren Krönungsring gezeigt und gesagt haben: „Ich habe bereits einen Gemahl, nämlich das Königreich England", und die Anwesenden wie die Gesamtheit aller Engländer wären ihre Kinder.[9]

Des Weiteren erklärte sie, sie würde die Frage der Thronfolge in die Hände der Vorsehung legen, und sie wäre zuversichtlich, dass sich zum rechten Zeitpunkt ein fähiger neuer Herrscher für England finden würde. Was sie persönlich beträfe, würde es ausreichen, „wenn ein Marmorstein darauf hinweist, dass eine Königin von dann und dann bis dann und dann regiert hätte, die als Jungfrau geboren und gestorben ist"[10]. So begann die Legende von der jungfräulichen Königin. Aus Englands Sicht war allein mit diesen Worten klar geworden, wie sie zu herrschen und wie viel Rat sie anzunehmen gedachte, sei es von ihren Beratern oder von ihren Untertanen. Sie war eine Herrscherin, und sie würde über ihre Nation auf *ihre* Weise herrschen.

Transparenz

Da Alexander um die drohenden Machtkämpfe unter den Baronen im Falle eines zu langen Übergangsprozesses wusste, gab er Antipatros zwei Tage, um seine Aufgabe zu bewältigen. Trotz der Unterstützung, die einige der Alternativ-Kandidaten genossen, waren sich Antipatros und Alexander einig, dass es vor allem darum ging, den griechischen Stadtstaaten und Persien klar zu signalisieren, dass die Thronfolge Alexanders auf breite Zustimmung stieß und alle Barone geschlossen hinter ihrem neuen König standen. Einmütigkeit war ein Zeichen dafür, dass alles wie gehabt weiterging und es keinerlei Zweideutigkeiten oder Unischerheiten hinsichtlich der Machtverteilung gab.

Zu diesem Behufe wurde auch der Wahlprozess öffentlich und für jedermann einsehbar gestaltet. Antipatros machte sich direkt an die Arbeit. Bevor er die Unterstützung der Barone einwarb, ging er sie mit Alexander gemeinsam durch. Bei jedem Namen stellten sich die beiden die Frage „Ist er einer von uns?", wie es Margaret Thatcher mit ihren Ministern tat, ehe sie sie beförderte. Bestand der fragliche Baron den ersten Test, wurde er umgehend zu einem Treffen geladen, bei dem der nächste König Makedoniens bestimmt und gekrönt werden sollte. Waren sich die beiden nicht sicher, musste der betreffende Baron erst noch „vorbereitet" werden, mittels angemessener Bestechung, Versprechen oder Drohungen. Die „Vorbereitung" begann damit, dass Antipatros einen Baron einfach fragte, ob er zu ihnen gehörte oder nicht. Die wenigsten der Zaungäste besaßen die Kühnheit, den großen General abzuweisen. Und die Barone, von denen die beiden wussten, dass sie sehr wohl imstande waren, sich offen gegen Alexander zu stellen, wurden schlicht nicht eingeladen. Hierbei handelte es sich letztlich um drei Barone.

Denken wir an die Nachfolgeauswahl, wie sie Jack Welchs Vorgänger bei GE, Reginald Jones, betrieb. Er unterzog seine potenziellen Nachfolger den mittlerweile verufenen und nebulösen „Flugzeug-Interviews". Der Ablauf war dann der, dass er einen potenziellen Kandidaten zu sich ins Büro bat, um mit ihm zu plaudern, und plötzlich, wenn es sein Gegenüber am wenigsten erwartete, mit der abrupten Frage kam, welcher von sieben Kandidaten auf einer kurzen Liste wohl am ehesten qualifiziert wäre, CEO bei GE zu werden, sollten sie beide – Jones und der befragte Kandidat – bei einem Flugzeugunglück umkommen. Jones brauchte 14 Monate, um einen Nachfolger zu bestimmen, Monate, während derer ein unglaubliches öffentliches Pferderennen um den Chefposten bei GE ausgetragen wurde.

Vor diesem Hintergrund ist wenig verwunderlich, dass nach Jack Welchs Ernennung Ende 1980 vier der sieben Kandidaten die Firma verließen. Nach dem undurchschaubaren Nachfolgeprozess waren sie furchtbar angeschlagen von all den Gerüchten, Vermutungen und Intrigen und konnten unmöglich bei GE bleiben. Mit ihnen gingen auch ihre direkten Untergebenen sowie leitende Manager, die sich, häufig öffentlich, mit einem der sieben potenziellen Kandidaten solidarisiert hatten.

Die Krönung

Als die Barone zum Treffen im makedonischen Königspalast von Pella eintrafen, erfuhren sie zu ihrer Überraschung, das Treffen würde nicht direkt im Palast, sondern in einem Festzelt auf dem Palastgelände stattfinden. Alle Flaggen, die Makedoniens sowie der eroberten Territorien, hingen auf Halbmast. Es herrschte eine Atmosphäre, in der ein drohender Krieg zum Greifen nahe schien. Nachdem die meisten Generäle eingetroffen waren und Platz genommen hatten, kam Alexnader mit einem großen Kontingent von Baronen herein, die seine persönlichen Freunde und Anhänger waren. Antipatros saß an der Spitze des Tisches.

Er sagte ein paar Worte zum Nachfolgeprozedere. Für die meisten jungen Barone war es das erste Mal, dass sie sich mit einer Thronfolgeregelung befassen mussten. Philipp hatte dreiundzwanzig Jahre lang geherrscht, und nur wenige erinnerten sich an die Spannungen und die Unsicherheit, die seine Inthronisation umgeben hatten. Nach Antipatros erhob sich einer der Barone, legte die zeremoniellen Waffen mit den königlichen Insignien des Hauses Temenid von Makedonien an und stieg die Stufen zu einer Bühne hinauf, die eigens zu diesem Zweck gebaut worden war. Dort erklärte er, Alexander als Thronfolger zu unterstützen. Nach und nach standen auch die übrigen Barone auf, zogen ihre Schwerter und traten ebenfalls auf die Bühne, wobei sie leicht gegen den Brustschild des ersten Barons tippten, um ihre Unterstützung für Alexander zu signalisieren.

Es war überwältigend: 57 der 60 makedonischen Barone sprachen sich für Alexander aus. Schließlich erhob sich Antipatros wieder, dessen imposante Gestalt beinahe eine Seite des Raumes einnahm, und begann zu reden. Er war eine so einnehmende Erscheinung, dass er, wie es ein Biograph George Washingtons schrieb, nicht bloß einen Raum einnahm, sondern der Raum sich gleichsam um ihn zu scharen schien.[11] Dennoch strahlte Antipatros nie etwas Bedrohliches aus. Er sah den Leuten in die Augen, mit denen er sprach, seine Stimme hatte einen zuversichtlichen Klang und strahlte insgesamt Sicherheit aus. Er war ein exzellenter Redner und Zuhörer, bis hin zur Wortkargheit. Letztere Eigenschaft hatte er vor allem gegenüber Alexanders Mutter Olympias ausgespielt, die er mit seinem schweigenden Kommentar bisweilen zur Weißglut brachte. Im Festzelt nun sprach er über Alexander als den neuen König von Makedonien und versicherte diesen seiner lebenslangen Treue und Loyalität, wobei er sich weit bereder gab, als man es von ihm kannte. Dann krönte er Alexander.

Alexander ließ keinen Zweifel daran, wie geehrt er sich durch das Angebot fühlte, und nahm die Krone an. Dann ging er durch den Saal zu den Baronen und bedankte sich bei jedem Einzelnen, wobei er jedem gegenüber ein gemeinsames Erlebnis oder eine gemeinsame Erfahrung ansprach.

So spontan diese kurzen Unterhaltungen wirkten, Alexander hatte sich stundenlang auf diesen Moment vorbereitet und genau überlegt, was er zu wem sagen würde. Auf diese Weise sicherte er sich die persönliche Freundschaft eines jeden.

Er versprach den versammelten Baronen, dass er nun als König mit den Attentätern seines Vaters abrechnen würde, ebenso wie mit den Baronen, die nicht zum Treffen erschienen waren. Alexander hätte sich am liebsten gleich an dem Leibwächter seines Vaters gerächt, der diesem den tödlichen Stoß versetzt hatte, doch Antipatros hatte ihm geraten, offizielle „Nachforschungen" anzuordnen, um den Anstifter hinter dem Attentat zu ermitteln und damit den Mord an seinem Vater zur Staatssache zu erklären. Dadurch sollte die Solidarität zwischen Makedoniern und Griechen gefördert werden. Und was könnte mehr Mitgefühl hervorrufen als ein Vater, der hinterrücks erstochen wird, während er seine Tochter zum Altar führt, also inmitten eines der glücklichsten Ereignisse aus dem Leben gerissen wird? Eine solche Geschichte rührt an die Herzen der Menschen und kreiert eine ideale Stimmung, sie für den Kampf gegen einen gemeinsamen Feind zu gewinnen.

Zwei Tage nach der Krönung ritt Alexander auf seinem Pferd Bucephalus vor die Palastmauern und erklärte der Menge, die Gerüchte über fünf Tote entsprächen der Wahrheit. Zu ihnen gehörten der Leibwächter, der Philipp ermordet hatte, sein Cousin Amyntas sowie drei Barone. Alle fünf, so verkündete Alexander, wären vor einem Tribunal befragt und der Konspiration mit Persien überführt worden. Das Entsetzen, das daraufhin die Menge ergriff, kannte seinesgleichen erst wieder anlässlich Lady Godivas Ritt durch Coventry, bei dem sie nichts außer ihrer blonden Haarpracht trug.

Alexander verstand es wie die heutigen Rockstars, die Emotionen der Massen anzusprechen. Er wusste, dass sie nun praktisch an seinen Lippen hingen, was er nutzte, um ihnen eine Botschaft zu präsentieren, die sie als Nation zusammenschweißen sollte. Die Perser, deren Flotte die meisten griechischen Wasserstraßen im Ionischen Meer und der Ägäis kontrollierten, so erklärte er, machten sich für einen Angriff auf Griechenland bereit. Das entsprach dem, was die Vorgänger des derzeitigen persischen Königs Dareios III. seit über 200 Jahren getan hatten. Doch jedesmal, wenn sie angriffen, erinnerte Alexander die Menge, hatte der Mut der Griechen sie in die Flucht getrieben. Und diesmal sollte es genauso sein.

Er versprach der Menge, er wolle die von seinem Vater eingeschlagenen Wege weiterverfolgen, hätte allerdings nicht die Absicht, dort nur kleine Spuren zu hinterlassen. Philipp, erklärte Alexander den Massen, hatte einen Feldzug gegen Persien vorbereitet. Und als sein Sohn wolle er die begonnene Aufgabe zu Ende führen. Er malte das Bild eines übermächtigen Makedoniens, das die persische Bedrohung ein für alle Mal auslöschen wollte. Zukünftig sollten keine Eichhörnchen mehr gejagt werden, denn Makedonien war bereit, es mit Löwen aufzunehmen. Alexander war nicht nur ein Meister darin, grandiose Visionen zu schaffen, sondern auch überzeugend darzustellen, was die Verwirklichung seiner Visionen für die Untertanen bedeuten würde. Die Menge jubelte und rief „Alexander! Alexander!" Er fragte sie, ob sie die Vorzüge genießen wollten, die eine Invasion Persiens ihnen mit Sicherheit bringen würde? „Wir wollen!" schrie das Volk.

Alexander wusste, dass die Steaks, die er der Menge versprochen hatte, noch ziemlich weit weg waren. Er musste ihnen jetzt gleich etwas bieten. Deshalb kündigte er ein Steuermoratorium für alle Makedonier und Griechen an und erklärte, die Reichtümer Persiens würden ausreichen, den Bedarf Makedoniens zu decken. Nun kannte die Menge kein Halten mehr. Wie Fans, die zur Bühne stürmen, um ihren Lieblingsrockstar berühren zu können, drängten die Leute nach vorn, um Alexander zu berühren und sich so zu vergewissern, dass er wirklich gesagt hatte, was sie hörten. Alexander war nur mit seinen persönlichen Leibwächtern vor die Palastmauern geritten, doch ein paar Barone, die nach den Krönungsfeierlichkeiten geblieben waren, bemerkten den Aufruhr und ritten mit ihren Leibwächtern hinaus, um Alexander zurück in den Palast zu ziehen.

Während sie ihn ins Innere der Mauern eskortierten, fragte einer der Barone ihn, was denn für sie bliebe, wenn das Volk die Reichtümer bekam, die ihnen die Invasion Persiens bringen sollte?

„Unsere Hoffnung", sagte Alexander.

Zusammenfassung der zentralen Themen

1. Mehrdeutigkeit und Unsicherheit minimieren

Trotz der Zahl der Thronanwärter für Makedonien und der inneren wie äußeren Bedrohungen tat Alexander alles in seiner Macht Stehende, um den Eindruck des „Business as usual" zu vermitteln.

2. SICHTBARE LEITFIGUREN UND MANAGER
FÜR DEN ÜBERGANGSPROZESS EINSETZEN

Auch wenn er hinter den Kulissen aktiv war, setzte Alexander Antipatros und Parmenion als Leiter des Übergangsprozesses ein. Außerhalb der Palastmauern hatte jeder den Eindruck, die beiden am meisten respektierten Männer Makedoniens trügen die Verantwortung.

3. KLARE ROLLENVERTEILUNG

Mit der Ernennung von Antipatros und Parmenion waren die Rollen für den Übergangsprozess klar verteilt, und jedermann wusste, wer das Sagen hatte. Der Übergang Elizabeths I. auf den Thron von England, Katherine Grahams als CEO der *Washington Post* und die Weitergabe des CEO-Postens bei GE von Welch auf Immelt sind ebenfalls beispielhaft für die Klarheit, mit der Rollen zugewiesen und ausgefüllt wurden.

4. TRANSPARENZ IM ÜBERGANGSPROZESS

Alexander sorgte für einen transparenten Übergangsprozess, sodass im Bezug auf seine Inthronisation keine Fragen über Hinterzimmergeplänkel oder kremlähnliche Intrigen auftreten konnten. Auch der kürzliche Übergang bei GE war ein reibungsloser, transparenter Prozess, wohingegen die undurchsichtige Nachfolgeregelung vorher viele leitende Manager zur Hintertür hinausgetrieben hatte.

5. ALS FÜHRUNGSKRAFT SOFORT EINEN EIGENEN TON FINDEN

Wo immer erfolgreiche Übergänge stattfinden, haben wir es mit Führungskräften zu tun, die nicht mit schwammigen Visionen oder Zielvorgaben beginnen. Alexander der Große, aber auch Elizabeth I. und Katherine Graham konnten deshalb erfolgreich in ihre Ämter einsteigen, weil sie gleich zu Beginn einen eigenen Ton anschlugen.

KAPITEL 4

NEUE HERRSCHER, NEUE MASSSTÄBE

Das Makedonien, das Alexander von seinem Vater erbte, war weit größer als jenes, das Philipp von seinem Bruder Perdikkas übernommen hatte. Alle großen griechischen Stadtstaaten – mit Ausnahme von Sparta – wurden von Makedonien kontrolliert oder direkt beeinflusst. Aber keiner der Stadtstaaten wollte von Makedonien beherrscht werden, und fast alle versuchten, sich nach Philipps Ermordung abzuspalten. Hinzu kam, dass die nichtgriechischen Bürger im Norden, die Illyrer, Thraker, Triballer und Paionen, die im heutigen Albanien, Bulgarien und Rumänien lebten, beschlossen, sich vom makedonischen „Joch" zu befreien.[1] In Thessalien, unmittelbar südlich von Makedonien, wo sich die Bürger als direkte Verwandte der Makedonier sahen, formierte sich eine antimakedonische Partei, und die Thessaler dachten laut darüber nach, sich abzusetzen – obwohl ihre Kavallerie in Chaironeia noch unter Alexanders Kommando gekämpft hatte.

In Athen waren die antimakedonischen Regungen sogar noch expliziter und vehementer. Seit Philipps Tod zog Demosthenes polemisierend durch die Straßen Athens und wurde für seine Schmähreden mit Girlanden behangen. Seine Verbalattacken gegen Makedonien „schnippten den Schorf von den Wunden", um es mit den Worten auszudrücken, die Präsident Richard Nixon angeblich verwendete. In seinen nun gegen Alexander gerichteten Beschimpfungen forderte Demosthenes die Athener auf, gegen die Makedonier zu rebellieren, denn was für ein Gegner konnte ein 20-jähriger Herrscher, der noch feucht hinter den Ohren war, schon sein? Überzeugt – keineswegs entnervt – von Demosthenes' Tiraden aus Banalitäten und unhaltbaren Behauptungen erklärte die Athener Ratsversammmlung, Athen wäre von nun aus der makedonischen Herrschaft entlassen, würde

120

sein Heer und seine Flotte wieder aufbauen und zur vorherigen Größe zurückfinden. Demosthenes' Haltung, selbst nachdem er und die Athener bei Chaironeia eine schmähliche Niederlage hatten einstecken müssen, zeigt, dass man sein ganzes Leben intellektuellen Ambitionen verschreiben und sich dennoch am Ende als grenzenlos dumm erweisen kann.

Auch die Thebaner dachten über eine Ablösung von den Makedoniern nach. Die mächtigen Thebaner, die die Schlacht von Chaironeia verloren und die Armee der verbündeten Athener auseinander brechen sahen, hatten bereits begonnen, eine neue Armee zu rekrutieren und auszubilden. Demosthenes ging nach Theben und drängte die Thebaner, ihr Heer möglichst schnell aufzurüsten, damit man sich bald von den Makedoniern lösen konnte.

Rasches Handeln, klare Ziele

In der Geschichte kam und kommt es eher selten vor, dass schon in den ersten Tagen einer neuen Regierung ein Aufruhr losbricht. Der Tag, an dem Franklin Delano Roosevelt als 32. Präsident der USA vereidigt wurde, der 4. März 1933, auf dem Höhepunkt der Weltwirtschaftskrise, wie auch Abraham Lincolns Vereidigung genau 72 Jahre vorher dürften die beiden historischen Ereignisse sein, deren Begleitumstände denen am nächsten kamen, mit welchen Alexander in den ersten Tagen auf dem Thron konfrontiert war. Als FDR vereidigt wurde, war jeder vierte Amerikaner arbeitslos, das nationale Bankensystem stand unmittelbar vor dem Kollaps, über 5.000 Banken waren bereits mit dem Börsenkrach von 1929 untergegangen, und die meisten amerikanischen Familien wussten nicht, ob und woher ihre nächste Mahlzeit kommen sollte.

In Lincolns Fall entschied sich South Carolina sechs Wochen nach seiner Wahl zum 16. Präsidenten, aus der Staatenunion auszutreten. Sechs Wochen später schlossen sich Alabama, Florida, Georgia, Louisiana, Mississippi und Texas an. Am 4. Februar, einen Monat vor Lincolns Vereidigung, wurden sämtliche Bundesgebäude, Forts und Armeedepots im Süden von den Sezessionisten besetzt, die sogar eine Interimsregierung aufstellten, die Konföderierten Staaten von Amerika, mit Sitz in Montgomery, Alabama, und Jefferson Davies zu ihrem ersten Präsidenten ernannten.

Fünf Wochen später, am 12. April 1861, trat Lincoln sein Amt an und versprach in seiner Rede, alles zu tun, um die föderalen Einrichtungen im Süden „zu halten und zu besetzen". Daraufhin eröffneten die Konföderierten das Feuer auf das pentagonförmige Fort Sunter in Charleston Harbor, South Carolina, und drohten, es in Schutt und Asche zu legen. Wenngleich es keine Toten gab, war die Eröffnung eines 34 Stunden währenden Beschusses von Fort Sunter der Beginn eines Bürgerkrieges, der viele Leben kosten sollte. Sowohl Lincoln als auch FDR hätten sich ganz von dem Druck einnehmen lassen können, unter dem sie nun tagtäglich in ihrem Amt standen. Stattdessen aber entschieden sie, sich auf langfristige Ziele zu konzentrieren.

In Makedonien, 2.200 Jahre vor Lincoln und beinahe 2.300 Jahre vor Roosevelt, war der Druck auf den 20-jährigen Alexander enorm, die Gegenwart zu bewältigen. Viele seiner älteren Berater empfahlen ihm daher, die Ablösung der benachbarten Staaten hinzunehmen und Frieden mit ihnen zu schließen. Sie meinten, seine Zeit wäre besser damit genutzt, sich die Loyalität der Barone und damit Makedonien zu sichern, statt die erst kürzlich eroberten Gebiete außerhalb Makedoniens halten zu wollen.

Alexander hingegen entschied sich für die langfristige Stabilität Makedoniens, die für ihn zur Bedingung hatte, dass Persien niedergeschlagen und die Welt erobert würde – ungeachtet der kurzfristigen Notwendigkeit, Frieden mit seinen Nachbarn zu schließen. Genialität, so schrieb J.F.C. Fuller, kann erstaunlich sein. Sie ist kein Produkt der Intelligenz, des Lernens, der Disziplin oder der Bildung – andernfalls wäre Demosthenes gewiss ein Genie. Vielmehr ist sie die intuitive und spontane Demonstration eines Könnens, das mit Denken allein nicht zu ergründen ist.[2] Der unerklärlichen Natur eines auf Genialität gestützten Handelns folgend, ritt Alexander an der Spitze einer 3000 Mann starken Kavallerie gen Thessalien. Er nahm die Küstenroute entlang der Ägäis, sodass er den Tempe-Pass überqueren musste, hinter dem der einzige Weg über den Berg Ossa verlief, hinter dem Thessalien lag.

Thessaliens Stadtälteste trafen ihn beim Pass und baten ihn zu warten, weil die thessalischen Führer noch diskutierten, ob sie das Band mit Makedonien festigen wollten oder nicht. Einige Reiter der thessalischen schweren Kavallerie waren am und um den Pass herum stationiert, doch die meisten warteten auf dem Bergweg dahinter, bereit zuzuschlagen, falls nötig.

Alexander machte vor dem Pass Halt. Mitten in der Nacht allerdings, als der Weg und der Berg in vollkommener Dunkelheit lagen, wies er seine Truppen an, den Berg hinauf und um den Pass herum zu klettern. Würde einer der Soldaten mit der Hand oder dem Fuß abrutschen, würde er die Felsen hinunter und in die Wellen der Ägäis stürzen, die gegen die Felsen brandeten. Keiner der Männer hatte je einen Berg bestiegen, aber Alexander war so wild entschlossen und genoss eine solche Loyalität bei seinen Leuten, dass die meisten der 3.000 Kavalleristen es wagten und schafften – einige von ihnen hatte man zurückgelassen, um die Thessaler abzulenken.

Bei Morgengrauen fand sich die thessalische Kavallerie vom Weg nach Thessalien abgeschnitten und von Makedoniern umzingelt. Sie ergab sich Alexander, der sie aufnahm wie alte Freunde, die kurzzeitig vom rechten Weg abgekommen waren, und nicht wie Feinde, da er sie für künftige Feldzüge brauchte und sich daher ihre Loyalität sichern musste. Die Thessalische Versammlung gab ebenfalls auf und wählte ihn zum Oberhaupt des Thessalischen Bundes – einer Allianz der Thessaler mit eng befreundeten Städten.

Als Nächstes wandte sich Alexander in Richtung Thermopylen. Als er diesen heiligsten Pass ins zentrale Griechenland besetzte, errang er damit mehr als nur einen symbolischen Sieg. Der Amphiktionenrat hielt gerade ganz in der Nähe ein Treffen ab, und als die Teilnehmer Alexander an der Spitze der thessalischen und makedonischen Kavallerie herankommen sahen, ergab er sich sofort und wählte Alexander zum Hegemon – womit er denselben Titel erhielt wie sein Vater. Alexander marschierte von hier direkt nach Athen und Theben. Außerhalb Thebens schlug er sein Lager auf – dicht bei Athen, seinem lautstärksten Gegner.

Athen schickte eilig Botschafter als Friedensvermittler zwischen Theben und Makedonien, und obwohl Demosthenes weiter gegen ihn polemisierte, Theben sein Militär in Drohposition brachte und Sparta, das bislang an keinerlei Verhandlungen teilgenommen hatte, gleichfalls eine militärische Bedrohung darstellte, akzeptierte Alexander das Friedensangebot und kehrte Richtung Makedonien um. Er ließ allerdings Garnisonen in Zentral- und Südgriechenland zurück – sowie eine große in Theben – um auf dem Laufenden zu bleiben und im Falle möglicher Bedrohung beizeiten unterrichtet zu werden. Aus seiner Sicht hatte er erreicht, was er sich für die ersten hundert Tage vorgenommen hatte: seine Position in Makedonien wie in den griechischen Stadtstaaten zu festigen und dieselbe Ehre und Unterstützung in den Stadtstaaten zu erfahren, wie sie seinem Vater für den Marsch Makedoniens und Griechenlands gegen die Perser versprochen worden war. Was Demosthenes betraf, so ignorierte er ihn und tat ihn als drittklassigen Intellektuellen ab, der von seiner eigenen Genialität überzeugt schien – wäre Demosthenes tatsächlich ein genialer Kopf gewesen, Alexander hätte ihm gewiss mehr Aufmerksamkeit geschenkt.

Die ersten hundert Tage

Präsident Roosevelt hat bei seinem Einzug ins Weiße Haus 1933 erstmals die Parole von den „ersten hundert Tagen" ausgegeben, nachdem er zwischen dem 9. März (dem ersten Tag des 72. Kongresses) und dem 16. Juni ein ganzes Bündel von Gesetzesvorlagen durch den Kongress erhalten hatte, um eine Wirtschaft zu retten, die am Rande des Zusammenbruchs stand. Diese Gesetzesentwürfe retteten das amerikanische Bankensystem, sorgten dafür, dass Millionen Menschen wieder Arbeit in staatlich geförderten Jobs fanden, und wesentliche Gesetze im Sicherheitenmarkt in Kraft traten, wie etwa der Glass-Steal Banking Act, der es bis heute verbietet, dass Handelsbanken mit Sicherheiten handeln. Seine Gesetzesentwürfe retteten manchen Hausbesitzer und kleinen Farmer vor der Pfändung, schufen die Tennessee Valley Authority, die Elektrizität und Überflutungsschutz in die Appalachen brachte, und initiierte jene Prozesse, aus welchen Grundpfeiler der amerikanischen Wirtschaft wie Mindestlöhne, die 40-Stunden-Woche und Tarifverhandlungen hervorgehen sollten.[3]

Wenngleich der New Deal weithin mit Franklin D. Roosevelt assoziiert wird, war es doch vor allem sein Zwei-Parteien-Ansatz, der dafür sorgte, dass so viele Initiativen den Kongress passierten. Tatsächlich war der Kongress erst am Tage vor Roosevelts Vereidigung zusammengekommen, und eine weitere Versammlung war vor Dezember gar nicht geplant. Um den buchstäblichen „Sturm auf die Banken" der Sparer aufzuhalten, die ihr Geld retten wollten, und um die Nerven der Bürger zu beruhigen, rief FDR als Erstes nach seiner Vereidigung am 4. März (einem Samstag) drei freie Tage aus und berief eine Notstandssitzung des Kongresses ein. Die Termine legte er so, dass die Leute am 9. März wieder zur Arbeit gehen würden und der Kongress tagte.

Mit den täglichen Bankenpleiten und den Auswirkungen von drei Jahren Weltwirtschaftskrise war die Stimmung im Land so am Boden, dass es den Leuten egal war, was Roosevelt machte, Hauptsache er machte irgendetwas, und das schnell und durchschlagend. Solide vorbereitet und mit unmissverständlicher Dringlichkeit tat er wirklich etwas. Roosevelt erreichte, dass der Kongress gleich am ersten Tag eine Notfallmaßnahme für Banken verabschiedete, deren Vorstellung, Diskussion und Genehmigung insgesamt nur acht Stunden dauerte. Zu einzelnen Punkten wurden nur Stimmwahlen vorgenommen, damit es schneller ging.

Natürlich wurden in der Eile auch viele Fehler gemacht. Der Oberste Gerichtshof kippte den National Industrial Recovery Act, mit welchem der Regierung mehr Kontrolle der nationalen Ökonomie zugestanden werden sollte, ebenso wie den Agricultural Adjustment Act. Diese Gesetze wurden aufgehoben, und zwar nicht aufgrund einer fehlgeleiteten, „vorsintflutlichen" Verfassungsinterpretation, wie Roosevelt den Richtern vorwarf, sondern weil sie mit solcher Eile verabschiedet worden waren, dass niemand die technischen Patzer und Irrtümer ausgemerzt hatte.[4] Trotz dieser Unzulänglichkeiten war Roosevelt sich darüber im Klaren, dass gehandelt werden musste. Der Kolumnist Will Rogers schrieb damals, wenn FDR in den ersten paar Tagen nichts weiter getan hätte, als das Kapitol in Brand zu stecken, die Leute hätten gejubelt, weil er wenigstens ein Feuer anbekommen hätte.

Zur Zwei-Parteien-Gruppe von Legislatoren, die mit dem demokratischen Präsidenten an wesentlichen Teilen des New Deals arbeiteten, gehörten die Senatoren Bronson Cutting (Republ., New Mexico), Bob La Follette Jr. (Progressive, Wisconsin), George W. Norris (Republ., New England), Robert F. Wagner (Democr., New York), Edward Costigan (Democr., Connecticut) und die Repräsentanten David Lewis (Democr., Maryland) und Sam Rayburn (Democr., Texas) der später zum Sprecher des Weißen Hauses wurde. Während die Zwei-Parteien-Gruppe – oder „Drei-Parteien-Gruppe", will man die republikanische Splittergruppe der „Progressives" als eigene Partei zählen – aus Costigan, Cutting, La Follette und Lewis die Architekten von Roosevelts Arbeitsmarktpolitik waren, schrieb Wagner, ein Demokrat, die Gesetze, die hinter dieser Politik standen, und Norris, ein Republikaner, half beim Aufbau der Tennessee Valley Authority.[5]

Roosevelt war zweifellos ein großartiger Staatsmann, sonst hätte das Volk ihn kaum viermal zum Präsidenten gewählt. Seine Genialität gründete vor allem darin, die klügsten Leute aus dem ganzen Land an seine Seite zu holen. So wird ihm zwar bis heute der New Deal zugeschrieben, aber tatsächlich verfasst hat er nur zwei Gesetzesteile: den Economy Act, der die Regierungsausgaben stark kürzte, indem er die Gehälter und Pensionen der Staatsbediensteten zusammenstrich, und von dem viele behaupten, er hätte mehr Schaden als Nutzen gebracht, sowie den Civilian Conservation Corp, der über einer halben Million Menschen Arbeit im extrem vernachlässigten Denkmal- und Naturschutz gab.[6] Die dauerhafteren Gesetze waren die geistigen Kinder anderer, deren kreative Energien und Beharrlichkeit Roosevelt zu zügeln verstand. Einiges, das ihm zumindest indirekt zugeschrieben wird, etwa die Federal Deposit Insurance Corporation, die bis heute die Spareinlagen auf Bankkonten schützt, stieß sogar auf seinen ausdrücklichen Widerstand, bevor er nachgab, weil er einsah, dass das betreffende Gesetz mit oder ohne ihn verabschiedet würde.[7]

Kein geringerer Journalist als Walter Lippmann, der Kolumnist des *New York Herald*, hatte Franklin D. Roosevelt nur fünfzehn Monate vor seiner Vereidigung wie folgt karikiert: „Franklin Roosevelt ist kein Kreuzritter. Er ist kein Volkstribun. Er ist kein Feind angestammter Privilegien. Er ist ein angenehmer Mensch, der, ohne irgendwelche Qualifikationen für das Amt mitzubringen, sehr gern Präsident würde."[8] Wenige Monate später schluckte Lippmann schwer an seiner harschen Kritik und schrieb, Roosevelt hätte während seiner ersten zwei Wochen die erschöpfte Nation wiederbelebt, wie es seit dem Sieg in der zweiten Marneschlacht im Ersten Weltkrieg niemandem mehr gelungen war.[9]

Außer Roosevelt hatte nur Lincoln einen solch fulminanten Start im Amt hingelegt. Aber die Medien und Politikexperten in Washington waren es nicht gewöhnt, die Anfangsleistungen der Präsidenten im festgesteckten Zeitraum von hundert Tagen zu beurteilen und bezeichneten Lincolns Aktivierung einer Armee und Kriegserklärung an den Süden zwecks Rettung der Union schlicht als den langen trübseligen Frühling, der dem furchtbaren Sezessionswinter folgte.[10]

Noch bewundernswerter war, dass Lincoln im Gegensatz zu Roosevelt, der den Kongress einberufen hatte, sich durch die ersten Aufgaben ganz allein durchkämpfen musste, da es eine Weile dauerte, bis der Kongress nach seiner Vereidigung zusammentrat. Manch einer würde heute sagen, das war nur zu Lincolns Vorteil. Er berief keine Sondersitzung des Kongresses vor Juni ein, und bis dahin war er schon dabei, sein Ziel – den Schutz der Union – zu verwirklichen.

Seit Roosevelt werden alle Präsidenten – und viele CEOs – nach ihren Leistungen während der „ersten hundert Tage" beurteilt. Diese Zeitspanne bezieht sich ursprünglich übrigens weder auf eine Person noch ein Ereignis in den Vereinigten Staaten, sondern auf Napoleons Ausbruch aus dem Exil auf Elba, 1815, seine Rückkehr nach Paris und seinen zweiten Rückzug – diesmal nach St. Helena – nach der Niederlage bei Waterloo. Hierbei handelte es sich um genau 116 Tage.

Die Bezeichnung wurde zurückverfolgt zu einem unterwürfigen französischen Offizier, dem Präfekten von Paris, Louis de Chabrol de Volvic. Als er den zurückkehrenden König Ludwig XVIII. begrüßte, soll er die Flucht des Königs aus der französischen Hauptstadt „hundert Tage" Urlaub für den Monarchen genannt haben. Es war Raymond Moley, Professor an der Columbia University und Vorsitzender von Roosevelts „Brain Trust" (einer Gruppe von Akademikern und Wirtschaftsfachleuten, die den Präsidenten berieten), der diesen fast hundert Jahre alten Ausdruck von den „hundert Tagen" erstmals im Zusammenhang mit Roosevelts Leistungsbilanz als Präsident benutzte. Moley ist übrigens auch der Autor erinnerungswürdiger Äußerungen Roosevelts wie etwa: „Das Einzige, was wir fürchten müssen, ist die Furcht selbst" oder „Diese Generation von Amerikanern hat ein Rendezvous mit dem Schicksal"[11].

Auch wenn viele bemängeln, die Leistungsbilanz nach hundert Tagen, sei es beim Präsidenten oder einer anderen hochkarätigen Führungskraft, wäre zum hohlen Ritual verkommen, jeglichen Sinns entleert, ändert das nichts daran, dass Alexanders erste hundert Tage und die vieler anderer auch sehr wohl einen wertvollen und prophetischen Einblick in die gegenwärtigen wie die künftigen Geschehnisse zulassen. Mussolini hatte ein hundert-Tage-Programm angekündigt, nachdem er an die Macht gekommen war, um die Strenge zu demonstrieren, mit der die Faschisten Italien zu beherrschen beabsichtigten. Der britische Premier Harold Wilson kam 1964 an die Macht, nachdem die Labour-Party 13 Jahre im politischen Sibirien verbracht hatte, und versprach „hundert Tage dynamische Aktivität"[12]. Tatsächlich benutzten einige Präsidenten, wie Bill Clinton, die Maßgabe der hundert Tage, um schon vor der Vereidigung darzulegen, was sie zu erreichen hofften.

Leider wurden Clintons frühe Wirtschafts- und Gesundheitsreformen, die er in den ersten hundert Tagen durchboxen wollte, von seiner mangelnden Kenntnis der Abläufe in Washington behindert, und er fand sich schon bald in ein Netz von Ablenkungen verstrickt. Wenigstens konnte Clinton über sich selbst lachen: Beim ersten Dinner mit der Vereinigung der Korrespondenten des Weißen Hauses bemerkte er trocken, seine ersten hundert Tage wären immerhin besser gewesen als die von William Henry Harrison. „Wie manche von Ihnen sich wohl noch erinnern", sagte er in Anspielung auf den neunten Präsidenten, der sich bei der verregneten Parade entlang der Pennsylvania Avenue anlässlich einer Vereidigung eine Lungenentzündung zugezogen hatte, „war er bereits 68 Tage tot, als seine ersten hundert vorbei waren."[13]

Die ersten hundert Tage eines anderen berühmten Präsidenten, John F. Kennedy, waren kaum besser. Am 67. Tag seiner Präsidentschaft ereignete sich das Schweinebucht-Desaster, als kubanische Exilanten aus Miami unter CIA-Anleitung eine Invasion Kubas versuchten. Was Kennedy nicht wusste, war, dass der Direktor des CIA, der mit ihm den Invasionsplan erarbeitet hatte, nur einen Dienst der Agency einspannte – den für verdeckte Ermittlungen, um die Vorarbeiten für die Invasion zu leisten. CIA-Analysten, die bessere Vor-Ort-Kenntnisse über Kubas Möglichkeiten hatten, auf eine solche Aktion zu kontern, wussten von nichts, denn sonst hätten sie den Plan bespöttelt. Interessanterweise erwähnten selbst die Joint Chiefs, die militärischen Präsidentenberater im Verteidigungsministerium, denen der Plan mehrfach vorgelegt wurde, mit keinem Wort, dass er gnadenlos fehlschlagen würde, denn aus ihrer Sicht handelte es sich um eine CIA-Operation – zu deren Aktionen sagten sie grundsätzlich nichts, solange man sie nicht fragte.[14] Dasselbe Problem tritt in zahlreichen Unternehmen auf, in denen die Abteilungsleiter ihre eigenen kleinen Reiche führen, ohne sich darum zu scheren, was die anderen machen – geschweige denn dazu beizutragen –, statt mit allen anderen zusammenzuarbeiten und so dem Unternehmen als Ganzem einen Wettbewerbsvorteil zu verschaffen.

Viele der Probleme, mit denen Kennedy, Clinton und sogar Präsident Carter in ihren ersten hundert Tagen konfrontiert waren, gründeten in ihrer mangelnden Kenntnis der Abläufe im – und Dynamik zwischen – Weißen Haus und den unzähligen Agenturen der ausführenden Regierungsorgane. Zum Teil waren ihre Schwierigkeiten in den ersten Monaten natürlich auch einfach auf mangelnde Vorbereitung zurückzuführen. Gemeinhin geht man davon aus, dass ein neuer Präsident als Erstes die dreißig zentralen Jobs erledigt – das Kabinett und das Personal im Weißen Haus zusammenstellt – und bis Weihnachten alles im Griff hat. Richard Nixon zum Beispiel hatte seine Mitarbeiter und sein Kabinett noch vor Amtsantritt komplett. Am 20. Januar 1969, als er vereidigt wurde, schickte er dem Kabinett eine vollständige Liste mit Kabinettsnominierungen, von denen alle, bis auf eine, innerhalb einer 20-minütigen Sitzung angenommen wurden.[15]

„Bei einem ordnungsgemäßen Übergang", schrieb Stephen Hess, „sehen die Amerikaner, dass ihr nächster Präsident erfolgreich sein wird."[16] In Clintons Fall wurde es Mitte März, bis die zentrale Position des Generalstaatsanwalts, des obersten Polizeichefs sozusagen, besetzt war. Die Nominationen der ersten beiden Kandidatinnen Clintons – Zoë Baird und Kimba Wood – lösten einige Turbulenzen aus, da Berichte kursierten, die beiden hätten ein „Nanny-Problem". Ronald Reagans Kabinett hingegen und sein Mitarbeiterstab im Weißen Haus, von denen viele unkten, er würde wohl aus „lauter netten Jungs aus Kalifornien" bestehen, waren nicht bloß bis 22. Dezember komplett, sondern bestanden aus einer Liste angesehener Kandidaten von überall her, bei denen er von vielen nur ihren Namen und den exzellenten Ruf kannte. Reagans Auswahlkriterium war dabei die vorherige Erfahrung der Kandidaten im Exekutivbereich der Regierung, und entsprechend galt er den Leuten schon bald als ein Präsident, der „die Sache im Griff" hatte.[17]

Die richtige Methode, die falsche Methode und die IBM-Methode

Es ist allgemein bekannt, dass der Führungsübergang in Unternehmen ebenfalls mit der Zusammensetzung des Management-Teams steht und fällt, und dennoch kostet diese Aufgabe meist viel zu viel Zeit – und Energie. Ein neuer CEO ist auf die Hilfe und Kooperation eines Top-Teams angewiesen, während er zugleich entscheiden muss, welche Leute in dem Team er behält und welche er auswechselt. Diese Abläufe sind nicht bloß eng mit der Geschichte eines Unternehmens und der Firmenpolitik verwoben, sondern werden zusätzlich dadurch verlangsamt, dass ein Austausch von leitenden Managern häufig der Zustimmung des Vorstands bedarf. Und unterdes beäugen die Shareholder, die Analysten wie auch der Rest der Belegschaft neugierig, was der neue CEO tut, wie schnell und/oder energisch er das Unternehmen nach seiner Vision und seinem Ehrgeiz umgestaltet.

Weniger bekannt ist, welche komplizierten Unternehmensentscheidungen CEOs oft schon in den ersten Wochen und Monaten treffen und auf welche Punkte sie sich besonders konzentrieren. Lou Gerstners Ankunft bei IBM am 1. April 1993, als Ablösung für eine der Ikonen der amerikanischen Industrie, liefert uns ein sehr anschauliches Beispiel. Das Unternehmen verlor gerade beträchtlich an Marktanteilen im Computer-Desktop-Markt an wendige Gegenspieler wie Compaq und Dell, und selbst innerhalb der Firma fragten sich die Leute, ob IBM langfristig das Potenzial für diesen Markt haben würde. Der Aktienpreis war auf Tauchstation gegangen, und IBM wurde allmählich zum Musterbeispiel dafür, was in Amerikas Wirtschaft falsch lief. Kein profilierter Manager wollte sich in dem Top-Job bei IBM verheizen lassen. Nachdem auch Gerstner zunächst das Angebot ausgeschlagen hatte, nahm er schließlich doch noch an und verließ RJR Nabisco, weil man ihm, so wollen es die Gerüchte, gesagt hatte, er könne nicht nur IBM retten, sondern in Anbetracht der Stellung des Unternehmens in der US-Wirtschaft die ganze Gesellschaft.[18]

Als Gerstner bei IBM anfing, war man gerade dabei, die Firma auf 13 verschiedene Arten neu zu organisieren. Nachdem er klargestellt hatte, dass das Letzte, was IBM nun brauchte, eine neue Vision war, machte Gerstner sich daran, die Firma umzukrempeln – wobei er eine Atmosphäre der Dringlichkeit schuf, nicht der Krise. Damit sich diese Atmosphäre auf alle Mitarbeiter übertrug, musste er ein Team um sich scharen, das diese Dringlichkeit ausstrahlte, und die Firma wegbringen von ihrer einzigartigen, ausgesprochen sympathischen, aber hinderlichen Haltung, nur gute Nachrichten wahrzunehmen und zu verbreiten, die das Ergreifen drastischer Maßnahmen verbot, ganz gleich, wie kritisch die Lage aussehen mochte. Ein alter Slogan bei IBM lautete: „Es gibt eine richtige Methode, es gibt eine falsche Methode, und es gibt eine IBM-Methode."

An seinem ersten Tag sprach Gerstner 20 bis 30 Minuten vor einer Gruppe von Topmanagern und sagte: „Ich will mich in den nächsten paar Wochen mit jedem von Ihnen zusammensetzen und ihre Aufgabenbereiche prüfen. Ich möchte wissen, was genau Sie tun, wer Ihre Konkurrenten und wer Ihre Kunden sind, wo Ihre Stärke und wo Ihre Schwächen liegen, welches die langfristigen und welches die kurzfristigen Herausforderungen sind, mit denen Sie konfrontiert werden."[19] Gerstner soll eine Menge Zeit mit Gesprächen verbracht haben – mit Managern, Mitarbeitern, Fabrikarbeitern, Lieferanten und Kunden. Man erzählt sich, er habe häufiger mal einen Angestellten gebeten, ihm seinen spontanen Eindruck vom Management zu schildern. Er sammelte Eindrücke von anderen aus so vielen

Quellen wie möglich. Er erzählte den Leuten, es wäre ihm egal, ob sie im alten Regime Stars oder schon mit einem Bein draußen gewesen wären, denn was ihn beträfe, finge man bei null wieder an.

Wenn er mit Managern zusammentraf, verlangte er vorher eine kurze Notiz zum Inhalt des Gesprächs, eine genaue Definition des zu behandelnden Problems mit entsprechender Darstellung der Fakten. Diese klare Ausrichtung musste er der Kultur, in der bisher „nur gute Nachrichten" verbreitet wurden, regelrecht aufzwingen. Hier war man es gewöhnt, jede Menge Meetings abzuhalten, bei denen rein gar nichts herauskam – und wie in so vielen Bürokratien, wo die Leute bei Sitzungen dabei sind, weil ihr Rang oder ihre Stellung es verlangen, selbst wenn sie nicht das Geringste beizusteuern haben, hatten sich leider auch bei IBM die Meetings dahin entwickelt. Es gab eine Menge Smalltalk, Rückengeklopfe und Austausch von Höflichkeiten, aber wirklich geschafft wurde so gut wie gar nichts.

Gerstner aber musste eine Wende herbeiführen und hatte daher wenig Zeit für Smalltalk. Jede Wende ist naturgemäß ein schwieriger Vorgang, der Entlassungen und Massenpanik mit sich bringt. Und dennoch hatte Gerstner gar keine andere Wahl, als durch eine aggressive Wende Kosten einzusparen. Steigende Umsätze würden später folgen. Bei den Meetings beobachtete er die Teilnehmer genau. Er verbannte den Einsatz vorbereiteter Charts und Dias zugunsten direkter Konversation. Er forderte die Manager auf, direkt zu sein, sich auf ihre Kunden zu konzentrieren und sämtliche Anstrengungen mit Blick auf ihren Nutzen für den Kunden zu beschreiben – nicht ihren eigenen Nutzen. Gerstner achtete darauf, nicht mit „intellektuellem Arsen" gefüttert zu werden, wie er es nannte, sprich: den Lieblingsprojekten der Manager oder der jeweiligen „idée du jour".

Innerhalb von Wochen hatte er sein Team beinahe komplett. Es bestand hauptsächlich aus Managern, die schon eine Weile bei IBM waren; ein paar hatte er von draußen mitgebracht. Einige der Außenseiter kannte er vorher nicht einmal – sie kamen über Empfehlungen oder wurden gezielt gesucht. Mit anderen hingegen hatte er vorher bereits gearbeitet, bei American Express etwa. Zu ihnen gehörten seine leitenden Kommunikations- und Marketingleute, sein Leiter der Rechtsabteilung und sogar sein Assistent. Diese Leute stärkten nicht nur die zentralen Unternehmensbereiche, die dringend gestärkt werden mussten, sondern begriffen auch, was wie getan werden musste, da sie ja mit der Arbeitsweise Gerstners vertraut waren. Vor allem aber arbeiteten sie in den zentralen Positionen und sehr gut miteinander. „Nachdem ich das dreimal gemacht habe", sagte Gerstner, „kann ich Ihnen sagen, es ist ziemlich einsam, wenn man ganz allein in einer Firma landet."[20]

Gerstners Umorganisationen zeigten große Wirkung. Während er nicht Monate damit verschwendete, eine neue Vision für die Firma zu entwickeln, bevollmächtigte er die firmeneigenen Manager, die Veränderungen zu bewirken, die sie brauchten, um ihre Geschäfte wieder zum Laufen zu bringen. Er erkannte, wie wichtig die Abteilung für Personal Computer war und verlegte sie an einen Ort weit weg von der Direktion. Der Abteilungsleiter wurde dahin gehend autorisiert, dass seine Leute zu jedem Lieferanten gehen konnten, den sie brauchten, und nicht an die Zulieferungen von IBM gebunden waren. Um den Technikern und Managern störungsfreies Arbeiten zu erlauben, verfügte Gerstner, dass die interne Kommunikation ausschließlich über das Abteilungsleiterbüro abgewickelt wurde.

Gerstner räumte auch mit langgehegten Grundannahmen über das Geschäft auf. Viele bei IBM glaubten, dass sie nicht bloß Marktführer im Bereich Hardware, sondern auch das größte Software-Unternehmen waren – was ja auch stimmte, aber, wie sich herausstellte, nur deshalb, weil sie einen Großteil der Programme für sich selbst schrieben. Es kam natürlich zu zahlreichen Entlassungen bei IBM. Für jeden neuen CEO in einer kriselnden Firma gibt es nur zwei Optionen: Kosten einsparen oder Umsätze steigern. Und bevor er sich Gedanken darüber machen kann, wie der Umsatz gesteigert werden kann, muss er nun einmal die Kosten senken.

Wenn Versagen nicht infrage kommt

Auf dem Weg aus Zentralgriechenland zurück, machte Alexander beim Tempel des Apollo in Delphi Halt – demselben Tempel, der den Ersten und Zweiten Heiligen Krieg ausgelöst hatte – um das Orakel der Götter zu seiner geplanten Invasion von Persien zu befragen. Als die makedonische Armee außerhalb des Tempelgeländes campierte, kam ein Gesandter vom Tempel zu Alexander und informierte ihn, dass der Tag ungünstig war für eine Prophezeiung der Hohepriesterin. Er solle an einem anderen Tag wiederkommen.

Die mangelnde Kooperationsbereitschaft von Seiten des Tempels – immerhin waren die Makedonier sowohl im Ersten als auch im Zweiten Heiligen

Krieg wesentlich an der Befreiung des Landes um den Tempel herum beteiligt gewesen – ärgerte Alexander maßlos. Hier stand er mit seiner gesamten makedonischen Armee, die seit drei Monaten unterwegs war, und die Hohepriesterin verweigerte ihm ein Orakel, weil es gerade nicht ihr Tag war. Er hatte keine Ahnung, wann er wiederkommen könnte, zumal er Nachricht erhalten hatte, dass die Stämme nördlich der Grenzen Makedoniens sich zu einem Showdown mit ihm vorbereiteten, und er musste dringend die Invasion Persiens beginnen. Er hatte nicht geplant, wieder nach Zentralgriechenland zu kommen – wenngleich er überrascht gewesen wäre, hätte er damals gewusst, *wie* bald er schon wieder herkommen würde.

Da er kein Mensch war, der Zeit verschwendete, sprang er von Bucephalus und stapfte direkt ins Tempelquartier der Hohepriesterin – unweit des konischen Steines in der Mitte des Tempels, der den „Omphalos" (das „Zentrum" oder den „Nabel") markierte. Im alten Griechenland bedeutete dieser Stein den Mittelpunkt der Welt, und alle Distanzen in Griechenland wurden von hier aus gemessen. Wenige Minuten später beobachteten die makedonischen Truppen, staunend ob der Resolutheit ihres Königs, wie Alexander mit der schreienden und zappelnden Priesterin wieder herauskam, die er sich über seine Schulter gelegt hatte. Er trug sie in den Tempel, wo sie von den heiligen Dämpfen (wie man unlängst entdeckte, stammten die Dämpfe von ölbedecktem bituminösen Kalkstein aus einem Spalt unter dem Tempel[21]), die aus dem Boden aufstiegen, in Trance versetzt wurde und angeblich sagte: „Du bist unbesiegbar, mein Sohn." Mehr wollte Alexander gar nicht hören. Er überreichte ihr die Geschenke, die die Makedonier mitgebracht hatten, und marschierte an der Spitze seiner Truppen zurück nach Makedonien. Interessanterweise dürfte die Verkündung der Priesterin gegenüber Alexander, was berühmte Orakel von Delphi angeht, gleichrangig mit der, mehrere Jahrzehnte zuvor, Sokrates gegebenen Prophezeiung „Du bist der weiseste aller Männer" sein.

Gleich nach seiner Rückkehr nach Makedonien leitete Alexander eine Division nach Norden, um die dortige Rebellion niederzuschlagen. Der Stammesaufstand war deutlich stärker und brutaler, als Alexander vermutet hatte, doch mit seiner gewohnten Arglist und Klugheit schlug er eine ganze Serie von Aufständen entlang der Donau nieder. Er brauchte ein paar Monate, bis auch die letzten Widerstandsregungen getilgt waren, und während er noch dabei war, erreichten ihn Nachrichten, dass der persische Kaiser Dareios III. Gesandte in alle führenden griechischen Stadtstaaten geschickt hatte, um finanzielle und militärische Unterstützung anzubieten, sollten sie eine Allianz mit Persien eingehen – um so die geplante Invasion der Makedonier zu schwächen und möglichst abzuwenden. Offiziell nahm nur Sparta das persische Angebot an. Die Athener und Thebaner hatten Angst vor Vergeltungsschlägen von Seiten Makedoniens und verweigerten die Annahme offizieller, formeller Geschenke.

Viele der führenden Politiker in beiden Staaten nahmen allerdings „inoffiziell" Gaben an, so viel, dass ihre Hände förmlich trieften vor lauter Schmiergeld. Demosthenes akzeptierte die größte Geldsumme, die er zum Teil für den Kauf von Waffen für thebanische Exilanten in Athen verwandte. Um die Emotionen der Athener und Thebaner weiter anzuheizen, verstärkte Demosthenes mit dem Schmiergeld aus Persien seine Volksverhetzungskampagnen und lancierte noch mehr Falschmeldungen über die Makedonier. Er erklärte den thebanischen Exilanten und den Athenern, die große makedonische Armee wäre in den vergangenen Wochen bei dem Versuch, die Nordgrenzen zu sichern, in mehreren Schlachten im Norden geschlagen worden und Alexander wäre tot. Er stellte sogar einen Soldaten auf die Straßen Athens, der vorgab, persönlich dabei gewesen zu sein, als Alexander in der Schlacht fiel.

Eine ausgewählte Gruppe von Exilanten und hochrangigen Athenern schlich eines Nachts unter der Führung von Demosthenes nach Theben, wo sie die Runde bei führenden makedonischen Politikern und Generälen machten, die bei der Schlacht von Chaironeia davongekommen waren. Wenige Tage später umstellte die thebanische Armee die makedonische Garnison im Stadtstaat.

Alexander hatte kaum die Grenzen nach Großmakedonien überquert, als er vom Aufstand in Theben erfuhr. Er war zwar überzeugt, mit Theben ohne weiteres fertig zu werden, hatte allerdings Sorge, es könnte zu einem Bund von Theben und Athen und, Gott bewahre, Sparta, kommen, gegen den ein Kampf unweigerlich so viel Zeit und Energie in Anspruch nehmen würde, dass er die Invasion Persiens vorerst aufschieben müsste. Er musste schnellstmöglich nach Theben und den Aufstand niederschlagen. Leider war es von seinem gegenwärtigen Standort in Nordmakedonien 300 Meilen entfernt, und das Gelände in Makedonien und einem großen Teil Thessaliens war so bergig, dass eine normale Armee drei Wochen gebraucht hätte, um die Strecke zurückzulegen.

Alexanders Armee aber war nun einmal keine normale Armee. In einem Kraftmarsch – das heißt, mit doppelter Geschwindigkeit – die Berge Makedoniens überquerend, erreichte eine erschöpfte makedonische Armee die Grenze Thebens nach nur 13 Tagen. Alexander wollte sich das Überraschungsmoment erhalten, weshalb er auf dem Weg zu extremen Mitteln griff. Er mied alle viel bereisten Routen durch Makedonien und Thessalien, ging also über die Bergwege. Und dort mied er auch noch die meisten Pässe. Der einzige Pass, den er benutzen musste, um nach Zentralgriechenland zu gelangen, war der Thermopylenpass, den er jedoch nicht vom unteren Weg erreichte, sondern von den 1500 Meter hohen Gipfeln aus, die ihn umgaben. Die Makedonier bewegten sich hier so schnell und leise, dass die thebanischen Außenposten am Pass überhaupt nichts von ihnen mitbekamen. Erst als die Makedonier durch den Pass hindurch waren, wurden sie von thebanischen Spionen bemerkt. Die Soldaten aber bewegten sich so wendig und schnell, dass die Spione (die die Hauptstraße nahmen) zur gleichen Zeit mit ihnen in Theben eintrafen.

Die Überraschung war gelungen. Die Thebaner hatten keine Ahnung, was auf sie zukam.

Alexander stationierte seine Armee außerhalb der hohen Stadtmauer und gab den Thebanern die Chance, ihm zwei ihrer Führer auszuliefern, die besonders scharfzüngige Schmähreden gegen ihn geschwungen hatten. Die Thebaner jedoch lieferten ihm nicht nur die beiden Männer nicht aus, sondern schlachteten auch noch einige Mitglieder der makedonischen Garnison in Theben, die von den Thebanern umzingelt war. Das war der sprichwörtliche Tropfen, der das Fass zum Überlaufen brachte. Alexander marschierte in die Stadt ein und machte alles dem Erdboden gleich. Nur wenige Leute ließ er frei. Am Ende lautete die Bilanz: 6.000 Tote und über 30.000 Gefangene, die in die Sklaverei verkauft wurden. Zu den wenigen Verschonten gehörten die thebanischen Priester und Priesterinnen, die Familie und die Verwandten des Poeten Pindar (dessen Werk Alexander in Mieza kennen und schätzen gelernt hatte) und Timoclaea, die Frau des thebanischen Generals, der die Armee von Theben bei Chaironeia gegen die Makedonier geführt hatte.

Ein thrakischer Kommandant der makedonischen Armee hatte Timoclaea vergewaltigt und hinterher verlangt, dass sie ihn zu ihren Schätzen führte, die eine Frau ihres Ranges doch mit Sicherheit besitzen müsste. Wie Plutarch die Geschichte erzählt, geleitete Timoclaea ihn daraufhin zu einem

Brunnen, in dem sie angeblich große Mengen Gold und Silber versteckt hatte. Als der Kommandant sich nun bückte und in den Brunnen sah, versetzte ihm Timoclaea einen heftigen Stoß und er fiel hinein. Sicherheitshalber warf sie ihm noch ein paar Felsbrocken hinterher. Als mehrere Stunden vergangen waren und der Kommandant nicht zurückgekehrt war, stürmten thrakische Truppen das Haus und zerrten Timoclaea und ihre Kinder vor Alexander. Der hörte sich ihre Geschichte an und ließ sie mit ihren Kindern frei. Im 17. Jahrhundert verewigte der Barockmaler Domenico Zampieri (Il Domenico) die Szene in seinem Gemälde „Alexander und Timoclaea", das heute im Louvre in Paris hängt.

Die fürchterliche Zerstörung einer ganzen Kultur und Gesellschaft wie Theben überschattete Alexander für den Rest seines Lebens. Er beteuerte immer wieder, wie sehr er diese Tat bereute, und doch war ihm zu dem Zeitpunkt nichts anderes übrig geblieben. Er musste ein Zeichen setzen und allen anderen griechischen Stadtstaaten klar machen, dass eine Revolte gegen ihn die furchtbarsten Vergeltungsschläge nach sich ziehen würde. Außerdem wusste er, dass die anderen Theben eher mit gemischten Gefühlen gegenüberstanden, sodass die Zerstörung der Stadt zwar als Beispiel eindrucksvoll wäre, aber nicht dieselbe Panik auslöste wie die Zerstörung eines anderen Stadtstaates.

Die gespaltenen Loyalitäten gegenüber Theben stammten aus der Zeit der Perserkriege, als Theben den Persern erlaubte, seine Territorien als Ausgangspunkte für die Angriffe gegen die anderen Stadtstaaten zu nutzen. Hinzu kamen die Zerstörung des griechischen Stadtstaates Plataea durch Theben während eines Waffenstillstandes in den Peloponnesischen Kriegen sowie Thebens Haltung zu Ende der Kriege, als die Thebaner Sparta ermunterten, Athen zu zerstören. Obwohl Theben sich mit Athen verbündete, um bei Leuktra die Spartaner zu schlagen und so alle Griechen von dem harschen Regiment zu befreien, dem die Spartaner die Stadtstaaten unterworfen hatten, seit sie die Peloponnesischen Kriege gewonnen hatten, und sich an der Seite Athens bei Chaironeia gegen die Makedonier gestellt hatte, überwog doch der Groll gegen die Thebaner.

Alexander wusste, wann Einschüchterung eine angebrachte Führungsmethode war. Auch wenn Einschüchterung demotivierend, demoralisierend und oft erniedrigend auf die wirkte, gegen die sie sich richtete, glaubte er an ihre Effektivität in schwierigen Situationen, wie im Falle der Unnachgiebigkeit Thebens. Das Exempel, das Alexander an Theben statuierte, sollte zugleich die anderen Stadtstaaten veranlassen, mögliche Auflehnungspläne sofort wieder zu verwerfen. Und die Aktion verfehlte die Wirkung nicht. Sie hatte genau den gewünschten „Schockeffekt", dass jeder erschrocken zusammenfuhr und sogleich alle Pläne begrub, sich von Makedonien loszusagen.

Auch in der neueren Geschichte hat es viele Momente gegeben, in denen Nationen zu unnötiger Massenvernichtung griffen, um einen Kampf zu beenden, der sonst weiter und weitergegangen wäre. Wir alle wissen von dem Abwurf der Atombomben über Hiroshima und Nagasaki, um dem japanischen Kriegstreiben ein Ende zu setzen. Aber nehmen wir auch die Bombardierung von zivilen und städtischen Infrastrukturen in Deutschland durch die Alliierten. Damals, im Zweiten Weltkrieg, wurden Städte wie Dresden, Leipzig, Darmstadt und Hamburg aufs Heftigste bombardiert, und die Zahl der Toten wird vorsichtig auf 150.000 deutsche Zivilisten geschätzt. Was vor allem die Historiker verstörte, war der Beschuss Dresdens, einem 800 Jahre alten architektonischen Juwel, das keinerlei strategische Bedeutung für die Deutschen hatte. Indem gerade diese Stadt so schwer zerbombt wurde, wollte man den Deutschen wohl zeigen, zu welchen Vergeltungsmaßnahmen die Alliierten bereit waren.

Auch wenn er Theben nun vollständig kontrollierte, wollte Alexander den übrigen Stadtstaaten ihre Patina von „Freiheit" und „Autonomie" trotz makedonischer Vorherrschaft nicht nehmen und überließ dem Amphiktionenrat die Entscheidung über die Zukunft der Stadt. Er wusste, der Rat würde nichts beschließen, was ihm auch nur entfernt in die Quere kommen könnte. Und das tat der Rat auch nicht. Er empfahl vielmehr, die Thebaner hart zu bestrafen, und so wurden die Reste der Stadt noch weiter zerstört, als Strafe für ihre diplomatischen Beziehungen mit den Persern.

Sobald die Angelegenheit geregelt war, wandte Alexander sich Athen zu – nur 40 Meilen von Theben entfernt – und forderte von ihnen, alle Redner und Generäle auszuliefern, die die Thebaner unterstützt hatten. Er belagerte Athen nicht. Seine Forderungen kamen eher wie das entfernte Brummen eines modernen B52-Bombers oder einer britischen Lancaster über Berlin während des Zweiten Weltkriegs und sandte den Athenern eisige Schauer über den Rücken. Da sie fürchteten, ihnen drohe ein ähnliches Schicksal wie Theben, sollten sie Alexanders Aufforderung nicht nachkommen, schickten sie Demosthenes, damit er mit dem König rede und um Nachsicht bitte.

Trotz Demosthenes' Opposition sowohl gegen seinen Vater als auch gegen ihn empfing Alexander ihn und gab seiner Bitte unter der Bedingung nach, dass der lautstärkste antimakedonische Redner ins Exil geschickte wurde, Charidemus. Charidemus ging nach Persien und trat dort in die Dienste des Kaisers Dareios, der ihn einige Jahre später seiner Direktheit wegen exekutieren ließ. Die Athener bedachte Alexander mit noch höheren Ehren als Philipp.

Carlyle schrieb über Napoleon: „Der Mann hatte den richtigen Blick und den richtigen Wagemut, zu handeln. Sein Aufstieg zum König war nur natürlich. Alle Menschen erkannten den König in ihm." Genau dasselbe hätte man über Alexander schreiben können. Trotz der unerhörten Grausamkeit, mit der er in bestimmten Situationen vorging, wie etwa bei der Vernichtung der Thebaner, waren die 12 Jahre seiner Herrschaft von einer Atmosphäre der Ritterlichkeit, des Edelmuts und der Freundlichkeit geprägt.

Zusammenfassung der zentralen Themen

1. SCHNELL HANDELN, UM AUFSTÄNDE IM KEIM ZU ERSTICKEN

Mehrere Staaten unter makedonischer Kontrolle drohten, sich nach der Wahl von Alexander abzulösen. Er ging schnell und sicher gegen sie vor. In Thessalien kletterten seine Truppen über die Berge, um die Pässe zu meiden, an denen der Marsch nach Süden bemerkt worden wäre.

2. IN DEN „ERSTEN HUNDERT TAGEN" ZEICHEN SETZEN

Franklin D. Roosevelts Maßnahmen, die amerikanische Wirtschaft binnen weniger Tage wieder ins richtige Gleis zu bringen, wie auch Lincolns Bemühungen, eine Lösung für den drohenden Bürgerkrieg zu finden, sind Beispiele relativ jüngeren Datums, für die Alexander vor 2.300 Jahren schon Modelle lieferte. Lou Gerstners erste Monate im Job und die Schritte, die er einleitete, damit bei IBM etwas geschafft und die Firma gerettet wurde, sind ein weiteres Beispiel.

3. ÜBERWÄLTIGENDE GEWALT ALS SYMBOL DAFÜR, WIE ERNST DIE SACHE IST

Theben wurde zerstört, um den anderen griechischen Stadtstaaten zu signalisieren, welche Vergeltung ihnen blühen würde, sollten sie versuchen, sich gegen Makedonien aufzulehnen. Der Einsatz fürchterlichster Gewalt zur Verstörung des Feindes ist bis heute ein Eckpfeiler in der Geopolitik.

KAPITEL 5

HEILIGE KÜHE, GÜLDENE SCHILDE UND EIN GORDISCHER KNOTEN

Da er nun wieder die Aufmerksamkeit ganz Griechenlands besaß, wandte Alexander sich erneut seinen Invasionsplänen für das persische Imperium Dareios' III. zu, dem größten und überragendsten Reich der Welt. Er ließ Antipatros mit 12.000 Infanteristen und 1.500 Kavalleristen in Makedonien zurück und machte sich mit 36.000 Mann an Bord 160 makedonischer und griechischer Triremen über die Dardanellen nach Kleinasien auf. Als die Segel gesetzt wurden, stellte Alexander sich mittschiffs am Hauptmast auf, ungefähr in derselben Position, in der Odysseus sich einst an den Mast binden ließ, um dem Gesang der Sirenen widerstehen zu können, und blickte starr auf das gegenüberliegende Ufer – ohne etwas anderes wahrzunehmen. Auf halbem Weg über die Wasserstraße brachte er Poseidon, dem griechischen Meeresgott, ein Opfer dar, indem er einen Bullen schlachtete, der eigens zu diesem Zweck mitgenommen worden war, und dessen noch warmes Blut ins Meer goss.

So wie es der spanische Conquistador Hernán Cortés fast tausend Jahre später hielt, als er die Azteken überwältigte und Mexiko für die spanische Krone eroberte, verbrannte auch Alexander bei seiner Ankunft die Schiffe (wenngleich man heute vermutet, Cortés hätte die Schiffe nicht verbrannt, sondern auf Grund laufen lassen und das Holz anschließend zum Häuserbau verwendet).[1] Die Armee hatte so gut wie keine Vorräte mehr, und durch die Zerstörung der Schiffe zwang Alexander sie praktisch dazu, ihr Leben mit der Eroberung zu bestreiten. Um es in Cortés' Worte zu fassen, war der Grund, weshalb er die Schiffe bei der Ankunft in Mexiko verbrannte, der, „dass sie dann nichts mehr hatten, worauf sie sich verlassen konnten, außer ihren eigenen Händen und der Gewissheit, dass sie das Land erobern würden oder bei dem Versuch sterben"[2].

Hinzu kam, dass Alexander die Perser auf seine Weise besiegen wollte. Die Perser besaßen nämlich die stärkste Flotte der Welt, und Alexander wollte auf keinen Fall eine Seeschlacht mit ihnen riskieren. Er wollte sie an Land stellen, wo die Makedonier bessere Chancen hatten, sie zu besiegen. Alexander war auf dem ersten Schiff, das die Dardanellen überquerte. Und wie General Douglas MacArthur, der im Oktober 1944 an die Strände von Leyte auf den Philippinen watete, war auch Alexander der Erste, der an Land ging. Fast drei Jahre waren seit MacArthurs Truppenrückzug von der Halbinsel Bataan vergangen. Damals hatte er gesagt „Ich komme wieder", mit derselben Entschlossenheit, wie sie Alexander bei seinem Persienfeldzug an den Tag legte. Er bohrte seinen Speer in den Sand, ging auf die Knie und dankte den Göttern für das „speererworbene" Land.

Obwohl er keine Gelegenheit ausließ, seinen Truppen zu versichern, dass ihre Eroberung Asiens gottgewollt war, wusste er sehr wohl, wie anders dieser Feldzug verlaufen würde als jene, die sein Vater und er in Griechenland erlebt hatten – einen Katzensprung von Makedonien entfernt. Er war noch nie der geballten Kraft der persischen Armee gegenübergestanden, und ihm war klar, dass er sie besiegen müsste, wollte er zum wahren „Herrscher der Welt" werden. Trotz seiner jungen Jahre, oder vielleicht wegen dieser, fühlte er sich der Aufgabe nach seiner Ausbildung unter Aristoteles gewachsen. Die jüngsten Siege gegen die nördlichen Nachbarn Makedoniens und die griechischen Stadtstaaten hatten seine Zuversicht und seine Überzeugung gestärkt.

Der neue Trojanische Krieg

Alexander wusste, dass er eine greifbare „Vision" brauchte, um seine Truppen zur vollen Leistung zu motivieren, und zwar eine Vision, die für alle 32.000 Infanteristen und 4.000 Kavalleristen aus verschiedenen Nation gleichermaßen bedeutend war.[3] Auch wenn ein Großteil der Soldaten aus Makedonien stammte, waren immerhin 7.000 Mann aus den nördlichen Nachbarregionen wie Triballien und Illyrien. Die Kavallerie setzte sich aus 1.800 Makedoniern, 1.800 Thessaliern und Bürgern der griechischen Stadtstaaten zusammen. Die Männer hatten also recht wenig gemein, und umso dringender brauchten sie ein Ziel, das sie einte.

Alexander entschied sich, die Invasion Persiens als neuen Trojanischen Krieg darzustellen, wie er in Homers *Ilias* verewigt ist. Hier stand er, wenige Meilen von Troja entfernt, dessen junger Prinz Paris die schönste Frau der Welt, Helena, die Frau des Königs Menelaos von Sparta, entführt hatte. Die mythische Verbindung war klar: In der *Ilias* wollten die Griechen Troja in Schutt und Asche legen, was sie mit Hilfe des praktisch unbesiegbaren griechischen Kriegers Achilles auch taten, und die Makedonier und Griechen wollten sich für den 150 Jahre währenden Krieg Persiens gegen Griechenland rächen. In den Kriegen waren griechische Städte vernichtet, griechische Vermögen geplündert und griechische Bürger von brutalen Besatzungsregimes unterdrückt worden. Nach Alexanders Schilderung handelte es sich um einen Krieg zivilisierter Völker (der Makedonier und Griechen) gegen die Barbaren (die Perser), wobei er geflissentlich ignorierte, dass die meisten Griechen die Makedonier ebenfalls für Barbaren hielten.

Alexanders Darstellung unterschied sich nicht wesentlich von denen, die Staatenführer heute anführen, um ihr Handeln in Krisenzeiten zu rechtfertigen. Jedesmal, wenn die USA einen Krieg erklären, geht es ihnen angeblich nicht nur darum, eine andere, sich auflehnende Nation zu unterwerfen, sondern auch um die Verteidigung des amerikanischen „Grundrechts" auf „Leben, Freiheit und das Streben nach Glück". Amerikanische Politiker beziehen sich gern auf die heroischen Taten der Gründerväter, wenn sie auf eine Bedrohung reagieren, die auf den ersten Blick gar keine zu sein scheint. Nicht zu vergessen die Mythen, auf die sich die amerikanische Identität stützt – die neue Welt, die Columbus entdeckte, als er aufs offene Meer hinausfuhr, und deren Wilden Westen William „Buffalo Bill" Cody und Davy Crockett eroberten.[4]

Der amerikanische Unternehmergeist stützt sich auf Mythen, die häufig mit Garagen zu tun haben – nach der Garage, in der David Packard und Bill Hewlett ihre sagenumwobene Firma Hewlett-Packard gründeten. Als Carly Fiorina 1999 als CEO bei HP begann, musste sie das Bild von der Garagenfirma und alles, wofür es stand, wieder aufleben lassen, um mit der Langweiler-Kultur aufzuräumen, die sich im Unternehmen breitgemacht hatte. „Die Garage" nämlich stand für Zusammenarbeit, Unternehmertum und Risikobereitschaft. Inzwischen hat die Firma nicht nur jene sagenumwobene Garage in Palo Alto gekauft, in der die beiden Stanford-Elektroingenieure 1939 ihren „Audio Oszillator" bauten (ihr erstes kommerzielles Produkt) und damit eine Hightech-Revolution in Gang brachten, die aus der Region das Silicon Valley machen sollte, sondern auch die „Rules of the Garage" („Garagenregeln") durchgesetzt, nach denen jeder Mitarbeiter größtmögliche Autonomie in der Entscheidungsfindung und Problemlösung genießt. Der Mythos von der Garage hat eine solche Durchschlagskraft bewiesen, dass der ehemalige Hedge-Fond-Manager Jeff Bezos sein Unternehmen Amazon.com in einer Garage eröffnete, um später sagen zu können, der Online-Buchhändler hätte in einer Garage angefangen.[5]

In Troja, wo der Trojanische Krieg ausgetragen wurde, steht der Tempel der Athene auf einem Hügel. Athene (bei den Römern „Minerva"), der Göttin des Krieges, wird Leidenschaftlichkeit und Skrupellosigkeit nachgesagt. Sie stand in der besonderen Gunst von Zeus. Athen wurde nach ihr benannt, weil sie außerdem für Zivilisation stand.

Als sie Troja erreichten, das unweit der Stelle lag, wo sie gelandet waren, ging Alexander mit einer ausgewählten Gruppe von Kommandeuren und einigen Truppen den Hügel hinauf zum Tempel. Davor stand ein Seher, gleich neben einer zerbrochenen Büste des persischen Satrapen Ariobarzanes.[6] Es ist nicht bekannt, ob der „Voraustrupp" der Makedonier unter Parmenion etwas mit der Zerstörung der Büste zu tun hatte (einige Historiker behaupteten, sie wurde von den Persern selbst zerstört, als Ariobarzanes 25 Jahre zuvor einem Staatsstreich zum Opfer fiel), aber sie war auf jeden Fall ein nützliches Omen.

Die Prophezeiung des Sehers war noch beeindruckender: Er begrüßte Alexander und verkündete, ihm wären große Siege bestimmt, insbesondere in Phrygien (der heutigen Türkei), er sollte schon bald einen berühmten persischen General schlagen und die Göttin Athene habe ihm ihren Beistand in der Schlacht zugesichert.[7] Die konstanten sublimen oder direkten Anspielungen auf Homers *Ilias*, die den meisten Truppenmitgliedern bekannt war, verfehlten ihre Wirkung nicht. Achilles' Sieg über den größten trojanischen Krieger, Hektor, war ebenfalls nur durch die Einmischung und Manipulation der Göttin Athene möglich gewesen. Entsprechend bejubelten die versammelten Truppen die Worte des Sehers.

Alexander ging in den Tempel, legte seine Rüstung ab und bot sie der Göttin als Geschenk dar. An der Tempelwand hingen ein Schild und eine Rüstung, die Achilles angeblich getragen haben sollte. Alexander nahm sie, unter großen Respektsbezeugungen, von der Wand und gab sie einem seiner Leibwächter, der sie tragen sollte. Von nun an wurden die Sachen in jeder Schlacht mitgeführt. In der Schlacht von Multan in Indien sollte Achilles' Schild Alexander das Leben retten.

Während Alexander seine nächsten Schritte plante, trafen sich die persischen Kommandeure, um über die makedonische Bedrohung zu sprechen. Die Perser hätten die makedonischen Schiffe mühelos auf dem Meer angreifen und versenken können, doch sie nahmen Alexander nicht ernst.

Memnon von Rhodos war der oberste Befehlshaber der persischen Streitkräfte in Phrygien, einem Land reich an Mineralien und Landwirtschaft im Westen des persischen Reiches. Memnon entstammte einer Familie, aus der Generationen von Adligen und Generälen hervorgegangen waren. Er war mehrfach mit seiner Frau Barsine, die als eine der schönsten Frauen Persiens galt, am makedonischen Hof gewesen, wo sie beide Alexander kennen gelernt hatten (der in Barsine verliebt gewesen war), und Memnon konnte nicht glauben, dass der unerfahrene Alexander sich mit so einem kleinen Heer ernsthaft aufmachte, Persien zu erobern. Memnon befahl seinen Truppen, den Boden um Troja und alle Felder zu zerstören, ging allerdings nicht direkt gegen die Makedonier vor. Bei dieser Aktion wurde zwar auch Memnons eigene Ernte vernichtet, aber er rechnete damit, dass die Makedonier, ging ihnen erstmal das Essen aus, den Rückzug antreten würden.

Er ahnte ja nicht, dass Alexander Persien erobern, ganz Asien einnehmen, Barsine zur Geliebten nehmen und mit ihr einen Sohn, Herakles, haben würde, der eines Tages im Zuge der Aufteilung des Makedonischen Imperiums ermordet werden sollte.

Lincolns Überzeugungsarbeit für den Bürgerkrieg

Wie Alexander der Invasion Persiens eine höhere Bedeutung verleihen wollte, erklärte Lincoln in seiner Gettysburg-Ansprache, dass es bei dem Bürgerkrieg um weit mehr gehe als um die Sklaverei, beziehungsweise deren Abschaffung. Wie Garry Wilson in seinem ausgesprochen empfehlenswerten und lesbaren Buch *Lincoln at Gettysburg* schrieb, gelang Lincoln, was er sich vorgenommen hatte. „Der Bürgerkrieg *ist*, für die meisten Amerikaner, was Lincoln *wollte*, dass er war. Worte mussten die Arbeit der Waffen vollenden."

Zwischen dem 1. und 3. Juli 1863 hatten vor den Toren der blühenden kleinen Stadt Gettysburg in Pennsylvania 23.000 Unionssoldaten und 20.000 Konföderierte gekämpft, viele ihr Leben verloren, Unzählige schwerste Verletzungen davon getragen oder waren verschollen – etwa ein Viertel der Truppen auf beiden Seiten. Die ungefähr 5.000 toten Pferde und Maultiere wurden eiligst verbrannt und die Leichen der Soldaten beerdigt – oft ohne dass man festgestellt hatte, wen genau man gerade verscharrte. Der starke Verwesungsgeruch, der sich in der Sommerhitze entwickelte, machte es praktisch unmöglich, die Toten zu registrieren oder ihnen eine richtige Bestattung zukommen zu lassen.

Am 19. November 1863, über fünf Monate nach der schicksalhaften Schlacht, kam Lincoln nach Gettysburg, um das Gelände zum Nationalfriedhof zu erklären. Lincolns kurze, 272 Wörter lange „Gettysburg-Ansprache" sollte als eine der erinnerungswürdigsten Reden in die Geschichte eingehen.

Lincoln erhob sich mit nur zwei Blättern Manuskript in der Hand und redete nicht einmal drei Minuten. Die Legende will es, dass der Photograph, der diesen Moment für die Ewigkeit festhalten wollte, erschrocken dastand, da er seine Kamera noch gar nicht eingestellt hatte, als alles schon vorbei war.[8] Dennoch war in der kurzen Ansprache alles enthalten, was Lincoln sagen wollte.

Darin hatte er nicht nur die *Sklaverei* oder die *Besitzrechte* mit keinem Wort erwähnt, sondern die eigentlichen Kriegsgründe ganz und gar ausgespart – denn bis 1862 lautete die Devise, unter der die Union kämpfte, lediglich, „das Land wieder zum Vorkriegsstatus zurückzuführen"[9]. Aber mit seinen Worten „Vor 87 Jahren haben unsere Väter auf diesem Kontinent eine Nation gegründet, die für Freiheit steht und den Grundsatz, dass alle Menschen gleich geschaffen wurden" wagte Lincoln, gemäß Wills, „den kühnsten, öffentlich ausgeführten Taschenspielertrick gegenüber einem ahnungslosen Publikum. Jeder in der Menge der mehreren Tausend, die sich hier versammelt hatten, musste sich als Opfer eines intellektuellen Taschenraubs wahrnehmen."[10]

Die Massen verließen Gettysburg nach Lincolns Ansprache mit einem neuen Bild davon, wofür sie im Bürgerkrieg gekämpft hatten. Der Gedanke der Gleichheit, der auf den Einfluss des englischen Philosophen John Locke zurückgeht, war Bestandteil der Unabhängigkeitserklärung, nicht aber Teil der Verfassung, in die er erst nach dem Krieg mit dem Dreizehnten Zusatz aufgenommen wurde. Doch wie viele wirklich effektive politische Führungsfiguren hatte Lincoln es fertiggebracht, die Verfassung zu ändern, oder zumindest der Verfassungsänderung den Weg zu ebnen – eine Verfassung, die zu verteidigen er als Präsident per Eid geschworen hatte.

Indem er den Bürgerkrieg zu einem Kampf um die fundamentale Frage der „Gleichheit" machte, die ja, wie viele Zeitungen eiligst vermeldeten, in der Verfassung überhaupt nicht vorkommt, hatte Lincoln erfolgreich die Ziele verschoben, für welche die Soldaten gefallen waren – vom Erhalt der Union hin zum höheren Ziel der Verteidigung der Gleichheit aller Menschen. Lincolns Rede in Gettysburg steht auf einer Stufe mit der Perikles' – gehalten auf dem Athener Friedhof zu Ehren der Gefallenen aus dem ersten Jahr der Peloponnesischen Kriege, beinahe 2.300 Jahre vor Lincoln – und setzte damit Maßstäbe für alle ihm folgenden Politiker.

Eine erste Kostprobe des Sieges

Philipp und Alexander hatten gleich viel Anerkennung für den makedonischen Sieg bei Chaironeia geerntet. Nun sollte Alexander bald einen ersten Vorgeschmack auf einen Sieg bekommen, der ganz allein seiner war.

Wenige Wochen nach seiner Ankunft in Phrygien berichteten ihm makedonische Späher, dass ein großes persisches Heer sich etwa fünfzig Meilen nordwestlich von ihnen in Stellung brachte. Die Makedonier hatten ihre außerordentliche Schnelligkeit genutzt, um der Politik der verbrannten Erde, die die Perser zur Abschreckung gegen sie einsetzten, den Wind aus den Segeln zu nehmen, und erreichten üppige Felder und blühendes Land jeweils bevor die Perser eine Chance hatten, die Ernten zu vernichten. Da ihre Bemühungen nicht die gewünschten Erfolge zeitigten und zudem ihnen noch selbst gewaltige Kosten und Opfer abverlangten, forderte ein Großteil der persischen Führer, die Politik der verbrannten Erde umgehend einzustellen.

Memnon sah den Moment für einen Showdown mit Alexander gekommen, um nicht zu sagen, ihm fiel keine Alternative dazu ein, und stellte ein Heer von 39.000 Elitesoldaten zusammen, zu denen über 20.000 griechische Söldner (meist Infanteristen) zählten, die es mit den Makedoniern aufnehmen sollten. Ungeachtet seiner bisherigen Sympathien für Alexander, befahl Memnon seinen Truppen, ihn zu töten. Er war zu dem Schluss gekommen, dass der Tod Alexanders die sicherste Methode war, die makedonische Bedrohung aus der Welt zu schaffen.

Die Perser bezogen entlang der Felsenufer des Flusses Granikos Stellung (der heutige Fluss Kocabas in der Türkei, der ins Marmarameer mündet) und warteten dort auf die Makedonier. Die Berge, in denen der Fluss entsprang, lagen hinter ihnen, und kleine Hügel säumten den Verlauf des beinahe 30 Meter breiten Flusses. Die Perser glaubten die Natur auf ihrer Seite: Die Breite des Flusses und die starke Strömung machten die Überquerung für jede Armee zu einer echten Herausforderung, ganz zu schweigen vom Überqueren *und* anschließenden Kampf gegen die größte Armee der Welt.

Die Perser gingen in Verteidigungsposition und besetzten alle Kämme und Hügelspitzen entlang der 1,5 Meilen breiten Front, wo sie Tausende von Bogenschützen und Speerwerfern postierten. 5.000 Mann Kavallerie standen mit ihren Pferden vor den Bogenschützen und Speerwerfern, zum Angriff auf alles und jeden bereit, der seinen Kopf aus dem Wasser streckte. Hinter der Kavallerie stand die Infanterie, was sich als großer Fehler erweisen sollte.

18.000 Makedonier machten sich auf den Weg und brauchten drei Tage, um bei den Persern anzukommen. Der Rest des Heeres war zurückgelassen worden, um sich für weitere Angriffe bereit zu halten. Als Alexander sich dem Fluss näherte, drosselte er das Marschtempo und wartete, ob die Perser zum Angriff über den Fluss kämen. Es kam aber niemand. Die Makedonier waren müde nach ihrem Drei-Tage-Marsch durch die Hitze der türkischen Sommertage und die Kälte der Nächte. Da er sah, wie erschöpft seine Soldaten waren, ritt Parmenion nach vor zu Alexander und schlug vor, die Nacht über auszuruhen, bevor sie über den Fluss gingen. Aber Alexander wollte nichts davon hören. „Was für eine Herausforderung kann ein kleiner Strom wie der Granikos für Männer sein, die den Hellespont überqueren konnten?"[11] fragte er Parmenion. Gemäß dem Historiker Arrian wies er Parmenion scharf zurecht, allein den Vorschlag gemacht zu haben, da er damit sowohl dem eigenen Ruf als jemand, der mit Gefahren umgehen konnte, schadete als auch den Stolz der makedonischen Armee verletzte, die sich ihr Ansehen als furchtlose Streitmacht gerade erst erkämpfte.

Als ihm klar wurde, dass die Perser nicht angreifen wollten, setzte Alexander seinen glänzenden Helm mit dem weißen Federbausch auf, zum Zeichen, dass die Schlacht unmittelbar bevorstand. Er betraute Parmenion mit der Führung des linken Flügels der Makedonier, wo die thessalischen Reiter an der Spitze standen, während er selbst das Kommando des rechten Flügels mit der makedonischen Kavallerie übernahm, und ritt in die Fluten. Die makedonische Phalanx füllte die Mitte zwischen Alexander und Parmenion. Die Perser, die ihn aufmerksam beobachteten, kamen aufgrund seiner Rüstung und des Aufruhrs um ihn herum zu dem Schluss, dass es sich um Alexander handeln musste.

Der Rest der Makedonier ging ebenfalls ins Wasser. Parmenion führte die linke Flanke. Alexander hatte geplant, so weit wie möglich in den Fluss hineinzugehen, ohne einen Bogen- und Speerbeschuss vom anderen Ufer zu fürchten, und ließ sich dann mit seinem Pferd vom Wasser stromabwärts treiben. Die übrigen Truppen folgten ihm, und sobald sie von der Strömung erfasst wurden, trieben auch sie stromabwärts, bewegten sich dabei aber weiter zum anderen Ufer. So ergab sich von selbst eine Truppenordnung, bei der die rechte Flanke deutlich vor der linken lag.

Darauf waren die Perser nicht vorbereitet gewesen. Genau genommen hatten sie eine solche Formation noch nie gesehen. Fasziniert betrachteten sie, wie das Heer in einer diagonalen Truppenanordnung auf sie zukam. Nun setzte unter den Persern ein Gedrängel und Geschiebe ein, da die Front versuchte, sich der Form der makedonischen anzupassen. In diesem Moment befahl Alexander einer kleinen Abordnung der Kavallerie, ans Ufer zu reiten und zu testen, wie heftig und überwältigend die Perser denn tatsächlich waren. Sie hatten kaum das Ufer erreicht, als eine Wolke von Speeren und Bogen auf sie niederprasselte. Es war ein regelrechtes Blutbad, und das Wasser färbte sich tiefrot vom Blut der gefallenen Kavalleristen. Die Perser jubelten, und vor lauter Begeisterung, dass sie die Kavallerieeinheit vernichtend geschlagen hatten, merkten sie gar nicht, dass sie soeben ihre Verteidigungstaktik offenbart hatten. Und nicht nur das: In ihrem Übereifer, die Makedonier schnellstmöglich in die Flucht zu treiben, hatten sie Lücken in ihre Stellungen gerissen, die sie nicht wieder schlossen. Außerdem waren ihre Flanken nicht mehr gedeckt.

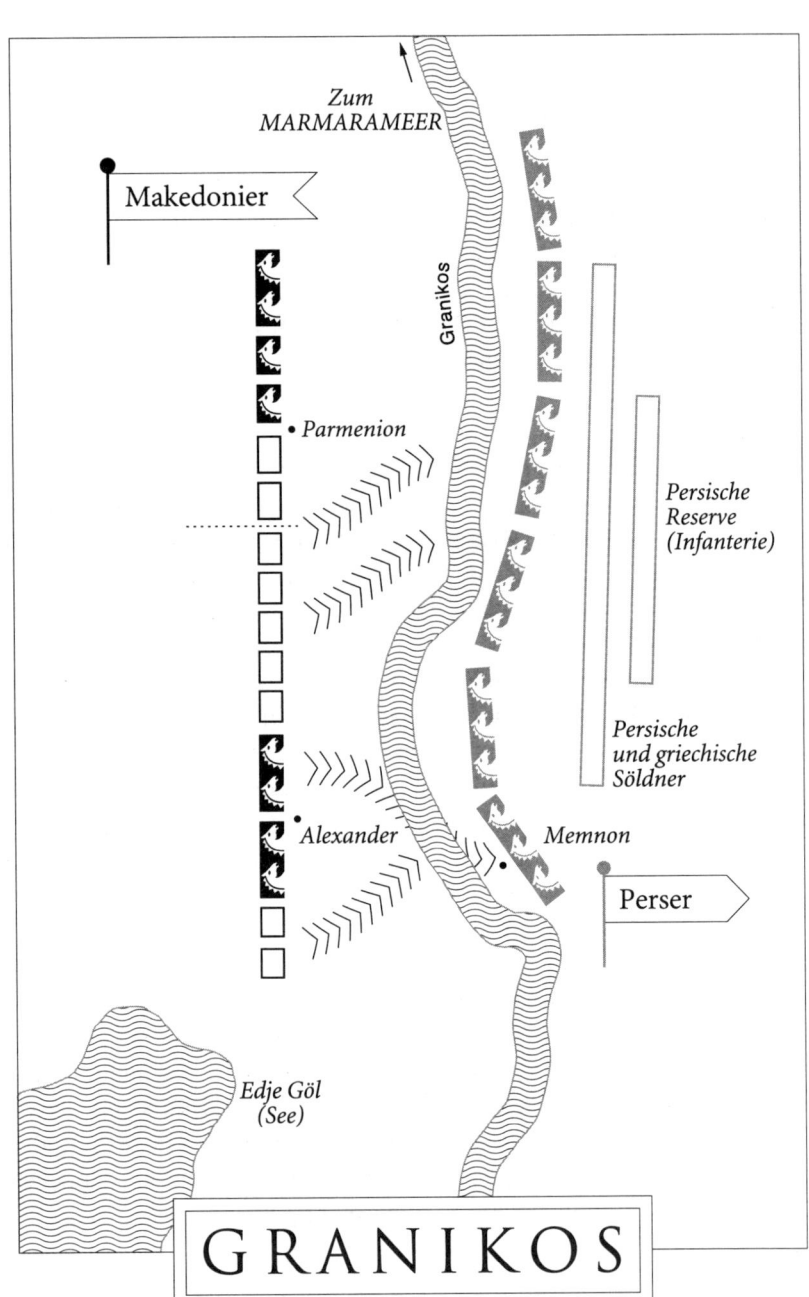

Zum
MARMARAMEER

Makedonier

Granikos

Parmenion

Persische
Reserve
(Infanterie)

Persische
und griechische
Söldner

Alexander

Memnon

Perser

Edje Göl
(See)

GRANIKOS

Diese ungedeckten Flanken steuerte Alexander an, indem er die Kavallerie gegen die Flussströmung führte. Sie konnte aus dem Wasser steigen, ohne von den Persern zurückgedrängt zu werden. Auch Parmenion konnte sicher ans Ufer gelangen, und die Makedonier und Perser trafen in einem Kampf Mann gegen Mann aufeinander. Eine Kavalleriewelle von Makedonier nach der anderen entstieg den Fluten und drängte die Perser aus ihren Stellungen. Die Infanterie war noch nicht am Ufer angekommen, als die persische Kavallerie unter dem „Seitenangriff" der makedonischen Kavallerie zusammenbrach.

Bei der Schlacht der Makedonier gegen die Perser – die Makedonier mit ihren keltischen Schwertern und die Perser mit ihren Krummschwertern – gab es ein wichtiges Ereignis. Auf Memnons Anweisung hin hatten die Perser Alexander umzingelt, und während er gegen einen Kommandeur des Perserkönigs Dareios kämpfte und gleichzeitig versuchte, die anderen möglichst abzuwehren, kam plötzlich ein Perser von hinten und versetzte ihm einen Hieb mit einer Kampfaxt, der ihn am Kopf traf. Die Axt durchschlug den Helm und spaltete ihn entzwei, riss den Federbausch heraus und ging beinahe durch das Kopfstück – jenem letzten Schutz des Kopfes. Alexander konzentrierte sich derweil immer noch auf den Kommandeur vor ihm. Als nun der andere Kommandeur, der ihm den Hieb versetzt hatte, sich zum zweiten Schlag bereit machte, kam ein erfahrener makedonischer Kommandant, Kleitos „der Schwarze", Alexander zu Hilfe und tötete den Perser mit einem Speer, der dessen Brustplatte durchbohrte. Philipps neue Speertechnologie half also, seinem Sohn das Leben zu retten.

Die Schlacht am Granikos war die erste in der Geschichte der Kriegsführung, bei der die Kavallerie eine „Störaktion" inszenierte. Bei Chaironeia war die Kavallerie bereits so eingesetzt worden, dass sie Lücken in die gegnerische Front riss, und dann „aufklarte", aber am Granikos war sie erstmals die bestimmende Kraft in der Schlacht gewesen. Damit hatten die Makedonier einen Wendepunkt in der Geschichte der Kriegsführung markiert, ähnlich der Einführung von Panzern als dominante Waffen in der Schlacht von Cambrai im Ersten Weltkrieg, welche von der britischen Dritten Armee eingesetzt worden waren, um die deutsche Verteidigungslinie in Nordfrankreich zu durchbrechen, oder den Flugzeugträgern in Taranto, welche die italienische Flotte versenkten, sowie den Amphibienfahrzeugen des Marine Corps, mit denen die japanische Verteidigung im Zweiten Weltkrieg umfahren wurde. Andere Beispiele für Störtaktiken wären die Stinger-Raketen, die die afghanischen Mudschahedins gegen die sowjetischen Flugzeuge richteten, und die Exocet-Raketen, mit denen die Argentinier im Falklandkrieg die Kriegschiffe beschossen. Während die Afghanen gewannen, verloren die Argentinier die Schlacht um die Falklandinseln gegen Großbritannien – eine nützliche Lektion, dass die Anwendung einer Störtechnik allein noch keine Garantie für Sieg ist.

Als sie ihre Kommandeure sterben sahen (drei von sieben persischen Kommandeuren fielen in der Schlacht, einer beging direkt hinterher Selbstmord) und außerstande waren, sich der Schübe von makedonischer Kavallerie zu erwehren, trat das persische Reiterheer den Rückzug an. Ein Großteil ihrer leichten Infanterie, die hauptsächlich aus Persern bestand, entkam ebenfalls, aber die 20.000 Mann starke schwere Infanterie aus griechischen Söldnern stand ratlos da, während die makedonische Kavallerie und Infanterie über sie herfielen. Bei den Griechen und Makedoniern galten die Söldner ohnehin als Verräter, weshalb sie die meisten von ihnen buchstäblich abschlachteten. Nur etwa 2.000 überlebten als Gefangene und wurden nach Griechenland geschickt, wo sie als Landarbeiter dienen mussten – um den anderen Griechen ein Beispiel dafür zu geben, was ihnen blühte, sollten sie sich gegen ihre eigene Nation wenden.

Auf 25 gefallene makedonische Ritter kamen 1.000 gefallene persische Kavalleristen (auch wenn einige Historiker die Zahl der persischen Opfer mit sage und schreibe 20.000 angeben). Alexander ließ die Makedonier, Griechen und Perser mit vollen Ehren bestatten. Er besuchte die verwundeten Makedonier und schrieb den Angehörigen der Gefallenen, welchen Heldenmut ihre Söhne, Ehemänner und Väter in der Schlacht bewiesen hätten. Einige Geschichtsschreiber argwöhnen allerdings auch, dass es sich bei den niedrigen Gefallenenzahlen auf der makedonischen gegenüber den hohen auf der persischen Seite um reine Propaganda gehandelt haben könnte. Dabei muss man sich bloß die Berichte von den relativ neueren Schlachten aus dem 14. und 15. Jahrhundert ansehen, die detailliert beschrieben wurden, um zu sehen, dass es durchaus möglich ist für eine kleine Armee, ein viel größeres Heer zu schlagen, und die Differenzen zwischen den Gefallenenzahlen sehr wohl enorm sein können.

In den Anfängen des Hundertjährigen Krieges etwa erlitten die Engländer gerade mal eine Handvoll Verluste in der Schlacht von Crécy (1346), wohingegen die Franzosen 1.500 Ritter und 10.000 Fußsoldaten einbüßten. Oder nehmen wir die Schlacht von Agincourt zum Ende des Krieges (1415), bei der die englische Armee von weniger als 6.000 Mann unter Heinrich V. gegen die französische aus 40.000 Soldaten gewann – und nicht einmal 500 Soldaten verlor, während die Zahl der französischen Gefallenen bei beinahe 10.000 lag.[12] Crécy und Agincourt sind zusammen mit Blenheim und Waterloo die Schlachten, die wesentlich die britische Identität und den Mythos von der britischen Unverletzbarkeit prägten. Churchill verwies wiederholt auf diese Errungenschaften, um im Großbritannien des Zweiten Weltkriegs eine Bulldoggen-Mentalität anzuheizen.

Am Granikos begann Alexanders Mythos von der Unverwundbarkeit der Makedonier zu greifen. In den nachfolgenden Schlachten war es daher nicht unüblich, dass sich gut gerüstete Armeen einer viel kleineren makedonischen Einheit ergaben. Wie Napoleons Präsenz auf dem Schlachtfeld, von der Wellington meinte, sie entspräche demselben Wert wie eine 40.000er Truppe, hatte Alexanders Erscheinung das Gewicht von 50.000–100.000 Soldaten – solch elektrisierende Angst flößte er den Soldaten der gegnerischen Seite ein.

Um seinen Sieg abzurunden, schickte Alexander 300 persische Rüstungen nach Athen, wo sie zu Ehren der Göttin Athene an den Ruinen der Akropolis aufgestellt wurden. Der Perserkönig Xerxes hatte die Akropolis, den heiligsten Schrein der Athener, fast 150 Jahre zuvor zerstört. Die Athener waren so schockiert und verwirrt, dass sie die Ruinen 30 Jahre lang unberührt ließen, als Mahnmal und Erinnerung an das Ausmaß der Verwüstung durch die Perser. Erst unter Perikles hatten sie wieder aus der Asche gerettet, was übrig geblieben war, und das Parthenon an der Stelle errichtet – das bis heute steht.

Die Rüstungen der Perser aus der Schlacht beim Granikos wurden über die Ruinen des Tempels der Athene gehängt und eine Inschrift von Alexander wurde angebracht, die, gemäß Arrian, wie folgt lautete: „Alexander, Sohn des Philipp und aller Griechen, mit Ausnahme der Spartaner, präsentiert hiermit die den Barbaren Asiens entwundenen Gaben." Er wurde nicht als König genannt, sondern als unterwürfiger Sohn seines Vaters und aller Griechen. Die Botschaft implizierte, dass die griechische Vergeltung für Jahrhunderte persischer Unterdrückung nunmehr begonnen hatte. Ganz Griechenland und Makedonien bejubelten Alexanders Sieg.

Yankee-Mythen und Tigerstreifen

In der Welt des Sports gibt es mehrere interessante Parallelen zu Alexanders Mythos von der Unverwundbarkeit und der Kraft, mit der er seine

Gegner bezwang. Nehmen wir nur die New York Yankees im Baseball und Tiger Woods im Golf.

Seit den 80ern umgibt die New York Yankees ein Mythos. Sie haben insgesamt 26 Weltmeisterschaften gewonnnen – zwischen 1949 und 1953 fünf in Folge, zwischen 1936 und 1939 vier in Folge und zwischen 1998 und 2000 drei in Folge. Kein anderes Baseballteam hat auch bloß eine annähernd so hohe Gewinnquote vorzuweisen wie die Männer in den blauen Nadelstreifentrikots. Daher nimmt es wenig wunder, wenn allein der Anblick dieser Nadelstreifen gegnerische Teams in Angst und Schrecken versetzt.

Der Club und seine Bewunderer haben den Mythos noch kultiviert. Auf dem geheiligten Boden des Yankee-Stadions sind alle Großen verewigt, die hier gespielt haben: Joe DiMaggio, Lou Gehrig, Reggie Jackson, Mickey Mantle, Roger Maris, Phil Rizzuto, Babe Ruth, um nur ein paar zu nennen. Heute reiben die Spieler ihre Handflächen an den Büsten der großen Spieler, bevor sie auf dem Spielfeld in Position gehen. Kommentatoren und Sportreporter bestärken die Legenden noch, indem sie immer wieder über die beste Saison streiten: War es 1929 mit der Mörderserie? War es 1939 mit Joe DiMaggio und Bill Dickey, als zugleich der traurige, rapide Verfall von Lou Gehrig einsetzte, dessen Krankheit heute seinen Namen trägt? War es 1956 mit Mickey Mantle, 1961 mit Roger Marris oder 1980 mit Reggie Jackson?

Hinter der Yankee-„Magie", so vermuten die meisten Beobachter, steckt die Fähigkeit der Spieler, außergewöhnliches Talent mit Konzentration und Siegeswillen zu kombinieren. Sportjournalisten und Kommentatoren vermuten das Legendäre der Yankees in ihrer unheimlichen und konsequenten Art, das Spiel immer wieder auf die wesentlichen Elemente zu reduzieren und im entscheidenden Moment zu verlangsamen. Danach würde in Situationen, in denen andere Teams ein Doppel zu schlagen versuchten, ein Yankee-Schläger wie Bernie Williams etwa denken: *Okay, ich werde jetzt versuchen, einen Fastball zu kriegen, und wenn es kein Fastball wird, schlage ich nicht.*[13] Es ist dieses Vertrauen auf die Art, wie man immer gespielt hat, die den Yankees zum Sieg verhilft. Und das immer wieder.

Die Yankees haben keineswegs immer die besten Baseball-Spieler von allen. Aber sie vollbringen mit denen, die sie haben, wahre Wunder – mit einem Mix aus ein paar großartigen und vielen guten Spielern. Der Mythos, den sie kreiert haben, ist allerdings insofern berechtigt, als sie tatsächlich eine Menge großartige Spieler bekommen konnte. Zwischen dem Sommer und dem Herbst jedes Jahres findet eine buchstäbliche Verwandlung bei ihnen statt, wenn sie sich von einem Team unter vielen in ein großartiges wandeln. Und diese Verwandlung wiederum kommt nur zustande, weil andere Teams in der Nachsaisonphase den Kopf verlieren, während die Yankees ihren kühlen Kopf bewahren.

Auch Einzelpersonen können von einem Mythos umgeben sein.

Nehmen wir zum Beispiel Tiger Woods. Wo immer er spielt, kippen die Rekorde wie die Kegel auf der Bowlingbahn. Er hat nicht bloß die U.S. Open, die British Open, PGA und Master's gewonnen und alle Titel zugleich gehalten, womit er der Erste in der Geschichte des Golf war (vier andere können einen Grand Slam vorweisen), sondern auch bei jedem Gewinn neue Rekorde gesetzt (sein Master's-Ergebnis von 270, 18 unter Par beispielsweise ist ein Rekord für dieses Turnier, wie auch sein 19-unter 269 bei den British Open). Jedesmal wenn er spielt, tut er etwas, was vorher als unvorstellbar galt: Treibschläge über 350 Yards, die ein Par 5 zu einem Midlength-Par 4 verwandeln oder 218 Yards mit einem Sechser-Eisen direkt an den Flaggenstock schlagen.

Er ist der erste asiatisch-amerikanische Afroamerikaner (ein ethnischer Mix aus einem typischen kalifornischen Arbeiterumfeld) wie auch der erste Angehörige der Generation Y, der in einem Sport führt, der bis vor kurzem noch von weißen, wohlhabenden und älteren Männern dominiert wurde. Und er gewann nicht nur das einundsechzigste Master's in Augusta, das über Jahre ein nationales Symbol für Rassentrennung war, sondern er siegte gerade mal zwei Tage, bevor die USA den 50. Jahrestag von Jackie Robinsons Debut bei den Brooklyn Dodgers als erstem Afroamerikaner feierten, der in der Baseball-Oberliga spielte, was einem Meilenstein in der Civil-Rights-Bewegung gleichkam.

Nachdem er das Master's gewonnen hatte, sprach Woods, der sich stets eingehend mit der Geschichte seines Landes befasst hatte und nie vergaß, was der Golf-Sport ihm gegeben hatte, über den Einfluss der afroamerikanischen Golfgrößen wie Lee Elders und ihre Bemühungen, die Vorurteile zu überwinden, die ihnen in diesem Sport entgegenschlugen. Elders wurde erst 1973 zu den Master's eingeladen – nachdem sich jahrelang andere für ihn stark gemacht hatten – und nahm erst 1975 an dem Turnier teil.

Und dennoch, auch wenn er Rekorde bricht, Vorurteile gegen Hautfarben oder Herkunft widerlegt, als gäbe es kein Morgen, dem Sport Millionen neuer Zuschauer und Spieler beschert, wie Michael Jordan es im Basketball tat, wird Woods nicht müde darauf hinzuweisen, dass sein erklärtes Ziel eine Welt ist, in der niemand mehr über seine Hautfarbe nachdenkt – sondern über ihn als den größten Golfspieler aller Zeiten. Und während er daran arbeitet, Jack Nicklaus' Rekord von achtzehn großen Titel zu brechen, ist es immer wieder ein Erlebnis für die Zuschauer, ihn auf dem Green zu sehen: ganz Anmut und Konzentration. Wie ein Medium in einem Spukhaus scheint er mehr zu sehen als alle anderen, und sein Spiel ist Präzision in ihrer Reinform: seine Treibschläge sind exquisit, und seine Putts schlicht überragend. Seine Augen signalisieren absolute Konzentration, sein Verstand ist voll und ganz bei jedem Schlag, bis er das letzte Loch erreicht hat. Und er trainiert mit geradezu religiöser Ernsthaftigkeit. Als er kürzlich zu den U.S. Open in Pebble Beach kam, das Tournier davor hatte er mit Bravour gewonnen, konnte man ihn am Vorabend des Spiels geschlagene zweieinhalb Stunden üben sehen.

Ungeachtet all der Rekorde, die er seit seinem dritten Lebensjahr gebrochen hat, all des Lobs, mit dem er überhäuft wurde, und all der Schranken, die er durchbrochen hat, ist er nach wie vor ein Sportler, der die Entschlossenheit und die Fähigkeit zu gewinnen beweist und dabei tadellose Manieren im wie außerhalb des Spiels an den Tag legt. Sein Platz im Pantheon der unbesiegbaren Sportgrößen ist ihm sicher – neben Muhammed Ali und Pele. Und ebendiese Aura der Unbesiegbarkeit ist es, die seine Gegner zusammenfahren lässt, sobald Woods auf den Platz kommt, um das 900 Jahre alte Spiel zu spielen.

Der gordische Knoten wird zerschnitten

Alexander sicherte die benachbarten Städte und Dörfer um den Granikos-Fluss in Phrygien. Wo immer er sich den etablierten persischen Städten näherte, kamen die Satrapen (Gouverneure) und Militärkommandanten herbeigeeilt, um sich ihm zu ergeben. Er fegte alle persischen Festungen hinweg und bewegte sich nach Süden Richtung Gordion (heute Bela-His-sar), der alten Hauptstadt Phrygiens, nahe der heutigen türkischen Stadt Ankara. Bei seinem Zug durch die Städte und Dörfer zerstörte er die Amtsgebäude der persischen Oligarchen und führte eine demokratische Regierungsform ein. In vielen Fällen ließ er die persischen Satrapen im Amt, sofern sie bei den Leuten beliebt waren, tauschte sie jedoch überall da schleunigst aus, wo dem nicht so war. Bei der Bevölkerung erfreute er sich schnell großer Beliebtheit, weil sie nun ja mitbestimmen durften, wer sie regierte. Er ließ die Steuern, wie sie waren, nur dass sie jetzt an seine Verwalter und nicht mehr an die Perser entrichtet wurden. Und er gab sich besondere Mühe, jenen Leuten seinen Schutz zu versprechen, die ihr Land und ihre Häuser verlassen hatten, um vor der Schlacht am Granikos zu fliehen.

Ein wesentliches Element von Alexanders Taktik, das sich als ausgesprochen wirksam im Kampf gegen disparate Stämme in Afghanistan erweisen sollte, war die Unterteilung seiner Armee in verschiedene Divisionen, von denen jede einzelne einem erfahrenen Kommandanten aus den Ritterrängen unterstand und die ländlichen Regionen durchkämmte, um jeden Widerstand, der sich regte, im Keim zu ersticken. In Gordion trafen sich 333 v.Chr. alle Makedonier wieder.

Die Stadt war nach dem Makedonier Gordius benannt (man nimmt an, dass er der Vater von König Midas war), der sein Heimatland verlassen hatte, um sich hier niederzulassen, und schließlich zum Herrscher über ganz Asien aufstieg. Das war allerdings Jahrhunderte vor Alexander. Der Legende nach war Gordius mit einem Wagen angekommen, der noch im Tempel des Zeus ausgestellt war, einer Zitadelle im Stadtzentrum. Ein seltsamer Knoten hielt das Gespann des hölzernen Bauernwagens, und in der Legende hieß es, wer diesen Knoten lösen könnte, würde zum Herrscher über ganz Asien.

Alexander wollte natürlich sofort sehen, ob er den Knoten aufbekäme. Er ging zu dem Tempel in der Zitadelle, in deren Nähe die einzige Handelsstraße verlief, die Troja mit dem alten Antioch im heutigen Syrien verband. Der Knoten war aus Hornstrauchrinde gewunden, ziemlich kompliziert und laut Arrian war nicht ersichtlich, wo er anfing und wo er aufhörte.[14] Heutzutage kennt man diese Knotenform von den Lederzierknoten der Pfadfinderhalstücher. Nach Arrian betrachtete Alexander den Knoten eine Weile und zog an der Stange in der Mitte, mit der das Geschirr am Wagen gehalten wurde. Andere sagen, er hätte sofort sein Schwert gezogen und den Knoten zerhackt – und damit die Metapher vom „Zerschneiden des gordischen Knotens" geschaffen. Wie auch immer, selbst Arrian ist sich lediglich in dem Punkt sicher, dass Alexander am Ende den Knoten zerschnitt und so wesentlich zur Legendenbildung um seine Person beitrug. Das Gewitter in der darauf folgenden Nacht wurde prompt als Zeichen des Wohlwollens der Götter interpretiert, mithin als weiterer Beleg für Alexanders göttliche Abstammung. Es gelang ihm, einen Kult um sich zu schaffen, indem er immer wieder externe Beweise seiner göttlichen Wurzeln suchte und, wie in Gordion, bewies, dass es nichts gäbe, was er sich nicht traute. Als er damit anfing, war er noch ein junger Herrscher, der sich noch nicht als solcher bewährt hatte. Daher war er auf alles angewiesen, was auch nur entfernt seine Rolle als Herrscher bestätigen konnte. Je mehr mythische Bestätigung er in seiner Führungsrolle erhielt, umso eher würden seine Leute aufhören, an der Realisierbarkeit seiner Ziele zu zweifeln.

Zwei Jahre nach dem Ereignis in Gordion zog Alexander nach Süden in die Sahara, im heutigen Ägypten und Libyen, um das Zeus-Ammon-Orakel von Siwah aufzusuchen. Der Tempel des Zeus-Ammon war sowohl für die Griechen als auch für die Ägypter eine heilige Stätte, und Siwah, eine Oase inmitten der libyschen Wüste, galt als Wohnstatt der ägyptischen Götter, ähnlich dem Olymp bei den Griechen. Alexanders Besuch Siwahs ist ein Thema, das die Historiker seit über 2.000 Jahren beschäftigt. Einige von ihnen behaupten, er wäre nach Siwah gegangen, um seine Wurzeln aufzuspüren, andere meinen, er wollte damit politische Anerkennung gewinnen. Wieder andere glauben, er hätte in Siwah Vergebung für den Mord an seinem Vater erbitten wollen, in den er nach Meinung einiger Geschichtsschreiber verwickelt war. Und schließlich gibt es auch noch manche Historiker, die vermuten, er hätte dort jenen „Ruhm" zu erlangen versucht, welcher die griechischen Helden Perseus und Herakles umgab, die beide in Siwah gewesen waren.

Der letzte Grund ist besonders wichtig. Im alten Griechenland stand Ruhm nicht, wie heute, für Berühmtsein, Reichtum oder Macht, sondern war direkt an eine Apotheose gebunden – an einen Prozess, in dem man unsterblich wie die Götter wird. Es gab drei Wege zur Unsterblichkeit: Einmal durch Erfolge, die so beachtlich waren, dass man in den Geschichten der Barden auf ewig weiterlebte; dann, eher judäisch, durch die eigenen Kinder; und schließlich indem man sich als dem größten der göttlichen Helden überlegen erwies. Die Griechen behielten ihre religiösen Mysterien für sich, doch Wissenschaftler wie Werner Burkert[15] wissen, dass ihre Mythen und Dramen vor allem auf die ägyptische Wüste verwiesen, aus der viele der Helden stammten und in der sie die Unsterblichkeit gewonnen hatten. Das Zerschneiden des gordischen Knotens kam Alexanders göttlichen Ambitionen zugute und brachte ihn in die richtige Position,

Asien zu erobern. Vor allem aber konnte ihm die Reise nach Ägypten einen Platz auf dem Olymp sichern.

Was immer der eigentliche Grund gewesen sein mochte, es war eine beschwerliche, zweihundert Meilen weite Reise von dem Wüstenpunkt entfernt, wo Alexander bald die Stadt Alexandria in Ägypten gründen sollte. Am vierten Tag der Reise ging ihnen das Wasser aus, und nur ein plötzliches Unwetter mit Regen bewahrte ihn und seine Truppe vor dem Verdursten. Sie verliefen sich, und wurden durch zwei Krähen gerettet, die sie zufällig entdeckten und deren Flugstrecke sie folgten. Als sie in Siwah ankamen, soll ein Priester die Truppen in einen Vorraum geführt haben, wo sie die Kleider wechseln mussten, bevor sie zum Orakel gelassen wurden. Alexander hingegen wurde direkt zum Orakel gebracht. Der Hohepriester, der ihn ins Heiligtum führte, soll ihn als „Sohn des Zeus-Ammon" begrüßt haben. Die Historiker streiten sich noch, ob der Priester ihn „mein Sohn", „Sohn des Zeus-Ammon" oder „Sohn Gottes" nannte oder ob es sich eventuell nur um einen Übersetzungsfehler handelte. Da wir in diesem Punkt nie Genaueres wissen werden, begnügen wir uns damit, dass Alexander auch dieses Ereignis zu nutzen verstand, denn von diesem Tag an waren die makedonischen Mythenerfinder in ihrem Element und sahen seine göttliche Abstammung als bewiesen an.

Später überredete Alexander seine Truppen, nach Indien vorzudringen, indem er ihnen sagte, der Gott Dionysos (auch bekannt als Bacchus), der griechische Gott des Weines und der Ekstase, wäre durch dieses Land gekommen. Er nannte sogar die erste der beiden Städte, in die sie kamen, Nysa, nach dem mythischen Weiler, an den der griechische Gott Hermes Dionysos gebracht hatte, um ihn dort aufwachsen zu lassen. Alexander konnte seine Truppen überreden, den schneebedeckten Hindukusch zu erklimmen, der Indien von Afghanistan trennt, indem er ihnen erklärte, dass auf der anderen Seite des Berges die Höhle war, in welcher der Titan Prometheus gefesselt worden war, damit der Adler hineinfliegen und seine Leber fressen konnte – bis Herakles kam und ihn befreite.

Alexander suchte ständig nach Symbolen für seine göttliche Bestimmung, die Welt zu erobern. Und die Natur bot ihm einige solcher Symbole. So wurde der Efeu, der an den Hängen des Hindukusch wuchs, als ein Zeichen dafür gesehen, dass Dionysos tatsächlich hier gewesen war. Seine Truppen feierten dieses Zeichen, indem sie sich Efeukränze flochten und damit bei Fackelschein tanzten, „Euoi, Euoi" singend – ein traditionelles bacchantisches Feierritual.

Männer in Kilts

In den 60er Jahren erreichte die Kaffeehauskultur in Paris ihre Blüte und führte die großen französischen Intellektuellen zusammen, die der Welt kulturelle Neuerungen aller Art bescherten, angefangen bei der Nouvelle Vague in den Kinos bis hin zur Literatur Jean Paul Sartres, Albert Camus' und Simone de Beauvoirs. Claude Lévi-Strauss, Philosoph an der Sorbonne, veröffentlichte damals ein wichtiges Buch mit dem Titel *Strukturale Anthropologie*, in dem er den Sinn der Mythen als die Vortäuschung eines logischen Modells definiert, mittels dessen Widersprüche aufgehoben werden sollen. Er lieferte gleich mehrere rationale Erklärungen dafür, warum Mythen überleben, so wie Freud es mit seinen Traumdeutungen getan hatte. Der Strukturalismus wurde zu einer beliebten Schablone, mit der viele kulturelle und historische Mythen untersucht wurden, wobei sich herausstellte, dass ein Großteil dieser Mythen einzig dazu diente, bestimmte Lebensweisen zu erklären und zu verteidigen, die in der modernen Zeit längst überholt waren.

Mythen sind schon umstritten, seit es sie überhaupt gibt. Vor über 2.500 Jahren stellten Historiker die vielgepriesene Athener Demokratie infrage, und viele von ihnen entdeckten, dass die Stadt *nach* dem Zeitalter des Perikles nichts als eine Zitadelle des Chauvismus, der Doppelzüngigkeit und der Mauscheleien war. Die Mythen des amerikanischen Südens, insbesondere die Dixie-Legende mit ihren Bildern von der idyllischen Vorkriegskultur, gelten heute als frei erfundene Geschichten, mit denen den Südstaatlern in der Nachkriegszeit Bilder und Symbole für eine Vergangenheit präsentiert wurden, an denen sie während der Restrukturierung des Südens festhalten sollten.

Viele Mythen sind längst überholt, und nicht wenige entstanden erst im Nachhinein. Denken wir beispielsweise an den Mythos der Highlander in Schottland, bei dem es sich um eine „retrospektive Erfindung" handelt.[16] Hugh Trevor-Roper, Historiker im englischen Cambridge, enthüllte, dass die Highland-Tradition mit ihren „äußeren Merkmalen" wie dem Kilt und dem Dudelsack, eine Schöpfung aus dem 18.und 19. Jahrhundert war und keineswegs aus dem Mittelalter stammt, wie die Schotten so oft behaupten.[17] Die Ursprünge des Kilts reichen bis nach Irland zurück, von wo die schottischen Highlander kamen. In den bergigen Regionen Schottlands dann trugen die irischen Siedler die irischen langen Hemden, wie sie sie aus dem „alten Land" kannten. Diese Hemden eigneten sich hervorragend für die Bewegung in den Bergen und Sümpfen wie auch das Liegen auf torfigem Boden. Des Komforts wegen führten die Siedler in Schottland Gürtel ein und kürzten die Hemden, sodass der Teil unterhalb des Gürtels tatsächlich wie ein Rock aussah.

Im frühen 18. Jahrhundert kam ein englischer Quäker namens Thomas Rawlinson in die Highlands und pachtete ein großes Stück Land in der Nähe von Inverness, wo er einen Hochofen aufstellte, der Eisenerz schmolz, das er aus Lancashire herbringen ließ. Ihm fiel auf, wie unpraktisch das einteilige lange Hemd seiner Arbeiter war, wenn sie Bäume für das Feuerholz schlagen mussten, und gemäß Trevor-Roper engagierte Rawlinson daraufhin den Schneider des örtlichen Militärregiments in Inverness, der einen Zweiteiler entwerfen sollte. Aus dieser Innovation des irischen Langhemdes wurde dann der Kilt, der einem Faltenrock nachempfunden war.

Der Kilt erfreute sich bei den Menschen in den Highlands bald so großer Beliebtheit, dass sie ihn in allen erdenklichen Mustern und Farben trugen. Nach der großen Rebellion von 1745, als die Engländer die schottischen Clans bei Culloden besiegten, nahmen sie ihnen nicht nur die Waffen ab, sondern machten auch ein Ende mit den Kilts, den Plaids, den Dudelsäcken, Tartans (Schottenstoff) und allem anderen, was für das Leben der Highlands stand. Selbst Boswell und Johnson hatten bei ihrer berühmten Highland-Tour von 1773 ihre liebe Mühe, irgendetwas zu entdecken, das auch nur entfernt an jenes von ihnen beschriebene „sonderbare" und „antiquierte" Leben der Leute erinnerte.

Zur allgemeinen Überraschung wurde Sir Walter Scott, ein Lowlander, 1820 Mitglied einer neu gegründeten Gesellschaft zur Erhaltung der Highland-Kultur. Ihren Ursprung verdankte die Gesellschaft den Bemühungen Scotts, den wirtschaftlich stark angeschlagenen schottischen Webern zu helfen, indem er zum Besuch Georges IV. in Edinburgh das frühere Leben in den Highlands nachstellen lassen wollte. Seine Idee war, dass jeder Clan im eigenen Tartan auftrat, und die schottischen Weber, die nach Culloden ihre Kunden verloren hatten, empfahlen für jeden Clan Muster und Farben. Bisher war das einzige Unterscheidungsmerkmal der Clans die Kokarde am Hut gewesen.

Trevor-Roper erzählt von einem Weber, William Wilson and Sons aus Bannockburn, der ein „Stoffmusterbuch" hervorholte, indem der frühere

Tartan „No. 155", der auch „Kidd" hieß und für Mr. Kidds Bedarf für sich und seine westindischen Sklaven gedacht war, kurzerhand in „Macpherson" umbenannt und dann in Mengen hergestellt wurde, die auch noch den gesamten Macpherson-Clan mitversorgten. So begann der Mythos von den Clan-Farben, der noch 200 Jahre später nicht nur als feste Tradition überlebt hat, sondern darüber hinaus von einer großen Industrie mitgetragen wird – nicht zuletzt von der so genannten „Tartan Army", deren Mitglieder zwar nicht immer in Tartans, dafür aber durchgängig als trinkfeste und gemeinhin gut gelaunte Fans von Schottlands Rugby und Football den Mythos in die Welt hinaustragen.

Viele ähnliche Mythen beherrschen unser Leben. Nehmen wir die Evakuierung der British Expedition Force in Dünkirchen zu Anfang des Zweiten Weltkriegs, als in zehn schicksalhaften Tagen zwischen dem 26. Mai und dem 4. Juni 1940 beinahe 350.000 Mann unter dem schweren Feuer und den Luftangriffen der Deutschen den Rückzug antraten und über den Hafen und Strand von Dünkirchen in Frankreich evakuiert wurden. Um den Konflikt als Krieg der Völker darzustellen, haben Premierminister Churchill und andere britische Politiker die Rolle der Sport- und Fischerboote bei der Evakuierung hochgespielt – woraus dann unter anderem die berühmte Rede Churchills wurde, mit der er die Briten auf einen harten Kampf gegen die Deutschen einstimmen wollte: „Wir werden an den Stränden kämpfen, wir werden an den Landeplätzen kämpfen, wir werden auf den Straßen und auf den Feldern kämpfen, wir werden auf den Hügeln kämpfen; wir werden niemals aufgeben."[18]

Die Wirklichkeit sah nach jüngsten Berichten der British Public Record Office allerdings ganz anders aus: Nicht nur wurden die meisten Truppen von der British Royal Navy evakuiert, sondern von den 700 Privatbooten, die bei der Evakuierung von den Stränden eingesetzt wurden, standen die meisten unter dem Kommando von Marinereservisten und Freiwilligen – hier standen keineswegs Zivilisten am Ruder. Die Bilder von Fischerbooten, Paddelbooten, kleinen Dampfschiffen und Gummibooten, die über den Kanal schipperten, um englische Marinesoldaten in Sicherheit zu bringen, hatten sich über 60 Jahre in den Köpfen der Leute gehalten, und dabei waren sie eine Erfindung Churchills, der den Krieg zum „Völkerkrieg" machen wollte. Diesen Mythos hatte er eigens zu dem Zweck geschaffen, die Nation hinter sich zu bringen und den Kampfgeist anzuheizen – und vor allem um die Inselbewohner, die seit 1066 keine Invasion mehr erlebt hatten, wachzurütteln und ihnen den Ernst der deutschen Bedrohung nahe zu bringen.

Auch Alexander hat seine Feldzüge stets zu Missionen erklärt, die einzig dem Wohle der Menschen in Griechenland und Makedonien dienten. Nach seinen ersten Militärerfolgen weitete er die vermeintlichen Vorzüge seiner Eroberung sogar aus, indem er verkündete, sie kämen den eroberten Völkern mindestens ebenso zugute. Wir wissen nicht, ob Alexander tatsächlich an seine göttliche Abstammung glaubte – oder sie einsetzte, damit die anderen an ihn und seine Feldzüge glaubten. Wir wissen jedoch, dass es im alten Griechenland nicht unüblich war, Menschen göttliche Abstammung und entsprechende Kräfte zu unterstellen. Griechische Helden werden daher häufig als mit göttlichen Kräften ausgestattet beschrieben. Doch selbst wenn Alexander anfangs nicht von seinen göttlichen Wurzeln überzeugt war, so wurde er es wahrscheinlich, als seine Erfolge alle bisher gekannten Schranken sprengten und sich sein Reich über die ganze bekannte Welt zu erstrecken begann. Auf die Wahrheit jedenfalls kam es ohnehin nicht an, denn Alexander schuf sich seine eigene Wahrheit und seine eigenen Mythen, um seine Ambitionen zu rechtfertigen und seine Ziele zu erreichen.

Zusammenfassung der zentralen Themen

1. DER KRIEG GEGEN PERSIEN WIRD ZUM NEUEN TROJANISCHEN KRIEG ERKLÄRT

Alexander erklärte den Krieg zum neuen Trojanischen Krieg und verlieh ihm damit einen höheren Sinn, damit ganz Griechenland sich hinter den Feldzug stellte. Lincoln ging im Bürgerkrieg nach einem ähnlichen Muster vor.

2. DER EINSATZ DER KAVALLERIE FÜR „STÖRAKTIONEN" AM GRANIKOS

Alexander besiegte die weit größere persische Armee unter Memnons Kommando, indem er die Kavallerie erstmals in der Geschichte der Kriegsführung als Kampftruppe einsetzte – ähnlich dem Einsatz von Panzern in Cambrai im Ersten Weltkrieg und den Flugzeugträgern in Taranto im Zweiten Weltkrieg.

3. DER MYTHOS DER UNBESIEGBARKEIT

Wie Tiger Woods im Golf und die New York Yankees im Baseball, schuf –
und förderte – die makedonische Armee für sich einen Mythos der Unbesiegbarkeit, der viele gegnerische Armeen und Garnisonen dazu brachte,
sich ihr zu ergeben, statt den Kampf aufzunehmen.

4. ALEXANDERS GÖTTLICHE ABSTAMMUNG UND DER GOTTGEWOLLTE KRIEG

Wie Mythen über die Traditionen der Highlands für die Engländer ent-
worfen wurden und der Zweite Weltkrieg zum „Völkerkrieg" stilisiert
wurde, umgab Alexander seine Person mit dem Mythos der göttlichen Abstammung und erklärte die Feldzüge des makedonischen Heeres zu gott-
gewollten.

KAPITEL 6

SIEBEN VERSCHIEDENE FÜHRUNGSSTILE

In den Monaten nach Alexanders Sieg am Granikos starb Memnon von Rhodos, der größte persische General, eines natürlichen Todes. Kurz zuvor allerdings hatte er die persische Marine zusammengefasst und die Phoenizier, die Zyprioten und die Rhodier dazu gebracht, eine gemeinsame Flotte zu bilden. So stellten sie eine Bedrohung für Griechenland und Makedonien wie auch für das Heer dar, das Alexander anführte.

Als Alexander davon hörte, der ja seine Schiffe nach der Überquerung des Hellespont verbrannt hatte, befahl er Antipatros, seinem Regenten in Makedonien, ihm eine kleine Flotte von Schiffen zu schicken, die hauptsächlich Vorräte und kleines Gerät transportieren sollten. Antipatros stellte umgehend eine Flotte zusammen, bestehend aus 20 athenischen Handelsschiffen, die Getreide aus Asien in den Stadtstaat brachten (wie viele andere Stadtstaaten hatte Athen längst aufgehört, eigenes Getreide anzubauen und sich auf den weit lukrativeren Anbau von Oliven und Wein verlegt, weshalb Getreide importiert werden musste). Die Athener beklagten daher noch lange Jahre den Verlust ihrer Schiffe – und das Schicksal der Athener unter den gefangen genommenen griechischen Söldnern, die zu harter Arbeit verdonnert wurden –, aber Alexander ignorierte ihre Proteste. Er wusste, solange er ihre Schiffe und ihre Leute für sich arbeiten ließ, würden die Athener den Makedoniern nicht gefährlich werden.

Alexander reagierte auf die persische Mobilmachung zur See erst einmal mit einer genauen Analyse. Er wusste, dass sich die Perser als ausgesprochen undankbar gegenüber den Zyprioten, den Rhodiern wie auch den Phoeniziern (mit Ausnahme der Bürger von Tyrus) erwiesen hatten, weshalb keines dieser Marinekontingente in einer Seeschlacht für Persien mehr als das absolut Notwendigste tun würde. Insofern war die persische Marinebedrohung nicht so groß, wie sie auf den ersten Blick schien – ausgenommen die Tyrer, deren Heldenmut in Seeschlachten ähnlich berühmt war wie der der britischen Navy im 17., 18. und 19. Jahrhundert, nachdem sie die zahlenmäßig weit überlegene spanische Armada 1588 pulverisiert hatte. Zudem mussten die persischen Schiffe einmal täglich einen Hafen anlaufen, um Reparaturen durchführen und Vorräte nachladen zu lassen. Alexanders Taktik bestand deshalb darin, jeden erreichbaren Hafen in Kleinasien zu zerstören und Antipatros anzuweisen, mit den griechischen Häfen genauso zu verfahren. Schließlich erfuhren die persischen Marinebemühungen einen deutlichen Dämpfer durch Memnons Tod, was das Ausmaß der Bedrohung noch weiter schmälerte.

Ohne Memnon als Ratgeber an seiner Seite machte der persische Kaiser Dareios III. mehrere große Fehler, die zum Verlust seines gesamten Reiches an Alexander führten. Den ersten Fehler beging er 333 v.Chr. in der Schlacht von Issos in der heutigen Türkei, als ihn seine Generäle zu einer Offensive gegen Alexander überredeten. In Babylon, im heutigen Irak, wo der königliche Rat zusammentraf, um die militärischen Optionen zu erörtern, plädierte Charidemus, jener Athener Redner, den Alexander nach der Zerstörung Thebens ins Exil gejagt hatte, für einen direkten Schlag gegen die Makedonier als einzige Möglichkeit, Alexander zu besiegen. Dazu sollte Dareios ein Heer aus 100.000 ausgebildeten Soldaten zusammenstellen, zumeist griechische Söldner. Die persische Armee und ihre Generäle, so Charidemus, wären einem Kampf gegen die Makedonier nicht gewachsen.

Dareios folgte Charidemus' Rat, ließ ihn aber dennoch wegen seiner Kritik an der persischen Armee exekutieren. Kritik an Persern war unter keinen Umständen erlaubt. Die persischen Regeln waren sogar so streng, dass die Untertanen Mund und Nase bedecken mussten, wenn die persische Königsfamilie in der Nähe war, weil königliche Hoheiten nicht einatmen sollten, was die Untertanen ausgeatmet hatten.

Dareios also zog mit schätzungsweise 600.000 Mann (einschließlich 100.000 Söldnern) von Babylon nach Westen (in Richtung des heutigen Nordirak, wo die Kurden leben) und suchte nach Alexander. Er marschierte durch die große arabische Wüste auf das Gebiet zu, das heute zu Syrien gehört. Für eine Weile errichtete er Lager in den offenen Ebenen von Sochi, der genaue Standort ist nicht bekannt, und wartete hier auf Alexander.

Die ausgedehnte Ebene war günstig für die persische Kavallerie und die Wagenreiter.

Aber die Makedonier tauchten nicht auf, denn Alexander war ernstlich erkrankt.

Führungsstil des Vertrauens

Alexander war krank geworden, als er mit seiner Armee die Bergpässe im Südosten der Türkei nahe der Stadt Issos überquerte (unweit der türkischen Grenze zu Syrien). Es war ein heißer Oktobertag, als Alexander auf dem Weg durch die Berge einen reißenden Fluss entdeckte. Ihm war nicht klar, wie eisig kalt das Wasser war, und er stürzte sich hinein, um sich abzukühlen. Der plötzliche Temperaturabfall löste wilde Krämpfe aus, die seinen Körper durchschüttelten. Er wurde aus dem Fluss gezogen und bekam anschließend hohes Fieber und Schüttelfrost. (Einige moderne Mediziner deuten die beschriebenen Symptome dahin gehend, dass er Malaria gehabt haben muss. Zum einen trat die Krankheit in diesem Gebiet häufig auf und zum anderen war Makedonien bis ins frühe 20. Jahrhundert hinein das Land mit den meisten Malariaerkrankungen außerhalb der Tropen.)[1] Die Ärzte bangten um sein Leben – außer seinem Leibarzt Philipp von Akarnania, einem Freund Alexanders aus Kindertagen. Philipp mischte ihm einen Trank und gab ihn Alexander mit dem Hinweis, dass die Mixtur sehr stark wäre und ihn vorübergehend in ein Koma fallen lassen würde, welches er, Alexander, gewiss überwinden könnte, da er ja sonst kerngesund wäre.

Bevor Alexander den Trank nahm, überreichte er Philipp eine Nachricht, die er von Parmenion erhalten hatte. Darin ermahnte Parmenion Alexander, sich vor Philipp in Acht zu nehmen, weil er aus verlässlicher Quelle erfahren hatte, dass sein Leibarzt ihn vergiften wolle.[2] Alexander hatte den Trank schon hinuntergeschluckt, als Philipp die Nachricht zu Ende gelesen hatte. So groß war sein Vertrauen in seine engsten Freunde – insbesondere in jene, mit denen er aufgewachsen war. Alexander erholte sich binnen weniger Tage vollständig. (Interessant ist, dass er neun Jahre später, als sein engster Freund Hephaiston in Ecbatana an einem Fieber starb, dessen behandelnden Arzt kreuzigen ließ.)

Alexanders Führungsstil des Vertrauens schuf ein Klima bedingungsloser Loyalität um ihn herum. Er vertraute den Menschen, die er schon sehr lange kannte, so wie seinem Freund Philipp von Akarnania, setzte aber auch immer wieder großes Vertrauen in Leute, die er gerade erst kennen gelernt hatte. Einer davon war ein persischer Hirte, den seine Armee fand, nachdem die Makedonier schwere Verluste bei dem Versuch erlitten hatten, über die Zagros-Berge die persische Hauptstadt Persepolis zu umwandern. Um über die Berge zu kommen, musste man zunächst einmal einen schmalen und streng bewachten Pass überwinden, den man die Persische Pforte nannte. Alexander hatte Parmenion mit der Hälfte der Truppen, allen Vorräten und dem schwereren Gerät über den längeren Weg um die Berge herum vorgeschickt und wollte mit der anderen Hälfte über die Berge marschieren, durch den Pass hindurch und hinunter nach Persepolis, das auf einem Plateau unterhalb der Berge lag.

Dareios' General Ariobarzanes hatte jedoch andere Pläne. Die Perser hatten inzwischen genug Erfahrung im Kampf gegen Alexander, um zu wissen, dass er das Unmögliche versuchen würde. Schon bei gutem Wetter war die Besteigung des Zagros eine heikle Angelegenheit, es allerdings mit 20.000 Soldaten inmitten des persischen Winters zu wagen, war vollkommen undenkbar. Ariobarzanes war überzeugt, was den meisten Menschen undenkbar erschien, würde Alexander tun. Also nahm er sich 40.000 gut gerüstete und trainierte persische Soldaten und machte sich auf, Alexander an der Persischen Pforte zu erwarten. Von der Festung oberhalb des Passes hatten die Perser einen klaren Blick auf die gesamte Umgebung, und gerade im Schnee würde jede Truppenbewegung weithin erkennbar sein. Sobald die Makedonier sich dem Pass näherten, attackierten die Perser sie mit Pfeilen und Steinen. Die Makedonier saßen an den Berghängen fest und waren dem Beschuss der Perser hilflos ausgeliefert. In dieser Position waren sie so hilflos, dass die Perser sie allein mit Schleudern vernichtend hätten schlagen können.

Alexander wusste, dass er keine Chance hatte, und ließ den Hornisten zum Rückzug blasen. Nun blieb ihnen als einziger Weg über die Berge nur der Marsch über den schneebedeckten Gipfel, aber sie hatten keinen erkennbaren Pfad, an dem sie sich orientieren konnten, da alles unter meterdickem Schnee begraben war. Das war der Moment, in dem der persische Hirte, den die Makedonier gefangen genommen hatten, weil sie ihn für einen Spion hielten, auf Alexander zuging und sagte, er könne sie hinüber führen. Er erklärte, dass er ein Schafhirte war und als Sklave in die persische Armee gezwungen worden wäre, ehe er vor einigen Monaten wieder freigekommen war. Er mochte die Perser nicht und wollte gern helfen, zumal er, wie er behauptete, jeden Weg über den Zagros nach Persepolis kannte.

Alexander vertraute dem Schafhirten und versprach ihm, sollte er sie unversehrt über die Berge führen, würde er ihn mit Reichtümern überhäufen, die er sich in seinen kühnsten Träumen nicht ausmalte; sollte er sie jedoch in eine Falle locken, würde er ihn persönlich zu Tode foltern.

Mehrfach haben die Historiker das Verhalten Alexanders verurteilt, weil er das Leben so vieler Menschen in die Hände von jemandem legte, den er eben erst getroffen hatte – schlimmer noch, in die Hände eines Gefangenen, der als vermeintlicher Spion aufgegriffen worden war. Der Schafhirte führte sie in derselben Winternacht über den Berg. Dabei wählte er den einzigen Pfad, den Ariobarzanes' Truppen nicht kontrollieren konnten. Die Soldaten machten sich Fackeln aus den Baumrinden oberhalb der Schneedecke, um sehen zu können. Währenddessen schliefen die Perser tief und fest, und ihre Wachen wunderten sich lediglich über das, was sie für Leuchtkäfer am Berghang hielten. Am nächsten Morgen dann mussten sie erkennen, dass die Makedonier nicht bloß den Berg unbemerkt überquert hatten, sondern nun auch noch hinter ihnen standen und sich zum Angriff bereit machten. Für den Schafhirten war der Zeitpunkt gekommen, seinen Lohn zu erhalten, und Alexander überreichte ihm ein Vermögen, das dem heutigen Gegenwert von einer Viertelmillion Dollar entsprach – womit man selbst heute und unter Berücksichtigung der Inflationsrate in der Gegend um die Zagros-Berge eine Menge Ziegen und Schafe kaufen kann. Wie gut, dass die makedonischen Steuereintreiber schon die eine oder andere Forderung kassiert hatten, um den Hirten so großzügig zu entlohnen. Wieder einmal waren die Perser dem Sieg über Alexander so nah gewesen und dann doch von ihm überlistet worden.

Moderne Manager, die in einer Welt leben, in der das Vertrauen in ihren Unternehmen fragiler ist denn je, haben es nicht leicht, anderen zu vertrauen – seien sie ranghöher oder rangniedriger. Daher ist es kaum verwunderlich – erst recht nicht heute – wenn die Frage nach dem „Trau, schau wem" zu den schwierigsten zählt. Als Lou Gerstner 1993 bei IBM anfing, entschied er sich dafür, *jedem* eine Chance zu geben, sich sein Vertrauen zu verdienen. Er vertraute jedem, bis er sich als nicht vertrauenswürdig erwies. Das ist ein Ansatz von vielen. Zur Sicherheit hatte Gerstner sich auch einige Manager mitgebracht, denen er schon seit Jahren vertraute.

Die wenigsten Führungskräfte und Manager stehen in derselben Situation wie Gerstner oder können eine ganze Armee von Leuten mitbringen, die sie bereits als vertrauensvolle Mitarbeiter kennen gelernt haben. Vertrauen aber lässt sich nur über ein Reihe positiver Erfahrungen aufbauen: „Mitarbeiter mit wichtigen Aufgaben betrauen, ihre Positionen öffentlich verteidigen und ihre Ideen unterstützen, Offenheit und Fairness bei der Evaluierung ihrer Arbeit zeigen, und so fort", schrieb Fernando Bartolomé, ein Professor für Management, in der *Harvard Business Review*.[3]

Welche Herangehensweise man auch wählt, fest steht, dass das Verhalten und Handeln einer Führungskraft im Beruf – wie im Privatleben – ausschlaggebend dafür ist, ob sie Vertrauen zu gewinnen vermag oder nicht. Vertrauen beruht stets auf Gegenseitigkeit. Es geht nicht nur darum, wem die Führungskraft vertrauen kann, eine Aufgabe zu erledigen, sondern auch darum, ob die betreffenden Mitarbeiter, Truppen oder Politiker umgekehrt der Führungskraft vertrauen. Politiker und Unternehmer, die mit der Hand in der Keksdose ertappt wurden, stellen sich hinterher gern mit großen Augen hin und erklären, sie wären von denjenigen verraten worden, denen sie lange und vollkommen vertrauten, was sie als Undankbarkeit sondergleichen auffassen. Bei Tageslicht betrachtet war meist von keiner Seite Vertrauen im Spiel gewesen, das verletzt oder gar verraten werden konnte. Was sie vorher hatten, war ein hündischer Gehorsam der Leute, deren Schwächen und Angst vor dem Jobverlust sie eiskalt ausnutzten. Diesen Gehorsam darf man nicht mit Vertrauen verwechseln, denn wer sich wie ein unterwürfiger Hund verhält, wird auch wie ein solcher zuschnappen, sollte sich eine Gelegenheit bieten.

Es gibt natürlich auch viele Unternehmen und Manager, die von dem Vertrauen profitieren, das ihre Mitarbeiter und Aktionäre in sie stecken. Nehmen wir beispielsweise Level 3, ein Unternehmen für Faseroptik-Telekommunikation mit Sitz in Omaha, das seinen Marktwert während der Go-go-Jahre des Internetbooms von über 40 Milliarden Dollar auf gerade mal 1,3 Millarden im Juli 2002 schrumpfen sah. Damals brach der gesamte Telekommunikationssektor zusammen. Hinzu kam, dass es sich bei den Anteilseignern von Level 3 größtenteils um normale Bürger von Omaha handelte, von denen die meisten ihre Anteile nicht einmal verkauften, als die Werte in den Keller rauschten. Als die institutionellen Anteilseigner anfingen, ihre Anteile abzustoßen, schienen die Bewohner des Kornkammerstaates gar nicht genug Papiere bekommen zu können. Der Grund: ein

70-Jähriger namens Walter Scott, der Level 3 gegründet hatte und heute Vorstandsvorsitzender ist. Bei den Menschen in Omaha genießt Scott großes Vertrauen, und zwar nicht bloß als der Mann, der Level 3 aufbaute, sondern der es mit dem Vermögen tat, das er sich als Bauunternehmer mit dem Bau von Gewerbeimmobilien, Dämmen und Schnellstraßen verdient hatte. Warren Buffett, der legendäre Investor, ist ebenfalls Bürger von Omaha und genießt dasselbe Vertrauen dort. Er sagt über seinen Freund Walter: „Er ist ein Mann, der dir sein Wort gibt, und das war's. Ein ausgesprochen integrer Mann, für den die Leute hier zu Recht enormen Respekt hegen."[4] Die Investoren von Omaha kaufen weiter Level 3, weil sie Scott vertrauen – so wie Tausende Soldaten und Marketender Alexander vertrauten und ihm über zehntausende Meilen folgten.

Führungsstil der Inspiration

Während Alexander sich bei Issos von seiner Krankheit erholte, packte Dareios die Ungeduld. Seine Berater redeten auf ihn ein, Alexander hätte nicht bloß seinen Marsch unterbrochen, sondern auch noch die Bergregion im Südwesten der Türkei als natürlichen Verteidigungswall und östlichen Außenposten des makedonischen Reiches ausgesucht. Die persischen Generäle überzeugten Dareios, Alexander hätte seinen Vormarsch abgebrochen. Berge aber, so sollte Alexander beweisen und Hannibal zeigen, als er die Karthager knapp hundert Jahre später über die Alpen nach Rom führte, stellen kein Hindernis für Armeen dar, die wild entschlossen ihrem Ziel folgen. Berge verteidigen niemanden außer sich selbst. Der französische Militärstratege Jomini schrieb: „Es ist lange und viel darüber debattiert worden, ob der Besitz von Bergen jemanden zum Herrn über die Täler macht oder umgekehrt."[5] Um den Makedoniern in den türkischen Bergen entgegenzutreten, beschloss Dareios, weiter nach Westen Richtung Issos zu marschieren, wo seine Späher die makedonische Armee ausfindig gemacht hatten. Dareios schickte seinen Gepäckzug mit dem Großteil seiner Schatztümer sowie seine Familie voraus nach Damaskus in Syrien, wo sie auf ihn warten sollten.

Während Dareios auf dem Weg nach Westen war und Alexander neue Kräfte sammelte, startete Parmenion mit den anderen Generälen erste Operationen, um passende Schlachtfelder zu sichern, auf denen die Makedonier trotz ihrer Truppengröße im Vorteil wären. Sie entschieden sich für Issos, eine kleine, sandige Enklave, die auf drei Seiten von Bergen umgeben war und auf der vierten an den Golf von Issos (heute der Golf von Iskenderum) grenzte. Der Pinaros-Fluss, der aus den Bergen kam und in den Golf mündete, trennte die Enklave in zwei fast gleich große Hälften. Parmenion wies die Truppen an, alle Bergpässe um Issos zu sichern. Diese Pässe waren die einzigen Wege nach Issos hinein. Parmenion war überzeugt, dass dieser Ort ideal wäre für eine Schlacht gegen Dareios, und Alexander stimmte ihm zu. Er erkannte, wie schwierig es für beide Seiten würde, bei den beengten Verhältnissen einen Flanken- oder Kavallerieschlag auszuführen. Zudem würden sie nach der Sicherung der schmalen Bergpässe beizeiten erfahren, wenn die Perser anrückten, und konnten sich so auf eine Attacke vorbereiten.

Doch wenngleich Parmenion und die anderen Generäle Issos für den besten Ort für einen Kampf gegen Dareios hielten, war Alexander nicht sicher, ob Dareios hierher kommen würde. Anfang November war Alexander wieder vollständig genesen und beschloss, in den Ebenen der Türkei und Syriens nach Dareios zu suchen. Er war inzwischen felsenfest der Meinung, Dareios würde ihn nicht in Issos angreifen, es sei denn, er konnte ihn damit herlocken, dass er die Kranken und Verwundeten zurückließ und nach Süden marschierte. Alexanders Plan war, sobald er Dareios entdeckt hatte, nach Issos zurückzukehren und dort auf die persische Armee zu warten.

Die Kranken und Verwundeten zurückzulassen sollte sich als Fehler erweisen. Während Alexander in den Ebene südlich von Issos nach Dareios suchte, kam dieser über die nördlichen Pässe nach Issos – dass er sie überwinden konnte, war reine Glückssache. Alexander hatte diese Möglichkeit nicht in Betracht gezogen, und vor allem hatte er nicht mit der Brutalität und sinnlosen Grausamkeit gerechnet, mit der Dareios die makedonischen Verwundeten und Kranken niedermetzeln ließ, sobald er sie entdeckte. Das Massaker war „sinnlos", denn wenn die Makedonier bis jetzt nicht 100-prozentig entschlossen gewesen waren, die Perser zu schlagen, dann waren sie es spätestens nach diesem Blutbad. Als Alexander erfuhr, dass Dareios in Issos war, machte er sich bittere Vorwürfe, seine günstige Stellung aufgegeben zu haben. Er übernahm die volle Verantwortung dafür, dass Dareios nach Issos gelangen konnte, wenngleich er damit unmöglich hätte rechnen können. So allerdings stärkte er das Vertrauen, das seine Truppen in ihn setzten.

Die Makedonier drehten sofort um und marschierten durch ein Unwetter zurück nach Issos – Alexanders Erklärung, dass er die Verantwortung trüge, hatte sie so beeindruckt, dass sie für ihn durch einen Hurrikan marschiert wären. Sie kamen mitten in der Nacht über einen der südlichen Bergpässe und suchten in den Felsnischen und unter den Felsvorsprüngen Schutz vor dem Regen, da ihre Zelte und Vorräte durchnässt waren. Am nächsten Morgen erwachte Alexanders Armee klatschnass und erschöpft, um sogleich die nächste schlechte Nachricht zu erhalten: Zwar planten sie keinen Rückzug, doch ihr Rückzugsweg nach Makedonien war versperrt, denn Dareios hatte die nördlichen Pässe besetzt. Doch damit nicht genug. Die schlimmste Nachricht stand ihnen noch bevor, da sie erst jetzt hörten, was mit den Kranken und Verwundeten geschehen war, die sie zurückgelassen hatten. Die unendliche Betroffenheit und Trauer, mit der Alexander auf die Nachricht reagierte, feuerte seine Leute noch zusätzlich an, nun mit aller Gewalt gegen den Feind vorzugehen und ihre toten Kameraden zu rächen.

Nichts demoralisiert eine Armee so sehr wie das Wissen, dass die Kommunikations- und Versorgungslinien, vor allem aber die Rückzugswege gekappt sind. Doch zugleich stärkt nichts in ihren Kampfgeist mehr als herauszufinden, dass ihre Kranken und Verwundeten hilflos abgeschlachtetworden waren. Alexander ließ als Erstes eine warme Mahlzeit für die gesamte Armee kochen. Während sie sich am Berghang niederließen und aßen (Alexander war, ebenso wie Napoleon viele Jahrhunderte nach ihm, der festen Überzeugung, dass eine Armee vor allem mit dem Bauch marschiert), berief Alexander in seinem Zelt einen Kriegsrat ein, um ihre Strategie und Taktiken zu planen. Die Besprechung dauerte bis in die Abendstunden.

Als die Nacht hereinbrach, sagte Alexander allen, sie sollten schlafen gehen. Er stellte Wachen entlang der Berghänge auf, die genau beobachten sollten, was Dareios tat. Mehrmals stand er in der Nacht selbst auf und sah nach, was sich unten in Issos tat, sprach mit den Wachen und blieb ein wenig bei ihnen sitzen. Unten im Tal rührte sich nichts, außer den Flammen der Fackeln an den Zelten von Dareios' Lager. Bei Morgengrauen war Alexander wieder auf, betete zu den Göttern und brachte ihnen Opfer von einem vierspännigen Wagen dar, den er auf den Strand brachte, um Poseidon, den griechischen Gott des Meeres, zu ehren.[6] Wahrscheinlich bat Alexander damit um göttlichen Beistand für den Fall, dass er vom Meer aus attackiert werden sollte. Er fürchtete vor allem einen Angriff der Phoenizier-Flotte von Tyrus.

Eine mitreißende Rede

Nachdem er den Göttern seine Ehrerbietung erwiesen hatte, wandte sich Alexander an seine Truppen. Er hatte eine beneidenswerte Gabe, seine Männer zu inspirieren und zu motivieren, während er ihnen erklärte, wie die Schlacht geführt werden sollte. Im Verlaufe seiner Ansprache tauchten die Silhouetten seiner Soldaten aus der Dunkelheit auf, um sogleich im aufsteigenden Talnebel wieder zu verschwinden.

Ihr habt bereits so viele Gefahren kennen gelernt und überwunden, und das sollte euch Mut machen.

Wir bereiten uns nun auf eine weitere Schlacht vor.

Diesmal wird der Kampf zwischen einer siegreichen Armee und einer, die schon geschlagen wurde, auszutragen sein.

Vor allem aber haben wir die Götter auf unserer Seite. Wir könnten uns nichts Besseres als diese göttliche Intervention wünschen, es sei denn, wir wären die Generäle der feindlichen Truppen. Die Götter haben Dareios eingegeben, die weiträumigen Ebenen zu verlassen und seine Armee in das enge Tal zu bringen, in dem ihre überlegene Zahl ihnen nichts nützen wird.

Für uns aber bietet das Tal genügend Raum, um unsere Phalanx zu bewegen.

Und in Stärke und Mut sind uns die Gegner weit unterlegen.

Wir, die Männer von Makedonien, sind kampferprobt und fürchten die Gefahr nicht. Sie jedoch, die Perser, sind nach langen Jahren in Faulheit und Luxus reizbar und schwach.

Wir, die kräftigsten und kriegerischsten Männer von Griechenland und Makedonien, treffen auf die verweichlichtsten und faulsten aller Männer.

Vor allem aber sind wir frei.

Wir gehen als freie Menschen in eine Schlacht gegen Sklaven.

Und vergesst nicht, dass Alexander euch in diese Schlacht führt, während sie von Dareios geführt werden.[7]

Vom Berghang hallte es „Alexander! Alexander!" und unter den Jubelrufen begannen die Truppen im Schutz des Nebels den Weg ins Tal. Bis die Sonne am Vormittag den Nebel aufgelöst hatte, stand Alexanders Armee von 80.000 Soldaten am Ufer des Pinaros der weit größeren Armee Dareios' gegenüber – je nach Historiker variieren die Angaben des Faktors zwischen vier und acht.

Was Dareios vorhatte, war nicht ganz klar. Er hatte am Ufer eine Wand aus leichter Infanterie und Kavallerie aufgestellt, um seine Truppenbewegungen und Stellungen abzuschirmen. Aber Alexander hatte es nicht eilig. Er brachte seine Truppen in aller Ruhe dahin, wo er sie haben wollte. Parmenion war instruiert worden, nie den Kontakt zur Wasserseite auf der Linken zu verlieren. Alexanders größte Sorge war, dass Dareios einen Flankenangriff von See durchführte, und die größere Zahl der Perser würde ausreichen, um die überlegenen Fähigkeiten der makedonischen Kavalleriestellungen zur Linken zu überwinden und dadurch Dareios in die Lage zu versetzen, eine Flankenattacke von hier zu starten.

Ein moderner Redner, der ebenfalls die bewundernswerte Gabe besaß, wie Alexander in klaren, genialen und aussagekräftigen Worten zu seinen Leuten zu sprechen, war Ronald Reagan. Einige Kritiker meinen zwar, er wählte seine Worte ein wenig zu schlicht, aber dafür zeichneten sie ein Bild von der jeweiligen Chance oder Gefahr, das für alle und jeden verständlich war. Seine Aussagen waren immer schwarz oder weiß, nie grau. Reagan bot stets eine Wahl zwischen diesen beiden Extremen an, und stand voller Optimismus zu den Entscheidungen, die sein Land – oder er – traf.

Während er über die Strategic Defense Initiative (oder „Star Wars", wie das Programm genannt wurde) sprach, bemerkte er beispielsweise: „Was wäre, wenn freie Menschen in der Gewissheit leben könnten, dass ihre Sicherheit nicht auf einem sofortigen Rückschlag der USA im Falle einer sowjetischen Attacke beruht, sondern dass wir die Raketen abfangen und zerstören könnten, bevor sie auf unserem Boden oder dem unserer Verbündeten einschlagen?" Wenngleich es in der Realität so aussah, dass SDI zu einem neuen und nervösen Wettrüsten um nukleare Überlegenheit führte, gab Reagans Rede den Amerikanern eine Vision oder das Gefühl, sie könnten ihre Zukunft kontrollieren, was sie in Wirklichkeit ganz gewiss nicht konnten. Ähnlich malte Alexander mit seiner Ansprache ein Bild von einem Sieg, den zu erlangen er alles andere als sicher sein konnte, da er niemals mit Dareios oder einer Armee von dieser Größe zu tun gehabt hatte.

Oder nehmen wir Winston Churchills Regierungsstil während des Zweiten Weltkriegs in Großbritannien. Jeder kannte die Schwächen des Landes, zu denen bei Kriegsbeginn auch eine unvorbereitete Armee gehörte, die keine Chance gegen die deutsche Bedrohung hatte. Aber Churchill verstand es, seiner Nation die mitreißende Vision eines Sieges einzugeben, dessen er sich nicht sicher war, und die Stärken Großbritanniens hochzuspielen. Diese Stärken lagen in ihrer exzellenten Marine, ihrer Luftwaffe, besonders den Langstrecken-Viermotoren-Bombern, die in Deutschland die Schlacht aufnahmen und wichtige Ziele zerstörten; in einer Flugzeugfabrik, die Tag und Nacht produzierte, sowie in der Entschlossenheit und dem Mut der Bevölkerung, die Churchill mit seiner Rede „Wir werden an den Stränden kämpfen" für sich gewonnen hatte. Von Churchill inspiriert, kämpften sie, das konnten deutsche Flieger bestätigen. In der Schlacht von England sprangen die angeschossenen Piloten der Royal Airforce aus ihren Flugzeugen und trafen pünktlich zum Tee und zur anschließenden zweiten Runde wieder bei ihren Stützpunkten ein, während die deutschen Flieger oft direkt in den Mistgabeln der Bauern landeten, auf deren Farmen sie fielen.

Führungsstil der Verbundenheit

Parmenions Sohn Nikanor kommandierte drei Bataillone Hypaspisten, die besten Infanterietruppen, auf der äußeren rechten der makedonischen Stellung zu den Bergen hin. Zu Nikanors Linker stand Parmenions Schwiegersohn Koenus mit einem Phalanx-Bataillon, zu dessen Linker ein Phalanx-Bataillon unter Führung von Perdikkas, dem engen Freund und Vertrauten Alexanders, der eines Tages für kurze Zeit über Babylon herrschen sollte. Diese drei Generäle führten die Infanterie auf der rechten Seite der makedonischen Front unter Alexanders persönlichem Kommando. Parmenion war der oberste Kommandeur auf der linken Seite. Ihm unterstanden vier Generäle, von denen jeder ein Phalanx-Bataillon befehligte. Auf der äußersten Linken zum Wasser stand Amyntas, dann kam Ptolemais, der zukünftige Herrscher von Ägypten, danach Meleager und schließlich Kraterus. Amynta, Ptolemais und Meleager unterstanden Kraterus, der wiederum direkt Parmenion unterstand. Jeder dieser Generäle wusste genau, was er in der Schlacht zu tun hatte – die Pläne waren während der Besprechung am Vorabend detailliert aufgezeichnet und durchgegangen worden.

Weder Parmenion noch Alexander, der den von ihm eingesetzten Befehlshabern selbstständiges Handeln zutraute, mischten sich während der

Schlacht in das ein, was die Generäle machten. Sie kamen einander zwar zu Hilfe, aber sie waren die Pläne und Strategien so oft durchgegangen, dass deren Umsetzung fast von allein geschah – deshalb gab es keinen Bedarf für Kurskorrekturen während des Kampfes. Außerdem musste man den Generälen einen gewissen Spielraum geben. Sie waren alle sehr erfahrene und hoch dekorierte Soldaten. Sowohl Parmenion als auch Alexander waren davon überzeugt, großartige Generäle ausgesucht zu haben, denen sie sich im entscheidenden Moment nicht in den Weg stellen durften.

Sobald die Infanterie Stellung bezogen hatte, brachte Alexander die Kavallerie in Position: die Ritter rechts von Nikanors Infanterie, gefolgt von einem Bataillon Lanzenwerfern, dann die leichte paionische und die schwere thessalische Kavallerie. Die Ritter waren die Eliteeinheit der makedonischen Truppen, hoch gebildet und extrem gut ausgebildet in allen Aspekten der Kriegsführung. Die meisten Ritter hatte Alexander von seinem Vater übernommen, aber auch einige seiner Freunde aus Mieza waren bei Issos bereits als Ritter dabei.

Links, unter Parmenions Kommando, stellte sich die griechische Kavallerie auf, die aus Soldaten der verbündeten Stadtstaaten bestand – direkt vor der Infanterie unter Amyntas.

„Sich rüberbringen"

Alexander ritt vor der drei Meilen langen Front auf und ab[8], blieb vor jeder Einheit stehen und sprach zu den Männern, wobei er zahlreiche von ihnen mit Namen anredete und sie daran erinnerte, welche mutigen Taten sie in vergangen Schlachten vollbracht hatten, als sie sich ebenfalls großen Gefahren aussetzten. Alexander hatte diese wunderbare Art, „sich rüberzubringen", von der der britische Feldmarschall Viscount Montgomery von Alamein meinte, sie wäre eine der wichtigsten Fähigkeiten jeder militärischen Führungskraft.[9] Alexanders emotionaler und ermutigender Stil sollte seine Leute motivieren, ihm voller Zuversicht und Selbstbewusstsein in die Schlacht zu folgen.

Alexander wusste, was er erreichen konnte, indem er eine Beziehung zu seinen Truppen herstellte. Und er wusste um die Macht der Geschichte. Als er mit seinen Truppen über die Schlacht von Issos sprach, erinnerte er sie an den Heldenmut, den sie in anderen Schlachten bewiesen hatten und auch an den großer griechischer Helden wie Xenophon, der mit „den Zehntausend" den König von Persien unter Bedingungen besiegt hatte, die weit schwieriger waren als jene, unter denen sie heute kämpfen sollten. Xenophons Streitkräfte hatten keine Kavallerieunterstützung, wie Alexander ihnen ins Gedächtnis rief, und ebenso wenig Bogenschützen und Speerwerfer – er musste mit einer eilig zusammengestellten Armee aus mutigen Männern von Kreta und Rhodos auskommen, die entschlossen waren, für eine gute Sache zu kämpfen. Wenn Xenophon es schaffte, unter solchen Umständen zu improvisieren und den König von Persien zu besiegen, dann könnten sie erst recht siegen, meinte Alexander – sie brachten die Stärke mit, hatten einen exzellenten Ruf als Krieger und konnten auf ihren Erfolg vom Granikos bauen. Auf diese Ermutigung hin kamen seine Leute zu ihm, ergriffen seine Hände und beschworen ihn, sie ihn die Schlacht zu führen.

Die Ritter waren jeweils die Ersten, die vor ihren Männer her ritten, stets mitten ihm wildesten Getümmel kämpften und den anderen Soldaten zu Hilfe eilten, unabhängig von deren Rang. Kein Soldat stellte die moralische Autorität dieser Krieger infrage. Den meisten Truppen war es eine Ehre, diesen Männern überallhin zu folgen, die mit glorreichem Beispiel vorangingen. Die Doppelrolle des großen Herrschers und großen Kriegers war bezeichnend für die griechischen Helden. Und genau diese Doppelrolle verkörperte die makedonischen Herrscher und Barone.

Große Generäle, sagte Montgomery oft, haben immer eine Beziehung zu ihren Truppen und nutzen jede Gelegenheit, mit ihren Leute zu reden. In Erinnerung an seine Leitung der britischen Truppen im Zweiten Weltkrieg schrieb Montgomery in seinem Buch *Concise History of Warfare*, dass er manchmal mit Soldaten sprach, die auf der Haube eines Jeeps saßen, manchmal mit kleinen Gruppen, die am Wegesrand oder im Schützengraben standen. „Ich habe ihnen in entscheidenden Phasen oder vor einem Feldzug auch schriftliche Nachrichten übermittelt. Diese Gespräche und Nachrichten bestärkten ihren Siegeswillen und halfen ihnen, zu einem Kampfteam zu werden, das sicher war, siegen zu können."

Vergleichen wir Monty mit Feldmarschall Sir Douglas Haigs Führung der britischen Truppen während des ersten Weltkriegs. Haigs Zermürbungskrieg gegen die Deutschen, dessen Leitmotiv sich auf „Tötet mehr Deutsche" reduzieren lässt, wird im Nachhinein als gescheitertes Konzept bewertet, das zu massiven Verlusten bei den Truppen des Empires führte. In der großen Offensive der Briten bei Passchendaele am 31. Juli 1917, deren

Ziel ein Vordringen in den Norden der belgischen Küste und die Zerstörung der deutschen U-Boot-Basis war, wurden in den ersten zwei Tagen
10.000 britische Soldaten getötet oder verwundet und auf der deutschen
Seite ebenso viele.

Dauerregen und Bombardement machten den Boden für die Panzer und
die Truppenbewegungen unbrauchbar. Fast 100 Tage später, als der Krieg
schließlich endete, hatte sich die gesamte alliierte Armee kaum fünf Meilen von ihren Stellungen weiterbewegt, aber die Verluste auf beiden Seiten
beliefen sich auf 500.000 Mann. Als Haigs Stabschef (nicht Haig selbst)
die Truppen *nach* der Schlacht besuchte, soll er ausgerufen haben: „Mein
Gott! Haben wir tatsächlich Leute da rein geschickt?"[10] Dichter wie Wilfred
Owen und Siegfried Sassoon schrieben einige der besten aller Kriegsge-
dichte über diese Schlacht. Bei Sassoon steht: „I died in hell – (They called
it Passchendaele)." („Ich starb in der Hölle – [Sie nannten sie Passchen-
daele].")

Teils scheiterte Haig an seiner Unfähigkeit, den Kampfgeist seiner
Truppen zu wecken, was wiederum daran lag, dass er weder willens noch
in der Lage war, „sich rüberzubringen". Monty erinnerte an eine Episode,
als Haig auf Drängen seines Stabs hin beschloss, es zu versuchen. Haig
ging also auf einen Soldaten an der Front zu und fragte ihn: „Wo haben Sie
diesen Krieg angefangen?" Der Soldat war zunächst vollkommen perplex
und kam dann zu dem Schluss, dass Haig unmöglich ihn persönlich meinen könnte, denn schließlich kannte er Haigs Ruf. Die Antwort lautete
dann: „Ich hab den Krieg nicht angefangen, Sir. Ich glaube, das war der
Kaiser."

Auch Napolean besaß eine bewundernswerte Gabe, eine Beziehung zu
seinen Truppen herzustellen. Er war ihnen so nahe, dass sie ihm sogar den
Spitznamen „kleiner Korporal" gaben. Diesen Spitznamen verdiente er sich
auf einem der ersten Feldzüge gegen die österreichische Armee. Um an
einem Flussübergang auf das österreiche Feuer kontern zu können, mussten
die Franzosen ihre Kanonen schneller nachladen, als die Österreicher auf
sie feuern konnten, und Napoleon schleppte genauso Kanonenkugeln und
lud sie, wie es eigentlich der Korporal zu tun hatte.

Während des Golfkrieges wurde der General, der die Logistik der multinationalen Streitkräfte organisierte, William „Gus" Pagonis, berühmt für
sein Managementsystem, das gezielt darauf baute, den Kontakt zu den Truppen und Offizieren zu halten. Jeder im 22. Versorgungskommando, das für

40.000 Soldaten die Ausrüstung und Vorräte kontrollierte, konnte ihm jederzeit eine Karteikarte mit seinen Vorschlägen, Fragen, Nachrichten oder Kommentaren hereinreichen. Er ging Hunderte dieser Karten täglich durch und beantwortete alle, auf die er eine Antwort hatte. Die übrigen leitete er an seine Offiziere weiter, damit sie die entsprechenden Informationen weitergaben oder sich der angesprochenen Probleme annahmen. Darüber hinaus hielt er jeden Morgen ein offenes Meeting „im Stehen" ab, zu dem jeder unter seinem Kommando kommen konnte, und jeden Morgen ein weiteres „im Sitzen", das ebenfalls für alle Truppenmitglieder offen war.

Pagonis bat seine Kommandanten, dieselben Overheadfolien oder Papiere zu benutzen wie beim letzten Meeting, damit keine kostbare Zeit für das Wiederholen von Informationen verloren ging, die bereits besprochen worden waren. Zwischen den Steh- und den Sitzbesprechungen reiste er seine Depots ab, traf sich mit Offizieren und Soldaten und befragte seine Leute.[11] Nach dem Militärdienst ging Pagonis zu Sears, Roebuck and Company als Leiter der Logistik, wo er die Tradition der Meetings übernahm – und so demonstrierte, dass auch in Führungsfragen gilt: Was dem Ganter (Gänserich) bekommt, kann auch der Gans nicht schaden.

Aggressiver Führungsstil

Auf der anderen Seite des Flusses ließ Dareios seinen Paravant aus Soldaten zur Seite treten und enthüllte so seine Schlachtposition. Alexander war sofort klar, dass seine schlimmsten Befürchtungen wahr geworden waren: Dareios hatte den Großteil seiner Kavallerie so aufgestellt, dass sie die makedonische seewärts treiben würde, wo Parmenion mit seinen Truppen stand, und nicht, wie Alexander gehofft hatte, in Richtung auf die schwere Infanterie entlang der Berge. Aber er ließ sich von dieser Enttäuschung nicht lähmen, sondern schickte sofort seine schwere thessalische Kavallerie los, die seine Aufstellung hinten rechts deckte, damit sie Parmenions Truppen von hinten links unterstützte. Er befahl den thessalischen Reitern, hinter den Phalanx-Aufstellungen entlang zu reiten, damit Dareios sie nicht sah. Die langen Speere der Phalanx bildeten eine Art Stabvorhang als Sichtschutz.

Aus Dareios' Perspektive war es ein kluger Schachzug gewesen, direkt auf die makedonische Kavallerie am Wasser zu zielen, da er offenbar wusste,

dass seine Infanterie gegen die schwer gerüsteten 32-Mann-tiefen Pha-
lanx-Formationen der Makedonier mit ihren 14 Fuß langen *Sarissa*-Speeren,
besser gesagt: Spießen, nichts ausrichten könnte. Daher hatte Dareios beschlossen, eine Kavallerie-Schlacht zu inszenieren. Und die Wasserseite
bot eine größere Manövrierfähigkeit für die Kavallerie als die Bergseite.
Dareios selbst stand genau in der Mitte der persischen Front, was seit
Xenophons Zeiten als die bevorzugte Schlachtposition der persischen Könige galt. Dareios war ganz in den persischen Königsinsignien gewandet
und stand hoch oben auf einem üppig verzierten Streitwagen. Um ihn herum
waren die persischen Barone positioniert, von denen jeder ein Regiment
anführte. Neben Dareios stand ein leerer, ebenfalls reich verzierter und ju-
welenbesetzter Streitwagen mit einem Sockel drauf, der für den zoroastri-
schen Gott Ahura Mazda war, der, wie die Perser glaubten, ihren Großkönig in die Schlacht begleitete. Auf beiden Seiten der Wagen hielten die
Soldaten immer wieder ehrfürchtig inne und bewunderten den Schmuck.

Im Unterschied zu den Generälen unter Alexander, die zusammen trainierten, zusammen kämpften und über Monate zusammen unterwegs waren, kamen die persischen Generäle nur in Krisenzeiten auf dem Schlachtfeld zusammen. Deshalb verbrachten sie in den Frühstadien der Schlachten viel Zeit damit, sich auf die Stärken und Schwächen der anderen
Barone einzustellen, die ihre Truppen anführten. Gleich hinter diesen persischen Edelmännern waren Mitglieder von Dareios' Familie, die, gemäß
persischer Sitte, ihrem Großkönig immer in die Schlacht folgten. Wie der
Historiker Quintus Curtius Rufus beschrieb, thronte Dareios oben auf
einem hohen Streitwagen wie auf dem sprichwörtlichen hohen Ross und
gab sich eher wie ein siegreicher General, der von einer Schlacht *zurückkehrte,* als wie einer, der in die Schlacht *zog.*

Als Ablenkungsmanöver schickte Dareios eine Gruppe leichter Kavallerie eine Seite des Berges hinauf, hinter die rechte Flanke der Makedonier, scheinbar, damit sie von hier die rechte Flanke oder sogar von hinten
angreifen konnten. Angesichts ihrer geringen Zahl und der bisherigen Erfahrungen mit der griechischen und makedonischen Armee konnte man
davon ausgehen, dass es sich bei diesen Reitern um Grünschnäbel handelte,
die eben erst ihre Ausbildung an der persischen Militärakademie abgeschlossen hatten. Das Manöver legte für Alexander jedenfalls den Schluss
nahe, dass Dareios nicht ernstlich vorhatte, dieses Kontingent für eine
Attacke einzusetzen, und entsprechend wertete er die Truppenbewegung

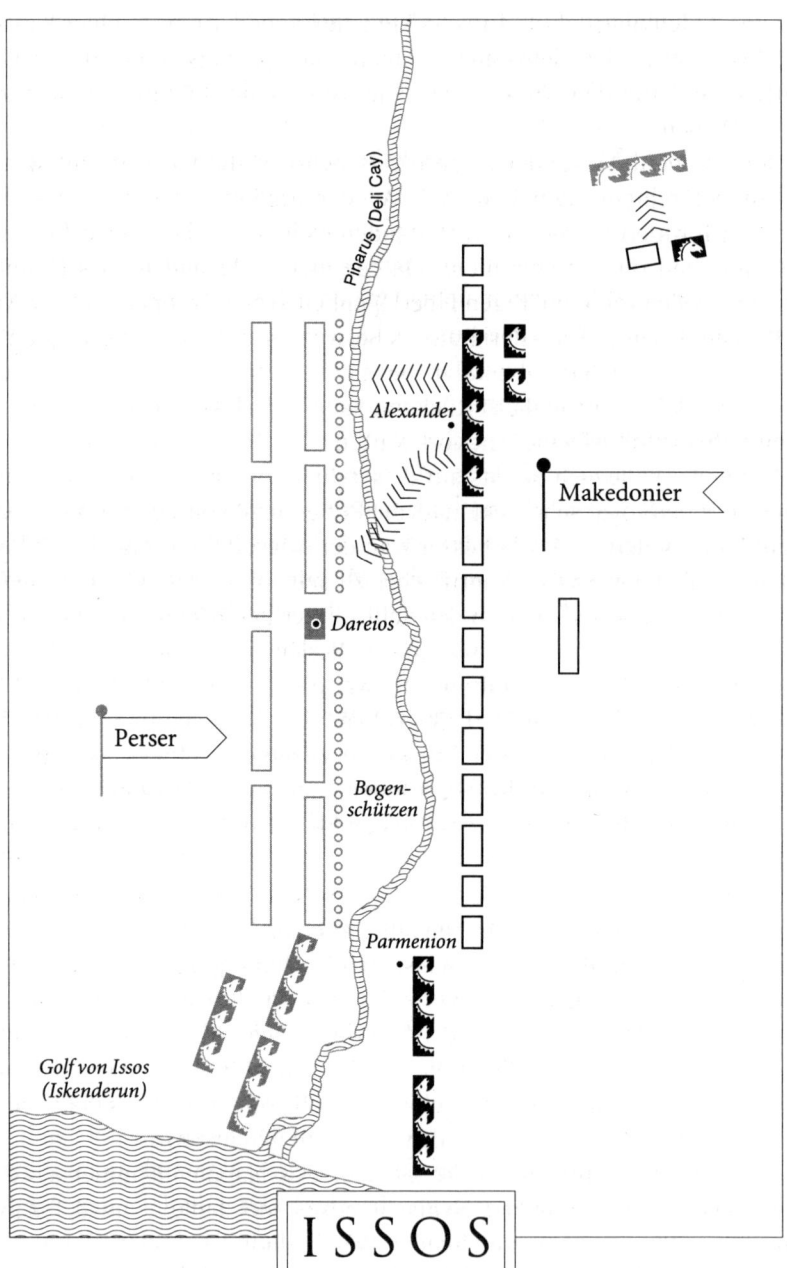

Pinarus (Deli Cay)

Alexander

Makedonier

Dareios

Perser

Bogen-
schützen

Parmenion

Golf von Issos
(Iskenderun)

ISSOS

als reine Ablenkungstaktik. Er schickte eine kleine Gruppe leichter Kavallerie los, sich des Problems anzunehmen, und die meisten der persischen Reiter traten eilig den Rückzug an. Die Makedonier kümmerten sich um die Restlichen.

Doch obwohl Alexander einen persischen Kavallerieangriff auf seiner Linken befürchtete, kam keiner. Zwei der größten Armeen, die je im Altertum formiert worden waren, standen sich gegenüber, einen Fluss in der Mitte, und rührten sich nicht. Da dämmerte Alexander, dass Dareios trotz der großen zahlenmäßigen Überlegenheit seiner Truppen und der Angriffsposition seiner Kavallerie möglicherweise gar keinen Angriff plante. Einige von Alexanders Generälen begannen sich zu fragen, ob Dareios überhaupt die Courage und das Rückgrat hatte, die Makedonier anzugreifen. Sie mussten nicht auf eine Antwort warten.

Alexander hatte sich bereits auf diesen Fall vorbereitet. Genau genommen war es ihm sogar sehr recht, dass die Perser nicht von sich aus angriffen. Er hatte stets gelernt, dass es besser war, der Angreifer zu sein als der Verteidiger. Außerdem passte Angriff eher zu seinem aggressiven Führungsstil. Er war immer der Erste in der Schlacht, er kämpfte immer da, wo es am heißesten herging, und er war immer derjenige, der noch tiefer in die gegnerischen Stellungen vordrang. Er wartete nicht darauf, dass die Lösungen für seine Probleme auf ihn zukamen. Er zog los und suchte sie. Während andere Heeresführer Truppen niedrigeren Ranges losschicken würden, um das Schlachtfeld zu erkunden oder Informationen zu beschaffen, ging Alexander aggressiv drauflos und holte sich seine Informationen selbst.

Ohne dass es die Perser merkten, oder viele der makedonischen Truppen, hatte Alexander seine Truppen allmählich dichter an das Flussufer gebracht. Es ging mittlerweile auf den späten Nachmittag zu. Alexander hatte in seinem kurzen Leben genug Verteidigungsformationen gesehen, um zu erkennen, dass Dareios sich in der klassichen Verteidigungsstellung aufgebaut hatte und in dieser Position verharren würde, solange er nicht angegriffen wurde. Angesichts der schieren Größe seiner Armee sah er wahrscheinlich keine Notwendigkeit, den Status quo zu ändern.

Aber Alexander reichte es. Er tat nun, was Napoleon immer als das schwierigste Manöver in der Schlacht bezeichnet hatte: eine defensive Kampfausrichtung mit ausreichender Geschwindigkeit und Effizienz in eine offensive verändern und dabei das Überraschungsmoment erhalten.

Alexander griff an – die Sandwolke, die in die Luft aufstieg, war das Zeichen, dass sein Pferd in vollem Galopp lief. Er ritt mit einer kleinen Gruppe von Rittern in einer geschlossenen Formation, bis sie in Reichweite der persischen Bogenschützen waren, die sogleich einen Pfeilhagel auf sie niederprasseln ließen. Für die makedonischen Schilde waren die Pfeile harmlos. Zudem war der Pfeilhagel so dicht, wie ein Geschichtsschreiber anmerkte, dass sie wie eine Wolke in den Himmel stiegen und dort gegeneinderstießen, sodass die meisten ohnehin wirkungslos geblieben wären.

Die Bogenschützen hatten nun ihre ersten Pfeile abgeschossen, und ehe sie die nächsten laden konnten, kam ein lautes Hornsignal und Alexander stürzte mit seinen Rittern auf die Schützen zu. Die Ritter hatten jahrelang solche Attacken trainiert. Wie Admiral Nelsons Kapitäne, die als „eine Bande von Brüdern" bezeichnet wurden, wussten sie genau, was sie zu tun hatten, wenn sie dem Feind nahe kamen – so wie Admiral Nelsons Männer wussten, was zu tun war, wenn sie sich einem feindlichen Schiff näherten. Die Ritter Alexanders waren ausgezeichnet aufeinander eingespielt und konnten sich 100-prozentig auf den anderen verlassen.

Alexanders Attacke verfehlte ihre Wirkung nicht. Ihn auf Bucephalus reiten zu sehen, die glänzenden Helmseiten blinkend in der Nachmittagssonne und sein weißes Cape im Wind wehend, dicht gefolgt von seinen Rittern in gleicher Gewandung, ließ die persischen Bogenschützen vor Schreck nach hinten in ihre leichte Infanterie zurückweichen, mitten im Spannen der neuen Pfeile erstarrt.

Das war genau die Verwirrung, die Alexander beabsichtigt hatte. Er führte seine Ritter direkt vor zur linken persischen Flanke, die von den Cardaces (den persischen Fußtruppen) geschützt wurde. Die Cardaces waren persische Soldaten, die normalerweise mit etwa 20 Jahren zur Armee kamen und dann eine Rundum-Ausbildung für Infanterie und Kavallerie, im Bogenschießen und Speerwerfen erhielten. In Friedenszeiten wurden sie zum Pflanzen von Bäumen, Reinigen der Straßen, Schilderbau oder die Pflege der Kavalleriepferde eingesetzt. Sie waren von Kind an auf den persischen Lebensstil getrimmt worden und ähnelten entsprechend ein wenig der Hitlerjugend, sprich: sie waren ein Trupp ineffizienter, unerfahrener und hochgradig unreifer Soldaten.[12] Als sie die Ritter auf sich zukommen sahen, fielen auch sie zurück, direkt ins Zentrum der persischen Stellung, wo die Truppen der Zwangsrekrutierten aus allen persisch regierten Teilen Asiens standen. Sie hatten naturgemäß wenig Interesse daran, besonderen

Heldenmut an den Tag zu legen. Somit konnten die Ritter problemlos eine Lücke in die persische linke Flanke stoßen.

Inzwischen waren die Hypaspisten angekommen und die makedonische Phalanx hatte begonnen, den Fluss zu überqueren, in stetem Schritt marschierend als eine dichte Mauer aus scharfen Speeren, die direkt auf den Feind zeigten. Die Rolle der leicht bewaffneten Hypaspisten bestand vor allem darin, die Frontlinien zu halten und möglichst zurückzudrängen. Sie sollten warten, bis die Phalanxen eingetroffen waren und auf die gegnerischen Truppen losgingen. Und beide Truppen taten, was ihre Aufgabe war, indem sie zunächst die Söldner niedermetzelten, die Dareios angeheuert hatte, während die Ritter hinter die persischen Linien ritten und von dort angriffen.

Alexander und seine Ritter stießen weiter ins Innere der Formation vor und richteten ihre ganze Energie darauf aus, hinter die griechischen Söldner und die königliche Leibwächtereinheit zu gelangen, die Dareios schützten. Trotz ihrer besseren Pferde hatten die Perser keine Chance gegen Alexander und seine Ritter, die wild entschlossen waren, sich ihre Beute zu holen. Die Ritter waren ausgebildet, sowohl allein als auch im Gruppenverbund zu arbeiten. Sie kannten ihre Rolle hier, die darin bestand, um jeden Preis ins persische Zentrum vorzudringen. Und mit diesem Ziel vor Augen, variierten sie ihre Vorgehensweise je nach Bedarf.

Die persische Kavallerie war dazu ausgebildet, in den weiten Ebenen zu manövrieren, nicht aber in einer Schlacht auf so engem Terrain wie diesem. Hier zeigte sie sich hoffnungslos überfordert und unbeweglich. Für die Makedonier hingegen waren die Bedingungen bei Issos optimal, da sie ja aus einer größtenteils bergigen Region stammten und daher gewöhnt waren, auf engstem Raum zu manövrieren. Und ihre Kavallerie nutzte diesen Vorteil weidlich aus.

„Sich die Hände schmutzig machen"

Unter der Wucht des makedonischen Angriffs brachen die persischen Truppen und Pferde zusammen. Alexander machte Dareios' Streitwagen aus und steuerte direkt darauf zu – die wohl beste bildliche Darstellung dieser Szene findet sich in einem römischen Mosaik in Pompeji. Die Pferde, die den Wagen zogen, scheuten im Schlachtgetümmel, sodass Dareios' Fahrer fiel und Dareios, entgegen dem Protokoll, die Zügel übernahm. Aber die Pferde waren vollkommen verängstigt und noch dazu eingekeilt. Als er sah, dass Alexander fast über ihm war, sprang Dareios von seinem Wagen in einen leichteren, der für ihn herbeigefahren kam, und floh vom Schlachtfeld. Alexander wollte schon hinter ihm her, aber er hörte die verzweifelten Schreie seiner Infanterie, die im Nahkampf gegen die griechischen Söldner verstrickt war, drehte um und befahl seinen Rittern, mit ihm die Söldnertruppen von hinten anzugreifen.

Diese Szene illustriert ein wichtiges Merkmal seines Führungsstils: Alexander scheute sich nicht, sich in der Schlacht „die Hände schmutzig zu machen", indem er seine Ritter mitten ins Getümmel führte und dabei die Bewegungen der Hypaspisten und der Phalanxen im Auge behielt, um notfalls auch ihnen zu Hilfe zu kommen. Im Gegensatz dazu nahm Dareios nur so lange an der Schlacht teil, wie seine persönliche Sicherheit gewährleistet war, und demonstrierte insgesamt eine Reserviertheit, für die im Ersten Weltkrieg der Beiname „Chateau-General" eingeführt wurde und die zumeist, wen wundert's, ähnlich verheerende Wirkung hatte wie in Issos.

Dareios hatte in seiner Regierungszeit genügend Feldzüge angeführt, viele gegen Alexanders Vater Philipp, um über reichlich Erfahrung zu verfügen. Doch wie er hier bewies, reicht Erfahrung allein nicht aus. Einige Menschen „können 20 Feldzüge unter Prinz Eugen mitgemacht haben und sind trotzdem keine besseren Taktiker", wie Friedrich der Große einst bemerkte. Für ihn waren solche Leute „Maultiere". Dareios, das muss der Fairness halber gesagt werden, war kein Maultier, nicht einmal im metaphorischen Sinn. Er war doppelt so alt wie Alexander, ein anständiger Mann, wenngleich ein schwacher General, der einen „Soldatenkampf" focht, bei dem der General wenig bis gar nichts beitrug.

Als sie sahen, dass ihr Anführer Dareios weglief, rauschte die Moral der persischen Truppen schlagartig in den Keller. Sie beobachteten, wie Dareios weit entfernt bei den Schluchten seinen Streitwagen anhielt und auf das Pferd sprang. Er ließ sein Schild zurück, riss sich den Mantel herunter und nahm nicht einmal seinen Bogen mit, ehe er in die beginnende Dunkelheit ritt, um seine Haut zu retten.

Kaum verwunderlich, dass die Schlacht kurz nach Dareios' Verschwinden endete. Die persischen Verluste beliefen sich auf 100.000 Infanteristen und über 10.000 Kavalleristen – viele Perser waren auf dem Schlachtfeld einfach zertreten worden. Die Makedonier massakrierten die griechischen Söldner sowie die persische Infanterie und die schwere Kavallerie. Die

Zahl der persischen Gefallenen war so hoch, dass ein Beobachter sagte, es wären, als man Dareios in die Schluchten nachsetzen wollte, genügend Tote da gewesen, um eine Brücke für die Makedonier zu bilden. Alexander wies seine Leute an, die persischen und makedonischen Gefallenen richtig zu bestatten, erlaubte allerdings nicht, dass man für die persischen Toten den überschwänglichen und teuren Bestattungsriten der Perser folgte, da dies ein Affront gegenüber den einfachen makedonischen Bestattungszeremoniellen für seine eigenen Männer gewesen wäre. Später am Abend in Issos, nachdem die Sonne untergegangen war, teilten die makedonischen Generäle die Ausbeute der Schlacht unter sich und ihren Bataillonen auf. Alles, was die Perser an Wertvollem mitgebracht hatten, wurde verteilt.

Verteidiger sind Todgeweihte

Auch Napoleon glaubte an das Prinzip „Wenn irgend möglich, angreifen." Kriegsherren wie Napoleon und Alexander sahen den Sinn und Zweck der Strategie darin, so schnell wie möglich in Kontakt mit dem Feind zu treten. Und dieser Kontakt wiederum diente einzig dem Angriff und der Zerstörung der feindlichen Streitmacht. Diese Einstellung machte Generäle wie Alexander und Napoleon so ungeheuer erfolgreich. Sowohl im Altertum als auch in neueren Zeiten ging es bei großen Strategien darum, unterschiedliche, oft widersprüchliche Ziele optimal zu verknüpfen, seien sie militärische, politische oder soziale. Doch weder Alexander noch Napoleon hätten zugelassen, dass andere Ziele als die des Angriffs und der Zerstörung die Schlacht beeinflussten. Napoleon brachte es auf den Punkt: „Heute haben wir in Europa eine Menge gute Generäle, doch sie sehen zu viele Dinge auf einmal. Ich sehe [in der Schlacht] nur eines, und das ist der Feind, den ich vernichten will."

Die Prinzipien des Krieges, wie sie heute an den Militärakademien gelehrt werden, sind nach wie vor mit jenen identisch, die Napoleon und Alexander vertraten und befolgten – insbesondere Alexander, den Napoleon ausführlich studiert hatte und von dem er sich leiten ließ. Ausformuliert hat sie General Wesley K. Clark in seinem Buch *Waging Modern War*: eine klare Zielvorgabe haben und sich auf ein einheitliches Kommando verlassen, das alle Anstrengungen auf dieses eine Ziel hin richtet. Pläne und Operationen sollten einfach in der Konzeption sein, die Kräfte an zentralen Punkten zusammenführen, mit den Kräften in der Peripherie verlässlich haushalten und einen Überraschungseffekt für den Feind bereithalten. Entscheidende Resultate werden durch offensives Operieren und Manövrieren erreicht.

Rudi Giuliani, der bis 2003 Bürgermeister von New York City war, legte einen brüsken und aggressiven Stil an den Tag, um der Kriminalität, dem Filz und der Korruption Herr zu werden, und zum ersten Mal seit vielen Jahrzehnten führte er eine Runderneuerung durch, die die Stadt in eine der sichersten der Welt verwandelte. Eine seiner ersten Amtshandlungen als Bürgermeister in den frühen 1990ern war die Verbannung der „squeegee men" von den Straßen, jener Leute, die an den roten Ampeln auf die wartenden Autos zustürmen und ihnen unaufgefordert die Windschutzscheiben putzen, um dafür Geld zu kassieren. Sie waren zu einem Wahrzeichen für die Verkommenheit der Stadt geworden. Wenngleich die Abschaffung der „squeegees" zunächst nur wie eine Kleinigkeit anmuten mag, da es von ihnen insgesamt gerade über 200 gab, war sie in der Wahrnehmung der New Yorker und der Touristen ein gewaltiger Fortschritt. Hier war endlich ein Bürgermeister, der aggressiv gegen die Plagen der Großstadt vorging.

Bevor Giuliani Bürgermeister wurde, war er ein junger Staatsanwalt in einem der Süddistrikte von New York, wo er mit ähnlicher Erbarmungslosigkeit gegen die Wirtschaftskriminellen wie gegen das organisierte Verbrechen gekämpft hatte. Bis in die frühen 80er, also bis Giuliani die Szene betrat, hatte sich niemand in New York wirklich um die Wirtschaftskriminalität gekümmert, weil es so viele Morde, Überfälle und Einbrüche gab, derer man sich annehmen musste. Giuliani stellte nicht nur allen möglichen Kriminellen nach, sondern er tat es mit so viel Pfiff, dass es jedem eiskalt den Rücken runterlief, der auch bloß über ähnliche Verbrechen nachdachte. Er verhaftete nicht allein Insider-Händler, er ließ sogar die Kidder-Peabody-Händler vor den Augen ihrer Kollegen in Handschellen abführen und aus dem Gebäude geleiten. Sein Argument: Wirtschaftskriminalität ist geplanter als die meisten anderen Verbrechen und wird dazu noch von Leuten verübt, die es besser wissen sollten. Er jagte nicht einzelnen Bossen des organisierten Verbrechens nach, wie es seine Vorgänger zu tun pflegten, sondern ließ ganze Organisationen auffliegen. Dazu wandte er den RICO Act an, ein Gesetz gegen organisierte Kriminalität und Bestechung. Im Gegensatz zu dem, was uns Aesops Fabel glauben macht, war in Giulianis Welt der Hase tatsächlich schneller als die Schildkröte.

Im Bürgermeisteramt behielt er seinen aggressiven Stil bei, ob er hinter einem kleinen Übeltäter oder einem dicken Fisch her war. In der unmittelbaren Vergangenheit hatte das politische Establishment von New York eine problematische Umgangsweise mit der Lösung bestimmter Probleme wie Obdachlosigkeit und ethnischer Trennung bewiesen. Anders als die anderen Bürgermeister ging Giuliani diese Themen mit ungekannter Wucht an, forderte die Obdachlosen auf, von der Straße zu verschwinden und sich einen Job zu suchen, und bezog in der Frage der ethnischen Trennung einen dezidierten Standpunkt. Das brachte ihm einiges an Kritik und bösen Beschimpfungen ein, doch davon ließ er sich nicht irritieren. Bei einem Konzert anlässlich der 50-Jahr-Feier der Vereinten Nationen in der Avery Fischer Hall des Lincoln Centers bat Giuliani den Palästinenserchef Yassir Arafat, für den er überhaupt nichts übrig hatte, den Saal zu verlassen.

Am Morgen des 11. September 2001, während der Angriffe auf das World Trade Center, trat Giulianis zupackender Führungsstil zutage, als er die Rettungsarbeiten am Ground Zero koordinierte, den Radio- und Fernsehreportern sagte, sie sollen ihr Publikum auffordern, nicht in diesen Bereich Manhattans zu kommen, und sich gleichzeitig mit Worten an die verzweifelte Menge wandte, wie sie in dieser Sensibilität bislang von Lincolns Beileidsbekundung gegenüber einer Mutter bekannt waren, die mehrere Söhne im Bürgerkrieg verloren hatte: „Ich weiß, wie schwach und nutzlos alles auf Sie wirken muss, was ich sagen könnte, wenn ich versuche, Ihnen Trost für einen so überwältigenden Schmerz zu bieten.“

In den Wochen nach dem 11. September hielt er die New Yorker an, wieder in ihr normales Leben zurückzufinden: in die Stadien zu gehen, einen Abend mit Freunden in der Stadt zu verbringen oder Einkaufsbummel am Wochenende zu unternehmen. Er selbst hatte gerade einiges durchgemacht: Ein Jahr zuvor war bei ihm Krebs diagnostiziert worden, er war nicht wieder in den Senat gewählt worden und wenige Monate vorher hatte er öffentlich erklärt, dass seine sechzehnjährige Ehe mit der Fernsehberühmtheit Donna Hanover gescheitert war. Die New Yorker hatten daher das Gefühl, wenn er all das wegstecken und die Kontrolle behalten konnte, dann könnten sie es auch. Sein Führungsstil half ihnen, wieder einen Anschein von Normalität in die Stadt zu bringen, die nie mehr dieselbe sein würde.

Humanistischer Führungsstil

Während seiner Eroberungszüge durch Länder mit unterschiedlichster kultureller Prägung hat sich Alexander wieder und wieder als nobler Eroberer bewiesen, der frei von jener Rachsucht oder Schurkenhaftigkeit war, wie sie so viele andere Sieger in der Geschichte auszeichnete. Einige Ausnahmen gibt es allerdings doch zu vermerken, wie etwa Alexanders Erfolge in Gaza, Tyrus und vielen Schlachten in Indien, die von gewaltigen Zerstörungen und Verwüstungen gefolgt waren. Im Großen und Ganzen jedoch überwog der Humanismus.

Wenn große Armeen wie die persische oder die makedonische reisten, wurden sie meist von einem großen Gepäckzug begleitet, auf dessen Wagen sich alles fand, was sie für die Reise brauchten, die mehrere Jahre dauern konnte. Darüber hinaus folgten ihnen Familienmitglieder, Unterhalter, Prostituierte, Ärzte, Krankenschwestern und „Groupies". Die Weggefährten blieben während der Schlachten hinter den Kampflinien, doch sobald die Kämpfe eingestellt waren, wurden sie ebenfalls zur Kriegsbeute der Gewinner und unter ihnen aufgeteilt. Im auffälligen Gegensatz zu anderen Armeen des Altertums, des Mittelalters und der Moderne, war es den makedonischen unter Philipp und Alexander strengstens untersagt, jenseits des Schlachtfeldes zu plündern, es sei denn, es wurde aus militärischen Gründen angeordnet. Doch selbst dann fanden keine Plünderungen und Brandschatzungen statt, sondern vielmehr eine systematische Zerstörung von Städten oder Ortschaften, wie in Theben geschehen und, wie wir später sehen werden, auch in der persischen Hauptstadt Persepolis sowie der indischen Stadt Multan.

Unter Dareios' Gefolgschaft befand sich sein großer Harem (genau 350 Konkubinen, von denen jede eine musikalische Ausbildung absolviert hatte) und seine Gemahlinnen, nebst zahlreichen Unterhaltern, von Ringern bis Bauchtänzerinnen, um die unterschiedlichen Geschmäcker der persischen Armee zu bedienen, sowie Köchen aus den verschiedenen Teilen Asiens, die der persischen Krone unterstanden. Zu Alexanders Gefolge gehörten natürlich auch einige der obigen Gruppen, darüber hinaus aber auch Geologen, Kartographen, Botaniker und Zoologen, deren Kenntnisse er zur Informationsgewinnung und Protokollierung während der Feldzüge nutzte. Vieles, was wir heute über die Pflanzen und Tiere von damals, über die

Kunst und die Architektur wissen, kann tatsächlich zurückverfolgt werden zu den Leuten, die Alexander auf seinen Eroberungszügen um die Welt folgten.

Es war beinahe Mitternacht, als Alexander in sein Lager zurückkehrte, nachdem er es aufgegeben hatte, noch länger nach Dareios zu suchen. Er hatte einen langen Tag hinter sich, und seine Generäle erwarteten ihn bereits in seinem Zelt, wo das Essen serviert werden sollte. Man hatte ihm ein heißes Bad in eine Wanne aus dem Besitz Dareios' eingelassen. Alexander entspannte seine müden Knochen in dem warmen Wasser und dachte nach. *So also* fühlte es sich an, *König zu sein*. Doch seine Gedanken wurden von dem Weinen persischer Frauen gestört. Sie zählten zur „Kriegsbeute", die sich einer der makedonischen Generäle gesichert hatte. Das Wehklagen war so laut, dass er es in einem sehr nahen Zelt vermutete. Der eroberte Harem war auch Teil von Alexanders Kriegsgewinn, sollte jedoch aus Sicherheitsgründen weiter weg untergebracht werden. Alexander bat einen seiner Kommandanten, der Quelle des Weinens nachzugehen und in Erfahrung zu bringen, warum dieses Zelt so nah an seinem war. Kurz darauf wurde ihm mitgeteilt, dass es von Dareios' Mutter, Frau, Töchtern und Söhnen kam, die den Tod des Perserkönigs beweinten. „Man hat ihnen mitgeteilt, dass sein Bogen, Mantel und Schild gefunden worden waren und jetzt in deinem Besitz sind", erklärte ihm der Kommandant.[13]

Als er das hörte, sprang Alexander aus dem Bad und zog sich eilig an. Dann wies er einen seiner Ritter an, zu Dareios' Familie zu gehen und ihnen zu sagen: „Dareios lebt noch. Auf der Flucht hat er seine Waffen und seinen Mantel im Streitwagen zurückgelassen. Und mehr als diese Sachen hat Alexander nicht von ihm."[14] Anschließend ging er hinaus, steckte kurz den Kopf in das Zelt, wo das Abendessen serviert wurde und bat Hephaiston, einen Ritter-Kommandanten und engen Freund Alexanders, mit ihm zu kommen. In seiner Begleitung suchte er das Zelt auf, in dem Dareios' Mutter, Frau und Töchter saßen und der kleine Sohn in einer Ecke kauerte. Dareios' Mutter Sisygambis sah die beiden gleich gewandeten Männer hereinkommen und warf sich vor Hephaiston auf die Knie, den sie für Alexander hielt, weil er der Größere von beiden war – diese Szene wurde im sechzehnten Jahrhundert sehr treffend von dem Maler Paolo Veronese dargestellt, in dem Gemälde „Die Familie des Dareios vor Alexander", das in der National Gallery in London hängt. Hephaiston trat praktisch im selben Moment zurück, in dem einer ihrer Diener sie auf ihren Fehler aufmerksam machte. Sichtlich verlegen verbeugte sie sich noch tiefer vor Alexander, doch der nahm ihr Arme und half ihr aufzustehen, um ihr sodann zu erklären, sie hätte keinen Fehler gemacht, denn auch Hephaiston wäre „ein Alexander – ein Beschützer der Menschen"[15].

Er versprach ihr, dass sie auch weiterhin alle Privilegien genießen würde, die ihrer Stellung unter Dareios entsprachen. Ohne Dareios' Frau Stateira direkt anzusehen (die auch dessen Schwester war – Ehen mit nächsten Verwandten waren und sind bei den Anhängern Zarathustras durchaus gängig) sagte er ihr, die als die schönste Frau Persiens galt, sie solle nicht trauern, denn Dareios wäre nicht tot. Alexander hielt seine Versprechen gegenüber der Familie des Perserkönigs und ging sogar noch weiter. Es heißt, er habe eine so enge Beziehung zu Dareios' Mutter gehabt – einer mutigen, selbstbewussten und schönen Frau – dass sie vor Kummer über Alexanders Tod in Babylon fünf Tage nach ihm starb – zehn Jahre nach Issos. Alexander blickte Stateiro bewusst nicht an, zum einen aus Respekt vor ihr, zum anderen weil er sich von ihrer Schönheit nicht bezaubern lassen wollte. Während ihrer Gefangenschaft sorgte er dafür, dass sie allen Komfort hatte, der möglich war, und nutzte ihre Situation nicht einmal aus. Sie starb zwei Jahre nach Issos, ausgebrannt und von Trauer gezeichnet, kurz bevor ihr Ehemann bei Gaugamela von Alexander gestellt wurde.

Auf die Nachricht von ihrem Tod hin besuchte Alexander die Familie und drückte sein Beileid aus. Er fastete mit ihnen zusammen, wie es bei den Zarathustrern Sitte war, begleitete den Trauerzug und untermauerte damit seinen Ruf als gnädiger und beherrschter Mann. Einige Jahre später sollten Hephaiston und er die Töchter des Dareios heiraten – Alexander heiratete Stateira (nach ihrer Mutter benannt), Hephaiston deren Schwester Drypetis.[16] Hierbei handelte es sich um symbolische Vermählungen zwischen Griechen und Persern, und Alexander wie Hephaiston gingen die Verbindungen ein, um damit zu zeigen, dass die beiden Nationen, die sich lange bekriegt hatten, nun eins waren. Ihnen machten es zahlreiche andere Griechen und Perser nach, die untereinander heirateten und in das jeweils andere Land übersiedelten.

Die Behandlung, welche Alexander der Familie des persischen Königs zukommen ließ, brachte ihm den Respekt aller ein, die schwächer oder unbewaffnet waren und sich nun beruhigt fühlten. Sein humanistischer Führungsstil sorgte für einen Hoffnungsschimmer inmitten beängstigender Zeiten.

Den Besiegten vergeben

In Issos musste Alexander über das Schicksal von vier Botschaftern aus den griechischen Stadtstaaten Athen, Theben und Sparta entscheiden, die zu Dareios gekommen waren, um seine Hilfe in der Auflehnung gegen Alexander zu erbitten. (Kaum dass Alexander aus Griechenland aufgebrochen war, hatte Demosthenes sich wieder dem Ränkeschmieden gewidmet.) Die Botschafter waren noch auf dem Schlachtfeld gefangen genommen worden. Die beiden Botschafter aus Theben entließ Alexander sofort in die Freiheit, da die Zerstörung der Stadt und die Versklavung der Bewohner an seinem Gewissen nagten. Zudem war ihm klar, dass jedes Land, dem so etwas widerfahren ist, sich genauso verhalten und Hilfe von außen erbeten hätte, wenngleich er diese Auffassung nie laut äußerte.

Vielmehr stellte er die Freilassung nach außen bewusst anders dar, indem er erklärte, einer der Botschafter würde aufgrund der besonderen Verdienste ihrer adligen Familien in Theben freigelassen, der andere in Anerkennung seiner besonderen Leistungen bei den Olympischen Spielen. Den Athener ließ er ebenfalls gehen, weil dessen Sohn ein berühmter und beliebter General war, der Alexanders Vater sehr geholfen hatte. Dem Spartaner jedoch konnte er nicht vergeben. Er repräsentierte eine Nation, die offensichtlich feindselig gegenüber Makedonien eingestellt war. (Im Zusammenhang mit den kommenden Erfolgen wurde dann letztlich auch der Spartaner in die Freiheit entlassen.) Alexander nahm jede der drei Begnadigungen persönlich vor, wobei er den diplomatischen Rang, den Dienst oder persönliche Errungenschaften betonte, damit das Urteil von seinen Soldaten nicht als Affront aufgefasst wurde – immerhin hatte ein Großteil von ihnen schon gegen die Stadtstaaten gekämpft. Mit dieser klar am Einzelnen begründeten Begnadigung aber hatten sie kein Problem.

Mehrere Familienmitglieder und Bedienstete von Dareios wurden bei dem Versuch, mit diversen persischen Schätzen vom Schlachtfeld zu fliehen, gefangen genommen, einschließlich der Familie seines Bruders, seiner Generäle und Höflinge. Parmenion griff sie auf, als sie ins syrische Damaskus fliehen wollten, der nächstgrößeren Stadt, mit einem ziemlich beeindruckenden Teil der persischen Schätze im Gepäck – allein das Gold wog über zwei Tonnen. Diesen Schatz brauchte der makedonische Schatzmeister dringend, der seit Philipps Tod (und der darauf folgenden Steuerbefreiung aller Makedonier durch Alexander) einen gewaltigen Schuldenberg angesammelt hatte. Die meisten der Gefangenen wurden sofort wieder freigelassen, mit Ausnahme von Barsine, der schönen jungen Witwe des Rhodiers Memnon. Barsine war gewissermaßen Alexanders Josephine, nur dass sie auch noch von Adel und reich war – sie war die Witwe des größten persischen Generals und die Tochter des wohlhabendsten persischen Gouverneurs, Artabazus, der ganz Kleinasien für Dareios regierte. Barsine war acht Jahre älter als Alexander, nutzte ihre Beziehung allerdings nie so aus, wie es Josephine mit ihrer zu Napoleon tat.

Mit ihr bekam Alexander einen Sohn, Herakles. Nach seinem Eroberungsfeldzug in Ostasien ernannte er Artabazus, ihren Vater, zum Gouverneur über die alte Provinz Baktrien in Nordostpersien – diese Region erstreckt sich heute über Teile Irans, Usbekistans, Tadschikistans und Afghanistans.

„Behandelt mich wie einen König"

Während seiner Indienexpedition einige Jahre später sollte Alexander den furchtlosen, gelehrten, beliebten und stolzen König Poros gefangen nehmen, der über das nördlich von Taxila gelegene Indien herrschte – im heutigen Pakistan außerhalb Rawalpindis. Als er sah, dass Poros in der Schlacht verletzt worden war und dennoch fest entschlossen, weiterzukämpfen, schickte Alexander ihm mehrere Boten mit der Aufforderung, zu kapitulieren, da er vollständig umzingelt war. Poros wies die Boten ab und griff sogar einige von ihnen an. Erst als Alexander ihm einen engen Freund schickte, zeigte er sich einsichtig und gab auf.

Alexander bewunderte Poros' Mut und Entschlossenheit. Anders als Dareios, war hier ein König, der sich weigerte, den Kriegsschauplatz zu verlassen und das eigene Leben zu retten. Alexander fragte den fast 180 cm großen indischen König, was er mit ihm tun sollte.

„Behandelt mich wie einen König", war die Antwort, die bis heute jeder indische Gymnasialschüler lernt, wenn er oder sie von der berühmtesten – und ersten von Geschichtsschreibern festgehaltenen – Begegnung zwischen Indien und dem Westen hört.

„Das werden wir tun", soll Alexander geantwortet haben. Aber es musste doch etwas geben, das der indische König für sich wollte?

„Nichts, was nicht in dieser Bitte inbegriffen wäre", antwortete Poros.[17]

Eine solche Antwort war Alexander noch nicht zu Ohren gekommen. Er war um Gnade angefleht worden und man hatte sich ihm ergeben, aber er hatte niemals gesehen, dass jemand so viel Stolz und Selbstbewusstsein demonstrierte, der von ihm gefangen genommen worden war. Da er bei Aristoteles gelernt hatte, menschliches Verhalten sicher zu interpretieren, erkannte Alexander auf Anhieb, dass die Niederlage weder den Stolz noch die Größe dieses Königs anfechten konnte. Wohl auch deshalb gab er ihm seinen Thron zurück, vergrößerte sein Reich sogar noch und versprach ihm den Schutz der Makedonier, die mittlerweile zur kühnsten Armee der Welt geworden waren.

Bei modernen Führungskräften findet man eher selten Anzeichen von Menschlichkeit – um nicht zu sagen, sie ist so selten geworden, dass sie uns bei der Handvoll, die sie aufweist, sogleich als etwas Besonderes auffällt. Keine Führungskraft hat einen solchen Sinn für Versöhnung und Menschlichkeit bewiesen wie Nelson Mandela gegenüber seinen früheren Gegnern und Unterdrückern – und das, nachdem er jahrelang von ihnen ins Gefängnis gesperrt und dort alles andere als human behandelt worden war. Die weißen Herrscher Südafrikas hatten ihn in den Quarzsteinbrüchen arbeiten und Sackleinentaschen nähen lassen, und zwar über 27 Jahre lang.

Mandela wurde zitiert, wie er seine Anhänger ermahnte, die Opposition nicht zu erniedrigen: „Niemand ist gefährlicher als ein Mensch, den man erniedrigt hat."[18] Bei den Verhandlungen mit seinen vormaligen Feinden vermittelte er überzeugend, wie sehr er an die Prinzipien der Demokratie glaubte, und ermutigte auch seine Anhänger, die Demokratie zum obersten Prinzip ihres Handelns zu machen, ebenso wie eine moralische Integrität, die jedwede Vergeltung für die Jahrzehnte der Apartheid verbot. Die Wahrheits- und Aussöhnungskommission unter Leitung von Erzbischof Desmond Tutu, einem engen Freund Nelson Mandelas, war mit der Aufgabe betraut, nicht bloß den Missetaten der weißen Afrikaner gegen die schwarze Mehrheit und andere Farbige während der Apartheid nachzugehen und sie zu ahnden, nicht zu rächen, sondern auch die Gewalttaten der Mitglieder des African National Congress, der Partei Nelson Mandelas, gegen schwarze Kollaborateure zu untersuchen und zu bestrafen.

In seiner faszinierenden Biographie Mandelas schreibt der britische Journalist Anthony Sampson von Mandelas Vorliebe für Shakespeares *Julius Caesar*, aus dem er gern zitierte: „Feiglinge sterben viele Tode vor dem Tod; die Mutigen aber kosten den Tod nur ein einziges Mal." Mandelas

Leben ist ein mutiger Triumph über die entsetzlichsten Widrigkeiten. Kein Wunder also, dass er wie die beiden Männer, an denen er sich orientierte, Mahatma Gandhi und Martin Luther King Jr., Mut und moralische Integrität verkörpert, die ihn zu einem Helden unserer Zeit machen. Nadine Gordimer, die südafrikanische Autorin und Nobelpreisträgerin – mit der Mandela sich kurz nach seiner Entlassung aus dem Gefängnis traf –, schrieb in ihrem brillanten und bewegenden Roman *Burger's Daughter*, es müsste für viele Südafrikaner „seltsam sein, in einem Land zu leben, in dem es noch Helden gibt"[19].

Kommandostil

Aristoteles lehrte Alexander einige Grundsätze effektiver Führung. Der Kommandostil verlangte von einer Führungskraft, nach Aristoteles, „die richtige Person auf die richtige Weise zur richtigen Zeit und aus dem richtigen Grund zurechtweisen zu können". Mit der Zeit gewöhnte Alexander sich an seine Macht und wurde später ansatzweise skrupellos, aber nach Issos war er als strenger Kommandant in Höchstform. Nehmen wir beispielsweise die Art, wie er mit Dareios' Angebot umging, die Eroberung von Issos zu legitimisieren und im Austausch dafür seine Familie zurückzubekommen. Dareios bot ihm nicht nur das Land im Westen Persiens an, sondern auch die Hand seiner Tochter Stateira.

„In Zukunft", soll Alexander auf den schriftlichen Vorschlag ebenfalls schriftlich erwidert haben, „wollen Sie bitte, wenn Sie mir schreiben, mich als König von ganz Asien anreden und mir nicht Grüße übermitteln, als wären Sie meiner ebenbürtig. Sollten Sie etwas brauchen, sprechen Sie mich als den Mann an, der über all Ihre Territorien herrscht."[20] Sollte er sich nicht an die Form halten, so drohte ihm Alexander, würde er ihn wie einen gewöhnlichen Kriminellen bestrafen. Einen ähnlichen Stil legte General Ulysses S. Grant während des Bürgerkriegs gegenüber General Simon B. Buckner an den Tag, als dieser ihm vorschlug, über die Niederlage von Fort Donelson zu verhandeln. Bekannt als Mann der Tat, der ebendieses Bild auch in Wort und Schrift vermittelte, schrieb Grant an Buckner: „Nichts als eine bedingungslose und sofortige Kapitulationserklärung ist akzeptabel. Ich schlage vor, dass Sie sich umgehend an die Arbeit machen."[21] Wie Alexander kam auch Grant in seinem Brief direkt auf den Punkt.

Alexander erinnerte Dareios daran, er hätte scheinbar vergessen, wer der Sieger und wer der Verlierer war, und sollte er diesbezüglich einer irrigen Annahme aufsitzen, könnte man ohne zu zögern wieder in die Schlacht ziehen. Ansonsten hätte er Alexander keine Ländereien anzubieten, in deren Besitz er bereits war; und was die Tochter anbelange, so befände sich diese derzeit in Alexanders Gefangenschaft. Auf Dareios' Bemerkung hin, sein Königreich wäre sehr groß und Alexander müsste viele Flüsse wie Euphrat, Tigris und Hydaspes überqueren, ehe er auch nur anfangen könnte, sich als Eroberer des Persischen Reiches anzusehen und entlang dieser Flüsse jedoch, so versprach Dareios weiter, würden Truppen auf Alexander warten, die bis aufs Blut gegen ihn kämpfen wollten, soll Alexander gekontert haben: „Was für eine Bedrohung könnten Truppen an Flüssen gegen Heere sein, die Ozeane zu überqueren gewöhnt waren?"[22] Alexander sorgte dafür, dass jeder den Inhalt seiner Antwort an Dareios kannte.

Die Ermordung von Philotas und Parmenion

Alexander der Kommandeur wurde zusehends skrupelloser in seinem Streben nach Eroberung der ganzen Welt, teilweise weil er immer weniger Menschen in seiner Entourage vertraute. Wenige Jahre nach Issos, bei seinen Feldzügen in Baktrien, hörte Alexander mal wieder von einer Verschwörung gegen ihn, über welche erste Gerüchte bereits auf seinem Ägyptenfeldzug zu ihm vorgedrungen waren. In deren Zusammenhang wurde Philotas, der Sohn Parmenions, genannt.

Gemäß Ptolemais, Alexanders Freund, General und Herrscher über Ägypten nach seinem Tod, schickte Alexander nach Philotas, einem Leutnant, der bis dahin sein absolutes Vertrauen genossen hatte. Es war Philotas, der in der Schlacht bei Issos eine Schlageinheit von Rittern kommandierte. Es war Philotas, der die Ritter auch bei Gaugamela angeführt hatte (einer Schlacht, auf die wir im nächsten Kapitel noch näher eingehen werden), jener Schlacht, die von einigen Historikern als die größte in der Geschichte des Altertums gilt. In Gaugamela hatten die Makedonier Dareios wieder aufgespürt, und hier fiel das gesamte Persische Reich endgültig in Alexanders Hände. Professor B. I. Wheeler schrieb in seinem 1925 erschienen Buch *Alexander the Great* über diese Schlacht: „Konflikte, die über Jahrhunderte angehalten hatten, wurden in dieser Schlacht ausgefochten. Mit einem fliegenden Keil wurde der Geschichtsfluss von tausend Jahren in

Gang gesetzt." Dieser Keil war die Keilformation, in die Alexander und Philotas ihre Rittereinheit gebracht hatten, um die persischen Frontlinien zu sprengen.

Aufgrund des hohen militärischen Ranges seines Vaters Parmenion im Königreich Philipps kannte Alexander Philotas praktisch seit dem Tag seiner Geburt. Doch selbst diese persönliche Nähe hielt Alexander nicht davon ab, zu tun, was getan werden musste, wenn jemand seine Sicherheit gefährdete.

Philotas wurde vor ein Militärgericht gestellt, vor dem Alexander ihn anklagte und Zeugen beibrachte, die wussten, dass Parmenions Sohn Kenntnis von einer Verschwörung zum Mord an Alexander hatte. Alexanders überzeugendster Anklagepunkt war nicht, dass Philotas selbst an dem Attentat beteiligt sein sollte, sondern dass er ihn nicht von der Verschwörung unterrichtet hatte, obwohl sie sich mindestens zweimal täglich sahen. Schwach hingegen waren alle Indizien, die eine Beteiligung Philotas' an dem Komplott nachweisen wollten. Wie sich herausstellte, hatte er keinerlei Kenntnis darüber, von wem oder wie das Attentat durchgeführt werden sollte. Sein Vergehen bestand mithin einzig darin, einem Makedonier, der von der Verschwörung wusste, kein Gespräch mit Alexander vermittelt zu haben. Aus Alexanders Perspektive war Philotas damit, angesichts seiner Stellung und des persönlichen Vertrauens, das er genoss, ebenso schuldig wie die Verschwörer, wenn nicht gar noch mehr. Er wurde gesteinigt.

Der römische Geschichtsschreiber Quintus Curtius Rufus malt ein lebendiges Bild von den Geschehnissen unmittelbar nach Philotas' Hinrichtung. Alexander sandte einen von Parmenions engsten Freunden (dessen Brüder er als Geiseln nahm) nach Medi (im heutigen Nordwestiran, nahe dem Kaspischen Meer), wo Parmenion stationiert war. Dieser Freund hatte vier Briefe von Alexander im Gepäck: drei an Parmenions stellvertretende Kommandeure, in denen er sie anwies, Parmenion umzubringen, und einen vierten an Parmenion selbst, der ihm direkt vor seiner Ermordung ausgehändigt werden sollte.

Alexander erinnerte Parmenions Freund daran, dass sie alle Opfer von Parmenions Verbrechen geworden wären, keiner aber ein größeres Opfer wäre als er, der Freund, der so arglistig von Parmenion getäuscht worden war. „Ich habe entschieden, deine Dienste in Anspruch zu nehmen, um ihn aufzuspüren und zu bestrafen – missbrauche das Vertrauen nicht, dass ich in deine Loyalität setze."[23] Des Weiteren teilte Alexander Parmenions Freund mit, er würde seine Brüder als Geiseln nehmen, bis der seine Aufgabe erfüllt und Parmenion umgebracht hatte. Er solle sich umgehend nach Medi aufmachen, damit er schneller wäre als die Gerüchte, die gewöhnlich sehr schnell reisten.

Zehn Tage später kam Parmenions Freund in den Obstgarten, der Parmenions Haus in Medi umgab. Der 70 Jahre alte General, der schon vor Alexander eine Menge erreicht hatte und ohne den weder Alexander noch sein Vater geschafft hätten, was sie schafften, eilte dem Freund entgegen, der ihm Alexanders Brief übergab. Noch während Parmenion las, schlitzte ihm sein Freund die Kehle auf. Wenngleich es keinen Verdacht gab, dass Parmenion irgendetwas mit der Verschwörung gegen Alexander zu tun gehabt hatte, entschied dieser, er könne das Risiko nicht eingehen, eine einflussreiche Person wie Parmenion am Leben zu lassen, nachdem er dessen Sohn Philotas so brutal hingerichtet hatte. Parmenions Einfluss nämlich erstreckte sich nicht bloß auf die makedonischen Truppen, die er in so viele Schlachten geführt hatte, sondern auch auf das griechische Kontingent, dessen Männer ihn als den größten General respektierten und bewunderten, unter dem sie je gedient hatten. Ein lebender Parmenion, folgerte Alexander daher, stellte ein Risiko dar, das er nicht eingehen konnte.

Kleitus' Ermordung

Je autokratischer und intoleranter Alexander auf Kritik reagierte, umso mehr enge Mitarbeiter starben oder wurden stillschweigend fortgeschafft und getötet. Der Neffe seines Lehrers Aristoteles, Callisthenes, wurde ermordet, als sich der Geschichtsschreiber weigerte, sich vor Alexander zu Boden zu werfen – wie es persischer Sitte entsprach.

Von all den mehr oder minder sinnlosen Tötungen war es die des Kleitus, die Alexander zutiefst bereuen sollte und für die er sich selbst geißelte, so wie es Englands König Heinrich II. tat, nachdem er den Erzbischof von Canterbury, Thomas Becket, 1170 ermorden ließ. Kleitus war ein streitsüchtiger, kämpferischer Mann, was bedeutete, ihn heute auf seiner Seite zu wissen, war keine Garantie dafür, dass er es morgen auch noch wäre. Dennoch diente er letztlich Alexander als Kommandant. Und er war ein großartiger Kommandant. Kleitus hatte Alexander am Granikos das Leben gerettet. Alexander wäre gefallen und als eine Fußnote in den Geschichtsbüchern untergegangen, wäre Kleitus nicht gewesen.

Kleitus war gut 20 Jahre älter als Alexander, ein Bruder der Amme, die sich seit Alexanders Geburt um den Königssohn gekümmert hatte. Aber Kleitus war eben auch ein Mann, der kein Blatt vor den Mund nahm. Ein Nachteil von Kleitus' Nonkonformität war, dass er hin und wieder mal in die Luft ging. In vielerlei Hinsicht ähnelte Kleitus dem Bürgerkriegsgeneral George B. McClellan, der den Leuten um sich herum offen seine Verachtung zeigte – insbesondere seinen Vorgesetzten. McClellan stritt sich mit gestandenen Kadetten und seinen Lehrern in West Point. Im Zivilleben zog er ebenfalls privat über Vorgesetzte her, und Politiker schmähte er öffentlich – einschließlich seines Chefs, Präsident Abraham Lincoln, bei dem er einiges unternahm, nur um ihm Informationen vorzuenthalten, was natürlich desaströse Folgen hatte. Binnen weniger Monate verscherzte er es sich mit allen so sehr, dass man ihm das Kommando wieder entzog.[24] Ähnlich geschah es im April 1951, als Präsident Truman in einem der größten, öffentlich ausgetragenen Streits General Douglas MacArthur als Obersten Kommandanten der Streitkräfte feuerte, weil der versucht hatte, den Präsidenten zu umgehen, indem er einen Brief an den Vorsitzenden des Repräsentantenhauses schickte, in welchem er für einen Angriff Chinas während des Koreakrieges votierte. Natürlich hatte Kleitus Alexander weder Informationen vorenthalten noch versucht, ihn zu umgehen, dafür aber mehrfach offen seiner Verachtung – ja, seines Ekels – vor dem Luft gemacht, was aus Alexander geworden war.

In der Nacht, in der Kleitus im Spätsommer 328 v.Chr. im heutigen Samarkand, Usbekistan, starb, waren er und Alexander sturzbetrunken. Die anderen Ritter wollten Kleitus davon abhalten, seinen Unmut über Alexanders Begeisterung für die persische Kleidung und die Sitten allzu laut zu äußern, und schafften ihn sogar aus dem Zelt, in dem sie zusammensaßen. Aber Kleitus kam zurück und zitierte aus Euripides' Drama *Andromache* jenen Teil, in dem es um die üblen Gebräuche ging, die sich in Griechenland verbreiteten.[25]

Alexander durchbohrte Kleitus daraufhin mit einem Speer, und sein Freund war auf der Stelle tot. Erschrocken beugte er sich über den Leichnam, zog den Speer heraus und hätte ihn sich selbst durch den Hals gerammt, wäre er nicht von den anderen aufgehalten worden. Alexander zog sich in sein Zelt zurück und kam drei Tage nicht mehr heraus. Er trauerte um seinen Freund. Vor allem aber trauerte er um sich. Ihn hatte dieselbe Machtblindheit befallen, die er an seinem Vater beobachtet hatte, der doch ebenfalls jeden Widerspruch als unmoralisch geißelte.

Die Geschichte ist übersät mit Unternehmensruinen und gefallenen Führungskräften, die Kritik für inakzeptabel hielten. Selbst in großen Unternehmen, die von Führungsteams geleitet werden, gibt es keinen sichereren Weg, die eigene Karriere zu gefährden, als den Status quo infrage zu stellen und herkömmliche Abläufe zu kritisieren. Bei der Führung von Armeen wie von Unternehmen geht es um Risikobereitschaft, und Alexander fürchtete nicht zu Unrecht, sein Mord an Kleitus könnte allen anderen signalisieren, dass er keine Kritik duldete. Als er nach drei Tagen wieder aus seinem Zelt kam, rief er sogleich seine Kommandeure zusammen und kroch zu Kreuze. So wie es seine Tat suggerierte, wollte er auf keinen Fall herrschen.

Das Recht auf Meinungsäußerung galt ihm nach wie vor als fundamentale Freiheit, die er schützen musste – und dazu gehörte nunmal auch eine bisweilen lächerlich pubertäre und verletzende Kritik. Das hatte ihn Aristoteles gelehrt. Widersprüche und Kritik bedeuteten keinen Mangel an Loyalität. Herrscher und Führungskräfte, die beides verwechselten, schufen sich damit ein Umfeld von Cliquenwirtschaft und Begünstigungen. Wie man an zahlreichen Unternehmen und Institutionen unschwer erkennen kann, zerstört nichts die Moral so schnell und nachhaltig wie Begünstigungen. In einem solchen Klima entsteht eine regelrechte Abneigung gegen jedwede Kritik. Zwar gibt es hier immer mal wieder Einzelne, die den Mut aufbringen, laut Widerspruch zu äußern, ungeachtet der Konsequenzen, aber sie richten nicht ansatzweise so viel Schaden an wie die schweigenden Mitläufer. Napoleon sagte, man müsse nicht die fürchten, „die einem widersprechen, sondern diejenigen, die anderer Meinung sind und zu feige, es laut zu sagen". Sie ziehen einem bei der erstbesten Gelegenheit den Teppich unter den Füßen weg.

Der marodierende Stil

Es war 326 v.Chr. – sieben Jahre nach der Schlacht bei Issos –, als die Makedonier in Indien einfielen. Sie waren erschöpft von ihrem Marsch über die höchsten Berge und durch die unwirtlichsten Wüsten der Welt. Außerdem mussten sie überrascht erkennen, dass ihnen die Armeen der Königreiche energischen Widerstand entgegensetzten – weit energischeren, als sie je erlebt hatten. Wenn sie nach den Schlachten in die Städte und Ortschaften kamen, verlangten sie die vollständige Unterwerfung der Bewohner. Flucht wurde als Kriegserklärung aufgefasst, und viele der Geflohenen wurden von der Kavallerie eingeholt und niedergemacht. Es hieß, die Makedonier wären den Leuten sogar in die Wälder gefolgt, um sie zu töten. Wenngleich diese Brutalität für viele Armeen jener Zeit typisch war, kannte man sie von den Makedoniern bisher nicht. Den Historikern nach hatten sie zuvor nie der fliehenden Zivilbevölkerung nachgestellt – obwohl einige namhafte Historiker, wie Victor Davis Hanson von der California State University, dieses Bild der Makedonier ernstlich anzweifeln.[26] Wie immer sie sich vor Indien verhalten haben mochten, so lassen sich doch klare Spuren von Plünderungen und Morden durch Makedonier u.a. in Theben, Gaza, Tyrus und Persepolis ausmachen. Und bei ihrer Ankunft in Indien lagen ihre Prioritäten ganz klar bei der Unterwerfung um jeden Preis und mit allen Mitteln.

Nach Meinung einiger Historiker trieben die Makedonier die Kontrolle der Außenränder ihres Reiches mittels Mord und Plünderung auf die Spitze, um die Verschonten abzuschrecken und vom Widerstand abzuhalten. So groß wie das Makedonische Reich inzwischen war, konnten sie nicht riskieren, dass nach ihrem Abzug gleich eine Rebellion startete. Diese Möglichkeit musste ein für allemal ausgeschaltet werden. Und dazu bedienten sie sich der Abschreckung. Thomas Schelling schrieb in seinem viel beachteten Buch *Arms and Influence*, dass es die Möglichkeit der Zerstörung ist, welche Armeen, Nationen oder eben auch Unternehmen Macht über ihre Gegner verleiht.[27] Mittels Zerstörung oder auch nur der Androhung von Zerstörung kann eine Nation der anderen Angst vor den Konsequenzen ihres Handelns einjagen – gewaltige Angst.

Die indische Stadt Multan in der Provinz Punjab bekam Vergeltungsschläge gewaltigen Ausmaßes zu spüren. Hier bewies Alexander den aggressiven Führungsstil, der ihn so weit gebracht hatte. Multan stand, und steht bis heute, am Ravi-Fluss, und die zahlreichen Einwohner der Stadt waren durch eine hohe Stadtmauer geschützt, in deren Mitte sich eine massive Zitadelle befand. Das Flussufer war steil, sodass die Stadt hoch über dem Wasser, gleichsam auf einem natürlichen Schutzwall, angesiedelt war.

Entlang des Ufers hatten 50.000 indische Soldaten Stellung bezogen, um einen makedonischen Angriff abzuwehren. Alexander ritt mit einer Armee von 5.000 Mann an das gegenüberliegende Ufer und begann sofort mit der Überquerung, ohne auf Verstärkung zu warten. Während die Inder in einer engen Linienformation angriffen, brachte Alexander die griechischen Phalanxen in Position und griff in Säulenformation die Flanken sowie die hinteren Truppen an. Nach jeder Attacke formierten sich die Makedonier schnell wieder neu, bevor die Inder ihre große Formation wieder in Stellung bringen konnten, und griffen ein weiteres Mal an. Schon bald waren die Gegner demoralisiert und traten den Rückzug in die sichere Zitadelle an, wo sich auch schon die Frauen, Kinder und Alten aufhielten.

Alexander befahl seinen Truppen, die Mauern der Zitadelle zu durchbrechen, doch die hielten den Rammen stand. Alexander ließ sie mit aller Kraft auf einen Punkt der Mauer losgehen, da er zu Recht annahm, dass ein einziges Loch in der Mauer für einen Sturm ausreichen würde. Außerdem wies er sie an, Sturmleitern zu holen, und bestieg die zweite, die gebracht wurde. Sein Schild zum Schutz gegen herabschießende Pfeile über dem Kopf haltend, kletterte er auf die Zitadellenmauern. Oben stand er im weißen Cape, schwertbewehrt und mit einem Helm, „der so poliert war, dass er im hellsten Silber strahlte", wie der Historiker Quintus Curtius Rufus schrieb, und forderte seine desillusionierten Soldaten auf, ihm in einen weiteren Sieg zu folgen. Seine Motivationsrede war von einem Feuer, wie wir es erst wieder in Shakespeares Henry V. antreffen, der seine Truppen zum Angriff auf Harfleur mit den Worten aufruft: „Noch einmal stürmt, noch einmal, liebe Freunde …"

Angespornt von seiner Entschlossenheit, kletterten die Makedonier die Leitern hinauf, die unter ihrem Gewicht zusammenbrachen. Doch trotz der flehenden Bitten seiner Truppen unten am Boden, sprang Alexander in die Zitadelle und schwenkte seine Schwert hin und her, um die Feinde abzuwehren. Drei seiner vertrauten Leutnants, einschließlich Peukestas, der das Schild des Achilles aus dem Athene-Tempel in Troja trug, stürzten sich mit ihm hinein. Ein Pfeil traf Alexander an der Brust. Hätte Peukestas sich nicht über ihn gebeugt und sie mit dem berühmten Schild vor weiteren Pfeilen abgeschirmt, wären sie beide gestorben – so wie die anderen beiden Makedonier, die mit ihnen in die Zitadelle gestürmt waren.

Als Alexander zu Boden ging, riefen die Soldaten, die oben auf der Brüstung ankamen, zu den Truppen hinunter, der König wäre tot. Die Nachricht verbreitete sich wie ein Lauffeuer, und die Makedonier rammten noch energischer, sodass eine der Mauern tatsächlich nachgab – gerade rechtzeitig für Alexander. Die indischen Truppen waren gerade im Begriff, ihn zu töten, als sie die Schreie der Makedonier hörten, die durch die Mauerlücke in die Zitadelle strömten. Alexander wurde umgehend aus der Zitadelle gebracht, damit der Pfeil aus der Wunde entfernt werden konnte. Seine Soldaten waren so aufgebracht von der Nachricht seines Todes (dass er lebte, wussten sie noch nicht), dass sie die gesamte Bevölkerung von Multan abschlachteten. Zwar wurden sie nicht von Alexander kommandiert, aber sie standen unter dem Einfluss seines neuen Stils der brutalen Vergeltung, der sich so eklatant von seinem Vorgehen bei den früheren Eroberungen Ägyptens und Persiens unterschied.

Warum Zivilisten rücksichtslos ermordet und Besitz zerstört wurde, bleibt eine offene Frage in den Annalen der Kriegsführung, auf die es wohl nie eine klare Antwort geben wird. Die Idee der „strategischen Kriegsführung", die nicht nur das Töten von Gegnern und die Zerstörung von Militäreinrichtungen und Forts miteinschließt, sondern darüber hinaus auch die systematische Vernichtung zivilen Eigentums und die Plünderung von Städten und Ortschaften, beherrschte auch das Vorgehen von Generälen wie William Sherman während des amerikanischen Bürgerkrieges. Für Sherman war diese vollständige Zerstörung eine Notwendigkeit, und mit ihr veränderte sich das Wesen des Krieges. Da sich ganze Städte und ihre Zivilbevölkerung mehr oder minder freiwillig in den Krieg hineinziehen ließen, wurden Farmen, Nahrungsvorräte, Eisenbahndepots und -linien, Werkstätten und Fabriken, Kommunikations- und Posteinrichtungen zu legitimen Zielen. Wenngleich die Unionssoldaten glaubten, nur solche Zivilisten sollten verfolgt werden, die in Kriegshandlungen verwickelt waren, behaupteten Historiker aus den Südstaaten, die Vergeltungsschläge hätten zahlreiche Unschuldige getroffen, insbesondere zu Ende des Krieges, als die Unionsarmee im November 1864 auf ihrem „Marsch zum Meer" eine Schneise der Verwüstung schlug. Der Marsch erstreckte sich von Atlanta bis zum Atlantik, und in seinem Zuge wurden am 17. Februar 1865 zwei Drittel von Columbia, South Carolina, zerstört.

Es folgten zahlreiche Massaker an Zivilisten, die sämtlichst unter dem Mantel des Vergeltungsschlages verübt wurden: die Bombardierung Dresdens durch die Alliierten im Zweiten Weltkrieg, mit der Nazideutschland abgeschreckt und vor weiteren Angriffen gewarnt werden sollte; Winston Churchills Tolerierung der Bomben auf Coventry in Großbritannien im November 1940, die er nicht verhinderte, weil er einen hoch gestellten Informanten schützen wollte;[28] die Bombardierung der historischen Kulturstadt des Baskenlandes Guernica durch Hitlers Luftwaffe im spanischen

Bürgerkrieg – ein Freundschaftsdienst zugunsten General Francos; das Massaker an über dreihundert Frauen, Kindern und Greisen in My Lai, Vietnam, verübt von amerikanischen Truppen; die Tötung von mehreren hundert indischen Zivilisten bei einem friedvollen Aufstand in Jallianwallah Bagh (Garten) auf Befehl des britischen Generals R.E.H. Dyer im April 1919 und natürlich Hiroshima und Nagasaki.

In der Wirtschaft beobachten wir den Stil des Plünderns und Marodierens häufig bei CEOs, die ihre Unternehmen aggressiv führen und dem Wettbewerb mit der Verbissenheit eines Kriegers trotzen, der keine Gefangenen nimmt und um jeden Preis gewinnen will. Doch wenngleich einige Unternehmen ziemlich weit gehen, um der Konkurrenz zu trotzen, etwa indem sie sie ausspionieren oder drohen, sie aus dem Markt zu drängen, übertreten sie normalerweise nicht die Grenzen des Legalen, aber als Muster für moralische Werte können sie eben genauso wenig herhalten.

Manche CEOs treten auch überzogen aggressiv gegenüber der Konkurrenz auf, um einer eher schwerfälligen Unternehmenskultur entgegenzusteuern. Nehmen wir beispielsweise Jamie Dimon, den CEO der Bank One mit Hauptsitz in Chicago. Das Unternehmen ging aus einer 1998 geschlossenen 29-Milliarden-Dollar-Fusion zwischen der Bank One of Columbus, Ohio, und der First Chicago NBD hervor. Dimon verwandelt gerade eine bis vor kurzem noch problematische Fusion in einen Erfolg, indem er seine Truppen zum Kampf gegen die weit größeren Konkurrenzbanken anstachelt. „Was meinen Sie, was ich von der Konkurrenz halte?" fragte er unlängst bei einer Versammlung der Belegschaft im McCormick-Plaza in Chicago. „Ich hasse sie! Ich will, dass sie bluten!"[29] Diese Worte zielen einzig darauf, den Kampfgeist innerhalb des Unternehmens anzuheizen und die Leute aufzurütteln. Dagegen ist überhaupt nichts einzuwenden.

Es geschieht jedoch häufiger, dass eine übertriebene Wettbewerbshaltung, die dann auch noch von Erfolg gekrönt wird, zu einem aufgeblasenen Ego und zu Eitelkeit führt, was wiederum zur Folge hat, dass ein ehedem wettbewerbsorientierter Führungsstil zu einem marodierenden wird – was für das betreffende Unternehmen gefährlich werden kann. Als Salomon Brothers 1991 von dem Bond-Trading-Skandal heimgesucht wurden, war manch ein Beobachter nicht überrascht, dass ausgerechnet diese Firma in unmoralische Geschäfte verwickelt war, da ihre Führungskräfte einen ausgesprochen aggressiven Stil an den Tag legten und eine Kultur förderten, bei der es hieß „Stets bereit sein, dem Bären in den Hintern zu beißen"[30]. Trader wurden seinerzeit angehalten, sich auf kurzfristige Ergebnisse zu konzentrieren und Profite um jeden Preis zu erwirtschaften. Im Management des Unternehmens gab es so gut wie keine Transparenz, dafür war allgemein bekannt, dass Abteilungen, die Gewinne einfuhren, reichhaltig belohnt wurden, und die Geheim-Deals brachten einzelnen Abteilungen weit höhere Boni ein als anderen. Berichten zufolge hatte das leitende Management 1990 eine Absprache mit einer Risiko-Arbitrage-Abteilung getroffen, nach der die Mitarbeiter sage und schreibe fünfzehn Prozent der erwirtschafteten Gewinne unter sich aufteilen durften. Bei einem solchen Anreiz musste sich natürlich niemand wundern, wenn die Abteilung sich einiges einfallen ließ, um höhere Gewinne einzufahren und die Händler entsprechend generös zu belohnen.

Bei Salomon verdiente eigentlich niemand wenig Geld. Doch wenn ein typischer Trader mit ein oder zwei Millionen Dollar Jahresbonus aus der Tür ging, dann konnten diejenigen, die von dieser Absprache profitierten, nämlich mit Risikoarbitragen handelten, über 20 Millionen einstecken.[31] Man könnte also sagen, die Mechanismen für einen massiven Skandal waren bei Salomon bereits Monate zuvor institutionalisiert. Als es dann so weit war, wurde das gesamte amerikanische Finanzsystem in seinen Grundfesten erschüttert, da sich der Skandal im hoch sensiblen Bereich der Schatzbrief-Auktionen ereignete.

Schatzbriefauktionen bestimmen den Zinsverlauf der Schatzbriefe, der sich seinerseits auf die ganze US-Finanzwirtschaft auswirkt, von Hypothekenzinsen über Autofinanzierungsdarlehen bis hin zu Sparzinsen. Damit nicht ein einzelnes Institut dieses wichtige Standbein der US-Wirtschaft gefährden kann, schreiben die Gesetze vor, dass keine Firma für mehr als 35 Prozent der Schatzbriefe in einer Auktion bieten darf. Als die Vögel dann zu singen begannen, stellte sich heraus, dass Salomon versucht hatte, eine ganze Auktion abzuräumen, indem sie für über neunzig Prozent in einer Auktion boten. Darüber hinaus wurden nicht etwa die verantwortlichen Trader aufgespürt und zur Verantwortung gezogen, sondern das leitende Management machte sich im ersten Impuls daran, die Sache zu vertuschen, sodass zunächst eine Verschleierungsaktion die nächste jagte, bis Salomon schließlich in sich zusammenfiel – nicht unähnlich der Armee Alexanders unter den desaströsen Verlusten beim Eroberungsfeldzug in Indien. Sie gewannen zwar, doch der Sieg war teuer, und selbst jene Truppen, die Alexander seit vielen Jahren in die Schlacht folgten, waren schockiert, zu welch grotesken und egoistischen Wesen sie und ihr Führer geworden waren.

Alexander war zweifellos ein meisterhafter Stratege und Taktiker. Er war ein großartiger General. Er war clever, gebildet, kultiviert und intelligent, mit durchaus menschlichen Fehlern. Vor allem aber bewies er alle seine Qualitäten bereits mit 20 Jahren. Seine Stärke allerdings bestand darin, sich je nach Situation der unterschiedlichsten Führungsstile zu bedienen. Das zumindest zeichnete ihn während seiner ersten Feldzüge aus. Leider litt er zum Ende seiner Herrscherzeit hin an einem gewissen Größenwahn, der seinen Führungsstil beeinträchtigte, was bei erfolgreichen Führungskräften nicht selten ist. Die Darstellung der einzelnen Führungsstile zielt nicht etwa darauf ab, sich den „besten" auszusuchen (die letzten beiden führen ohnehin zu nichts außer Hohn und Spott), sondern soll lediglich der Einschätzung dessen dienen, was wir bei Führungskräften beobachten, mit denen wir es zu tun haben. Wir können uns natürlich trotzdem überlegen, einige der Stilelemente zu übernehmen, einige miteinander zu vermischen und andere zu meiden.

Zusammenfassung der Themen

1. FÜHRUNGSSTIL DES VERTRAUENS

Obwohl ihn Parmenion warnte, die Medizin, die ihm sein Arzt, Philipp, gab, wäre vergiftet, setzte Alexander volles Vertrauen in seinen Freund aus Kindertagen und trank sie – und zwar nachdem er Philipp gesagt hatte, welchen Verdacht Parmenion geäußert hatte. Alexander konnte auch Menschen vollkommen vertrauen, die er eben erst kennen gelernt hatte – wie dem persischen Schafhirten, dem er die Sicherheit der halben makedonischen Armee anvertraute.

2. FÜHRUNGSSTIL DER INSPIRATION

Alexander hatte eine untrügliche Gabe, seine Truppen zu inspirieren. Er erinnerte sie an frühere Schlachten und Siege, bestärkte sie darin, für eine weit größere Sache zu kämpfen als nur für einen Sieg in einer Schlacht, und ermutigte sie mit Geschichten von vergangenen Helden, die unter ganz anderen Bedingungen gekämpft und gesiegt hatten.

3. FÜHRUNGSSTIL DER VERBUNDENHEIT

Vor jeder Schlacht ritt er vor seinen Truppen auf und ab, sprach seine Männer direkt an, redete vertraute Gesichter mit Namen an und erinnerte sie
daran, wie mutig sie sich in anderen Kämpfen gezeigt hatten. Damit hob
er nicht bloß die Moral insgesamt, sondern zeigte seinen Leute auch, dass
ihre großen Taten nicht unbemerkt blieben.

4. AGGRESSIVER FÜHRUNGSSTIL

Alexander versuchte stets, sich als Angreifer zu positionieren – nicht als
Verteidiger – weil er um den Vorteil wusste, den der Angreifende zumeist
genoss. Der Überraschungseffekt war wichtig, wie auch die Fähigkeit, die
Richtung der Schlacht jederzeit so zu verändern, wie es für ihn am güns-
tigsten war. Außerdem stand er bei den Menschen in dem Ruf, ein „Befreier" zu sein und nicht ein „Aggressor".

5. HUMANISTISCHER FÜHRUNGSSTIL

Trotz der Grausamkeit, die er während der Schlacht an den Tag legte, sorgte Alexander immer dafür, dass auch die gefallenen Gegner angemessen
bestattet wurden. Jenseits des Schlachtfeldes war Alexander großmütig. Er
achtete darauf, dass Dareios' Mutter, Frau und Kinder gut behandelt und
während der Gefangenschaft nicht missbraucht wurden. Als Dareios' Frau
zwei Jahre nach Issos vor Trauer und Gram starb, besuchte er die Familie
umgehend, fastete mit ihnen und begleitete den Trauerzug.

6. KOMMANDOSTIL

Alexander kannte seinen Platz in der Welt. Übertrat jemand die Grenzen,
handelte er sofort. Auch gegenüber Dareios stellte er unmissverständlich
klar, wer der Gewinner und wer der Unterlegene war, und wollte der Unterlegene Gnade erfahren, musste er sie in der gebührenden Weise erbitten.
Am Ende jedoch zeigte Alexander paranoide Züge, was dazu führte, dass er
mehrere seiner engsten Freunde und Vertrauten ermordete oder ermorden
ließ. Die schreckliche Ermordung Parmenions und seines Sohnes aufgrund
von Verschwörungsgerüchten, wie auch die Kleitus' im Zustand der Trun-
kenheit, lassen Alexander wie einen unsicheren und voreingenommenen
Menschen erscheinen, der zu einem schrecklichen Despoten werden konnte.

7. DER MARODIERENDE STIL

Die Tötung tausender unschuldiger Zivilisten in Theben, Gaza, Tyrus, Multan und anderswo hat immer wieder die Frage aufkommen lassen: War Alexander nun ein großartiger Feldherr oder einfach nur ein barbarischer Schlächter? Viele Historiker haben eine der beiden extremen Positionen bezogen. Leider werden wir die Wahrheit nie erfahren. Wichtig ist aber, dass wir, ganz gleich welche Position wir letztlich beziehen, gewisse Abstriche machen – oder große Abstriche, je nachdem wie weit wir uns dem Ende des Spektrums nähern. Die Wahrheit liegt wohl, wie so oft, irgendwo in der Mitte.

KAPITEL 7

EINE GLOBALE STRATEGIE, UM DIE WELT ZU EINEN

Nach Issos hatte Alexander nun genügend Geld aus dem persischen Schatz, um seine Truppen zu bezahlen, und beschloss, seine Eroberungen im Osten und Süden des Mittelmeeres zu konsolidieren, bevor er dem Feind nachstellte – der auf dem Weg ins Landesinnere war, wo er sich an seinen Sommer- und Wintersitzen Susa und Persepolis in Sicherheit bringen wollte. Auch wenn Dareios mehrmals gesehen wurde, konzentrierte sich Alexander auf die Konsolidierung seines Reiches, statt den Perserkönig zu jagen. Seine große Sorge nämlich war, dass die persischen Satrapien entlang des östlichen und südlichen Mittelmeeres – vor allem Syrien, Palästina, Libanon und Ägypten – Griechenland oder Makedonien angreifen könnten, während er in Persien unterwegs war. Die Phönizier, die von Tyrus und Sidon (jetzt Saida) im heutigen Libanon operierten, musste er wegen ihrer Seestreitkräfte besonders fürchten.

Jede der Satrapien besaß außerdem wichtige Fähigkeiten, welche die Makedonier auf ihren künftigen Feldzügen nutzen könnten. Die Phönizier beispielsweise waren mit die besten Seeleute der damaligen Zeit, und die phönizischen Marinearchitekten, Schiffbauer und Seefahrer brachten genau jenes Können mit, das Alexander so dringend brauchte. Ägypten war von gänzlich anderem, nicht minder großem Nutzen, da die Ägypter glaubten, wer immer ihr Land eroberte, wäre zum Pharao bestimmt, weil ein „Sohn Gottes" und mit entsprechend göttlicher Macht versehen. Diese Glaubensauffassung kam jedem Eroberer zugute, da er damit zum einen seine Truppen aufmuntern und zum anderen seinen Feinden Furcht einflößen konnte.

Geplante Globalisierung

Alexanders geographische Expansionspolitik folgte einem präzisen Muster, auch wenn sie vielen Historikern bisweilen wenig linear, verworren und kompliziert vorkommt. Egal wohin er ging, Alexander war stets sorg-fältig vorbereitet. Deshalb überrascht es nicht, dass er sich wiederholt auf langwierige Konflikte einließ, auch wenn er sie hasste – wie etwa die sieben Monate währende Belagerung von Tyrus, um die phönizische Flotte zu zerschlagen.

In der Rede, die er vor seiner Armee hielt, ehe er sie die Mittelmeerküste hinunter führte, legte er seinen Leuten ganz klar dar, welche Wahl sie hatten: Sie könnten Dareios jagen (der zuletzt im Galopp auf Babylon zureitend gesehen worden war) und der persischen Bedrohung ein für allemal ein Ende setzen, oder sie könnten in Phönizien und Ägypten einmarschieren und so sicherstellen, dass die beiden mächtigen Nationen unter persischer Kontrolle nicht auf Griechenland losstürmten, während sie mitten in Kleinasien hinter Dareios her waren. Die Spartaner waren ohnehin schon dabei, einen Krieg gegen Makedonien und den makedonischen Teil Griechenlands vorzubereiten, und für Persien war es kein Problem, sich in Phönizien und Ägypten eine Seestreitmacht zusammenzustellen und sich mit Sparta gegen Griechenland zu verbünden. Zudem konnte man sich auf die Loyalität der Athener gegenüber Makedonien nicht verlassen, da sie auf Angst und nicht auf Wohlwollen gründete und in einem persisch-spartanischen Krieg gegen Makedonien nicht standhalten würde.

Waren jedoch Phönizien und Ägypten unter makedonischer Kontrolle, so kalkulierte Alexander, drohte kein Angriff von Seeseite auf Griechenland. Hinzu kam, dass der Ruf der Makedonier als große Krieger noch bestärkt würde, wenn sie die Ägypter und Phönizier unterwarfen. Beide Völker waren berühmt für ihren Heldenmut, der Alexander eine Invasion des persischen Landesinneren später umso leichter machen würde.

Die Makedonier brauchten einen Landkopf, um nach Phönizien und Ägypten zu expandieren. Obwohl kleinere Städte wie Sidon sich ergaben, sobald die Makedonier an ihren Stadtpforten erschienen, war einzig Tyrus entscheidend, denn es war ein idealer Landkopf. Hier befand sich das Zentrum des phönizischen Schiffbaus und der Kriegsführung und von hier hatte man Zugang zu den dichten Wäldern Phöniziens und Assyriens. Die Makedonier mussten ihre Kapazitäten in Marinearchitektur und Kriegsführung dringend aufstocken, und sie brauchten Holz, um eine makedonische Flotte zu bauen. Vor allem aber hatte Tyrus hoch entwickelte Häfen, die für den Holztransport nach Ägypten genutzt werden konnten, wo die Makedonier ihre Marinebasis einrichten wollten, von der aus sie das südliche Mittelmeer kontrollierten. Ägypten nämlich hatte keine Wälder.

Die East India Company:
Händler, Drogenkuriere und Erbauer von Imperien

Alexander plante, Tyrus als Basis für die weitere Expansion nach Phönizien (heute: Libanon und Syrien) und Ägypten zu nehmen, der die nach Libyen und anderen Teilen Afrikas folgen sollte. Ähnlich sind auch Unternehmen gefordert, einen günstigen Landkopf auszumachen, wollen sie expandieren – „ein Kundensegment, das den größten Bedarf für das Firmenprodukt hat und als Expansionsbasis in verwandte Segmente und Anwendungsmärkte dienen kann", wie es Professor Mohanbir Sawhney von der Northwestern University Kellogg Graduate School of Management formuliert. Sawhney glaubt, dass „ein guter Landkopf Verbindungen und Zugang zu reichen Territorien anbieten muss" und dementsprechend keine Insel sein darf, wie etwa Hawaii, die wenig Potenzial für weitere Expansion bietet.[1]

Kein Unternehmen hat so viel über einen Landkopf nachgedacht und ihn dann so umfassend genutzt wie die englische East India Company im 17., 18. und 19. Jahrhundert. Kein anderes Unternehmen hat seinen Markt so lange und sicher halten können wie die East India Company. Und kein anderes Unternehmen hat so viel Einfluss auf das Corporate Management der modernen Zeit ausgeübt wie dieses: es war das Erste, das ein Corporate Governance System einführte, bei dem Direktoren treuhänderische Verantwortung übernahmen, die von den Shareholdern gewählt wurden und diesen Rechenschaft ablegen mussten. Das System der East India Company gilt als Modell der Corporate Governance, wie wir sie heute in der amerikanischen und britischen Wirtschaft sehen – professionelle Manager werden von Direktoren kontrolliert, die von den Shareholdern gewählt werden.

Die Anfänge des Unternehmens reichen zurück auf den 31. Dezember 1599, als Königin Elizabeth I. einer neu gegründeten Firma, die ein Verbund von Londoner Kaufleuten und Reedern war, das Exklusivrecht für den gesamten Handel mit Indien und Südostasien verlieh. Elizabeth war überzeugt, dass der Osten im neuen Jahrhundert große Reichtümer für die Insel bringen würde. England war bislang ziemlich vom Osten abgeschnitten gewesen, doch jetzt, zehn Jahre nach dem Sieg über die spanische Armada, hatte England sich als größte Seemacht der Welt etabliert. Der Handel mit dem Osten war nur eine natürliche Konsequenz, wollte England seine Stärke zu kommerziellen Zwecken nutzen.

Der Schwerpunkt des Unternehmens lag zunächst im Handel mit Gewürzen, der bislang größtenteils von den Portugiesen kontrolliert worden war. Vasco da Gama hatte den Seeweg nach Indien entdeckt (um das Kap der guten Hoffnung herum), und die Portugiesen hatten diese Entdeckung in bare Münze verwandelt, indem sie erste Handelsbeziehungen mit Indien und dem Fernen Osten aufnahmen. Bald waren die Holländer den Portugiesen gefolgt, und die beiden europäischen Kolonialisten riegelten die Märkte nachgerade gegen die anderen Europäer ab.

Als sich die East India Company nun ebenfalls in den Gewürzhandel einmischte, setzte ein erbitterter Konkurrenzkampf ein, mit einem aggressiven Preiskrieg und sogar Gewalt – holländische Händler setzten in Indonesien ein englisches Schiff mitsamt Besatzung und Ladung in Brand und zwangen die Briten so, sich aus dem Gewürzhandel mit Fernost zurückzuziehen und sich ganz auf Indien zu konzentrieren.

Die Händler kamen mit merzerisierter Baumwolle in Indien an, dem Hauptexportartikel der Briten in jenen Tagen, fanden jedoch nur wenige Abnehmer für die minderwertige Baumwolle aus den Webereien in Manchester. Die indische Baumwollindustrie war bereits gut entwickelt, und selbst die Baumwolle, die auf den häuslichen kleinen Webstühlen verarbeitet worden war, wies eine deutlich höhere Qualität auf als die der britischen Händler. Zugleich wurde ihnen klar, dass in England eine große Nachfrage nach indischen Baumwoll- und Seidenstoffen herrschte. Die East India Company brauchte also nicht lange zu erkennen, dass die Inder nicht als Käufer, sondern vielmehr als Verkäufer interessant waren, und zwar als Verkäufer von Paisley-Schals, geblümten Chintzstoffen, Baumwollhemden und Kleidern aus Stoffen, die in England sehr begehrt waren.

Bis 1612 besaß die East India Company eine Textilfabrik in der westlichen Hafenstadt Surat (im heutigen Bundesstaat Gujarat), nahe dem Arabischen Meer. Surat, abgeleitet aus dem Urdu Bunder-e-Khubsoorat („Der schöne Hafen"), war ein Handelsknotenpunkt der Mughalen, die damals Indien regierten. Die Repräsentanten der East India Company nutzten Surat als Landkopf für den Handel mit dem Inland. Sie sprachen mehrfach beim Mughalen-Hof in Delhi vor, brachten dem Herrscher Jehangir reichlich Geschenke und machten sich bei ihm beliebt. Eine der Firmenrepräsentanten, Captain William Hawkins, schaffte es sogar, Jehangir mit seiner Trinkfestigkeit zu beeindrucken. Jehangir, selbst schwerer Alkoholiker, gab Hawkins sogar zeitweise das Kommando über eine seiner Kavallerieeinheiten.

Doch wenngleich Surat außerordentlich günstig für den Handel mit der indischen Westküste wie auch mit Arabien und Persien gelegen war, deren Händler übers Meer herkamen, bot die Stadt keinen Zugang zu den bislang noch unberührten Gebieten im Inneren Indiens.

Also verlegte sich die East India Company darauf, weitere Handelsknoten einzurichten. Als Nächstes folgten drei große Niederlassungen: 1641 im Süden in der Hafenstadt Madras, dann Bombay (heute Mumbai), wo sie die Niederlassung 1688 für zehn Pfund ein Jahr lang vom britischen Monarchen Charles II. pachteten, und 1699 schließlich Kalkutta im Osten. Wie Alexander der Große hatte auch die East India Company alle Schiffsrouten abgedeckt. Kalkutta, die Hauptstadt der reichsten indischen Provinz Bengal, war der wichtigste Handelsort. Nun, beinahe hundert Jahre nach ihrer Gründung, wollte die East India Company auch die politische Kontrolle über ihren Markt. Handel allein genügte nicht, um den Gewinnzuwachs zu sichern, den die englischen Shareholder erwarteten.

Die East India Company hatte bereits angefangen, eine eigene Armee aufzubauen, die sie mit den sagenhaften Profiten aus dem billigen Einkauf und dem teuren Verkauf finanzierte. Die Armee sollte vor allem ihre Fabriken, Schiffe und Lager beschützen, wurde allerdings bald so groß, dass sie schon bei der Errichtung des Handelsknotens in Kalkutta der britischen Armee in Größe und Personalstärke in nichts nachstand.[2] Und es handelte sich um eine brutale Armee: Weigerten sich Weber, die für indische Händler arbeiteten, Baumwolle für die Engländer zu weben, so hackten ihnen die Soldaten der Firmenarmee die Daumen ab. Um die vollständige Kontrolle über den Markt für Rohmaterialien zu bekommen, zerstörte die Armee Lager und Fabriken indischer Händler und trieb sie aus dem Markt.

Etwa zu der Zeit, als sich die East India Company in Kalkutta niederließ, wuchs der Bedarf der Briten nach Tee in schwindelerregendem Maß. In Kalkutta hatte das Unternehmen seine Präsenz im Teegeschäft bald ganz groß ausgebaut, da die Stadt in unmittelbarer Nähe der Haupterzeugergebiete lag – Assam und Darjeeling. Aber der indische Tee reichte nicht aus, um den Bedarf in England zu decken. Also nutzten sie Kalkutta als Ausgangsbasis und öffneten sich mit schierer Gewalt Handelswege, die ihnen zuvor verwehrt worden waren – insbesondere nach China, dem anderen großen Teeproduzenten. Der Teebedarf war so groß, dass jährlich beinahe fünf Millionen Tonnen davon aus Indien und China importiert wurden. Tee war der Hauptgrund, weshalb die neueren Kolonien erschlossen wurden, die sich vom amerikanischen Kontinent bis nach Asien erstreckten, weshalb er bei den Kolonisten als Unterdrückungsmittel galt. „Diese widerliche Ware", beschrieb ihn Thomas Jefferson, als Schiffsladungen davon im Bostoner Hafen ankamen. „Die schlimmste aller Plagen, der verhasste Tee", beschimpften die Patrioten in Massachusetts den Tee der East India Company, die in einer Gruppe zum Bostoner Hafen kamen, unter ihnen Paul Revere und angeführt von Samuel Adams, sich die Gesichter geschwärzt hatten und 90.000 Pfund Tee in den Hafen kippten – ein Schlüsselereignis in der Geschichte der amerikanischen Unabhängigkeit, das als „Boston Tea Party" in die Annalen einging.

Die East India Company zahlte für alles, was sie kaufte, in Silber, da indische und chinesische Kaufleute keine andere Währung akzeptierten. Als nicht mehr genug Silber da war, um all den Tee zu kaufen, der in England gebraucht wurde, trieb das Unternehmen mit Macht seine Pläne voran, sich in Indien territoriale Dominanz zu sichern und in den Opiumhandel in China einzusteigen. In der Schlacht von Plassey 1757 schlug ein Offizier mittleren Grades, Robert Clive, mit der Firmenarmee die Truppen eines Mughalenprinzen nieder, Siraj-ud-Daula – hundert Meilen von Kalkutta entfernt. Andere kleine Prinzenstaaten kapitulierten ebenfalls vor der Armee der East India Company.

Da sie nun die politische Kontrolle über Teile Indiens hatte, musste die East India Company kein Silber mehr aus ihren Tresorräumen in London herbeischaffen, um Baumwolle in Surat oder Tee in Kalkutta zu kaufen – die Steuereinnahmen aus den indischen Gebieten reichten dafür aus. Über die Hälfte der sieben Millionen Pfund britischer Regierungsausgaben wurde aus Steuern bezahlt, die man in Indien kassierte. Um in den Handel mit China einzusteigen, begann das Unternehmen als Nächstes mit dem Opium-Anbau. Opium wurde in Indien angebaut und im Austausch gegen Tee nach China verschifft. Im neunzehnten Jahrhundert war der Opiumhandel zu einem solch wichtigen Geschäft geworden, dass Schiffe der britischen Marine die Handelsschiffe der East India Company auf der Seestrecke nach China eskortierten. Da der chinesische Kaiser das Opiumrauchen verboten hatte, gingen die Schiffe mit ihrer Ladung im südchinesischen Meer vor Anker. Von hier übernahmen die Drogenkuriere die Verteilung – es handelte sich um den größten regierungsgestützten Drogenhändlerring der Geschichte.

Mit dem wachsenden Erfolg des Unternehmens nahm auch die Arroganz der Manager zu. Die Expansion um jeden Preis, einschließlich Bestechung, Folter und Mord, färbte auch auf die internen Abläufe ab. Den Firmenchefs wurde mehrfach Korruption vorgeworfen und nachgewiesen. Clive wurde sogar nach England zurückgeholt und vor Gericht gestellt. 1857 kam es zu einem massiven Aufstand unter den Indern in der Firmenarmee (die Sepoy-Meuterei), bei dem die britische Regierung gezwungen war, einzuschreiten und sich die Territorien unter Firmenkontrolle anzueignen. Damit begann die Phase der britischen Oberherrschaft in Indien und mit ihr eine neue Geschichte der kolonialen Plünderungen. 1873 schloss das Unternehmen seine Pforten für immer.

Wie Alexander die Häfen Phöniziens für seine Marineoperationen nutzte und die Leute und Wälder zum Bau seiner stets größer werdenden Flotte, hatte die East India Company Indien für ihren globalen Handel genutzt und damit erstmals den Gedanken eines politischen Systems ins Spiel gebracht, das, wie Burke 1769 schrieb, „Handelsprinzipien" gehorchte. Doch die Korruption innerhalb dieses Systems erntete „Verachtung und Missfallen derjenigen, die von dieser Politik betroffen waren"[3], was letztlich zum Sturz führte.

Die Belagerung von Tyrus

Die Belagerung der phönizischen Stadt Tyrus begann mitten im Winter 333 v.Chr. und dauerte sieben Monate. Sie gilt als die größte Belagerung in der Geschichte. Einzig Napoleons Belagerung Toulons und seine dortige Mobilmachung der Artillerie gegen die britische Marine und die russische Verteidigung Stalingrads gegen die Invasion der Deutschen im Zweiten Weltkrieg kamen dem nahe. In Toulon wie in Stalingrad konnten die Verteidiger die Angreifer erfolgreich abwehren. Tyrus aber bleibt die größte offensive Belagerung. Jede Generation von Militärs setzt sich seither mit Alexanders Belagerung auseinander, weil sie zeigt, dass keine noch so umfassende Festung einem entschlossenen Feind standzuhalten vermag.

Tyrus war die größte und beste Marinebasis der unbesiegbaren phönizischen Marine (unbesiegbar, bis sie auf Alexander traf). Sie lag auf einer Insel, die zwei Meilen lang und nicht ganz zwei Meilen breit war, und war rundum durch die See und eine hohe Mauer geschützt. Die Phönizier hatten die neue Stadt Tyrus als uneroberbare Festung gebaut. Im Altertum waren die Tyrer eine berühmte Seestreitmacht gewesen und nicht nur für ihren Mut und ihre Erfolge bekannt, sondern auch für die Tapferkeit, mit der sie jeder Belagerung widerstanden. Die alte Stadt auf dem Festland hatte der Belagerung durch einen persischen General über dreizehn Jahre getrotzt. Die neue Stadt war noch besser befestigt als die alte und darüber hinaus mit praktisch allem ausgerüstet, um sich gegen eine Umstellung zu wehren.

Als sich die Makedonier Tyrus näherten, boten ihnen die Tyrer an, sich zu ergeben, solange sie versprachen, keinen Fuß auf die Insel zu setzen. Alexander lehnte die Bedingungen als inakzeptabel ab, wenngleich sie exakt jenen entsprachen, zu welchen sich die Perser mit den Tyrern geeinigt hatten. Alexander aber wollte beten und dem Tyrer Herakles im Tempel ein Opfer darbringen. Nun war es allerdings tyrischer Brauch, dass ausschließlich der König opfern durfte, womit eine Erlaubnis für Alexander einer Kapitulation gleichgekommen wäre.

Fast ohne Schiffe, da er ja alle nach der Überquerung des Hellespont zerstört hatte, machte sich Alexander an die Belagerung. Er begann damit, einen Damm vom Festland (dem alten Tyrus) aus zur etwa eine halbe Meile entfernten Insel zu bauen. Von hier wollte er sich Zugang zur Festung verschaffen. Die Tyrer hielten die Idee für kompletten Schwachsinn. Tyrische Segler schipperten an den Arbeitern vorbei und machten sich über deren wahnwitzige Idee lustig, sie könnten Poseidon, den griechischen Gott des Meeres, überlisten. Die makedonischen Soldaten jedoch bauten, zusammen mit jedem Arbeiter, den sie bekommen konnten, weiter an dem 500 Meter langen Überweg. An den meisten Tagen peitschten die Mittelmeerwellen, verstärkt durch die Südwestwinde, dagegen und vernichteten ihre Arbeit wieder. Aber die Männer hielten durch und warfen ganze Baumstämme um den Überweg herum ins Wasser, um die Brandung zu mindern. Je heftiger der natürliche Widerstand wurde, umso tiefer trieben die Makedonier Pfeiler in den Meeresboden und beschwerten sie mit Steinen und Holz aus der alten Stadt Tyrus.

Nach mehreren Monaten näherte sich die Brücke der Insel, doch nun wurde die Arbeit schwieriger und heikler – teils weil das Wasser unmittelbar um die Insel herum sehr tief war, vor allem aber weil die Tyrer nichts unversucht ließen, die Arbeit der Makedonier wieder und wieder im Meer zu versenken, und das im wahrsten Sinne des Wortes. Sie schickten nachts Taucher ins Meer, die die Brückenbefestigung von unten lösten, außerdem Schiffe mit Katapulten, Speerwerfern und Bogenschützen, die den Arbeitern zusetzten, und attackierten sie von der Stadtmauer auf der Insel aus mit Felsbrocken, Feuerbomben und sogar siedend heißem Öl. In gewisser

Weise verhielten sich die Tyrer ähnlich Napoleon, als er Toulon mit seiner Artillerie verteidigte. Er konterte auf die britische Belagerung der Stadt, indem er die Artilleriegeschütze auf eine Klippe oberhalb des Hafens bringen ließ und von dort Salven auf die britischen Kriegsschiffe abfeuerte. Die Tyrer gingen darüber hinaus noch außerordentlich brutal mit den Gefangenen um, die sie machten. Eine ganze Schiffsbesatzung von Griechen und Makedoniern wurde auf den Festungsmauern getötet und ihre Körper wurden in die Brandung geworfen.[4]

Alexander baute zwei Türme am Ende der Brücke, von wo aus die Tyrer in Schach gehalten wurden. Eines Tages jedoch, als sie den Wind im Rücken hatten, beluden die Tyrer ein Schiff mit Reisig, Schwefel, Naphtha (Roherdöl) und anderen explosiven Stoffen und segelten es direkt gegen die Brücke. Die Besatzung setzte die Ladung in Brand und sprang dann von Bord, um zurück zur Festung zu schwimmen. Das Feuer zerstörte die Türme, die Belagerungsvorrichtungen und schließlich die ganze Brücke. Die Arbeit von Monaten versank in weniger als einer Stunde im Meer.

Alexander befahl sofort den Bau einer noch größeren Überwegskonstruktion – doppelt so groß wie die vorherige, damit er noch mehr Türme bauen konnte, von denen aus die Arbeiter beschützt wurden. Zudem wurde ihm klar, dass er das Meer kontrollieren musste, wollte er diesmal Erfolg haben. Wie ein Unternehmen, das seinen Regionalmarkt ausbaut, indem es entweder selbst größer wird oder sich mit ansässigen Firmen verbündet, nahm Alexander ein kleines Kontingent seiner Armee und ritt zum phönizischen Hafen Sidon. Er brauchte eine große Flotte in Tyrus, und da Sidon sich ihm bereits ergeben hatte, übernahm er nun das Kommando über die achtzig Triremen, die dort lagen.

Der König von Zypern, der die Machtverschiebung im Mittelmeer besorgt beobachtete, schickte seine Flotte von 120 Schiffen ebenfalls hin, worauf die Rhodier es ihm gleichtaten. Bald kehrte Alexander mit einer Flotte nach Tyrus zurück, die dreimal so groß wie die der Tyrer war. Seine Schiffe waren mit Raketengeschossen, Rammen, Steinschleudern und Anlegebrücken ausgestattet. Wenngleich die meisten dieser Vorrichtungen gegen die 150-Fuß-Mauern der Festung machtlos waren, setzten sie den tyrischen Schiffen doch reichlich zu. Alexander war zwar auf dem Gebiet der Seeschlachten ein Neuling, aber er war wild entschlossen. In der Kriegsführung zu Wasser betrieb er das, was beinahe 2.100 Jahre später zur Nelson-Doktrin wurde, die besagte, „dass kein Marinekapitän wirklich etwas verkehrt macht, wenn er sein Schiff längsseits des Feindes bringt". Die Triremen brachten das erwünschte Ergebnis, und die tyrischen Schiffe sanken oder flohen zurück in ihre Häfen.

Von ihrer relativ sicheren Festung aus beäugten die Tyrer voller Sorge, wie ihre Schiffe entweder untergingen oder sich den Makedoniern ergaben. Von nun an war es nur noch eine Frage der Zeit, bis Tyrus fiel. Das 30.000-Mann-Heer der Tyrer ergab sich, allerdings erst nach einer furchtbaren Schlacht, in der 8.000 Tyrer getötet, 15.000 von den Sidonern verschleppt (ihre Nachbarn, die sich mit den Makedoniern zusammengetan hatten) und die übrigen in die Sklaverei verkauft worden waren. Alexanders Brücke zwischen dem alten und dem neuen Tyrus hatte das Land zu einer Halbinsel gemacht, die es bis heute geblieben ist.

Bunkermentalität

Die lange Geschichte der Festungen – von Tyrus über die Chinesische Mauer und die römische Hadriansmauer im nördlichen Teil Großbritanniens bis hin zur Berliner Mauer – lehrt uns, dass Mauern nichts weiter auszurichten vermögen, als zeitweisen Schutz gegen Eindringlinge zu bieten, aber eben auch nur zeitweise, wohingegen das Gefühl des Eingeschlossenseins bei den durch sie Geschützten weit länger wirkt. Häufig existieren solche Festungen allerdings auch in den Köpfen der Menschen. So schaffen islamische Fundamentalisten geistige Mauern, die jedwede westliche Kultureinflüsse abwehren, oder fortschrittlich denkende Nationen wie Frankreich blocken durch sie amerikanische Einflüsse wie Hollywood oder Fast Food ab.

Ein interessantes Beispiel für die Sinnlosigkeit von Festungen, aus Stein gemauerten wie geistigen, liefert Quebec, die größte Provinz Kanadas – der zweitgrößten Nation der Welt –, die sich vehement gegen intellektuelle wie physische Einflüsse sperrt. Quebec war der erste Teil Nordamerikas, der von Europäern besiedelt wurde. Im frühen 17. Jahrhundert haben Entdecker wie Jacques Cartier und Samuel de Champlain die Region systematisch kartographiert, und zahlreiche Siedler aus Nordfrankreich zogen in die weite Wildnis und ließen sich hier nieder – zumindest solche, denen die eisigen Winter nichts ausmachten. 1763 verlor Frankreich den siebenjährigen Krieg gegen die Briten und damit die Kontrolle über das Gebiet, woraufhin die meisten französischen Siedler ihre Siebensachen wieder zusammenpackten und zurück in die Normandie gingen, aus der ihre Vorväter kamen. Diejenigen, die sich eine Übersiedlung nach Frankreich nicht leisten konnten, blieben und fanden sich als Minderheit unter den Schotten wieder, die nun hier siedelten.

Die wichtigste Schlacht in jenem Krieg war die von Quebec. Nach einer langen Belagerung von Quebec City – der einzigen befestigten Stadt in Nordamerika, die, wie Tyrus, als nicht einnehmbar galt – erklomm eine Armee von 4.500 Mann unter Führung des Major Generals James Wolfe die 350 Fuß hohe, steile Klippe, welche die befestigte Stadt von den Flüssen St. Charles und St. Lawrence trennte. Die französischen Truppen entdeckten die anrückenden Briten in den Abrahamsebenen und verließen ihre Zitadelle am Ende der Stadt, statt dort auf die nicht einmal mehr zehn Meilen entfernte Verstärkung zu warten, um unter Führung des Marquis de Montcalm sofort anzugreifen. In weniger als dreißig Minuten fiel die Stadt an die Briten und eine der größten Belagerungen Nordamerikas war zu Ende. Eine weitere große Belagerung war die von Vicksburg durch den Unionsgeneral Ulysses S. Grant im Bürgerkrieg.

Die Dominanz der englischen Sprache und Kultur über die französische ist bis heute, 250 Jahre nach der Schlacht von Quebec, ein Problem für Kanadas sieben Millionen französisch sprechende Einwohner, von denen die meisten in Quebec leben. Über Generationen fühlten sie sich, nicht ganz zu Unrecht, unterdrückt: Umfragen ergaben, dass in den frühen 60er Jahren französischsprachige Arbeiter in Montreal im Schnitt ein Drittel weniger verdienten als englischsprachige. Zwischen 1960 und 1975 ereignete sich in Quebec eine „stille Revolution", die nicht nur ökonomische Gleichberechtigung brachte, sondern auch Raum schuf für ein französisch geprägtes intellektuelles und künstlerisches Leben, auf das die Region stolz ist.

Mit diesem neuen Selbstverständnis hielt allerdings auch eine gewisse politische und linguistische Arroganz Einzug. So kam 1976 der Bloc Quebecois an die Macht und mit ihm wurde Französisch zur Amtssprache in Quebec. Alle Schilder, Tafeln und Anweisungen sind seither ausschließlich auf Französisch, und bis dato sind Immigranten gezwungen, eiligst die Sprache zu lernen, denn in Quebec heißt es: entweder Quebecois oder raus hier.

Nach wie vor wacht Quebecs Office de la Langue Francaise über die Verwendung des Französischen in der Provinz. Ausnahmen sind nicht gestattet. Darüber ärgerten sich 1996 besonders die jüdischen Bewohner der Provinz, als die rigide Französischvorschrift in der so genannten „Matzogate"-Affäre einen Höhepunkt erreichte: Ein äußerst gewissenhafter Sprachinspektor hatte die Einfuhr koscherer Matze – für das jüdische Passah-Fest – nach Montreal verboten, weil die Warenbezeichnung auf den Kartons in Englisch war.

Quebecois-Französisch als einzig zulässige Sprache ist zu einer tyrischen Mauer in den Köpfen der Menschen geworden, die sich gegen jede Veränderung sperren. Anders als das Französisch im Mutterland, das wächst und sich entwickelt – wenngleich moderat und unter ständiger Bewachung durch die Academie de la Langue Francaise – ist das Quebecois-Französisch heute noch auf demselben Stand wie damals, als die ersten Siedler nach Kanada kamen. Die Sprache ist kein Kommunikationsmittel mehr, sondern eher ein Instrument, mit dem man sich von der Außenwelt und ihren kulturellen und linguistischen Einflüssen abschottet.

Es scheint nicht unwahrscheinlich, dass Quebecois-Französisch in ebendem moribunden Zustand endet, in dem Wallonisch, ein französischer Dialekt in Südbelgien, bereits angekommen ist. Der Fall der Festung ist abzusehen. Wie Alexander schon glaubte, braucht man nur alle Kraft auf einen einzigen Punkt zu konzentrieren, um eine Festung zum Einsturz zu bringen. Gibt die Mauer erst einmal an einer Stelle nach, bröckelt auch der Rest weg wie eine Sandburg. Quebec kämpft mit einer ganzen Reihe religiöser und sozialer Kräfte: steigende Scheidungs- und Abtreibungsraten, rapide Rückgänge bei den Kirchgängern und eine nachlassende Bindung an alte Traditionen. All diese Dinge werden an Quebecs Unabhängigkeitswunsch nagen, und ein einziges davon reicht aus, um die Festung einstürzen zu lassen.

Bestärkung des Multikulturellen

Alexander erlaubte den von ihm eroberten Nationen, ihre eigenen Kulturen und Bräuche neben denen der Makedonier und Griechen weiter zu pflegen. Einige Monate nach Tyrus und etwa ein Jahr nach Issos erreichte Alexander auf dem Landweg Ägypten. Sein Gepäck, seine Ausrüstung und mehrere tausend Soldaten wurden mit der neuen Flotte auf dem Seeweg hergebracht. Die Perser hatten erst kurz zuvor Ägypten erobert, und

Alexander erwartete hier nur wenig Widerstand, da die persische Armee in Issos stark geschwächt worden war. Und tatsächlich ergaben sich die Ägypter, eine der reichsten Nationen im südlichen Mittelmeerraum, ohne dass auch nur ein Tropfen Blut vergossen wurde.

Auf seinem Marsch durch Ägypten achtete Alexander sorgfältig darauf, nicht gegen das spirituelle Empfinden der Einheimischen zu verstoßen. In Memphis, dem religiösen Zentrum des Landes, opferte er dem höchsten ägyptischen Gott, Apis, der die Gestalt eines Bullen hat, sowie den Göttern Isis und Ra. Alexander gab sich große Mühe, seine Opfer so darzubringen, wie es die heiligen Riten der Ägypter verlangten. Anschließend veranstaltete er Pferderennen, Sport- und Musikwettbewerbe, an denen sowohl Griechen als auch Ägypter teilnahmen. Er verhielt sich in Ägypten also gänzlich anders als die persischen Eroberer. Die Perser hatten die ägyptischen Tempel verwüstet und nichts ausgelassen, die Ägypter zu beleidigen – indem sie beispielsweise gezielt Bullen opferten, obwohl sie wussten, dass diese Tiere den Ägyptern heilig waren.

In Anerkennung seines großen Respektes und seiner Ehrerbietung gegenüber der ägyptischen Kultur nannten die Hohepriester Alexander ihren Pharao (ein Titel, der zwar jedem automatisch zustand, der Ägypten eroberte, aber von den Hohepriestern so genannt zu werden war dann doch etwas Besonderes). Hieroglyphen definieren den Pharao-Titel auch als „den, der Hand an die Länder Fremder gelegt hat"[5]. Das bedeutet, sie akzeptierten Alexander als eine ihrer Gottheiten, als Inkarnation eines ihrer größten Götter.

Alexander segelte den Nil hinunter zum Delta und sah oberhalb des Deltas und am Mittelmeer entlang ein großes freies Gebiet aufragen. Hier beschloss er, eine Stadt anzulegen, die zu seinem zentralen Marinestützpunkt werden sollte – der Handels- wie der Kriegsmarine – sowie zu einem Zentrum für Kunst, Kultur und Bildung. Er nannte die Stadt Alexandria, die erste von etwa 80 Städten, die er entweder selbst baute oder die während seiner Herrscherzeit gebaut wurden (von denen 20 Alexandria hießen) – einige Historiker behaupten allerdings, er selbst hätte nicht mehr als etwa ein Dutzend gebaut.[6] Mit Gerste aus den Truppenvorräten markierte er die äußeren Stadtgrenzen auf dem Land.

Er entwarf ein Stadtbild mit breiten Straßen, Kanälen und Wasserwegen. Alexander las gern und hatte stets Aristoteles' Ausgabe der *Ilias* bei sich, in der er Abend für Abend blätterte. In Alexandria nun wollte er seine Liebe zu Büchern mit anderen teilen und plante eine erste öffentliche Bibliothek – wie es Benjamin Franklin im 18. Jahrhundert in Amerika tat. Er entwarf sogar das erste Museum der Menschheit. Wenngleich Bibliothek und Museum viele Jahrhunderte später auf mysteriöse Weise verschwanden, haben die Sammlungen doch wesentliche Verbindungen zur damaligen Welt der Kunst und Literatur hergestellt. Bis Alexanders Nachfolger in Ägypten, Ptolemais, die Bibliothek baute, waren leider schon einige bedeutende Werke unwiederbringlich verschwunden und aus dem menschlichen Gedächtnis gelöscht (damals wurden sie zumeist durch mündliche Erzählung weitergetragen und von Generation zu Generation erhalten). Mindestens ein Dutzend Theaterstücke von Euripides beispielsweise waren keine 200 Jahre nach seinem Tod schon unauffindbar.

Die ptolemaischen Herrscher waren entschlossen, Alexanders Traum von der großen Bibliothek wahr zu machen. Die Sammlung überstieg bereits wenige Generationen später 5.000 Bücher. Jeder Besucher Alexandrias wurde von den Ptolemäern gebeten, seine Bücher dort zu lassen und erhielt im Gegenzug ein Zertifikat mit königlichem Siegel. Das Buch oder die Bücher wurden daraufhin kopiert, und die Besucher bekamen sie zurück, bevor sie die Stadt wieder verließen. Ptolemais III. (ein Enkel des ersten Ptolemais) war darüber hinaus berühmt für sein Ausleihsystem in der Hauptbibliothek Athens, die erst kurz vor ihm nach dem Modell der Bibliothek Alexandrias erbaut worden war. Er zahlte beträchtliche Summen für das Ausleihen und Kopieren der Bücher, die man ihm überließ. Die Originale gelangten nie nach Athen zurück – die Kopien sehr wohl. In Athen herrschte eine entsetzliche Unordnung, weil sich niemand darum zu kümmern schien, ob er seine Originale oder Faksimiles zurückbekam oder nicht.

Die Bibliothek zeigte große Wirkung. Euklid zum Beispiel, der unter Ptolemais I. lebte, nutzte die Sammlung über Geometrie, um seine erste Abhandlung zum Thema „Elemente" zu verfassen. Die moderne Geometrie stützt sich nach wie vor auf die Euklidschen Erkenntnisse. Ihr ausgeprägtes Interesse am Lesen und Sammeln veranlasste die Ptolemäer auch, die Tora ins Griechische übersetzen zu lassen. Diese Übersetzung ist angeblich weit näher am Original als die überlieferten hebräischen Texte, weil die ihr zugrunde liegende Version nicht nur älter ist als der älteste hebräische Text, sondern auf diverse Versionen der Heiligen Schrift zurückgeht, die damals existierten. Niemand weiß, wann genau die Bibliothek zerstört wurde – einige Archäologen behaupten, sie wäre bei der Invasion Ägyptens durch Julius Caesar versehentlich in Brand gesteckt worden, andere ordnen die Zerstörung einem der Kalifate im 15. Jahrhundert zu. An dieser Stelle soll es uns genügen, dass die Suche nach den Ruinen bis heute andauert.

Makedonier und Griechen wurden eingeladen, sich in Alexandria niederzulassen, doch auch die Interessen der ansässigen ägyptischen Bevölkerung wurden berücksichtigt. Alexander ordnete an, dass die Ägypter ihre religiösen und gesellschaftlichen Bräuche ungehindert pflegen konnten, und passte die Regierungsform ihren politischen Gepflogenheiten an. Die Gesetze wurden in der bisherigen ägyptischen Rechtsform schriftlich verfasst und nach dem ägyptischen Rechtssystem umgesetzt. Daneben plante Alexander eine griechische Versammlung – die Ptolemais gründete –, von griechischen Magistraten ernannt, und ein demokratisches System, das die Außen- und Militärpolitik des Staates regelte – in Koordination mit dem ägyptischen Rechtssystem.

Alexander war sich darüber im Klaren, dass ein politisches System, wie er es plante, noch nie da gewesen war. Indem er die bestehende, rigide Hierarchie bewusst umging, in der eng geschlossene Reihen von persischen Staatsdienern agierten, entwickelte er eine innovative Struktur, die sowohl die Interessen der ägyptischen Bewohner als auch die der hierher übersiedelnden Ausländer schützte und zugleich die Sicherheitsbedürfnisse des Reiches befriedigte. Er bat zwei ägyptische Gouverneure, die im oberen und unteren Ägypten geherrscht hatten, bis die Perser kamen, wieder in ihre Ämter zurückzukehren. Zwei griechische Gouverneure setzte er für die weiter außerhalb liegenden und dünn besiedelten Gebiete ein, die heute zu Libyen und Saudi-Arabien gehören (entlang des Golfs von Suez). Zwei makedonische Generäle mit einer Armee von 4.000 Mann und ein Admiral mit 30 Triremen unter seinem Kommando, die den Nil sicherten, waren die gesamte Verteidigung, die er zurückließ. Alle sieben unterstanden seinem direkten Kommando.[7]

Heute ist Alexandria eine Großstadt mit annähernd vier Millionen Einwohnern und ein Zentrum für Handel zu Lande und zu Wasser (von jenen Häfen aus, die Alexander baute). Im Laufe der Jahrhunderte hat der kosmopolitische und pluralistische Charakter der Stadt Händler, Gelehrte und Künstler aus aller Welt angelockt, und es gibt nach wie vor ägyptische, griechische, italienische und jüdische Enklaven. Auch wenn es während der nationalistischen Aufstände in den 60er Jahren, angeheizt von dem charismatischen Präsidenten Gamal Abdul Nasser, zum Exodus vieler Nicht-Ägypter aus Alexandria kam, ist die Stadt immer noch ein blühendes internationales Zentrum mit einem gesunden kosmopolitischen Bewohnermix – obwohl sie auf den ersten Blick leider wie eine „Müllkippe" aussieht.

Globaler Ansatz, regionale Möglichkeiten

Globalisierung als Trend ist alles andere als neu: Schon 200 v.Chr. liefen Bretonen in Schuhen herum, die in Rom zusammengeschustert worden waren; in den Jahren um 1340 kollabierte beinahe das gesamte florentinische Bankensystem aufgrund nicht bedienter Kredite britischer Monarchen; und im frühen 19. Jahrhundert verschifften Eismacher aus Cambridge, Massachusetts, das Eis aus den gefrorenen Seen und Teichen in New England nach Europa, Afrika und Asien, bis nach Kalkutta. Fast 150 Jahre ist es her, dass amerikanische Firmen wie der Waffenhersteller Colt und der Nähmaschinenbauer Singer Fabriken in England eröffneten, um dort Kunden zu gewinnen. Und dennoch – die Geschichte der Globalisierung ist so alt und die Erfahrungen sollten so reichhaltig sein – haben einige der weltweit führenden globalen Unternehmen immer noch Probleme damit. Wieso gelingt ihnen nicht, was relativ Unbedarfte auf diesem Gebiet wie Alexander der Große schafften, nämlich sich Herrschaftsgebiete zu sichern, die über mehrere hundert Jahre stabil bleiben? Eine Antwort könnte sein, dass so viele Unternehmen ihre lokalen Märkte nicht verstehen.

Anders als Alexander, der ansässige Ägypter mit der Regierung ihrer örtlichen Bevölkerung betraute, richten globale Unternehmen oft große, im Stil an Sowjetstrukturen erinnernde Bürokratien ein, die bisweilen erschreckend weit von den regionalen Nachfragen und Geschmäckern entfernt sind. Regionalmanager von Softdrink-Unternehmen etwa klagen, wenn sie einen neuen Softdrink in Brasilien einführen wollen, müssen sie erst einmal eine Entscheidung aus New York oder Chicago abwarten, wo sie von Leuten getroffen wird, die vielleicht nie in Brasilien waren. In den frühen 80er Jahren hieß die Glas-und-Chrom-Zentrale von Nestlé, von der aus man auf den Genfer See in Vevey, Schweiz, blickte, bei den Spöttern nur „der Vatikan". Die Ländermanager beschwerten sich, dass sie drei Managementebenen um ein Okay bitten mussten, wollten sie auch nur eine Pressemitteilung herausgeben. Glücklicherweise haben sich die Dinge inzwischen geändert, und Nestlé hat zu Recht einen Platz unter den führenden globalen Unternehmen inne. „Unter Managern grassiert das beliebte Missverständnis", schrieb Gurcharan Das, früherer CEO von Procter & Gamble India, „man bräuchte bloß einen Markennamen, ein standardisiertes Produkt, die richtige Verpackung und Werbung, und Bingo, schon ist man dabei, die globalen Märkte zu erobern."[8] Auch heute noch versuchen die wenigsten globalen Unternehmen, ihre regionalen Märkte wirklich zu verstehen, Produkte herzustellen und zu vermarkten, die regionale Geschmäcker treffen, und aus ihren regionalen Erfolgen für den Aufbau globaler Marken zu lernen.

In den letzten Jahren scheinen einige Firmen ein paar Erfolge zu verzeichnen, allerdings nur weil sie sich besondere Mühe geben. Eine leitende Managerin von Kraft sagte, in ihrer Gruppe wäre jeder verpflichtet, rauszugehen und die Geschmäcker der Kunden im richtigen Leben zu ergründen. Als Beispiel dafür beschrieb sie, wie sie mit ihren Leuten in die spanischen und asiatischen Viertel von Los Angeles ging. „Wir haben die Leute genommen, die am stärksten nach Connecticut-Typen aussahen, sie mitten in eine spanische Bodega gestellt und gesagt: ‚Seht mal, was ihr so findet.' Sie haben tolle Ideen mitgebracht – Ideen, die Teil unseres Business-Plans für das nächste Jahr sein werden."[9] Diese Art der regionalen Erfahrung hat McDonald's veranlasst, in Spanien Gazpacho und in Indien Lamm-Burger einzuführen.

Unter denselben Vorzeichen durchlief der Honda Accord ein umfassendes Re-Design ab Mitte der 1980er, nachdem man Honda-Konstrukteure in die amerikanischen Einkaufszentren geschickt hatte, damit sie sich die Parkplätze ansahen und beobachteten, wie Amerikaner ihre Einkäufe verstauen. Heraus kam ein innovatives Design der Kofferräume, bei denen sich die Leute nicht mehr bücken mussten, um ihre Taschen und Tüten einzuladen, sondern sie aufrecht hineingleiten lassen konnten. Kein Wunder, dass der Accord zu einem der beliebtesten Kleinwagen der Vereinigten Staaten wurde – in einigen Jahren sogar zu *dem* beliebtesten.

Häufig erfassen die Unternehmen regionale Sensibilitäten und mögliche Reaktionen nicht, bevor sie in neue geographische Märkte vordringen. Selbst der große Einzelhändler Wal-Mart, legendär für seinen Geschäftserfolg, hatte keine Ahnung, welcher Rückschlag ihn erwartete, als er auf den deutschen Markt ging, in ein Land, das bekannt dafür ist, besonders seine kleinen Einzelhändler zu schützen. Als Wal-Mart nun anfing, seinen Kunden Billigstpreise zu offerieren, und natürlich sofort von den deutschen Billiganbietern Aldi und Lidl unterboten wurde, schritt das deutsche Kartellamt ein und zwang alle drei, ihre Preise zu heben, damit sie nicht die kleinen Einzelhändler aus den Städten und Dörfern vertrieben – das Rückgrat der deutschen Regionalökonomie.

Unternehmen fehlt es deshalb an Verständnis für ihre Märkte, weil sie zum Teil nicht genügend regionale Manager oder Entscheidungsträger haben, welche die notwendigen Schritte ergreifen, um eine multinationale Firma in einer bestimmten regionalen Situation durchzusetzen, und zum Teil weil sie gar nicht wissen, wie man solche Regionalmanager überhaupt rekrutiert. Das mag mit ein Grund sein, weshalb Unilever zu den erfolgreichsten Globalisierern zählt. Bereits in den 1940ern begann der britisch-holländische Konsumgüterriese damit, regionale Talente anzuwerben, die die britischen und holländischen Manager ablösen sollten. Und Unilever bildete sie gemeinsam aus. Damit ist das Unternehmen so erfolgreich, dass Länderniederlassungen wie Hindustan Lever in Indien als Regionalunternehmen wahrgenommen werden, nicht als Tochterunternehmen einer ausländischen, globalen Muttergesellschaft.

Lokalstatus zu erlangen ist nicht einfach. Unilever hat langfristig für den indischen Markt geplant und Marken aufgebaut, die auf den indischen Konsumenten abgestimmt sind. Der Konzern bringt seinen indischen Kunden ein Verständnis entgegen, wie es nicht einmal die indische Regierung von sich behaupten kann. Viele indische Marktbeobachter glauben, Hindustan Lever wüsste besser über die wirtschaftlichen Bedingungen in Indien, einschließlich der entlegensten Dörfer, Bescheid, als es irgendeine staatliche Volkszählung hergäbe. Das Unternehmen kennt die Kaufkraft, die Kaufgewohnheiten, die Geschmäcker und vor allem die Kanäle, über die man die Kunden erreicht, sehr viel genauer als irgendjemand sonst in Indien. Das Vertriebssystem mittels Lkw, Bahnen, Flugzeugen, Pkw, Booten, Rikschas, Fahrrädern und sogar zu Fuß ist das am besten entwickelte aller Unternehmen – und es liefert zuverlässig alles in jeden noch so abgelegenen Teil Indiens an den Kunden, der die Lieferung bekommen soll.

Das Unternehmen führt an der indischen Börse in puncto Marktkapitalisierung, weil es zum Beispiel nicht nur begriffen hat, dass ein bestimmter Shampootyp gefragt ist, sondern auch in bestimmten Verpackungsgrößen und -arten, nämlich in unterschiedlich großen Flaschen ebenso wie in Einmalpackungen für Kunden, deren Mittel so begrenzt sind, dass sie sich nicht mehr Shampoo auf einmal kaufen können, als sie für eine Haarwäsche brauchen. Vor Ort zu sein hat noch einen weiteren großen Vorteil: Mitte der 1970er, als ein aufbrodelnder Nationalismus dafür sorgte, dass große multinationale Unternehmen wie IBM und Coca-Cola aus Indien vertrieben wurden, kam bei Hindustan Lever aufgrund ihrer regionalen Einbindung niemand auf die Idee, sie des Landes zu verweisen. Hindustan Lever ist kein Stiefkind der Unilever-Konstellation, sondern sein Leiter genießt seit Jahrzehnten einen festen Platz im Unilever-Vorstand, und die Manager aus der indischen Niederlassung steuern ihre Anregungen für weitere globale Expansion und Wachstum ebenso selbstverständlich bei wie auch nicht-indische Manager regelmäßig für kurze oder längere Zeiträume nach Indien geschickt werden, um dort Erfahrungen zu sammeln. Alexanders Expansionsstrategie baute darauf, mit dem Besten, was die Griechen und Makedonier zu bieten haben, das Beste dessen zu schützen, was es in den Ländern gab, die sie eroberten. Ähnlich gelingt es Unilever, die richtige Balance zwischen global und regional zu finden.

Dezentralisierung gewinnt

Dezentralisierte Unternehmensstrukturen gibt es in der amerikanischen Wirtschaft erst seit den 1920ern, als Alfred P. Sloan sich bei General Motors darum bemühte. Und erst in den 1950ern konnten sie sich endgültig bei Unternehmen wie General Motors, Dupont und General Electric durchsetzen. Unter Alexander dem Großen allerdings blühte die Dezentralisierung und erreichte einen mustergültigen Status im Verwaltungswesen des römischen Reiches unter Julius Caesar. Dezentralisierte Entscheidungsgewalt war die einzig gangbare Methode für Alexander, sein riesiges Reich zu kontrollieren.

Als Gegenbeispiel lässt sich das Ende des 200 Jahre alten persischen Achaeminiden-Imperiums direkt auf einen Mangel an dezentralisierter Entscheidungsgewalt zurückführen. In den zwei Jahren nach seiner Niederlage bei Issos rekrutierte Dareios die größte Armee, die Persien je gehabt hatte. Er holte seine Rekruten von überall her, aus dem heutigen Pakistan, Afghanistan, Turkmenistan, Kasachstan, Syrien, Irak und Iran. Wie schon bei Issos, waren seine erfahrensten und best ausgebildeten Krieger griechische Söldner. Vorsichtige Schätzungen gehen von einer 200.000-Mann-starken Infanterie und einer 40.000-Mann-starken Kavallerie aus (wobei die Schätzungen für die Infanterie teils bis zu einer Million gehen). Dareios führte nach Issos diverse Neuerungen in der persischen Armee ein. Er bewaffnete seine Kavallerie mit Lanzen statt mit Speeren und ersetzte den persischen Krummsäbel, der für den Nahkampf gedacht war, durch ein langes Schwert. Die Streitwagen stattete er mit scharfen Klingen oder Sensen an den Seiten und am Joch aus. Von zwei oder vier Pferden bei hohen Geschwindigkeiten gezogen, konnten diese Wagen durch gegnerische Infanterie- oder Kavallerieränge pflügen wie heiße Messer durch Butter. Jedes der nationalen Armeekontingente wurde offiziell vom jeweiligen persischen Satrapen (Gouverneur) befehligt – aber nicht geführt.

Leider traf Dareios alle Entscheidungen darüber, *wo* der Feind angegriffen wurde und *wie*. Er allein erwog die verschiedenen Optionen: Sollte er beispielsweise Alexander und dessen Truppen weiter in den Osten Persiens locken und in eine Schlacht auf vertrautem Terrain verwickeln; sollte er eine Taktik der verbrannten Erde anwenden und den Feind systematisch aushungern; sollte er die Makedonier über einen der beiden reißenden Flüsse hinweg in einen Kampf verwickeln, den Euphrat oder Tigris, die durch die Region flossen, in der sie ihr Katz-und-Maus-Spiel spielten; oder sollte er einfach abwarten, bis Alexander in Babylon ankam? Diese Fragen focht Dareios mit sich allein aus. Dareios allein entschied auch taktische Einzelheiten wie die, wie viele Pferde die Streitwagen ziehen sollten und welche Division wann angreifen sollte.

Dareios' zentralisiertes System war dann auch prompt für die Niederlage der persischen Armee in Gaugamela verantwortlich und damit für das Ende des 227 Jahre alten Achaemeniden-Imperiums, das 558 v.Chr. von Cyrus dem Großen gegründet worden war. Dareios' Entschlossenheit, alle strategischen und taktischen Entscheidungen höchstselbst zu treffen, führte leider dazu, dass er zwar beabsichtigte, *nicht* die Fehler in der Schlacht bei Issos zu wiederholen, aber niemanden hatte, der für ihn und mit ihm nach möglichen Fehlerquellen Ausschau hielt.

Nachdem er in Ägypten seine Arbeit getan hatte, machte sich Alexander im Frühjahr 331 v.Chr. auf in die alte Stadt Babylon, etwa 55 Meilen südlich von Bagdad, Irak. Babylon war die größte und, Historikern wie Herodot gemäß, die schönste Stadt der Welt. Die Terrassengärten galten im Altertum als eines der Sieben Weltwunder. Babylon war eine Handelsstadt, durch deren Mitte der Fluss Euphrat verlief (inzwischen hat sich der Flussverlauf geändert).

Entlang des Flusses waren Kais für die Handelsschiffe sowie Lagerhäuser, in denen die Kaufleute ihre Waren unterbrachten. Im Zentrum der Stadt lag der große Tempel von Marduk auf einer großen Erhebung mit stufenweise angeordneten Türmen, von denen der nächsthöhere jeweils hinter dem darunter lag. Nach der Sage unterbrach Gott den komplizierten und ambitionierten Bau, indem er die Sprachen der Arbeiter verwirrte, sodass sie sich untereinander nicht mehr verständigen konnten.[10] Nach dem Buch Genesis 11:1-9 sollte der Turm „mit der Spitze bis in den Himmel" reichen.

Alexander marschierte mit dem Tigris zur Rechten Richtung Babylon. (Euphrat und Tigris sind beinahe gleich lang und in Westasien ähnlich bedeutend wie Mississippi und Missouri in den USA.) Von gefangen genommenen persischen Spähern erfuhr er, dass die Perser am rechten Ufer in Stellung gingen. Den vier Fuß tiefen Tigris mit seinen starken Strömungen zu überqueren stellte eine echte Herausforderung dar. Alexander brachte eine Reihe Pferde am oberen Fluss in Stellung, damit sie die Strömung brachen, und eine zweite weiter unten, die abtreibende Soldaten auffangen sollte. Dann konstruierte er eine Behelfsbrücke aus Holzpfeilern, um Vorräte und Kriegsgerät ans andere Ufer zu schaffen.

Mazaeus, ein sehr erfahrener General in Dareios' Armee, bekam eine 3.000 Mann starke Kavallerie zugeteilt (2.000 griechische Söldner und 1.000 persische Infanteristen) und die explizite Order, die Makedonier anzugreifen, sobald sie versuchten, Euphrat oder Tigris zu überqueren. Zweimal fand Mazaeus Holzpfeiler im Fluss, die offenbar für Behelfsbrücken dienten, konnte jedoch weit und breit keine Makedonier entdecken, weshalb er weitere Befehle von Dareios abwartete, wie er sich zu verhalten hatte. Obwohl er ein General war, hatte er keine Befehlsgewalt, die Zerstörung der Pfeiler anzuordnen und so einer möglichen Flussquerung vorzugreifen. In der Wirtschaft nennt man dieses Phänomen das „Vorgesetzter-Vertreter-Problem", das Michael Jensen und andere seit langem als Kernproblem in krisenden Unternehmen erkennen: Wie bringt ein Firmenchef seine Angestellten dazu, in seinem Interesse zu handeln?

Dareios' Lösung des Problems bestand darin, sämtliche Entscheidungen selbst zu treffen. Er traute niemandem, nicht einmal seinen Generälen zu, eigenverantwortlich im Sinne des persischen Reiches zu handeln. Es ist erstaunlich, wie sehr sich diese Haltung noch 2.500 Jahre später immer wieder behauptet, wenn es um die Frage geht, ob Regionalmanager oder

Generäle die Autorität haben sollten, sich auftuende Möglichkeiten zu nutzen oder nicht. Als Arthur Sulzberger Jr. 1992 die Leitung der *New York Times* übernahm, hielt er eine ganze Reihe von Meetings ab, in denen er seinen Managern erklärte, was er von ihnen erwartete. „Jeder leitende Angestellte oder Manager hat genau zwei Schubladen in seinem Schreibtisch", wird Sulzberger zitiert. „Die eine trägt die Aufschrift ‚Zentralisieren', die andere ‚Dezentralisieren'."[11] Andere Schubladen gab es laut Sulzberger nicht. Es war daher an dem Manager zu entscheiden, welcher Stil in welcher Situation ihm der angemessenste erschien, doch hatte er erst einmal einen von beiden gewählt, musste er auch dabei bleiben oder er lief Gefahr, seine Mitarbeiter in ihrer Fähigkeit zu behindern, kritische Entscheidungen zu treffen. Einige Historiker gehen nach wie vor davon aus, dass der Grund, weshalb Vietnam zu einem solchen Desaster für die USA wurde, der ist, dass Präsident Lyndon Johnson die „Zentralisieren-Schublade" gewählt hatte, und das bis hin zur Auswahl bestimmter Ziele für Luftbombardements nebst nächtelanger Diskussionen darüber, ob die Operationen gut ausgeführt worden waren oder nicht – statt sich bei Auswahl und Ausführung der Angriffe auf die Kommandanten vor Ort zu verlassen. Wie Dareios traute Johnson seinen Generälen nicht zu, kluge Entscheidungen zu fällen.

Alexander wusste sehr wohl um dieses Schubladendenken der Perser und nutzte es für seine Flussquerung. Und entsprechend konnten auch seine makedonischen Konstrukteure den Umstand, dass Mazaeus nicht entscheiden durfte, die Brückenpfeiler zu zerstören, für sich arbeiten lassen. Sie hämmerten gleich an mehreren Stellen im Fluss Pfeiler in den Grund, um den Feind zu verwirren, der schließlich nicht mehr wissen würde, wo sie denn nun ihre Flussüberquerung planten. Dann tauchten sie plötzlich irgendwo auf und legten Planken über die Pfeiler, sodass daraus Brücken wurden, und ehe die persische Kommandokette reagieren konnte, war die gesamte makedonische Armee – die Männer, die Geräte und die Pferde – am anderen Ufer angelangt.

Ein großartiges Beispiel für die Tyrannei zentralisierter Entscheidungsgewalt liefert auch der berühmte karthagische General Hannibal. Annähernd ein Jahrhundert nach den Ereignissen in Persien wurde Hannibal in einer Seeschlacht erniedrigend geschlagen, und Rom errang seinen ersten großen Sieg zu Wasser, nämlich in der Schlacht von Mylae. Hannibal war in die Schlacht gezogen, weil er glaubte, er hätte eine Chance, die römische Marine zu vernichten, die er entdeckt hatte. Hätte er auf die Entscheidung vom Senat in Karthago warten müssen, ob und wie er die Gelegenheit nutzen sollte, die sich ihm bot, wäre sie vertan gewesen. In Karthago wurden, wie in Persien, alle Entscheidungen zentral getroffen, wobei hier alle Entscheidungsgewalt in den Händen des demokratisch gewählten Senats lag, dessen Mitglieder fest überzeugt waren, sie wüssten besser als die Feldkommandanten, was das Beste für Karthago war. Zu Hannibals Leidwesen kostete ihn seine eigenmächtige Entscheidung seine gesamte Flotte.

Hannibal fürchtete nun zu Recht, man würde ihm in Karthago darob die Hölle heiß machen, weshalb er einen Boten hinschickte, der den Senat fragen sollte, ob Hannibal mit seinen 200 karthagischen Schiffen eine römische Flotte von 120 Schiffen angreifen sollte. Die Senatoren rieben sich erfreut die Hände und drängten Hannibal, nur ja anzugreifen.

Daraufhin teilte Hannibals Bote dem Senat mit: „Sehr gut. Genau deshalb hat Hannibal gekämpft, aber leider haben wir verloren. Doch da Sie es ja anordneten, trifft ihn keine Schuld."[12] Über den Sieg in der Schlacht von Mylae freute man sich in Rom ganz besonders, weil die Karthager, die bisher die Herren der Meere gewesen waren, stets behauptet hatten, die Römer hätten so wenig Ahnung von der Seefahrt, dass sie sich nicht einmal die Hände mit Wasser waschen sollten. Die Römer wiederum hatten die Karthager gewarnt, dass die Schüler häufig irgendwann ihre Lehrer überholten.[13] In Mylae jedenfalls bewiesen sie, dass sie in der Seefahrt allemal bessere Schüler waren als die Karthager Lehrer.

Die Schlacht von Gaugamela

Um Alexanders Marsch nach Babylon aufzuhalten, wartete Dareios' Armee von 200.000 Infanteristen und 40.000 Kavalleristen in der Nacht des 30. September 331 v.Chr. in den Ebenen von Gaugamela auf ihn. Überall in dem kurdischen Gebiet stieg Rauch aus den Dörfern und von den Feldern auf, die Dareios hatte in Brand setzen lassen, damit Alexander keine neuen Vorräte fand. Die Makedonier waren ausgeruht, da sie vier Tage pausiert hatten, bevor sie in den glühend heißen Ebenen ankamen.

Alexanders Späher hatten ihm bereits von den drei befestigten Straßen berichtet, die Dareios in die Ebene hatte bauen lassen, um seiner Kavallerie und seinen Streitwagen ebenen Boden für ihre Manöver zu bereiten. Man hatte Dareios nämlich gesagt, er wäre deshalb bei Issos gescheitert, weil die Perser keinen Platz zum Manövrieren gehabt hatten. Diesmal wollte er daher sichergehen, dass ausreichend Platz vorhanden war. Zum Feind hin waren die Straßen außerdem mit Bremsecken gespickt, ähnlich denen, die man bei den Einfahrten von Autovermietungen sieht. Wie viele Generäle war auch Dareios darauf eingestellt, dass diese Schlacht die letzte des Krieges sein würde. Ihm war nicht klar, dass die Schlacht bei Issos eine Pokerrunde gewesen war, wohingegen diese eher ein Schachspiel werden würde. Darauf war er nicht vorbereitet.

Als Alexander den Feind gut vier Meilen entfernt entdeckte, ließ er die Lager für die Nacht aufbauen. Dann nahm er ein paar seiner Kommandeure und galoppierte in die Dunkelheit hinaus, um das Terrain und die persischen Stellungen zu erkunden. Wie andere große Generäle nach ihm, etwa Napoleon und Wellington, bestand auch Alexander darauf, alles selbst zu sehen. Fast möchte man meinen, Alexander hätte damals schon gewusst, was Napoleon 2.000 Jahre später sagen würde: „Ein General, der die Dinge mit den Augen anderer sehen muss, wird nie imstande sein, eine Armee so zu kommandieren, wie sie kommandiert werden muss." Alexander, der für seinen Heldenmut in der Schlacht berühmt war, führte seine Armee nie in eine Schlacht, deren Erfolgschancen er vorher nicht genau kalkuliert hatte. Dass er sich vorher alles mit eigenen Augen ansah, diente zum Teil dazu, seine Möglichkeiten einzuschätzen, zum Teil aber auch, alle Eventualitäten in Betracht zu ziehen. In keinem Bereich menschlichen Handelns greift Murphys Gesetz – Alles, was schief gehen kann, geht auch schief – mit solcher Konsequenz wie in der Kriegsführung. Der preußische Militärstratege Carl von Clausewitz nannte es „Friktion" – das Zusammenspiel von unvorgesehenen Umständen, welche sorgfältig ausgearbeitete Schlachtpläne stören. Nur wer sich auf diese Umstände vorbereitet und ihnen anpasst, kann gewinnen.

Alexander sah, dass die gesamte persische Armee in Schlachtordnung aufgestellt war. Die Stellungen nahmen über vier Meilen in der Breite ein. Er rief seine Offiziere zu sich. Parmenion schlug einen Nachtangriff vor. Laut Arrian soll Alexander auf diesen Vorschlag hin gesagt haben: „Ich werde mich nicht klein machen, indem ich mir den Sieg wie ein Dieb stehle."[14] Wir wissen nicht sicher, ob Alexander diese Worte tatsächlich gesagt hat oder ob sie ihm zu Propagandazwecken zugeschrieben wurden, aber sie werden bis heute häufig und gern zitiert.

Schließlich wandte er sich an seine Offiziere und sagte, er bräuchte sie kaum aufzufordern, ihre Pflicht zu tun, da er in den letzten Schlachten bereits gesehen hatte, dass sie ihr Bestes gaben und siegen würden. Sollten sie nicht ihr Bestes geben, gab es sowieso nur die Niederlage. Diesmal würden sie nicht wie vorher für die Zukunft Syriens, Ägyptens oder Phöniziens kämpfen, sondern für das Herz Asiens. Jeder Offizier wurde angehalten, seine Truppen an die Disziplin zu erinnern, die man von ihnen erwartete – schweigend zu marschieren, und im richtigen Moment „ihren Schlachtruf auszustoßen und den Feinden Gottesfurcht einzujagen"[15]. Dann sagte er ihnen allen, sie sollten sich die Nacht über ausruhen.

Dareios wartete indes mit seinen Truppen in Schlachtformation die ganze Nacht auf einen Angriff Alexanders. Es kam keiner. Am nächsten Morgen, nach einem stärkenden Frühstück, machten sich die Makedonier zur Schlacht bereit. Dareios hatte eine traditionelle Schlachtlinie mit der Infanterie im Zentrum und der Kavallerie an den Flanken seiner vier Meilen breiten Formation. Entlang der gesamten Breite waren Streitwagen verteilt, und vorn und in der Mitte standen Elefanten. Alexander war angesichts dieser Stellung klar, dass Dareios plante, die makedonischen Stellungen mit den Elefanten und den sichelbewehrten Streitwagen aufzubrechen, bevor er sie mit der Kavallerie attackierte.

Und da Alexanders gesamte Formation gerade mal so breit war wie das Zentrum der persischen, wäre es für einen guten Strategen und Taktiker ein Leichtes gewesen, diesen Plan umzusetzen.

Zum Glück für Alexander war Dareios weder ein Stratege noch ein Taktiker. Alexander marschierte die ersten drei der vier Meilen Distanz zwischen den Truppen und vermittelte seinem Gegner so den Eindruck, er würde direkt in die „Straßensperre" laufen, die man für die Makedonier errichtet hatte. Dann jedoch, etwa eine Meile vor den persischen Stellungen, orderte er seine Truppen in die „schiefe Schlachtordnung" nach Epameinodas, bei der die rechte Flanke nach vorn und die linke nach hinten geht. Diese Formation bedeutete, dass sich die Makedonier auf einen bestimmten Punkt der feindlichen Frontlinie konzentrieren, an diesem in die Stellung einbrechen und so die persische Armee quasi von innen heraus bekämpfen würden.

Dareios versuchte, seine linke Flanke auf die makedonische rechte vorzubereiten, die jeden Moment angreifen würde, doch seine fünfmal so große Armee war einfach zu unbeweglich und reagierte zu langsam. Er be-

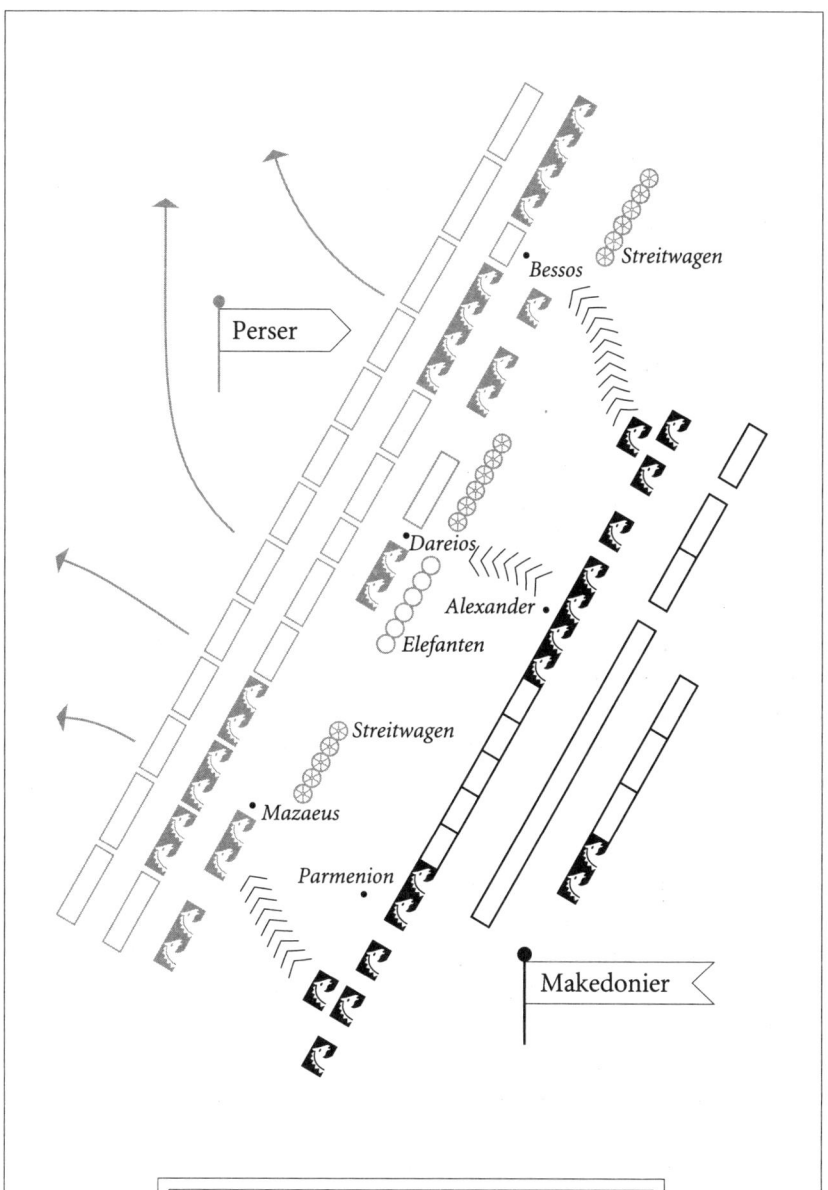

Streitwagen

Bessos

Perser

Dareios

Alexander

Elefanten

Streitwagen

Mazaeus

Parmenion

Makedonier

GAUGAMELA

fahl seinen Streitwagen loszufahren, aber da die Makedonier nicht auf den befestigten Straßen marschierten und es außerdem geschafft hatten, die Pferde, die die Wagen zogen, scheu zu machen, indem sie mit ihren Lanzen und Schwertern auf ihren Schildern trommelten, machten die Tiere in Panik kehrt und schlitzten sich an den Sicheln die Beine auf.

Da die Streitwagen somit außer Gefecht waren, befahl Dareios nun seiner Infanterie und den Kavallerieeinheiten, im Zentrum der Formation anzugreifen. Einige von ihnen waren bereits nach links ausgewichen, um Alexanders rechten Flügel abzuwehren, wodurch eine Lücke mitten in der persischen Stellung entstanden war. Diese Lücke sah Alexander, der stets genau überblickte, was auf dem Schlachtfeld vor sich ging, holte seine Ritter von der Rechten und attackierte das persische Stellungszentrum mit einer „keilförmigen" Kavallerieformation, welche diverse Kavallerieränge niedermachte, bis sie an der Stelle angekommen waren, wo Dareios auf seinem opulent geschmückten Streitwagen stand.

Alexander führte die Einheit selbst an, aber die Makedonier hatten diese Manöver so oft geübt, dass sie sie praktisch im Schlaf beherrschten. Ihre Leistungen ähnelten denen der Wiener Philharmoniker, die nie einen festen Dirigenten gehabt hatten – die Musiker spielen jeden Abend in der Wiener Staatsoper und üben so oft, dass ihre Instrumente sich mit derselben Mühelosigkeit zu einer Melodie verquicken wie die Atemrhythmen eines schlafenden alten Ehepaares. Die persische Verteidigung löste sich zusehends auf, während die makedonische Kavallerie immer weiter vordrang, und nachdem sein Streitwagenlenker von einem makedonischen Speer niedergestreckt worden war, machte auch Dareios kehrt und floh vom Schlachtfeld.

Als Alexander ihm gerade nachsetzen wollte, erreichte ihn die dringende Nachricht von Parmenion, dass die makedonische Linke, die er führte, massiv attackiert wurde. Sogleich galoppierten die Ritter mit Alexander zu Parmenion, um ihm zu helfen. Die persische rechte Flanke zerstob, sobald die Männer Alexander von hinten herankommen sahen. Die Makedonier gewannen die Schlacht, doch Dareios zu töten oder gefangen zu nehmen, war ihnen wieder nicht gelungen. Auch diesmal befahl Alexander Parmenion anschließend, sich den persischen Gepäckzug anzueignen, und machte sich auf die Suche nach Dareios. Die Schätzungen der Verluste variieren sehr stark, aber vorsichtige Schätzungen gehen von 30 Prozent Verlusten auf der persischen und knapp einem Prozent Verlust auf der makedonischen Seite aus.

In den Folgemonaten marschierte Alexander in die persische Hauptstadt Babylon, in Susa und in Persepolis ein. Aber wenngleich er die Städte einnahm und die persischen Schätze praktisch unangetastet vorfand, war von Dareios keine Spur zu entdecken.

Fast ein Jahr nach Gaugamela und fünf Jahre nach Issos verfolgte Alexander Dareios, während er sein Imperium weiter ausdehnte und konsolidierte. Mittlerweile erstreckte es sich von Griechenland im Norden bis nach Ägypten im Süden, über Syrien, Mesopotamien und Persien bis ins westliche Asien.

Alexander fand Dareios schließlich lebend – allerdings wenige Augenblicke vom Tod entfernt. Dareios war von einem seiner Generäle niedergestochen und in einem Wagen am Straßenrand zwischen Iran und Afghanistan zurückgelassen worden. Hier entdeckte Alexander den sterbenden König mit einer kleinen Gruppe loyaler persischer Soldaten um sich, die ihn beschützten. Dieses Zusammentreffen der beiden großen Feldherren wurde seither in zahlreichen romantischen Gedichten und Miniaturen beschrieben. Gemäß dem persischen Poeten Ferdausi aus dem zehnten Jahrhundert, der die *Shanama ("Königsbuch")* schrieb, dankte Dareios Alexander für die gute Behandlung seiner Mutter, seiner Frau und seiner Kinder. Nach den griechischen Mythen übergab der persische König Alexander offiziell sein Königreich. Man geht davon aus, dass Alexander Dareios in seinen Umhang hüllte, ihm seinen Respekt als würdigen Gegner zollte und seinen Leichnam nach Persepolis bringen ließ, wo er neben den anderen großen persischen Königen bestattet wurde.

Zusammenfassung der zentralen Themen

1. EINE GLOBALISIERUNGSSTRATEGIE ENTWERFEN

Alexander ging bei seinen Expansionen systematisch vor. Die Verfolgung Dareios' wurde während der Belagerung von Tyrus und der Invasion Ägyptens unterbrochen, obwohl Alexander wusste, dass er dem Perserkönig damit Zeit gab, die gebeutelte persische Armee nach der Schlacht von Issos wieder aufzubauen. Alexander aber verfolgte das größere Ziel, die Welt zu beherrschen, und die Eroberung von Tyrus und Ägypten bot ihm eine Marinebasis, mehr Kapazitäten in der Seekriegsführung und Zugang zu den Holzvorräten der Phönizier und Assyrer für den Schiffbau. Zudem hinderte seine Eroberung diese Länder daran, Griechenland oder Makedonien anzugreifen.

2. Werte erhalten

Alexander mied stets den Zermürbungskrieg, da er wusste, dass sich mit einem andauernden Krieg auch der Wert des Landes schmälerte, das er damit eroberte. Er stellte sich als Befreier der Menschen von den persischen Unterdrückern dar, und die Einwohner vieler Nationen fanden seine Argumente überzeugend genug, um sich bereitwillig auf seine Seite zu schlagen.

3. Diejenigen bestrafen, die sich nicht an die Regeln halten

Als Tyrus schließlich fiel, verloren 8000 Tyrer ihr Leben und die übrigen wurden in die Sklaverei verkauft. Wie bei der Zerstörung Thebens war auch die Behandlung der Tyrer, wie die der Gazer danach, ein Warnsignal an alle, sich ihm besser nicht zu widersetzen.

4. Den Pluralismus fördern und so die Gesellschaft stärken

Alexander gestattete die Pflege der Sitten und Gebräuche der Länder, die er eroberte, neben den griechischen – ja, er ermutigte die Bewohner sogar dazu. In Ägypten beispielsweise baute er Alexandria mit großen Straßen, Kanälen und Wasserwegen. Vor allem aber sorgte er für eine Gesetzgebung, die im Einklang mit dem ägyptischen Rechtssystem war.

5. Regionale Talente nutzen

In Ägypten bat er die beiden ägyptischen Gouverneure, die den oberen und unteren Teil des Landes kontrolliert hatten, auf ihren Posten zu bleiben. In Tyrus engagierte er alle Marinearchitekten, Designer und Schiffbauer für seine Armee.

KAPITEL 8

„SCHNAUZE KONTRA SCHWANZ" – LOGISTISCHE STRATEGIE

Die Makedonier waren berühmt für ihre Schnelligkeit und ihre Überraschungstaktiken. Beides setzten sie weidlich ein, während sie riesige Menschenmengen und Güter durch große Wüsten in Libyen, Nubien, Syrien, Arabien, Thar und Makran bewegten, über einige der höchsten Bergkämme der Welt wie den Kaukasus und den Hindukusch, und an einigen der kriegerischsten Stämmen und Völkern vorbei. Die makedonische Armee war in ihrer Logistik effizient wie kaum eine andere, die die Menschheit je gesehen hat. Sie wurde zum Vorbild für Napoleon wie auch für viele modernere Armeen in den beiden Weltkriegen. Alexander ließ Vorräte per Schiff vorausverfrachten, die Schiffe dann auseinander nehmen und über Land zum nächsten Fluss auf dem Weg transportieren, wo sie dann wieder zusammengebaut wurden. Er begründete die Idee der zentralen Schaltstelle für alle logistischen Probleme und sorgte für einfache und klare Formulierungen der militärischen Ziele, die jeder Logistiker verstehen und nach denen er sich richten konnte. Daher nimmt es wenig wunder, wenn sich viele erfolgreiche Unternehmen und Militärinstitutionen bis heute mit Alexanders Logistik befassen, um von ihm zu lernen, wie sie ihre Arbeit optimieren können.

Eine populäre militärische Maxime lautet: Amateure sprechen über Strategie, Fachmänner diskutieren über Logistik. Kardinal Richelieu von Frankreich, der im 17. Jahrhundert mit dazu beitrug, dass die spanischen und Habsburger Dynastien ihren übermächtigen Einfluss in Europa verloren, schrieb in seinem politischen Manifest, die Geschichte hätte mehr Armeen durch schlechte Logistik verursacht als durch Niederlagen gegen einen Feind in Not und Chaos untergehen sehen.[1] Nehmen wir die Erfahrungen des deutschen Feldmarschalls Erwin Rommel im Zweiten Weltkrieg. Rommel wurde zum hochdekorierten General, als er 1940 die deutsche Invasion in Frankreich leitete. 1941 wurde er zum Oberbefehlshaber des Afrika-Korps. Der „Wüstenfuchs" und seine kombinierte deutsch-italienische Armee in Nordafrika wurden am Ende 60 Meilen vor Alexandria bei El Alamein vom britischen Feldmarschall Bernard Montgomery niedergeschlagen. Die deutschen Panzer waren besser ausgerüstet als die britischen, und die deutschen Truppen kämpften gut. Aber jede Nacht, während die Deutschen zu ihren Lagern *zurückkehrten,* um neue Vorräte zu holen, marschierten die Briten weiter vor – sie hatten im Vorwege mehrere Stützpunkte eingerichtet, an denen sie sich neu versorgen konnten. Die Deutschen verloren, weil sie an dem festhingen, was viele Militärhistoriker „die Nabelschnur der Versorgung" nennen. Man muss es sich wie ein Gummiband vorstellen: Die Briten blieben am äußersten Spannungspunkt, wohingegen die Deutschen die Spannung des Bandes Abend für Abend wieder lockerten. Die Briten gewannen letztlich, weil Montgomery die Rolle der Logistik für seinen militärischen Erfolg richtig einzuschätzen wusste. Er erkannte sogar, dass sage und schreibe 80 Prozent der Probleme, mit denen die Alliierten im Zweiten Weltkrieg konfrontiert wurden, rein logistischer Natur waren.

Vor dem Einzug in Afghanistan wurden die Wagen verbrannt

Dareios war tot, der Achaemeniden-Thron war in Alexanders Hand, und Dareios' Erben waren seine Gefangenen. Sämtliche persischen Großstädte waren von Alexander erobert worden. Mit dem Mittelmeer, Nordafrika und großen Teilen des Kauskasus' und Persiens unter seiner Kontrolle, zahlte Alexander seine griechischen Truppen mit den Schätzen aus, die sie in Persien gefunden hatten, und sorgte dafür, dass sie nach Hause zurückkehren konnten. Diejenigen Soldaten aber, die freiwillig bei ihm bleiben wollten, bekamen einen Bonus.

Die Makedonier ließ Alexander nicht heimkehren, auch wenn er damit eine Revolte unter den Männern riskierte, die sich seit Jahren auf dem Feldzug befanden. Erste Anzeichen von Meuterei wurden bereits in einigen Einheiten beobachtet, und Alexander entschied sich, das Problem direkt anzugehen. In einer eindrucksvollen Rede überzeugte er seine Soldaten, dass Persien so lange nicht unter ihrer Kontrolle war, wie sich nicht ganz Persien der Macht der Makedonier ergeben hatte. Solange persische Generäle wie Bessos, der für den Mord an Dareios verantwortlich war, sich frei in Persien bewegten, war der Sieg nicht komplett. Deshalb bat er sie, ihre Waffen aufzunehmen und mit ihm weiterzuziehen.

Schon bald erreichte sie die Nachricht, dass Bessos sich selbst zum rechtmäßigen Erben des Achaemeniden-Throns erklärt hatte und die persische Krone mitsamt aufrechter Tiara und königlichen Roben trug. Er hatte sich sogar den Titel Artaxerxes V. gegeben.[2] Bessos, ergänzten die persischen Informanten, nannte sich „König von Asien" und fand sich in ständiger Begleitung von Baktriern (Baktrien lag im heutigen nördlichen Afghanistan und Turkmenistan). Aus Alexanders Warte hätte die Nachricht gar nicht besser sein können. Sie lieferte ihm genau die Munition, die er brauchte, um seine Truppen zur nächsten Schlacht zu motivieren.

Während sich die Truppen zum Marsch ins westliche Afghanistan aufstellten, erkannte Alexander, dass diese Armee unter dem Gewicht der angesammelten Kriegsbeute zusammenzubrechen drohte. So beladen konnten sie auf keinen Fall die üblichen 35 Meilen am Tag marschieren. Wenn aber Bessos bereits mit den Resten der persischen Armee im Norden war und womöglich durch Allianzen weitere Streitkräfte mobilisierte, mussten die Makedonier schnell sein, um seine Formation zu zerschlagen.

Außerdem taten sich zwei weitere logistische Probleme auf. Philipp, Alexanders Vater, hatte die Begleitung von Frauen und Beziehungen zwischen Soldaten und einheimischen Frauen strikt verboten, Alexander jedoch hatte dieses Verbot aufgehoben, seit sie sich landeinwärts Richtung heutigem Iran und Irak bewegten. Er hatte sogar Ehen zwischen seinen Soldaten und den Frauen der Region gestattet, da Ehe das Verlangen nach einem Heim und Kindern förderte und somit hilfreich war, eine gewisse Ordnung und Moral in der Truppe zu erhalten.

Das zweite Problem war, dass Turkmenistan ziemlich dicht besiedelt und reich an Nahrungsmitteln war, der Weg durch den heutigen Iran und das nördliche Afghanistan sie allerdings durch die spärlich bewachsene und menschenfeindliche Karakumwüste führen würde. Und wenngleich er bisher ganz gut damit gefahren war, sich den Leuten als „Befreier" anzupreisen, damit sie ihm gaben, was immer er brauchte, war ihm durchaus klar, dass die Menschen, auf die sie jetzt treffen würden, weniger großzügig mit ihren Nahrungsmitteln sein würden, da sie es mit dem neuen Herrscher Persiens zu tun hatten, „da die örtliche Bevölkerung grundsätzlich gegen neue Herrscher ist"[3].

Alexander befahl, die beladenen Wagen zu ihm zu bringen, nachdem das Notwendigste heruntergenommen worden war. Dann ordnete er an, die Maultiere und Esel freizulassen. Anschließend zündete er eine Fackel an und setzte den Wagen in Brand, in dem *sein* Gepäck war, bevor er die restlichen Wagen ebenfalls anzünden ließ. Die Makedonier sahen zu, wie all ihr Übergepäck und die Dinge, die sie auf ihren Feldzügen gesammelt hatten, in Flammen aufgingen. Einfach so. Niemand widersetzte sich. Niemand rannte herbei und versuchte, sein Gepäck zu retten. Alle sahen schweigend zu. Obwohl sie enttäuscht waren, siegte nach all den Jahren, die sie marschierten, ihre berühmte Selbstdisziplin.[4] Sie waren froh, dass ihre Ladung leichter geworden war, wofür sie in den kommenden Wochen noch besonders dankbar sein sollten. Viele Generäle ahmten Alexanders Beispiel nach, einschließlich Napoleon, der dasselbe bei seinem glücklosen Rückzug von Moskau tat.

Nimm nichts mit, was du nicht brauchst

Wie Alexander seine Ladung verbrannte und auf ein absolutes Minimum reduzierte, um nur das mitzunehmen, was er unbedingt brauchte, baten auch die US-Militärs bei der Operation „Enduring Freedom" (dem Codenamen der Amerikaner und Briten für die Niederschlagung des Taliban-Regimes und die Zerstörung der Basis von Osama bin Ladens internationalem Terroristennetzwerk in Afghanistan) ihre Truppen, nur das Wesentliche mitzunehmen. Per Computer wurde errechnet, was sie wann brauchten, wann welche Vorräte aufgestockt werden mussten, und stellten automatisch Nachschubbestellungen für die Lieferanten aus.

Der Transport von Eilgütern, der früher ausschließlich mit Militärflugzeugen und Marineschiffen durchgeführt wurde, wird heute über FedEx und DHL abgewickelt. Vom Zweiten Weltkrieg bis zu „Enduring Freedom" wurden die Kampfeinheiten, so groß sie auch sein mochten, ausnahmslos von gleich großen, wenn nicht noch größeren, Versorgungssystemen unterstützt. In den meisten Kriegen war das „Schnauze-Schwanz-Verhältnis" – der Standardvergleich für das Größenverhältnis von Kampf-(Schnauze-) und Versorgungs-(Schwanz-)Einheit – annähernd 1:1. Bei „Enduring Freedom" war die „Schnauze" allerdings weit größer als der „Schwanz".

Der Einsatz von Über-Nacht-Frachtdiensten in Zeiten nationaler Krisen ist durchaus verständlich, aber nicht jeder kann FedEx, UPS oder DHL für seine Versorgungstransporte einsetzen, weil die Kosten doch exorbitant hoch sind. Einzelhändler etwa, die Sportartikel verkaufen, müssen sich auf ein logistisches Netzwerk verlassen – oder die Logistikkosten würden ihre gesamte Gewinnmarge aufzehren.

Wie Alexander klare Abstriche machen musste bei dem, was mitgenommen wurde und was nicht, müssen auch Einzelhändler sie bei der Entscheidung machen, welche Artikel sie im Lager haben und welche nicht, welche sie über Nacht heranschaffen können müssen und welche nicht. Den meisten Kunden ist nicht klar, dass Geschäfte – insbesondere in den Stadt- oder Einkaufszentren – hochpreisige Standorte sind, bei denen die Bevorratung z.B. von Ventilatoren und Klimaanlagen im Sommer oder Schneepflügen im Winter saisonabhängig sinnvoll ist, außerhalb der Saison jedoch nicht, wenn diese Geräte in Lagerhäusern billiger aufgehoben sind. Demgegenüber können Einzelhändler wie IKEA und Wal-Mart ihre gesamten Bestände am Lager haben, weil sie sich günstigere Standorte suchen, an denen sie ihre riesigen Läden im Lagerhausstil bauen. Der Grund, weshalb IKEA einen Esstisch am Lager haben kann, während ein anderes Möbelgeschäft acht Wochen braucht, um ihn zu liefern, ist der, dass IKEA ein ganz bestimmtes Kundensegment anspricht, das bereit ist, den kompliziertesten Teil der Wertkette im Möbelgeschäft selbst zu übernehmen: den Zusammenbau.

Der Schnelligkeit der Operationen von „Enduring Freedom" lag eine Technik zugrunde, die erstmals in den 1970ern und 1980ern von japanischen Autobauern und Teilelieferanten eingesetzt wurde: die „Just-in-time"-Lieferung, bei der alle Teile und alles Zubehör für ein Auto täglich oder stündlich geliefert werden konnten – „wenn sie gebraucht wurden". Eine Fünf-Jahres-Studie des Massachusetts Institute of Technology (MIT) zur Zukunft des Autos ergab, dass 1982 über 50 Prozent aller japanischen Zulieferer ihre Teile an die großen Autobauer wie Honda, Toyota und Nissan im Tagesrhythmus, und 31 Prozent im Stundentakt liefern würden.[5] In den Vereinigten Staaten lag die Zahl der Zulieferer, die innerhalb von Stunden ausliefern konnte, noch 1988 bei mageren zehn Prozent.[6] Die Japaner revolutionierten darüber hinaus den Gedanken der Massenproduktion in der Automobilindustrie, wie ihn erstmals Henry Ford und Alfred Sloan entwickelten, indem sie in den 1990ern die „lean production" (schlanke Produktion) einführten. Heute verändert diese Technik die Bestellung, Herstellung und Lieferung von allem, angefangen bei Dell-Computern bis hin zu Boeing-Flugzeugen. „Lean production" reduziert Überschüsse, mindert die Lagerbestände und konnte nachweislich die Zeit halbieren, die man braucht, um ein Flugzeug zu bauen. Dafür erfordert sie einen stringenten und zeitnahen Informations- und Materialfluss zwischen Kunden, Lieferanten und Herstellern.

„Lean production" funktioniert auch beim Militär. Bis 1997 musste ein in Camp Pendleton bei San Diego stationierter Marineoffizier auf ein gängiges Ersatzteil normalerweise eine Woche lang warten.[7] Bei der Operation „Enduring Freedom" wurde die Logistikkette neu strukturiert, sodass dasselbe Ersatzteil denselben Marineoffizier innerhalb von Stunden in jedem Schützengraben irgendwo auf der Welt erreicht. Der Zeitunterschied ist in etwa vergleichbar dem, den man hat, wenn man ein Möbelstück bei einem normalen Möbelhändler bestellt, wo man im Schnitt sechs Wochen auf die Lieferung wartet, und dem, wenn man ein ähnliches Möbelstück bei L.L. Bean bestellt und es am nächsten Tag bekommt.

Der Fairness halber sei gesagt, dass die Amerikaner in der Logistik nicht das erreicht hätten, was sie in Afghanistan erreicht haben, wäre ein großes Landheer zu versorgen gewesen. Im Golfkrieg beispielsweise brauchten die USA vier Monate, um alle Vorräte herbeizuschaffen, die für die Versorgung der Bodentruppen von einer halben Million Soldaten ausreichten. Die Truppenstärke in Afghanistan beschränkte sich auf ein paar Tausend, und da es sich größtenteils um Spezialeinheiten handelte, waren sie darauf trainiert, bis zu 30 Tage ohne irgendwelche Nachschübe auszukommen.[8]

Deshalb konnte die Armee ihre Versorgungslinien auf ein Minimum reduzieren und damit auch verhindern, dass sie an einzelnen Stellen unterbrochen wurden. Wie die Historiker uns nämlich immer wieder gern erklären, ist Afghanistan schon zum „Friedhof zahlreicher Armeen in der Geschichte"[9] geworden, angefangen mit zwei britischen Expeditionen – 1839 und 1878 – bis hin zur Jahrzehnte währenden sowjetischen Besetzung, die 1979 begann. In einem Land, das zu 80 Prozent aus Gebirgen besteht, konnten Guerillaeinheiten mühelos Versorgungslinien kappen, Konvois in Hinterhalte locken und auf diese Weise letztlich jeden demotivieren und demoralisieren, der überlebte.

Versorgungsvorhut

Ein Schlüsselelement in Alexanders Logistik war der hoch entwickelte Nachrichtendienst. Alexander stützte sich nicht, wie die Perser, auf ein weit verzweigtes Spionagenetzwerk, das Falschmeldungen lancierte, Behörden bestach und Aufstände anzettelte. Stattdessen bezog er seine Informationen hauptsächlich aus zwei Quellen: zum einen von Fachleuten wie Botanikern, Zoologen, Meteorologen, Landvermessern, Kartographen und Historikern, und zum anderen von den Einheimischen, den Menschen, die in den Regionen lebten, die er eroberte. Auf Letztere verließ er sich vor allem dann, wenn es Strategien zu überprüfen galt, für die er und seine Berater sich entschieden hatten. Dadurch vermied er unvorhergesehene Situationen, die eintreten konnten, wenn er bestimmte Probleme nicht hinreichend berücksichtigte. Offensichtlich beherrschte er es ausgesprochen gut, aus diesen unterschiedlichen Quellen ein Gesamtbild zusammenzufügen und anhand dessen genau einzuschätzen, für wie viele Truppen welche Region Versorgung bot. Auf Basis dieser Information wurden die nächsten Schritte geplant. Als er beispielsweise die persische Hauptstadt Persepolis einnahm, hatte er gerade mal 17.000 Soldaten dabei, weil das Land keine Versorgungsmöglichkeiten für eine größere Truppe bot – auf keinen Fall für die 87.000 Mann und die annähernd 9.000 Lasttiere, die sich in seiner Entourage befanden.[10]

Napoleon ließ sich vor jedem geplanten Feldzug alle Bücher über die betreffende Region kommen – historische, topographische, botanische, zoologische, geographische und sonstige Literatur –, um sich so eingehend wie möglich mit den dortigen Bedingungen vertraut zu machen. Im Golfkrieg registrierten Militärsatelliten jedes Eisenbahngleis, jedes Öldepot, jede Raffinerie und jede Oase in der irakischen Wüste, die dann in die Logistikpläne der US-Army aufgenommen wurden, damit die Panzer, Lastwagen und Truppen im Falle einer längeren Offensive auf diese Versorgungsquellen zurückgreifen konnten – um die irakische Logistikkette zu kappen oder sie für ihre eigenen Zwecke zu nutzen.

Alexanders überlegenes Nachrichten- und Informationssystem war ein wesentlicher Grund dafür, dass die Makedonier immer wieder schwieriges Terrain überwinden konnten, in dem andere Armeen heftige Verluste durch Hunger oder Wasserknappheit erlitten.[11] Wie der Herzog von Wellington

243

hätte auch Alexander sich brüsten können, viele Männer wären imstande, eine Armee zu kommandieren, doch nur er könnte sie auch ernähren.

Man geht gemeinhin davon aus, dass Alexander der letzte Feldherr war, dem es gelang, Afghanistan zu erobern (nach seinem Tod wurde das Land zunächst Teil des Imperiums von Seleukos Nikator und gehörte später, gemäß einem politischen Arrangement, für 300 Jahre zum indischen Maurya-Reich, das von einem 24-jährigen Inder namens Chandra Gupta Maurya gegründet wurde, der Seleukos' Schwiegersohn werden sollte). Der Grund, weshalb Alexander Afghanistan erobern konnte und das Land für etwas über 300 Jahre Teil des Imperiums blieb, das er hinterließ, war, dass Alexander in den Städtebau investierte und Verbindungen zwischen Afghanistan und anderen Ländern der Welt herstellte.

Als er seine erste Stadt in West-Afghanistan baute – Alexandria-in-Areia (heute Herat) – plante er gleichzeitig seine weitere Verfolgung Bessos'. Über seine Nachrichtendienste hatte er erfahren, dass das nördliche Afghanistan zwar dicht besiedelt und Ackerland war, er dorthin allerdings große Strecken unwegsamer Wüsten durchqueren musste.

Auf der Suche nach einer kultivierten Region, in der er ausreichend Nahrung für seine Armee finden würde, führte Alexander die Makedonier südlich von Areia Richtung Helmand-Tal, um dem Winter auszuweichen. So entfernte er sich Hunderte von Meilen von seinem Ziel im alten Baktrien (Nord-Afghanistan und Turkmenistan), wo Bessos mit seiner Armee stand.

Die Tausend-Meilen-Strecke von Areia zur nächsten Stadt, die er baute, Alexandria-in-Arachosia (heute Kandahar), war alles andere als leicht, denn sie führte die Makedonier durch die 150 Meilen lange Todeswüste, in der niemand lebt, nichts wächst und „der Wind von 120 Tagen" alles sandschleift – Gebäude, Hügel und Menschen.[12] Viele Möchtegern-Eroberer vor ihm, etwa die legendäre babylonische Königin Semiramis im 18. Jahrhundert v.Chr. wurden hier zur Umkehr gezwungen, weil ihre Pferde im heißen Wüstensand zu versinken drohten. Alexander schaffte es, indem er seine Armee in kleinere Einheiten aufteilte, von denen jede ihre eigenen Vorräte transportierte und dort, wo sich größere Vorratsquellen auftaten, Nachschublager für die folgenden Einheiten einrichtete.

Den Winter über blieb die Armee in Kandahar, wo sie ungeduldig auf die Späternte von Weizen und Gerste wartete, die in dieser Region besonders üppig ausfiel. Seit der Gründung durch Alexander ist Kandahar der strategische Stützpunkt vieler Eroberungen gewesen, von denen jede hier ihre Spuren hinterließ. Einige Ärzte in Kandahar praktizieren beispielsweise bis heute die alte griechische Kräutermedizin („Yunnani"), die Alexanders Arzt Philipp von Akarnania nach Afghanistan importierte.[13]

Während der Ernte schickte Alexander Getreide voraus zu den Vorratslagern. Auf den 300 Meilen von Kandahar nach Kabul liegen die kargen Ebenen von Arachosien, wo es weder Wasser noch Nahrung gibt. Außerdem würde es auf dem Weg über diverse Bergpässe des Hindukusch bitterkalt werden und unwirtlich genug, um von jeder Jagdpartie auf der Suche nach Essbarem abzuraten – selbst wenn sich Wild finden sollte. Die Optionen waren daher klar: entweder nahmen sie alle Nahrung und alles Wasser mit, das sie unterwegs brauchen würden, oder sie lagerten es in so vielen Vorratslagern, wie sie irgend einrichten konnten. Die Vorratsvorhut war damals und ist heute noch ein revolutionäres Konzept. Darauf, eine Vorhut mit der Einrichtung von Versorgungsstützpunkten zu betrauen, sind seither nur die Briten im Zweiten Weltkrieg in Nordafrika und die Amerikaner im Golfkrieg gekommen und bilden damit Ausnahmen in der Militärgeschichte.

Angesichts des stark reduzierten Gepäckzuges mussten die Makedonier alle Kleidung und Ausrüstung selbst transportieren. Die Pferde und Maultiere trugen Teile der Belagerungsausrüstung, Katapulte, Steinschleudern, Rammen, Steigleitern und anderes. Der Nahrungsverbrauch lag bei über 200.000 Pfund Getreide, 200.000 Gallonen Wasser und 100.000 Pfund Tierfutter – pro Tag! Hinzu kamen Obst, Gemüse und Fleisch, sofern sie es irgend bekommen konnten. Da es keine Möglichkeit gab, Nahrung in der Wüste aufzutreiben, und die Truppen diese Mengen nicht transportieren konnten, wurden die Vorratslager mit Getreide, Wasser und Futter gefüllt. Die Truppen sollten jeweils Vorräte für drei Tage mitnehmen, was, nach der sorgfältigen Kalkulation von Donald Engels, die äußerste Menge ist, die ein Einzelner selbst tragen kann. Hätten sie nur einen Tag länger unterwegs sein müssen, ohne an ein Vorratslager zu gelangen, hätten sie über 10.000 Lasttiere gebraucht.[14]

„Eine vernünftige Logistik ist eine Kampfmacht für sich"

Es war der 4. August 1990, „ein besonders heißer, schwüler und klebriger Tag in Georgia"[15], als der Zwei-Sterne-General William „Gus" Pagonis den Auftrag erhielt, die logistische Planung für einen multinationalen Kampftruppeneinsatz in Saudi-Arabien zu übernehmen. Am 2. August hatten Truppen des irakischen Präsidenten Saddam Hussein Kuwait überfallen und besetzt, und das Ziel der von den USA angeführten Militäraktion war, die Iraker aus Kuwait zu vertreiben. Als Pagonis am 8. August mit einigen Offizieren auf dem König-Abdul-Asis-Luftstützpunkt in Saudi-Arabien eintraf, waren schon die ersten Einheiten des 82. Luftwaffenregiments eingetroffen und hatten mit dem Aufbau der 550.000 Mann starken multinationalen Truppen begonnen, die auf dem Luftweg hergebracht wurden, während über sieben Millionen Tonnen Vorräte, Ausrüstung und Waffen auf dem Seeweg transportiert wurden.

Bis zum Beginn der Bodenoffensive am 24. Februar 1991 hatte die größte Mobilisierung der Geschichte viermal so viele Menschen und Vorräte wie die Berliner Luftbrücke von 1948 bewegt, und das in einem Drittel der Zeit.[16] Es waren genug Wasser und Nahrungsmittel für alle Truppen für einen Monat da, genug Munition für 45 Tage und genug Benzin und Diesel für fünf Tage.[17] Das Nervenzentrum des Logistikapparates bildeten acht Stützpunkte, die weniger als 90 Meilen auseinander lagen und den Lastwagen so eine Rundreise in unter 24 Stunden ermöglichten. Auf diese Weise konnten die multinationalen Truppen, wie auch schon Alexanders Armeen, überall unterwegs versorgt werden und waren nicht darauf angewiesen, immer wieder zu einer einzigen Versorgungsbasis zurückzukehren.

Zwei der Versorgungsstützpunkte, die im Voraus errichtet worden waren, lagen praktisch auf feindlichem Territorium, waren allerdings hinter Sandbunkern getarnt, die sie für den fremden Beobachter im unübersichtlichen Wüstengelände verschwinden ließen. Die Lastwagen wurden mit allem bepackt, was für weitere Stützpunkte gebraucht wurde, sodass die Truppen nicht fürchten mussten, während der Bodenoffensive plötzlich ohne Nachschub an Essen, Munition oder Diesel dazustehen. „Ich hielt mich an die Faustregel", schrieb Pagonis, „dass die Depots, aus denen die Corps versorgt wurden, nahe genug beieinander liegen mussten, um einen durchgängigen Nachschub während des Vormarsches zu garantieren."[18] Pagonis gab an, seine Logistik an den Studien der Strategien und Taktiken Alexanders des Großen und der britischen Armee im Kampf gegen Rommel in Nordafrika orientiert zu haben.

Das gesamte Logistiksystem stützte ein Flankenmanöver, das sich von den Flankenoperationen Alexanders des Großen ableitete, wie er sie erstmals in der Schlacht von Hydaspes einsetzte (siehe nächstes Kapitel). Bei diesem Endspurt des Golfkrieges, genannt das „Ave Maria" (nach dem Stoßgebet, dass der Werfer des letzten Balls im Spiel gen Himmel schickt), bewegte sich das VII. Corps in der Offensive beinahe 250 Meilen nach Norden zum Euphrat und schnitt die Versorgungs- und Kommunikationslinien der irakischen Armee ab, um schließlich von hinten an die Divisionen zu gelangen, die vor Kuwait und Saudi-Arabien standen. Die großen Panzer des VII. Corps wurden von Lastwagen aus betankt. Die U.S. Army machte sich eine Idee der Briten aus Nordafrika zunutze, die ihre Panzer per Trägerlastwagen an die Front brachten, damit sie auf dem Weg dorthin nicht gewartet oder repariert werden mussten – Ausfälle selbst technisch hoch entwickelter Panzer sind in Wüstenregionen an der Tagesordnung.

Das leichtere XVIII. Fliegercorps setzte sich nun hinter das VII. und überholte es direkt vor dem Überschreiten der irakischen Grenze. Das XVIII. Corps bewegte sich westwärts und griff die irakische Armee von vorn an. Damit gelang ihm, was Alexander erstmals in der Kriegsführung vormachte: es brachte sich von einer Defensivposition aus (der Verteidigung Saudi-Arabiens) in eine Offensivstellung gegen die Iraker. Die Zangenbewegung des VII. und XVIII. Corps zwang die irakische Armee innerhalb von vier Tagen zur Kapitulation. Damit war das Ziel des Golfkriegs erreicht, das General Colin Powell mit den einfachen Worten „Erst schneiden wir die irakische Armee ab, dann töten wir sie" formuliert hatte.

Der Oberkommandeur der Streitkräfte, General H. Norman Schwarzkopf, hatte der Logistik von Anfang an eine zentrale Rolle zugedacht und dementsprechend General Pagonis noch vor Beginn der Bodenoffensive zum Drei-Sterne-General befördert, womit er dieselbe Befehlsgewalt und denselben Rang hatte wie die erfahrensten Taktiker unter den Kommandanten des Feldzugs. Auch diese Maßnahme hatte Alexander vorgemacht, als er die Logistik nicht nur zum Zentrum seiner Feldzüge machte, sondern auch dafür sorgte, dass sie von seinen Spitzengenerälen geleitet wurde. Parmenion war häufiger Leiter der Logistik, und jedesmal, wenn die Makedonier gewannen, war er dafür verantwortlich gewesen, die Gepäckzüge der besiegten Armeen zu konfiszieren und nach Hause transportieren zu lassen. Andere Generäle, die eine leitende Logistikfunktion erfüllten, waren Koenos und Krateros, beide erfahrene Kommandanten. Wie Pagonis hatten auch sie die alleinige Befehlsgewalt in logistischen Fragen, wann immer sie als Leiter dieses Bereichs eingesetzt waren.

Erfolgreiche Unternehmen investieren ebenfalls eine Menge in die Entwicklung ihrer Logistik und setzen Spitzenleute als deren Leiter ein. In kaum einer Branche ist die Logistik ein so sensibler Punkt wie in der Computerbranche. Jahrelang blickte jedermann auf Dells Direktkundenvertriebsmodell, bei dem Computer auf Bestellung für den individuellen Verbraucher gebaut und mittels eines gut geschmierten Systems innerhalb von ein oder zwei Tagen direkt an ihn geliefert werden. Für Konkurrenten wie Compaq repräsentierte das Dell-Modell so etwas wie einen Nischenmarkt, der, wie sie glaubten, nur für solche Käufer interessant war, die relativ einfache Computer wollten, obwohl der unbedarfte Käufer schon bei der Wahl der Grundfunktionen auf die Hilfe eines Händlers angewiesen war. Komplexe Systeme aber erforderten die Unterstützung und Installation durch den Fachhändler. Dells „Nische" entpuppte sich, zum Leidwesen von Compaq und anderen, als ziemlich groß. Wie viele andere Assembler entschied auch Compaq sich für ein Prognosen-Modell, bei dem monatlich oder im Quartalsrhythmus Bedarfsprognosen erstellt und die Computer entsprechend diesen Prognosen gebaut wurden. Compaq unterhielt auch ein kleines Direktvertriebsgeschäft, aber die meisten Computer wurden über Einzel- oder Fachhändler verkauft, die sie für ihre Geschäftskunden mit individualisierter Software oder Hardware aufrüsteten. Die Prognosezahlen erhielt Compaq von seinen Vertriebsleuten, und anhand dieser Zahlen wurde eine ausreichende Menge an Computern gebaut und an die Händler ausgeliefert. Unglücklicherweise kam es mit der Zeit zu einem gewaltigen Stau an Computern in den Unternehmenslagerhäusern wie auch bei den Einzelhändlern, da die Prognosen nicht der tatsächlichen Nachfrage entsprachen – wie sie es ja erfahrungsgemäß nie tun. Oft machten auch technische Veränderungen bestimmte Hardware oder Software schon in den sechs Monaten obsolet, die es maximal im Regal stehen darf, bis sich ein Käufer findet. Compaqs „Vorratsstützpunkte" bauten daher immer häufiger Bestände auf, die die Kunden nicht wollten. Und sie waren teuer. (Dell, die ihre Komponenten unmittelbar vor dem Einbau in den Kundencomputer kauften, profitierten dabei von dem durchschnittlich einprozentigen Preisverfall pro Woche bei den Komponenten.)

Im Gegensatz zu cleveren Bekleidungsketten wie Zara (die spanische Einzelhandelssensation, die die ganze Welt erobert) und Limited, die um die Anfälligkeit der Kundengeschmäcker wissen und selbst die heißesten Renner in ihre Sonderangebote nehmen, bot Compaq gar keine Sonderpreise oder zu spät. Günstige Compaq-Computer waren bestenfalls solche, die bei den Teenager als „total out" galten. Kein Wunder, dass das Compaq-

Prognosenmodell scheitern musste. Dell konnte indes seinen Marktanteil munter weiter ausbauen.

Compaq lernte auf die harte Tour, wie viele andere krisengeschüttelte Unternehmen, dass das Geschäft mit der Logistik steht und fällt – insbesondere wenn die Verkaufsartikel eine kurze Lebensspanne haben, wie Computer oder Modeartikel. Der britische Einzelhändler Marks & Spencer wurde jahrelang für seine mustergültige Logistik gerühmt – vor allem für die direkte Belieferung seiner Geschäfte in den Hauptstraßen, mit der die Firma selbst kurzfristige Lagerhaltung umging. Dennoch scheiterte das Unternehmen kläglich, als es in den späten 80ern und frühen 90ern ins Modegeschäft einstieg, in dem Logistik nicht bloß eine Frage des schnellen Nachschubs ist, sondern auch des richtigen Vorhersagens, Testens und Bedienens von Trends, die erst in der nächsten Saison kommen. Bis dahin hatten sie ihre Lebensmittelregale mit ihrem hoch effizienten Logistiksystem stets mit frischen Produkten gefüllt und ihre Bekleidungsabteilungen mit günstiger, qualitativ akzeptabler Kleidung, die sowohl von der modefernen Tante als auch von der Tochter, die Wert auf anständige Verarbeitung legte, getragen werden konnte. Als die Firma dann in „Mode" machen wollte, brauchten sie auf einmal eine weit ausgefeiltere Logistik, erkannte dabei allerdings nicht, dass Logistik weit mehr war als bloßer Vertrieb – ein Fehler, den viele Unternehmen machen, der Alexander jedoch nie unterlief. „Die Manager von heute, die viel zu sehr mit den unmittelbaren Problemen befasst sind", schrieb Graham Sharman, eine führende Autorität auf dem Gebiet Strategie und Logistik, vor beinahe 20 Jahren, „nehmen die Logistik nicht als das Schlachtfeld des Konkurrenzkampfes von morgen wahr. Dabei ist sie genau der Bereich, in dem der eigentliche Kampf ausgetragen wird."[19] Zu dieser Erkenntnis gelangen viele Unternehmen auf recht schmerzliche Weise, weshalb es umso erstaunlicher ist, wie klar Alexander sah, welchen Anteil die Logistik an seinen Erfolgen hatte.

Den Hindukusch überqueren, um über Afghanistan zu herrschen

Die hohen Berge des Hindukusch („Mörder der Hindus") erheben sich majestätisch hinter Kabul und verschwinden in der Landschaft, bevor sie in das höchste Gebirge der Welt übergehen, den Himalaja. Viele Eroberer, von Herakles und Dionysos bis zu den relativ modernen wie Tamerlane und Dschingis Khan, sind über diese Pässe gegangen, um die darunterliegenden Täler einzunehmen. Die Gebirgspässe sind übersät mit Knochen von Soldaten dieser Feldzüge, die zumeist in Niederlagen endeten. Die Paschtunen, die in den umgebenden Tälern leben, zählen zu den kriegerischsten Völkern der Welt. Man sagt, sie wären dann am friedlichsten, wenn sie sich im Krieg befinden. Zudem waren es nicht bloß die Männer, die man in diesen Regionen fürchten musste, wie die Briten auf ihren zwei glücklosen Expeditionen erfahren sollten, auch die Frauen waren gefährlich. Rudyard Kipling, der einiges über Afghanistan wusste, warnte in seinem Gedicht „The Young British Soldier", ein Verletzter in den Ebenen Afghanistans täte besser daran, sich mit dem Gewehr selbst das Gehirn wegzupusten, als in die Hände der afghanischen Frauen zu fallen, die ihn mit Sicherheit in Stücke teilen würden.

Nachdem sie gewartet hatten, bis die Nachzügler die Armee eingeholt hatten, entschied Alexander, seine gesamte Armee, den Gepäckzug und sogar die Begleiter über den Hindukusch nach Baktrien mitzunehmen, um Bessos nachzustellen. Von den drei großen Pässen über die Berge war der Salang Pass der am ehesten traversierbare: Er war der niedrigste und bot einige Vegetation, die zumindest ein paar der makedonischen Versorgungsprobleme lösen konnte. (Die Sowjets nutzten diesen Pass für ihre Invasion Afghanistans.)

Leider hatte Bessos, um Alexander von jedweder Versorgung abzuschneiden, die Erde um den Pass herum umpflügen lassen, sodass nichts wuchs, als die Makedonier hier ankamen. Der zweite Pass führte nach Bamian, einem Zentrum buddhistischer Lehre, wo die zwei riesigen Buddhastatuen beinahe zweihundert Jahre vor Alexander in die Felsen gemeißelt worden waren (um in den 1990ern von dem fundamentalistischen Talibanregime zerstört zu werden). Dieser Pass war die Hauptverkehrsader für die buddhistischen Mönche, die zwischen Indien, China und Afghanistan reisten. Unglücklicherweise war der Pass sehr schmal und führte die Makedonier weiter weg von dem Gebiet Baktriens, in dem Bessos Zuflucht gesucht hatte. Daher war der einzige Pass, der Alexander blieb und eine Überquerung mit 100.000 Menschen erlaubte – zwei Drittel Truppen und ein Drittel Familien und Begleiter – der Khawak Pass, der fast 3658 Meter über dem Meeresspiegel lag.

Mit 47 Meilen Länge war Khawak außerdem der längste der drei Pässe. Bessos hatte darauf gesetzt, mit dem Hindukusch zwischen sich und Alexander und dem schneebedeckten Khawak als einzigem Pass, über den auch noch die sibirischen Winde heulten, die sich zuvor in den Ebenen Zentralasiens aufgeladen hatten, vor einer baldigen Ankunft der Makedonier in Baktrien sicher zu sein. Er irrte sich.

Im Frühjahr 329 v.Chr., über fünf Jahre nach seinem Aufbruch von Makedonien, belud Alexander die Lasttiere mit so viel Gepäck, wie sie irgend tragen konnten, ließ Nahrungsrationen für drei Tage packen und machte sich auf den beschwerlichen Weg über den Hindukusch. Niemand hatte je eine solche Reise mit so vielen Leuten gewagt, und niemand wagte sie hinterher. Die nachfolgenden Militärexpeditionen waren deutlich kleiner und wurden entweder zu Pferd, mit Maultieren oder Kampfhubschraubern und Transportern unternommen.

Es war keine einfache Reise, nicht einmal für die abgehärteten Makedonier. Sie brauchten 16 Tage für den Weg über die Berge. Die Nahrungsmittel, die in halben Rationen ausgeteilt wurden, waren am sechsten Tag vollständig aufgezehrt. Auf 2438 Metern lag eine dichte Schneedecke, was bedeutete, dass sich keine Nahrung auftreiben ließ, sodass die Makedonier sich von wilden Beeren und Blättern ernähren mussten. Müde, frierend und hungrig trotteten sie weiter. Die Luft wurde dünner, je weiter sie nach oben kamen, und einige begannen zu halluzinieren. Viele kippten einfach um und starben. Die Steine, die man auf ihre Gräber legte, sind bis heute dort, ausgelegt in einem Kreis, wie es den griechischen Bestattungsbräuchen entsprach.[20]

Die mehrere Meilen lange Prozession war darüber hinaus der ständigen Bedrohung durch schwertbewehrte Bergreiter ausgesetzt, die sich leise an den Zug heranschlichen und dann so viele Makedonier niedermetzelten, wie sie erwischten, bevor sie sich wieder genauso schnell und leise davonmachten. Wer schon einmal Afghanen bei ihrem Nationalsport *Buzkashi* gesehen hat, weiß, was für Reiter sie sind. Zu behaupten, *Buzkashi*, was so viel bedeutet wie „Ziegengreifen", wäre ein gefährlicher Sport, käme einer maßlosen Untertreibung gleich. Man muss es sich ungefähr so wie Rugby vorstellen – zu Pferd. Bei dem Spiel kämpfen erstklassig trainierte Reiter auf erstklassig trainierten Pferden um den kopflosen Kadaver einer Ziege. Die Makedonier, die in der Ebene mehrere Male Armeen besiegt hatten, die vier-, sogar zehnmal größer waren als sie, waren überrascht und hilflos angesichts der Schnelligkeit und Brutalität, mit der die Afghanen ihnen in den Bergen zusetzten. Wenige Wochen nach der Überquerung der Berge verloren sie in einem Hinterhalt 2.000 Infanteristen und 300 Kavalleristen – die höchsten Verluste auf makedonischer Seite in über 20Jahren.

Als die Prozession sich dem Gipfel näherte, drohte ein Massensterben durch Hunger. Alexander befahl, einige der Lasttiere zu schlachten, damit ihr Fleisch gegessen werden konnte. Da sich in dieser Höhe kein Holz für Feuer auftreiben ließ, sollten die Leute das Fleisch roh essen. In diesem Augenblick kamen ihm die Ärzte und Botaniker aus seinem Gefolge zu Hilfe. Sie nämlich wussten um den Heilwert einer winzigen Pflanze, die in dieser Region im Schnee wuchs – einer Pflanze, die wir als Asafoetida[21] kennen; sie wächst bis heute dort und produziert ein Harz, das von den Yunnani-Ärzten zur Wundbehandlung und Heilung von Magenleiden benutzt wird – und sie forderten die Leute auf, das Fleisch der Lasttiere mit Tropfen dieses Harzes zu essen. Die Botaniker und Ärzte retteten die Truppen vor dem Hungertod. (Zahlreiche alte Beschreibungen von Pflanzen und Tieren Europas, Afrikas und Asiens lassen sich auf die Beobachtungen der Wissenschaftler zurückführen, die die makedonische Armee begleiteten – sie erforschten alles, was sie an Neuem entdeckten, fertigten ausführliche Beschreibungen an und analysierten, welche Pflanzen und Tiere essbar waren; beinahe ebenso viele detaillierte Beschreibungen und Fakten über das Ägypten der Neuzeit verdanken wir ursprünglich den Wissenschaftlern und Landvermessern, die Napoleons Armee begleiteten.)

Während der Bergüberquerung sprach Alexander seinen Truppen unablässig Mut zu und spornte sie an. Er erzählte ihnen Geschichten von Prometheus, der in der Höhle auf der anderen Seite des Berges angekettet gewesen war. Schließlich kamen seine Truppen und die Begleiter im Kundus-Tal an, wo sie sich in der baktrischen Hauptstadt Baktra (heute Balkh) stärkten, um die Jagd auf Bessos aufzunehmen.

Bessos, selbsternannter Herrscher von Persien, war so schockiert und verängstigt in Anbetracht der Entschlossenheit, mit der die Makedonier hinter ihm her waren, dass er eiligst nach Norden zog, über den Oxus-Fluss (heute Amu Darja) und im Inneren Zentralasiens Zuflucht suchte: zuerst in Turkmenistan und Tadschikistan, dann in Uskbekistan, Kirgistan und Kasachstan.

Die 80 Meilen von Baktra zum Oxus sind Wüstenterrain und gelten mit ihren über 43 Grad Celsius als mörderisch. Die Sandkörner, die dem Wanderer ins Gesicht wehen, fühlen sich an wie Funkenhagel. Der Wechsel zwischen der staubtrockenen Hitze am Tag und der Gebirgskälte bei Nacht sorgt für Fieberanfälle und Hitzschläge. Alexander befahl seinen Truppen, sich tagsüber auszuruhen und nachts zu marschieren. In Ermangelung von Wasser als Durstlöscher begannen einige Soldaten, den hochprozentigen Wein aus ihren Vorräten zu trinken – und wurden prompt krank. Nach vier Tagen gelangten sie an den Oxus. Viele Soldaten sprangen in das warme, keimverseuchte Wasser des Flusses und tranken davon. Fieber und Ruhr wüteten in der makedonischen Armee.

Alexander ließ die Kranken am Ufer zurück und veranlasste den Bau von Flößen aus Tierhäuten, Zeltplanen und allem, was sie an Holz und trockenen Gräsern finden konnten. Die Infanterie brauchte fünf Tage für die Flussüberquerung, die Kavallerie aber schaffte es an einem Tag und setzte direkt Bessos nach. Kuriere, die für Bessos' Kommandanten arbeiteten, entdeckten die rapide näher kommende Kavallerie und boten an, Bessos auszuliefern, wenn Alexander dafür die Jagd nach ihnen aufgab. Alexander jedoch war nicht in der Stimmung für Verhandlungen.

Er erfuhr von den Kurieren, dass Bessos auf dem Weg nach Maracanda war (dem heutigen Sarmakand), und beauftragte Ptolemais mit der Führung der Ritter.

Trotz der Hitze und des unbekannten Terrains ritt Ptolemais so schnell, dass er den Zehn-Tages-Ritt, der ihn von Bessos trennte, innerhalb von vier Tagen meisterte. Die Kommandeure in Bessos' Begleitung waren darob so perplex, dass sie ihm einen Holzkragen umlegten, ihn nackt auszogen und am Rand der Straße nach Samarkand liegen ließen. Bessos wurde zurückgebracht und von Alexander vor ein kleines persisches Gericht gestellt.

Jede Gesellschaft hatte ihre eigene Justizform. Die Eskimos sitzen um die Geständigen herum und erinnern sie, dass sie trotz ihrer Verbrechen noch geliebt werden. In vielen islamischen Kulturen werden Verbrecher zu Tode gesteinigt. Im alten Persien gehörten alle Familienmitglieder des Opfers zum Gericht. Unter dem Vorsitz von Dareios' Bruder wurde Bessos angeklagt und des Hochverrats für schuldig befunden. Man schnitt ihm die Ohrläppchen ab, wie es persische Sitte war, und peitschte ihn vor allen Versammelten aus. Anschließend schickte Alexander ihn nach Ekbatana, wo er vor das höchste persische Gericht gestellt wurde. Die Richter von Ekbatana befanden ihn ebenfalls für schuldig, und er wurde aufgespießt.

Alexander meinte, nun die vollständige Kontrolle über Afghanistan zu besitzen, weshalb er wenige Monate später sehr überrascht war, als sich unter der Führung eines früheren Generals von Bessos ein heftiger Aufstand regte. Erst jetzt erkannte Alexander, dass Bessos gar nicht der wahre Anführer seiner Truppe gewesen war – in Afghanistan ist eben nichts, wie es auf den ersten Blick scheint. Vor diesem Hintergrund ist es wenig verwunderlich, dass nach der kompletten Eroberung Afghanistans fünf Divisionen von je 10.000 Makedoniern über fünf Monate hinweg das gesamte Land durchkämmten, um jeden aufkeimenden Widerstand gegen die neuen Herrscher sofort niederzuschlagen. Alexander und seine Truppen drehten praktisch jeden Stein um, fest entschlossen, die Afghanen nie wieder zu einer Bedrohung werden zu lassen.

Alexanders Vermächtnis in Afghanistan währte über 300 Jahre – erst unter dem Seleukidenimperium, das nach seinem Spitzengeneral Seleukos Nikator benannt war, dann unter dem indischen Maurjanimperium, benannt nach Seleukos' Zeitgenossen und Freund Chandra Gupta Maurya, der Afghanistan in einem friedlichen Übereinkommen und gegen ein Geschenk von 500 Kriegselefanten bekam, und schließlich unter der Kuschan-Dynastie. Die Städte, die Alexander baute – Alexandria-in-Areia (Herat), Alexandria-in-Arachosia (Kandahar) und Alexandria-unter-dem-Kaukasus (Begram), gleich nördlich von Kabul – sind bis heute erhalten. Dasselbe gilt für zahlreiche Städte in Tadschikistan, Kirgistan und Usbekistan, einschließlich Samarkand, das zu einer zentralen Handelsstadt auf der Seidenstraße wurde.

Nichts von all dem wäre geschehen, hätte Alexander die Kunst und Wissenschaft der militärischen Logistik nicht beherrscht und damit ein Vermächtnis geschaffen, das bis in die zeitgenössische Wirtschaft und Kriegsführung wirkt.

Zusammenfassung der zentralen Themen

1. EINFACHHEIT

Das Grundprinzip des logistischen Systems von Alexander dem Großen war Einfachheit. Während andere Armeen des Altertums normalerweise so viele Begleiter wie Soldaten auf ihren Expeditionen mitführten, bei denen die Begleiter die Vorräte und Ausrüstungen der Kampfeinheiten transportierten, trainierten Philipp und Alexander ihre Soldaten darauf, alles was sie brauchten, selbst zu tragen. Damit reduzierten sie den logistischen Zug, der ihren Armeen vorausging oder nachfolgte, auf ein Minimum, und ermöglichten es der makedonischen Armee, sich in atemberaubender Geschwindigkeit fortzubewegen.

2. IM VORAUS VERSORGUNGSLAGER EINRICHTEN

Die meisten Armeen des Altertums, und viele moderne auch noch, waren an ihre Vorratsstützpunkte gebunden. Taktische Operationen scheiterten häufig daran, dass die vorrückenden Truppen nicht schnell genug mit Nachschub versorgt werden konnten, oder ihre Versorgungslinien vom Feind gekappt wurden. Der Erfolg der multinationalen Streitkräfte im Golfkrieg von 1991 basierte auf einem Prinzip, das wir erstmals bei Alexanders großer Armee beobachteten: Sie errichteten im Voraus Versorgungslager für die Truppen, die sich bei ihrer Ankunft dort mit Nachschub ausrüsten konnten.

3. WEIT IM VORAUS PLANEN

Da die Landwirtschaft im Altertum nur auf Deckung des Existenzminimums ausgelegt war und es weder Straßen noch Kommunikationsmittel gab, durfte sich Alexanders Armee nicht in dem Maße auf Nahrungsnachschub vom Land verlassen, wie es Napoleons Heer schon konnte. Bevor er eine neue Etappe in Angriff nahm, stellte Alexander daher sicher, dass das Vorausteam genügend Nahrungsmittel beim örtlichen Magistrat oder Herrscher beschafft hatte. Die meisten Städte und Siedlungen versorgten die Truppen freiwillig, doch wo dies nicht der Fall war, zwang er sie zur Rausgabe. In Regionen, wo keine Ortschaften waren, beriet sich Alexander zuvor mit den Botanikern, Zoologen, Meteorologen und Logistikern in seiner Entourage über die klimatischen Bedingungen sowie die Wild-, Frucht- und Gemüsebestände, auf die man zur Versorgung seiner großen Armee zugreifen könnte.

4. KLEINE EINHEITEN BILDEN

Wo sich die Makedonier nicht auf vorher errichtete Versorgungslager stützen konnten, teilte Alexander die Armee in kleinere Einheiten auf, die sich auf verschiedenen Wegen zum selben Ziel aufmachten. Jede Einheit war für ihre eigene Versorgung verantwortlich, und stieß eine von ihnen auf größere Vorräte, requirierte sie sie für die anderen. Sehr oft konnten ihm seine Späher genaue Schätzungen liefern, wie viele Menschen ein Ort oder eine Stadt mit ihren landwirtschaftlichen Produkten versorgen könnte, und Alexander nahm immer nur genau so viele Leute mit dorthin, während er die übrigen an Stellen zurückließ, an denen sie ausreichend Nahrung fanden.

5. EINEN FESTEN KONTAKTPUNKT SCHAFFEN

Alexander der Große traf viele Entscheidungen in logistischen Fragen selbst. Im Großen und Ganzen jedoch delegierte er logistikbezogene Entscheidungen an einen seiner erfahrenen Kommandanten, wie etwa Parmenion, der für die Planung und Durchführung verantwortlich war. Jeder wusste, wer das Sagen hatte, wenn es um Logistik ging.

KAPITEL 9

DIE KUNST DER TÄUSCHUNGSSTRATEGIE

Es war das Jahr 328 v.Chr., als Alexander sich auf die Invasion Indiens vorbereitete, jenes äußersten Land, hinter dem die Welt in einem riesigen Ozean endete – so hatte Alexander es von Aristoteles gelernt. Inzwischen waren von Griechenland bis zu den fernöstlichen Randgebieten Persiens alle Länder unter Alexanders Kontrolle, und er war wild entschlossen, sich an die Strände des Ozeans zu stellen und zum „Herrscher der Welt" zu erklären – zu demjenigen, der die bekannte Welt einte. Von diesem Wunsch jedenfalls war seine geplante Invasion Indiens anfangs getrieben. Deshalb war seine Enttäuschung unbeschreiblich groß, als er einige Monate später, nachdem er in Indien angelangt war, feststellen musste, dass es sich bei dem vermeintlichen Ozean lediglich um den Fluss Ganges handelte – an dessen anderem Ufer das Nanda-Imperium begann, welches von einer großen und ausgesprochen brutalen Armee geschützt wurde.

Alexander hatte allerdings noch einen weiteren Grund, nach Indien einzumarschieren: Es war eine Herausforderung, die er sich nicht entgehen lassen wollte. Kein Fremder hatte Indien je erobert, und die Erfahrungen einiger der größten Herrscher, die bei dem Versuch gescheitert waren, lieferten Stoff für zahlreiche Legenden. Ganz oben auf der Liste stand die legendäre Invasion der assyrischen Königin Semiramis im 18. Jahrhundert vor Christus. Während der langen Zeit ihrer Herrschaft hatte sie manch bemerkenswerten Erfolg eingestrichen, etwa die Stadt Babylon wiederaufgebaut, die fast tausend Jahre zuvor von den Hethitern zerstört worden war. Ihr Feldzug gen Indien jedoch fand ein vorzeitiges Ende in den Wüsten Afghanistans, die ihre Truppen nicht überwanden. Nebukadnezar, dem Aufgeben stets zuwider gewesen war – die 13-jährige Belagerung Tyrus' ging auf sein Konto –, versuchte es im sechsten Jahrhundert vor

Christus und scheiterte ebenfalls. Cyrus der Große, der Begründer des Achämeniden-Reiches, eroberte ganz Asien und sogar Griechenland, schaffte es auch nur bis zu den Grenzgebieten Indiens und nicht weiter. Selbst der königliche Herakles, der auf dem Weg zur Erfüllung der „12 Arbeiten" durch Indien kam, konnte diese Nation nicht erobern. Entsprechend standen die Vorzeichen für eine Eroberung durch Alexander alles andere als gut.

Trotzdem gab es Anlass zur Hoffnung. Der mythische Dionysos (oder Bacchus), der Gott des Weines und der Ekstase, hatte es geschafft (wenngleich auch wohl nur deshalb, weil er als Baby nach Indien gebracht worden war). Und was der Sohn Zeus' konnte, so glaubte Alexander, der mittlerweile von seiner göttlichen Abstammung überzeugt war, könnte er auch. Im Frühjahr 327 v.Chr. überquerte seine Armee den Hindukusch vom nördlichen Afghanistan ins Kabul-Tal. Dort machten sie eine Weile Rast, bevor er seine Truppen dazu überredete, den beschwerlichen Marsch nach Indien auf sich zu nehmen.

Die Invasion war sorgfältig geplant – und ausgeschmückt. Die Armee wurde in zwei Teile aufgesplittet, und Hephaiston sollte den größeren über den Khaiberpass in die sengenden Ebenen Indiens führen – die Hauptstrecke, die nachfolgende Armeen über die nächsten 2.000 Jahre gleichfalls nehmen sollten. Alexander führte unterdes eine kleinere Armee über die nördlichen Berge des Himalayas, ins Kaschmirtal, um genau zu sein. Von hier aus wollte er den äußersten Norden sichern, wo Indien am Himalaya endete, und zugleich Zentralasien auf der anderen Seite im Blick behalten. Der Himalaya war so hoch und Zentralasien so flach, dass man von dort praktisch die Erdkrümmung erkennen konnte – obwohl Alexander natürlich nicht wusste, dass die Erde rund war.

Die Makedonier spürten die Bewegungen des Schnees unter ihren Füßen und hörten mit Angst, wie das Eis weit unter ihnen knirschte, als sie Berge und Täler durchwanderten, in denen kein Mensch je zuvor gewesen war. Alexander hatte seinen Truppen erzählt, dies wäre der Weg, den Dionysos Jahrhunderte vorher gegangen war. Es ging also nicht um eine Eroberung, sondern vielmehr um eine Pilgerreise. Ein makedonischer Voraustrupp stellte sicher, dass sich ausreichend Efeu an den Wegen befand, um keinerlei Zweifel an Dionysos' Reisen aufkommen zu lassen. Und da die Makedonier auf ihren bisherigen Reisen keinen Efeu entdeckt hatten, akzeptierten sie die Geschichte von der Pilgerreise mit allem Drum und Dran, denn immerhin war Efeu die Hauptzutat aller bacchantischer Rituale.

Alexander wollte im nördlichen Indien die Zitadelle auf dem Berg Aornos (heute Pir-Sar) im Himalaya erobern. Der Aornos erhob sich über dichten Tannen- und Pinienwäldern vor Feldern von Safran-Krokussen, so weit das Auge reichte. Die Zitadelle selbst stand an einem vulkanischen See.

Alexander hatte von einem Stamm unbesiegbarer indischer Krieger gehört, die in der Zitadelle lebten und sich von den Erträgen der terrassenförmig angelegten Reisfelder und Obstgärten ernährten – in der Größe etwa denen am Tafelberg von Kapstadt vergleichbar. Die Krieger der Zitadelle wurden mit Seilzügen heruntergelassen und wieder heraufgeholt, doch ansonsten gab es praktisch keine Möglichkeit, diese zu drei Vierteln von Steilhängen umgebene Festung auf dem 2134 Meter hohen Berg zu erklimmen. An der einen Seite, an der die Hänge weniger steil waren, befand sich eine tiefe Schlucht, die die Berge von den unten liegenden Wäldern trennte. Der Legende nach war sogar Herakles bei dem Versuch gescheitert, die Zitadelle zu erobern. Natürlich fühlte sich Alexander dadurch erst recht angestachelt, vor allem aber war ihm der Berg Aornos als militärischer Überwachungsposten wichtig.

Als er auf den Berg zuritt, erreichte die Nachricht von den nahenden Makedoniern umgehend eine indische Stadt auf dem Weg dorthin. Aus Furcht vor den Makedoniern kamen die Stadtältesten sofort herbei und ergaben sich, wobei sie behaupteten, ihre Stadt wäre Nysa (nahe dem heutigen Dschalalabad, Pakistan), nach dem kleinen Dorf, in das der griechischen Mythologie nach der griechische Gott Hermes Dionysos gebracht hatte, damit er hier in der Obhut von Nymphen aufwuchs. Wir wissen nicht, inwieweit Alexander sich auf die Geschichte der Stadtbewohner einließ, seine Truppen allerdings glaubten jedes Wort, tanzten die ganze Nacht bei Fackelschein und sangen „Euoi, Euoi".

Einige Historiker sehen Ähnlichkeiten zwischen Alexanders Marsch zum Berg Aornos und dem des spanischen Eroberers Hernán Cortés zur Aztekenhauptstadt Tenochtitlán im August 1519, die ebenfalls an einem See in 2134 Metern Höhe lag und in der sich die heiligsten Schreine der Azteken befanden. Sie war an drei Seiten durch Zugbrücken gesichert, die hochgezogen wurden, sobald Gefahr nahte, und damit praktisch gegen die Außenwelt abgeriegelt.[1]

Wie Alexander seine Truppen auf dem Weg zum Aornos, feuerte auch der spanische Eroberer Cortés seine an, indem er sich auf eine göttliche

Bestimmung berief. Bei Cortés handelte es sich allerdings um eine christliche Mission. Er erklärte seinen Männern, es wäre ein Dienst am Christengott, die Azteken dazu zu bringen, von ihren Göttern abzuschwören und sich dem „überlegenen" Gott[2] zuzuwenden. Der Unterschied bestand jedoch darin, dass Alexander nicht auf einem Kreuzzug war. Vielmehr wollte er die Welt zu „Einer Welt" machen – kulturell, politisch und wirtschaftlich.

Die Phantombedrohung

Bei der Ankunft am Berg Aornos entschied Alexander, er bräuchte eine Phantombedrohung, um die Inder aus ihrer sicheren Bergfestung zu locken. Deshalb schickte er Ptolemais mit einem Voraustrupp los, damit er ein Versorgungslager auf dem Berg einrichtete. Ptolemais und seine Männer wurden auf dem Weg unter schweren Beschuss genommen. Ununterbrochen regneten Steine und Felsbrocken vom Gipfel auf sie herab. Trotz hoher Verluste gelang es Ptolemais, eine Stellung auf einem der vorgelagerten Berge zu sichern. Die Inder beobachteten nun mit Argusaugen, was dort vor sich ging, bereit, jederzeit einen neuen Gesteinsregen niederprasseln zu lassen, sollten die Makedonier in der Stellung sich rühren.

Was sie dabei nicht bemerkten, war, dass Alexander ihnen eine Falle gestellt hatte. Während sie sich auf einen Angriff von Ptolemais gefasst machten, führte Alexander den Rest seiner Truppen auf die andere Seite des Berges, wo die Hänge nicht ganz so steil waren. Hier wollte er bewerkstelligen, was jeder, insbesondere die Inder, für nicht machbar hielt, nämlich die Schlucht zu überbrücken. Für den Brückenbau teilte er seine Männer in drei Truppen: Eine fällte Holz, von dem es reichlich in den umliegenden Wäldern gab, die zweite transportierte das Holz zur Schlucht, und die dritte rammte die Stämme als Brückenpfeiler in die Schlucht. Die Truppen arbeiteten die Tage und Nächte in Schichten – eine Mühsal, die jener der alliierten Gefangenen gleichkam, die sich im Zweiten Weltkrieg eine Brücke von Thailand nach Myanmar über den Fluss Kwai bauten. Am dritten Tag war die Brücke stark genug, um die ersten Belagerungsgeräte und Steinschleudern hinüberzuschaffen, welche, waren sie erst einmal in Stellung gebracht, kurzen Prozess mit dem indischen Widerstand machen würden. Als Alexander über die Brücke ging, um von der weniger steilen Seite anzugreifen, erkannten die Inder ihren Fehler. Jetzt bewegten sie ihre Geschütze auf diese Seite, um Alexanders Truppen zu attackieren. Dafür mussten sie jedoch ihre sichere Gipfelstellung verlassen, was sie auch prompt taten. Und genau das hatte Alexander bezweckt.

Nun waren die Inder in Reichweite seiner Belagerungsgeräte und Schleudern, und die Makedonier eröffneten das Stein- und Pfeilfeuer auf sie. Binnen kürzester Zeit waren die Inder so sehr damit beschäftigt, Alexander und seine Truppen abzuwehren, dass sie gar nicht mehr darauf achteten, was Ptolemais anstellte, der mit seinen Truppen um den Berg herum kam und die indische Verteidigung von hinten attackierte. Der Berg Aornos wurde erobert und eine Garnison oben auf der Zitadelle installiert, von wo sie die gesamte Umgebung kontrollieren konnte.

Alexanders Entschlossenheit und seine Fähigkeit, den Gegner in die Irre zu führen, lässt sich auch an einem der erstaunlichsten Militärerfolge der Geschichte nachverfolgen, den er nur einen Monat vor seinem Indienfeldzug verzeichnete. Er ereignete sich am Sogdiana-Berg, einem hohen, wenn auch nicht ganz so steilen Berg wie dem Aornos, auf dessen Gipfel eine Festung stand. Rundherum war alles von Schnee bedeckt. Als Alexander den Sogdiern (Usbeken) in der Festung nahe legte, sich zu unterwerfen, bedachten sie ihn mit Hohn und Spott. Sie scherzten sogar, seine Soldaten sollten sich Flügel wachsen lassen, wollten sie zu ihnen hinauf auf den Berg gelangen. Unbeirrt befahl Alexander 300 Bergsteigern, nachts die schneebedeckten Hänge hinaufzuklettern und die makedonische Flagge nach oben zu bringen.[3]

Diese Truppen arbeiteten die ganze Nacht, und als der Morgen anbrach, wehten mehrere makedonische Flaggen auf Wachposten, die deutlich oberhalb der Festung lagen. Die Sogdier, die nach der Maxime lebten „Hoch klettern, tief schlafen", verließen diese Posten jeden Abend, um in der Festung zu übernachten. Über 30 Makedonier waren beim Aufstieg zu Tode gestürzt, aber man hatte ihre Leichen weggeschafft, und der Rest der Truppen versteckte sich unterhalb der Festung, sodass die Sogdier, als sie anderntags aufwachten und sich erneut über die Makedonier lustig machen wollten, nur noch ein paar einsame Gestalten unweit ihrer Stellung entdecken konnten. Diese machten sich nun ihrerseits über die Sogdier lustig, während oberhalb der Festung die Nationalflagge von Makedoniern geschwenkt wurden, die jederzeit bereit waren, die Festung zu stürmen. Die Sogdier sahen die andere Seite des Berges nicht, wo der größere Teil der makedonischen Armee in Verstecken lauerte. Da sie nun glaubten, *alle*

Makedonier wären auf dem Berg und im Begriff, die Festung einzunehmen, ergaben sich die Sogdier.

Inmitten der Sogdier fand Alexander Roxane, die Tochter des Stammeshäuptlings, die ihn so bezauberte, dass er sie heiratete. Sie sollte seine einzige wirkliche Ehefrau werden – Barsine war seine Geliebte und Stateira (Dareios' Tochter) war eher eine symbolische Gattin, da die Eheschließung vor allem als Zeichen der Verbindung zwischen griechisch-makedonischer Kultur mit persischer gedacht war. Nach Alexanders Tod kehrte Roxane mit dem gemeinsamen Sohn – Alexander IV. – nach Makedonien zurück, wo sie beide ein unglückliches Ende fanden.

Täuschungsmanöver in der Geschäftswelt

Die Inszenierung einer Scheinbedrohung, die in der Kriegsführung durchaus nicht unüblich ist, kommt in der Wirtschaft weit seltener vor – aber sie kommt vor. Warum sie im Konkurrenzkampf weniger verbreitet ist als im Krieg, lässt sich damit erklären, dass Meldevorschriften eine Verschleierungstaktik unter Konkurrenten weitestgehend verbieten. In der pharmazeutischen Industrie und vielen Hightech-Branchen ist es dennoch nicht ungewöhnlich, dass sich beispielsweise Pharmafirmen Patente in Therapiebereichen sichern, in denen sie überhaupt keinen Wettbewerb treiben wollen. Der einzige Wert solcher Patente ist der, die Konkurrenten möglichst auf Abstand zu den eigenen Technologien zu halten.

Eines der besten Beispiele für einen Wettbewerber, der eine Scheinbedrohung inszeniert, spielte sich im Bereich Haustiernahrung ab. Die Gesundheits- und Fitnesswelle erreichte die Haustiernahrung in den späten 1980ern und frühen 1990ern. Iams, eine Firma für Haustiernahrung, die in den frühen 1940ern von einem vormaligen Procter&Gamble-Vertreter namens Paul Iams gegründet worden war, drängte zeitgleich mit Colgate-Palmolives Hill's Pet Nutrition in die Sparte „gesunder" Ernährung für Haustiere vor. Beide Unternehmen vertrieben ihre Produkte über Einzelhändler, Züchter und Veterinäre – teils weil sie in den Supermärkten kein Bein an Land bekamen und teils weil sie ihren Produkten den Touch der besonderen Marken verleihen wollten, die man nur im Fachhandel bekam – ähnlich den Edelshampoos, die nur über Friseursalons vertrieben werden.

Die in St. Louis ansässige Ralston Purina Company, der marktführende Oligopolist (sprich: das Schwergewicht) im Haustiernahrungsgeschäft, die damals einen Marktanteil von 30 Prozent verbuchte, ignorierte das neue Marktsegment mit den dazugehörigen Verbrauchern. Ralston verkaufte seine Hunde- und Katzennahrung über die Supermärkte, und solange Iams oder Hills mit ihren hochpreisigen Produkten keinen Platz auf den Supermarktregalen fanden, so glaubte man bei Ralston, gab es keinen Grund für schlaflose Nächte. Zu Ralstons Leidwesen tat sich ein neuer Vertriebskanal in Form von großen, spezialisierten Einzelhändlern wie Petco und PetSmart auf, die eine breite Auswahl an Haustiernahrung anboten, einschließlich der Gourmet-Menüs für Hunde und Katzen. Während diese Einzelhändler eine Vielzahl von Kunden mit aggressiver Sonderangebotspolitik und Werbeaktionen anlockten, deckten die meisten Haustierbesitzer nach wie vor ihren Bedarf im Supermarkt. Also belieferte Ralston die Petcos und PetSmarts dieser Welt mit seinen Produkten, verteidigte seine Supermarktkanäle aber weiter mit eiserner Faust.

Um Iams und Hills zusätzlich zu zwingen, ihre Produkte *fern* von den Supermärkten zu vertreiben, entwickelte Ralston eine eigene Gourmet-Linie, die sie billiger als die Konkurrenzprodukte machte und über den Fachhandel anbot. De facto folgten sie damit einem von Sun Tzus Täuschungsmodellen: Eine Gelegenheit zu offerieren, die so attraktiv ist, dass der Feind sich davon nicht bloß angezogen fühlt, sondern sich auch noch hohen Gewinn verspricht.[4] Einige Firmen schaffen „Phantomprodukte", um ihre Wettbewerber auf die falsche Fährte zu locken, aber Ralston schuf ein echtes Produkt, das zu einer „Phantombedrohung" wurde.

Als sie sahen, wie Ralston sich auf ihr ureigenstes Terrain vorwagte, aktivierten Iams und Hills reichlich Ressourcen, um noch mehr und noch bessere Gourmetprodukte anzubieten. Im Gegenzug zu Ralstons Preisoffensive präsentierten sie sich als Prämiummarken. Von dieser Taktik waren sie dermaßen überzeugt, dass sie sich sogar zu der Behauptung verstiegen, man *könnte* ihre Produkte gar nicht im örtlichen Supermarkt verkaufen.[5]

Damit hatte Ralston seine Konkurrenten genau da, wo die Firma sie haben wollte. Sobald Iams und Hills sich selbst aus den Supermärkten ausgesperrt hatten, führte Ralston über ebendiesen Kanal eine eigene Gourmetlinie ein, sodass die Käufer keinen Grund mehr hatten, irgendwoanders für ihre Vierbeiner einzukaufen. Und Ralston hatte sich nicht bloß in sämtlichen Bereichen, in denen Iams und Hills waren, ein Standbein gesichert, sondern darüber hinaus den Supermarktkanal für sich. Während Ralston seine Konkurrenten damit in Schach gehalten hatte, ihre Anteile im Fachhandel mit Zähnen und Klauen zu verteidigen, vertrieb es sie – zumindest zeitweise – aus einem der wichtigsten Vertriebskanäle. 2001 wurde Ralston übrigens vom schweizer Verbrauchsgüterriesen Nestlé gekauft.

Der Warenhausclubgigant Costco zwang 1992 Colgate, seine Hills-Marke von Gourmet-Haustierprodukten über die Warenhäuser anzubieten oder aus dem Sortiment genommen zu werden, ebenso wie es schon mit der namhaften Zahnpasta geschehen war. Während Colgate sich anfangs noch sträubte, und Costco seine Drohung schließlich wahrmachte, gab Hills bald klein bei. Heute stehen die Produkte auf den Costco-Regalen. Procter & Gamble kaufte die Iams-Marke im Jahr 2000, und heute werden die Gourmet-Haustiernahrungsprodukte überall dort angeboten, wo es auch andere P&G-Produkte wie Crest-Zahnpasta, Tide-Waschmittel und Pringles-Kartoffelchips gibt. Die neue Wettbewerbsdynamik bei der Haustiernahrung ist sozusagen eine vollkommen andere Geschichte.

Auf ins Innere Indiens

Nachdem Indiens Norden gesichert und unter seiner Kontrolle war, galoppierte Alexander in atemberaubendem Tempo zurück, um sich wieder dem größeren Kontingent seiner Armee anzuschließen, das sich unter Hephaistons Kommando gen Taxila bewegte – etwa 20 Meilen außerhalb des heutigen Rawalpindi in Pakistan. Taxila war eine große Universitätsstadt, von der Alexander schon viel gehört hatte, insbesondere durch seinen Lehrer Aristoteles. Taxila war auch der Ort, an dem viele Jahrhunderte zuvor Buddha sich behandeln ließ, wann immer ihn irgendein Leiden plagte. Buddha, der mit 68 Jahren starb, suchte häufiger zwecks Behandlung die medizinische Fakultät auf oder wurde von ihren Mitgliedern aufgesucht. Der Stadtstaat wurde von König Ambi regiert, der, als er von der Ankunft der Makedonier durch den Khaiber-Pass hörte, ihnen Boten entgegenschickte und ausrichten ließ, sie wären als Gäste in der Stadt willkommen.

Als Alexander mit seinen 80.000 Soldaten in der Universitätsstadt ankam, waren die Stadttore weit offen und drinnen erwartete sie König Ambi mit 30.000 Soldaten auf Pferden und Elefanten. Da er nicht sicher war, ob die Farben auf den indischen Flaggen, Schildern, Satteln und Sänften als Willkommensgeste oder Kriegserklärung gemeint waren, befahl Alexander seinen Truppen, Phalanxen zu formen, und seiner Kavallerie, sich in der Mitte und an den äußeren Flanken in Stellung zu bringen. Ambi war sofort klar, dass ein Missverständnis vorliegen musste.

Deshalb ritt der König vor die Stadtmauern, um den makedonischen König zu begrüßen. Als er den König allein auf sich zukommen sah, ritt Alexander ihm ebenfalls allein entgegen. Ambi bot dem Makedonier in seinem spärlichen und gebrochenen Griechisch, das er eilig an der griechischen Fakultät in Taxila erlernt hatte, seinen Thron an und bat ihn, in die Stadt zu kommen.

Alexander blieb einige Wochen in Taxila und bereitete den weiteren Zug ins Landesinnere Indiens vor. Währenddes lieferten sich Ambi und er einen regelrechten Wettstreit in Großzügigkeit, was einigen der makedonischen Kommandeure ganz und gar nicht gefiel. Ambis Philosophie lautete, einen Krieg zu führen lohnte sich nur um Wasser, die Grundbedürfnisse des Lebens wie Nahrung und Wissen. Wenn all das im Überfluss vorhanden war, wen kümmerte dann der Rest? Er war bereit, Alexander alles zu geben, was er besaß, und Alexander, hingerissen von so viel Großzügigkeit, bot ihm im Gegenzug alles, was *er* besaß.

Nebenbei aber nutzte Alexander die Zeit in Taxila zur sorgfältigen Planung seines weiteren Vorgehens. Auch wenn die westliche Welt, aus der Alexander kam, glaubte, die Welt endete an dem großen Ozean (sprich: dem Ganges), dann lagen auf dem Weg dorthin doch immer noch fünf große tributpflichtige Staaten entlang des Indos. In jedem dieser Staaten lagen viele Städte und Ortschaften, von denen jede einem eigenen König oder Prinzen unterstand. Im Gegensatz zu den Persern standen die Inder in dem Ruf, große Krieger zu sein. Ihr Militär und ihre Waffentechnik waren hoch entwickelt, und ihre Armeen sehr zahlenstark und gut ausgebildet. Während er sich in Taxila aufhielt, erfuhr Alexander von Truppen, die sich am Ufer des Hydaspes (heute: Jhelum) in einem der Indus-Staaten sammelten.

Trotz dieser Berichte wollte er sich seinen Aufenthalt in Taxila nicht verderben lassen. Seit Mieza war eine Menge Zeit vergangen, und nach Jahren auf dem Feldzug sehnte er sich nach intellektueller Anregung und Herausforderung, wie sie zuletzt in Mieza erlebt hatte. Jeden Tag promenierte Alexander durch die Stadt, traf sich mit Gelehrten und Intellektuellen, nahm an Debatten, Diskussionen und Kursen teil. Er bekam häufig Besuch von Mitgliedern der Universität, mit denen er ernste Grundsatzdiskussionen führte. In der freien Zeit, die ihm blieb, schrieb er ausführliche

Briefe an Aristoteles und seine Mutter. (Sein reger Briefverkehr sowie seine allabendliche Lektüre der *Ilias* – Aristoteles' persönliches Exemplar, das der Lehrer ihm in Mieza geschenkt hatte – sind zwei Themen, die vielfache Beachtung in den Schriften der Historiker über Alexanders persönliche Interessen finden.)

Ein Gespinst weben

„Ach, was für ein Gespinst weben wir, wenn wir erstmals zu täuschen versuchen", schrieb Sir Walter Scott 1808.[6] Eines der ersten groß angelegten und ausgefeilten Täuschungsmanöver in der Geschichte der Kriegsführung war die Schlacht am Hydaspes (Jhelum) gegen den indischen König Poros, der alles verkörperte, was Ambi, der König von Taxila, nicht war. Kriegerisch, furchtlos und stolz brachte Poros seine Truppen entlang des Hydaspes in Stellung, auf der anderen Seite des Ufers, an dem Alexander mit seinen Soldaten eintreffen würde. Die Schlacht am Hydaspes gibt uns einen aufschlussreichen Einblick in Alexanders subtile, indirekte Kriegsführung durch gezieltes Ausmanövrieren, Flankieren und Täuschen des Gegners.

Viele Militärhistoriker schreiben, es hätte bis zum Zweiten Weltkrieg, also bis mehr als 2.000 Jahre später, nichts Vergleichbares mehr gegeben. Einzig Napoleon, dem die Schlacht am Hydaspes als die Beispielloseste alles Zeiten galt, sollte Alexanders Taktik zumindest nahe kommen. Wenige andere große Feldherren wie Julius Caesar, Hannibal, Scipio, Marlborough, Friedrich der Große und Wellington, bewiesen teilweise dieselbe Klugheit und Kontrolle Alexanders – aber eben nur teilweise.

Im Großen und Ganzen jedoch versperrte sich die Welt der Subtilität, der Klugheit und des Timings, wie Alexander es vorgemacht hatte. Stattdessen wurde wenig Zeit auf die Planung verwendet, wann Streitkräfte in welcher Stärke mobilisiert werden mussten, um Schlachten zu schlagen, deren Ausgang mal durch pure Willenskraft, mal durch reine Zahlenstärke herbeigeführt wurde. Dieser Clausewitz'sche Ansatz wurde von zahlreichen Militärstrategen und Historikern infrage gestellt, etwa von Liddell Hart, der nach den sinnlosen Verlusten im Ersten Weltkrieg erfolgreich eine Überprüfung der Militärstrategien forderte und damit den Weg für ein neues Denken in den Kommandozentralen ebnete, das sich, ähnlich den Strategien Alexanders und Napoleons, weniger mit Zahlen befasste, dafür umso mehr mit Täuschung, Überraschung, Schnelligkeit und Geschick.

Für Alexander wäre es ein Leichtes gewesen, Poros am Hydaspes allein zahlenmäßig zu übertrumpfen. Seine Armee war mehr als doppelt so groß wie das Heer von 35.000 Mann, das Poros befehligte – im Gegensatz zum persischen, das Alexanders Heer deutlich überlegen gewesen war. Die Überlieferungen der makedonischen Erfolge liefern heute noch Stoff für Legenden. Und wenn nicht einmal die Perser, die größte Armee der Welt, sich gegen Alexander behaupten konnten, dann konnte die Armee eines kleinen Provinzkönigreiches, dessen größte Erfolge bisher in der Bewältigung von Grenzkonflikten mit dem benachbarten Königreich von Taxilien oder der Vertreibung von Viehdieben bestanden, erst recht nicht gegen die Makedonier bestehen.

Aber ungeachtet des Rufes, der den Makedoniern vorauseilte, sammelte König Poros seine Truppen zum Kampf zusammen. Seine Armee aus 30.000 Infanteristen, 5.000 Kavalleristen, 300 Streitwagen und 100 Elefanten ging am Ufer des Hydaspes in Stellung, wo sie ihre Eisenschwerter polierten, ihre Speere schärften und Sichelklingen an ihren Streitwagen befestigten. Die Bogenschützen spitzten ihre drei Fuß langen Pfeile und strafften ihre fünf Fuß langen Bögen.

Der Monsunregen hatte eingesetzt und den normalerweise eine halbe Meile breiten Fluss auf das Doppelte anschwellen lassen sowie Teile des umliegenden Landes überflutet. Seit Ägypten war es das erste Mal, dass die Makedonier es mit solchen Regenfällen zu tun bekamen, und ihre Meteorologen erklärten, diese Regenfälle kämen auf Grund klimatischer Verschiebungen über den ägyptischen Ebenen zustande. Als man dann Lotuspflanzen und Krokodile in den umliegenden Gewässern entdeckte, schwenkten sie um zur aristotelischen Hypothese, der Indos und der Nil wären miteinander verbunden – eine Hypothese, die später ebenfalls entkräftet werden sollte.[7]

Poros hatte gehofft, dass der Monsunregen und der steigende Flusspegel Alexander zur Abkehr bewegen oder zumindest aufhalten würde, sodass sich seine Leute allmählich mit dem erschreckenden Gedanken anfreunden konnten, der größten und besten Armee der Welt entgegenzutreten. Er konnte ja nicht ahnen, dass Alexander gerade auf diesen Regen gewartet hatte. Während die meisten Armeen in Indien bei Monsun grundsätzlich nicht kämpften, wollte Alexander extra bei Monsun angreifen, um die einlullende Wirkung des Dauerregens zu seinen Gunsten zu nutzen.

Doch wenngleich Alexander schon vorher Flüsse überquert hatte – den Granikos und den Issos zum Beispiel –, so hatte er sich noch nie über einen Fluss wie den Hydaspes gewagt. Und selbst wenn er eine größere und erfahrenere Armee hatte als Poros, wollte er auf keinen Fall sinnlose Verluste riskieren. Also ließ er sein Heer am Ufer Rast machen, legte große Getreidevorräte an und zog jeden Tag mit dem gesamten Lager um, statt die ganze Armee an einem festen Punkt zu versammeln. Auf diese Weise konnte der Gegner am anderen Ufer nie wissen, wann Alexander angreifen würde.

Tag für Tag führten die Makedonier Kavalleriemärsche und Infanterieübungen vor. Und bei allen Übungen zogen außer den 80.000 Soldaten auch die 40.000 Zivilisten mit, die sie begleiteten – Frauen, Kinder, Unterhalter, Philosophen, Prostituierte, Ärzte, Dichter, Wahrsager unterschiedlicher Nationalität, Landvermesser, Geologen, Lehrer und so fort. Jeden Abend wurde ausgelassen getrunken, gesungen und getanzt. Nur angegriffen wurde nicht. Und während die Makedonier auf der anderen Seite immerzu hin und und her wanderten, musste Poros es mit seinen Pferden, Elefanten, Streitwagen und Soldaten auf der anderen Seite auch, um jederzeit für einen Angriff bereit zu sein – einen Angriff, der nicht stattfand.

Das Verwirrspiel zog sich hin. Jeden Tag musste Poros seine Lager abbauen, seine Truppen verlegen und neu in Stellung bringen, und dann passierte nichts. Das Mittagessen kam, dann die Reiterspiele und anschließend wurde den ganzen Abend gefeiert. Alles, während der Monsunregen unerbittlich auf sie niederfiel. So ging es Wochen. Poros' Armee, die auf die unvermeidliche Attacke wartete, wurde zunächst unruhig, ehe sie in eine schläfrige Langeweile verfiel. Sich gegenüberstehende Armeen, die sich über lange Zeiträume beobachten, entwickeln mit der Zeit eine Art Beziehung zueinander – die Deutschen etwa unterbrachen während des Ersten Weltkriegs ihr Bombardement der britischen Stellungen jeden späten Nachmittag, weil sie wussten, dass die Briten dann Tee tranken. Und Poros' Armee fand allmählich Gefallen an der Ausgelassenheit und den ständigen Partys am anderen Ufer.

Die Wahrheit braucht den Schutz der Lügen als Leibwächter

So wie Alexander die Inder verwirrte, was den Ort und die Zeit der Attacke anging, wollten auch die Militärplaner der Alliierten im Spätsommer 1943 ihre Angriffspläne verschleiern. Doch wie konnten sie den Deutschen verheimlichen, dass eine Invasion unmittelbar bevorstand? Sie konnten ihnen schwerlich vormachen, es wäre gar keine Invasion geplant – nicht nachdem sie ihnen zwei Jahre lang eindrucksvoll signalisiert hatten, dass sie käme. Als sie dann schließlich in den letzten Vorbereitungen für die „Operation Overlord" waren – die Invasion Frankreichs, die mit der Landung in der Normandie am 6. Juni 1944 begann –, mussten sie sich widerwillig eingestehen, dass es zwar unmöglich war, so zu tun, als sollte *keine* Invasion stattfinden, es allerdings äußerst nützlich wäre, wenn man das Wann und Wo verschleiern könnte.

Die Deutschen hatten Jahre darauf verwandt, ihre Verteidigungsstellungen entlang der Nordwestküste Frankreichs auszubauen. Die Atlantische Mauer gilt als eine der größten Verteidigungskonstruktionen in der Geschichte. Überall an den Stränden und vor den Küstenstädten waren Betonbunker mit schweren Geschützvorrichtungen sowie Maschinengewehrstellungen und Unterstände. Alle Gebäude direkt am Meer – Hotels, Pensionen und Ferienhäuser – waren von den Deutschen besetzt. Drinnen hockten nun Soldaten hinter Sandsäcken, Maschinengewehre im Anschlag, und starrten aufs Wasser. Das Flachwasser und die Strände waren vermint. Jedes Boot und erst jedes Kriegsschiff, das sich näherte, würde sofort in Stücke gerissen.

Um die Deutschen von der bevorstehenden Invasion abzulenken, vollführten die Alliierten ein ausgefeiltes Täuschungsmanöver – nicht unähnlich den Reiterspielen und Saufgelagen Alexanders am Hydaspes. Die Deutschen waren stets davon ausgegangen, eine Invasion würde, wenn, dann über das Gebiet Pas-de-Calais erfolgen – so wie Poros glaubte, wenn die Makedonier den Hydaspes überquerten, dann würden sie es von genau gegenüber oder irgendwo in der Nähe tun – schließlich standen sich die Armeen an jener Stelle gegenüber, an der der Fluss am schmalsten war.

Aus Sicht der meisten Leute machte das Pas-de-Calais auch am ehesten Sinn. Es lag direkt über den Kanal von Dover aus und bot große Häfen. Die Straße von Dover, die Frankreich von England trennte, war die schmalste Stelle im Ärmelkanal. An einem klaren Tag konnte man vom französischen Strand aus die Möwen an den weißen Klippen von Dover sehen – ein Bild, das in der romantischen Dichtung nicht selten beschrieben wird. Für die alliierte Luftwaffe, die auf zahlreichen Stützpunkten in Kent stationiert war, wäre eine Landung im Pas-de-Calais nur ein Katzensprung gewesen. Deshalb war für die Deutschen eine Invasion in dieser Region so nahe liegend, dass sie die Atlantische Mauer um Calais herum besonders verstärkten.

Die alliierten Militärstrategen hatten nicht vor, die Deutschen auf andere Gedanken zu bringen. Vielmehr bestärkten sie sie auch noch in ihrem Glauben, indem sie die „Operation Fortitude" starteten. Fortitude bestand aus zwei Teilen: Fortitude (Nord) konzentrierte sich auf ein Täuschungsmanöver, das den Anschein erwecken sollte, die Alliierten würden über Norwegen kommen, während Fortitude (Süd) die Invasion übers Pas-de-Calais vortäuschte. Als Teil von Fortitude (Nord) wurde eine ganze fiktive Armee zusammengestellt und auf einen Angriff Norwegens von Schottland aus vorbereitet. Pappsoldaten und Bootsattrappen sowie Militärfahrzeuge wurden gebaut, damit es nach einer großen Invasion aussah. Außerdem sorgte man für Funkverkehr in leicht entzifferbaren Codes, der den Eindruck einer unmittelbar bevorstehenden Invasion vermittelte. Selbst die Sowjets halfen dabei, die Geschichte von leitenden Offizieren zu verbreiten, die nach England geschickt wurden, um die Invasion zu arrangieren.[8]

Die Täuschung der Deutschen durch Fortitude (Nord) war so perfekt, dass selbst Tage nach der echten Invasion der Normandie Adolf Hitler immer noch auf Nachricht von der Invasion in Norwegen wartete. Im Zusammenhang mit dem konzertierten Täuschungsmanöver fiel Winston Churchills berühmte Bemerkung gegenüber Stalin in Teheran: „In Kriegszeiten ist die Wahrheit so kostbar, dass sie den ständigen Schutz eines Leibwächters aus Lügen braucht."[9]

Fortitude (Süd) war sogar noch ambitionierter. Monate vor der ersten Landung bombardierten alliierte Luftstreitkräfte Städte, Eisenbahnlinien, Versorgungsdepots, Straßen, Radarinstallationen, Munitionslager und Flughäfen. Doch von den 200.000 Tonnen Bomben, die im Nordwesten Frankreichs abgeworfen wurden, fielen nur ein Drittel in das Gebiet der tatsächlich geplanten Invasion, die Normandie, und der Großteil auf das Pas-de-Calais – womit die Deutschen in dem Glauben bestärkt wurden, hier wäre die Invasion geplant. Von den bombardierten Flughäfen beispielsweise lagen elf im Pas-de-Calais und gerade mal vier in der Nähe der Normandie.[10]

Selbst die Vorbereitungen innerhalb Englands waren darauf ausgelegt, den Feind zu täuschen. Zwar liefen die Arbeiten für die Mobilisierung, Ausbildung, Ausrüstung und den Transport tausenderSoldaten mit Ziel Normandie auf Hochtouren, aber parallel wurde im Südosten Englands (gegenüber dem Pas-de-Calais) die Nicht-Invasion des Pas-de-Calais vorbereitet. Deutsche Spione in England waren als Doppelagenten angeworben worden, die unmittelbar vor der Landung in der Normandie Informationen an ihre deutschen Vorgesetzten gaben, dass die Alliierten eine Invasion über die Normandie als Ablenkungsmanöver planten, um die Deutschen vom Pas-de-Calais wegzulocken. Dort würde die eigentliche Invasion starten, sobald die deutschen Truppen in die Normandie abgezogen worden waren.

Hitler und seine Generäle fielen darauf herein. Erst eine Woche vor der Landung in der Normandie kam der Führer zu dem Schluss, dass die Invasion jetzt stattfinden würde (inzwischen waren die Vorbereitungen zu weit gediehen, als dass man sie noch länger hätte geheimhalten können). Er ging allerdings immer noch davon aus, dass zwar erste Landungen in der Normandie oder der Bretagne erfolgen würden, die eigentliche Invasion jedoch nahe dem Pas-de-Calais sein würde. Nichts war den Deutschen lieber als das, soll er damals gesagt haben, denn sie könnten es kaum erwarten, den Feind zu schlagen.[11] Der Rest ist Geschichte.[11]

Die Schlacht am Hydaspes

Über zwei Monate ritten, tranken, sangen und tanzten die Makedonier. Dann, eines Nachts, war es so weit. Wie George Washington 2.000 Jahre später den Delaware bei Trenton überquerte, führte Alexander eine ausgewählte Truppe von 5.000 Kavalleristen und 10.000 Infanteristen in Schutz der Dunkelheit, der Monsunwolken, des Regens und der Hügel am Ufer entlang. Er hatte den größten Teil seiner Truppen zurückgelassen, damit sie Poros' Aufmerksamkeit ablenkten, während er sich in die hügelige Uferregion zu der Stelle aufmachte, wo sie die Überquerung geplant hatten – über fünfzehn Meilen von seiner Stellung entfernt. Poros wäre nie darauf gekommen, dass Alexander den Fluss ausgerechnet an der breitesten Stelle überqueren würde.

Anders als George Washingtons Revolutionsarmee, die sämtliche Fischerboote am Delaware für die nächtliche Überquerung beschlagnahmte, watete Alexander mit seinen Männern in das von Schlangen und Krokodilen nur so wimmelnde Wasser des Hydaspes und schwamm dann hinüber. Von Alexanders Wahl dieser Stelle des Flusses, weil hier die Strömungen am schwächsten waren, ahnte Poros nichts. Dennoch waren die Strömungen immer noch stark genug, um einige der Soldaten und Pferde abzutreiben. Bis Alexander am Ufer angekommen und zur Überquerung bereit war, hatte sich der Monsunregen in ein fulminantes Gewitter verwandelt, und die begleitenden Blitz- und Donnerschläge hätten wohl jeden anderen vernünftigen Menschen von der Idee einer Flussquerung abgebracht.

Alexander aber war kein vernünftiger Mensch. Auf seinem Pferd Bucephalus führte er seine Männer in den reißenden Fluss. Die Pferde strampelten im Wasser, bis sie halbwegs Halt auf dem glitschigen Grund gefunden hatten – bis zur Erfindung der Hufeisen sollten noch tausend Jahre vergehen.[12] Die Reiter klammerten sich mit den Knien an sie – in Indien gab es weder Sättel noch Zaumzeug – und einige Reiter und Pferde kletterten auf Boote, die in zwei Hälften geteilt worden waren, um sie auf dem Landweg transportieren und anschließend schnell wieder zusammenbauen zu können. Behelfsflöße aus Schilf und Tierhäuten hatte man ebenfalls konstruiert, auf welche die Infanteristen wie auf Surfbretter aufsprangen und mit denen sie die Ausrüstung zum anderen Ufer bringen sollten.

Wer schon einmal die Herdenwanderungen von Wildtieren in den Serengeti-Ebenen von Afrika gesehen hat, weiß, dass mehr Tiere bei den Flussüberquerungen sterben als in den trockenen Steppen verdursten oder von Löwen gerissen werden. Wir wissen auch, dass der Weg ins Wasser hinein, sobald man die erste Angst überwunden hat, der einfachste Teil ist. Das glitschige andere Ufer zu erklimmen hingegen, während man zugleich mit anderen um sicheren Halt kämpft, ist weit schwieriger. Die anderen waren in diesem Fall 5.000 Pferde und ihre Reiter sowie 10.000 nasse, erschöpfte Infanteristen mit schweren Brustplatten und sonstiger Rüstung nebst langen Speeren. An den Ufern der afrikanischen Flüsse sterben jedes Jahr Tausende von Wildtieren. Dass Alexanders Truppen, Pferde und Ausrüstung es zum anderen Ufer schafften, grenzt also an ein Wunder.

Beim Morgengrauen entdeckten Poros' Späher ein paar hundert sehr nasse und müde Makedonier an ihrem Ufer. Sofort schickte der König seinen Sohn mit 2.000 Soldaten los, sich die Sache genauer anzusehen. Bis der an der Stelle angekommen war, hatten es genug Makedonier ans Ufer geschafft – und sich wieder gesammelt – um die Attacke der Inder abzuwehren. Poros' Sohn starb im Gefecht.

Poros erkannte, dass er getäuscht worden war. Am gegenüberliegenden Ufer stand ein großes Kontingent Makedonier, die sich zur Flussquerung bereit machten, und es war sogar einer dabei, der wie Alexander gekleidet war und Befehle erteilte. Aber Poros war nun klar, dass die eigentliche Überquerung bereits stattgefunden hatte. Er ließ seine Truppen zu der Stelle marschieren, wo die Makedonier gesichtet worden waren.

Die Makedonier unmittelbar gegenüber begannen nun, über den Fluss zu kommen, doch Poros wusste, dass es sich um ein Täuschungsmanöver handelte, mit dem man ihn von den Truppen ablenken wollte, die bereits auf seiner Flussseite waren. Er beorderte die Elefanten nach vorn und in die Mitte seiner Formation, damit sie in dieser Stellung die Pferde der Makedonier abwehrten und durch die Phalanxen hindurchtrampeln konnten. Seine Infanterie stand hinter den Elefanten und hielt das Zentrum der Formation. An den Flanken waren Streitwagen und Kavallerie.

Sobald alle Makedonier am anderen Ufer angekommen waren, ritt Alexander mit seiner Kavallerie flussabwärts und prüfte die Position des Gegners. Er wollte keinen Frontalangriff, erst recht nicht bei einer Armee, die mit Kriegselefanten daherkam – schließlich wusste er nicht, wie sie sich in der Schlacht verhalten würden. Er positionierte seine Infanterie im Zentrum, und da er an den Angriff glaubte, wartete er nicht, bis die Inder sich rührten. Er führte die makedonische Kavallerie direkt gegen die indische Kavallerie und die Streitwagen auf der linken Flanke. Während sie auf die Inder zuritten, wies er Koenus an, mit zwei Kavalleriekorps hinter den Bergen herumzureiten und von dort einen Überraschungsangriff von hinten auf die rechte Flanke der indischen Kavallerie auszuführen.[13]

Poros sah die Makedonier auf seine Stellungen zukommen und befahl seinen Streitwagen und seiner Kavallerie, ihnen entgegenzureiten. Sie schienen auf die linke Flanke zu zielen, weshalb er die Kavallerie beorderte, die Linke zu verstärken. Alexander hatte den Angriff so geplant, dass er in dem Moment mit der indischen Kavallerie zusammenstieß, in dem Koenus mit seinem Überraschungsangriff auf die rechte Flanke von hinten begann. Und sein Plan ging auf.

Als die beiden Kavallerieeinheiten aufeinander stießen, ließ Alexander seine berittenen Bogenschützen ihre Pfeile abschießen. In dem darauf folgenden Gemenge innerhalb der indischen Kavallerielinien taten sich genügend Lücken auf, in welche die Makedonier eindringen konnten. Inzwischen traf die makedonische Kavallerie, die hinter den Hügeln vorbeigeritten war, ein und stürzte sich ebenfalls in die Schlacht. Von Makedoniern umzingelt, fiel die indische Kavallerie. Die Streitwagen waren so weit ans Ufer gedrängt worden, dass diverse von ihnen einfach die glitschigen Hänge hinab in den Fluss kippten. Dadurch wurden die Fahrer der Wagen zur leichten Beute der Makedonier, die zahlreiche von ihnen niedermetzelten.

Alexander hatte seine Infanterie angewiesen, die Beine der Kriegselefanten mit ihren Speeren zu traktieren, sobald sie im Zentrum der Formation angekommen waren, was die Infanteristen auch taten. Poros hatte seine Elefanten und seine Infanterie losgejagt, die nun direkt in die Speere der makedonischen Phanlanxen rannten. Dazu schlugen die Makedonier mit ihren Schwertern auf ihre Schilde, was einen solch infernalischen Lärm machte, dass viele Elefanten in Panik gerieten. Über die erwünschte Wirkung hinaus erreichten Alexanders Soldaten, dass die verletzten und verschreckten Elefanten kehrtmachten und panisch in die entgegengesetzte Richtung flohen. Dabei trampelten sie direkt durch die indische Infanterie. Nach einer achtstündigen Schlacht brach die indische Verteidigung zusammen und Poros kapitulierte. Alexander aber war hoch beeindruckt vom Heldenmut des Inders und machte ihn zum Herrscher des Landes am Hydaspes. Sie blieben bis zu Alexanders Tod enge Freunde.

In der Geschichte des Altertums ist die Schlacht am Hydaspes einzigartig. Weder danach noch davor hat man je wieder eine solche Umzingelung durch eine Kavallerie gesehen oder ein solch perfektes Täuschungsmanöver. Der chinesische Militärstratege Sun Tzu schrieb in *Die Kunst des Krieges* etwa 150 Jahre vor Alexander, dass „alle Kriegsführung auf Täuschung basiert. Wenn wir also bereit sind zum Angriff, müssen wir den Eindruck erwecken, nicht bereit zu sein. Wenn wir unsere Streitmacht nutzen, müssen wir den Eindruck erwecken, untätig zu sein. Wenn wir nahe sind, müssen wir den Feind glauben machen, wir wären weit weg. Sind wir weit weg, müssen wir ihn glauben machen, wir wären nahe. Man halte Köder für den Feind bereit. Man täusche Unordnung vor und überwältige ihn."[14]

Kommt es auf Größe oder auf Schnelligkeit an?

Alexander zwang Poros, seine gesamte Armee gegenüber der makedonischen am Ufer des Hydaspes aufzustellen, während er überhaupt nicht vorhatte, die Inder dort anzugreifen. In der Geschäftswelt setzen Unternehmen oft diese Form der „strategischen Ressourcenablenkung" ein – indem sie einen Konkurrenten zwingen, seine Ressourcen auf ein Produktsegment oder eine Region zu konzentrieren, in dem die täuschende Firma gar keinen Wettbewerb anstrebt. Nehmen wir Boeings jüngste Täuschungsmanöver gegenüber der European Airbus Industrie. Seit rund zehn Jahren findet zwischen den beiden größten Flugzeugbauern der zivilen Luftfahrt ein Rennen statt, wer das effizienteste Langstreckenflugzeug baut und so am stärksten von der geschätzten Verdreifachung der Nachfrage innerhalb der kommenden 20 Jahre profitiert.[15] Boeing führt im kommerziellen

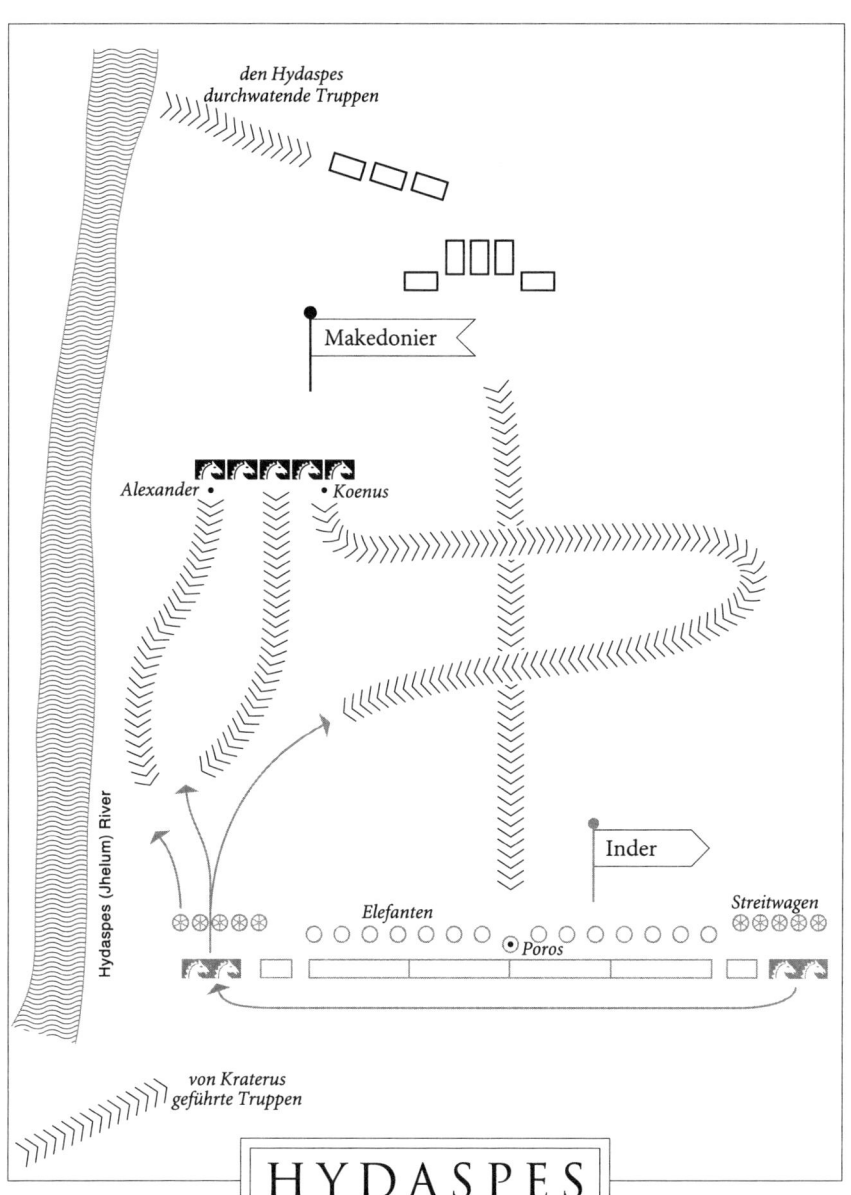

den Hydaspes
durchwatende Truppen

Makedonier

Hydaspes (Jhelum) River

Alexander •   • Koenus

Inder

Elefanten

Streitwagen

⊙ Poros

von Kraterus
geführte Truppen

HYDASPES

Flugzeugbau, aber bei dem hochpreisigen Langstreckenmarkt hält das Unternehmen mit seiner 747 seit beinahe 30 Jahren ein Monopol.

Trotz dieses Monopols und trotz vieler publizistisch hochgejubelter Bemühungen, einen Superjumbo zu entwerfen, konnte Boeing seinen Ankündigungen nicht gerecht werden, bis Airbus Industrie im Dezember 2000 verkündete, sie würde an der Entwicklung des A380 mit 555 Sitzen arbeiten. Und prompt drei Monate später gab Boeing bekannt, man wäre von der Entwicklung eines Superjumbos zurückgetreten und konzentrierte sich auf den Bau des Sonic Cruiser mit 250 Sitzen, der beinahe mit Schallgeschwindigkeit fliegen sollte.

Es ist natürlich noch zu früh, um zu sagen, ob der Sonic Cruiser erfolgreicher sein wird als der A380 von Airbus. Boeing spielt absichtlich die Hochgeschwindigkeitskarte aus, weil sie darauf setzen, dass mit der zunehmenden Deregulierung im Luftverkehr mehr Punkt-zu-Punkt- statt Großflughafen-zu-Großflughafen-Flüge kommen werden.[16] Erweist sich Boeings Hypothese als richtig, wird die Welt kleinere und möglichst schnellere Flugzeuge brauchen, Flugzeuge eben wie den Sonic Cruiser. Sollte sich hingegen die Großflughafen-zu-Großflughafen-Variante durchsetzen, wird man mehr große Flugzeuge wie jenes brauchen, in dem Airbus seine Zukunft sieht.

Es gibt zahlreiche Interpretationen, warum Boeing, der Marktführer im Langstrecken- und Frachtverkehr mit seiner 747, seine Wettbewerbsbemühungen nicht auf den Bereich konzentriert, in dem seine Stärken liegen. Eine dieser Deutungen geht davon aus, dass Airbus von Zuschüssen durch seine europäischen Eigentümer profitiert – vornehmlich die britische und die französische Regierung – und darüber die Entwicklung des Superjumbos finanziert, was ein amerikanisches Privatunternehmen wie Boeing nicht kann. Eine andere Interpretation hält dagegen, Boeing wäre seit der Übernahme durch McDonnell-Douglas 1997 von einem Unternehmen mit Schwerpunkt Konstruktion zu einem mit Schwerpunkt Rentabilität geworden, und die neuen Boeing-Manager versprächen sich einfach zu wenig Profite von einem Superjumbo.[17]

Eine wieder andere Sicht der Dinge vertritt Gordon Bethune, CEO von Continental Airlines, der zuvor Programm-Manager für Boeings 737 und 757 war, und seine dürfte die wohl überzeugendste sein. Bethune soll gesagt haben, Boeing hätte sich vom Superjumbo abgewandt, weil sie immer schon auf Geschwindigkeit und nicht auf Größe setzten.[18] Laut Bethune hat Boeing gewartet, bis Airbus sich zur Größe verpflichtete, und erst dann seine Pläne für schnellere Flugzeuge offenkundig gemacht, als sie sicher sein konnten, dass Airbus nicht mehr zurückkonnte und wohl oder übel beim Superjumbo bleiben musste, statt sich ebenfalls auf ein Hochgeschwindigkeitsflugzeug zu verlegen. Wir wissen nicht mit Sicherheit, ob wir es hier mit einer „strategischen Ressourcenablenkung" zu tun haben, oder welches der beiden Unternehmen am Ende gewinnen wird, aber zumindest würde die Unterstellung einer Taktik erklären, warum Boeing ständig mal mehr, mal weniger Interesse am Superjumbo bekundete.

Die Armee zwingt Alexander zur Heimreise

Zurück im Altertum: Nach der Niederlage Poros' fuhr Alexander damit fort, kleinere Prinzenstaaten um den Jhelum-Fluss sowie andere Kleinstaaten am Indos zu erobern. Für keinen dieser Staaten gab es irgendeinen Grund, weshalb er sich Alexander widersetzen sollten. Die meisten ergaben sich daher gleich und wurden Teil seines wachsenden Imperiums. Diejenigen, die sich nicht ergaben, wurden ausgelöscht oder mussten schwere Verluste in Kauf nehmen.

Die Makedonier wurden jedoch zusehends müde und unter den Soldaten machte sich mehr und mehr Unmut breit. Obwohl die sich sträubenden Inder durchweg unterlagen, taten sie es erst, nachdem auch die makedonische Seite schwere Verluste erlitten hatte. Als sie am Fluss Hyphasis (heute Beas) ankamen, bedrängten die Generäle Alexander, er möge umkehren. Sie fürchteten die indischen Söldner, die für jeden bis aufs Blut kämpften, solange der Preis stimmte, und sie fürchteten vor allem die großen Königreiche, die jenseits des Hyphasis lagen.

In einer äußerst emotionalen Rede, die er im Namen der Armee hielt, flehte sein General Koenus, der am Hydaspes die Flankenmanöver geleitet hatte, Alexander an, nach Hause zurückzukehren. Viele Männer waren gestorben, viele hatten sich in den eroberten Ländern niedergelassen, doch die Soldaten, die ihm geblieben waren, wollten nach Hause, erklärte Koenus. Wollte Alexander das Land jenseits des Hyphasis erobern, so müsse er eine neue Armee zusammenstellen, sagte Koenus, und dafür sorgen, dass seine jetzigen Soldaten in Ehren nach Hause gelangten. Genügend Freiwillige für eine neue Armee würden sich mit Leichtigkeit finden, aber die

Männer mussten endlich ihre Familien wiedersehen und sich um ihre Angelegenheiten in Griechenland kümmern.[19]

Wie Achilles, der während des Trojanischen Krieges in tiefes Schmollen verfiel, ging auch Alexander auf die Worte Koenus' hin in sein Zelt und schmollte dort drei Tage lang. Danach kam er wieder heraus und stimmte einer Umkehr zu, allerdings erst, nachdem er ein General-MacArthur-ähnliches Versprechen abgelegt hatte, irgendwann wiederzukommen. Er teilte seine Armee in Brigaden auf und befahl ihnen, ein Dutzend Altare am Ufer des Flusses zu errichten, die als Denkmäler seiner Expeditionen dienen sollten. Dann ordnete er das bisher eroberte Land dem Herrschaftsbereich Poros' zu und machte sich auf den Weg zum Hydaspes. Wenige Wochen später starb Koenus unter mysteriösen Umständen.

Statt den Rückweg durch die Gebiete anzutreten, die er bereits erobert hatte, zog Alexander zur Wüste Gedrosiens, ein Weg, der sie, vergleichbar Napoleons Rückzug mit der Grande Armée von Moskau, in Hungerstod und Elend führte. Alexanders Heer hatte genug von den Feldzügen, auch wenn sie einen Sieg nach dem anderen errungen und großes strategisches Geschick bewiesen hatten. Alexander konnte einfach nichts mehr tun, als sie nach Hause zu bringen, wenngleich er dazu eine Route wählte, die in sich wieder ein Täuschungsmanöver darstellte, insofern sie ihn nicht einfach nur zurückführte, sondern ihm darüber hinaus die Möglichkeit gab, das Eroberte zu konsolidieren.

Zusammenfassung der zentralen Themen

1. VERTEILEN, UM SICH ZU KONZENTRIEREN

„Die Prinzipien des Krieges, keineswegs nur ein Prinzip", schrieb Basil H. Liddell Hart, der englische Militärstratege und Kriegsberichterstatter, „lassen sich in einem Wort zusammenfassen – *Konzentration* … Die Konzentration der Stärke gegen die Schwäche."[20] Um sich konzentrieren zu können, so Liddell weiter, muss man die Stärken seines Gegners zerstreuen, was nur möglich ist, indem man seine eigenen Stärken verteilt. „Deine Zerstreuung, seine Zerstreuung, deine Konzentration – das ist die Reihenfolge, und jedes einzelne eine Folge."[21] Die ganze Schlacht am Berg Aornos ist eine kalkulierte Zerstreuung und entschiedene Konzentration.

2. Ein Durcheinander schaffen und nutzen

Alles, was Alexander vor seinem Angriff am Hydaspes tat, zielte darauf ab, den Gegner zu verwirren. Er griff den Gegner nicht an, wann und wo er es am ehesten erwartete, sondern dann und dort, wo er am wenigsten damit rechnete. Er schaffte es, den Gegner aus der Reserve zu locken, indem er ihn überraschte, und war darauf vorbereitet, das entstandene Durcheinander optimal zu seinen Gunsten zu nutzen. Strategische und taktische Maßnahmen im Krieg und in der Geschäftswelt lassen das Überraschungselement oft vermissen, weil jeder so damit befasst ist, planvoll zu agieren, dass er dabei die Chancen für Überraschungen übersieht, die sich ihm bieten. Und selbst wo sie wahrgenommen werden, sind die Verantwortlichen meist nicht darauf vorbereitet, sie zu nutzen.

3. Verwirrende Signale aussenden

Signale auszusenden ist eine Taktik, die häufig in Firmenstrategien zur Anwendung kommt, wenn Absichten mitgeteilt oder Preis- und sonstige Informationen ausgetauscht werden, was zu geheimen Absprachen führt. Im Krieg werden Signale zur Täuschung eingesetzt, um die Ressourcen der anderen Seite auf einen Punkt zu lenken, an dem man nicht angreifen will. Solche Ressourcenablenkungsstrategien können, wenn sie sinnvoll eingesetzt werden, einen Wettbewerbsvorteil bringen. Das bewies Ralston im Haustiernahrungsmarkt und Boeing, wahrscheinlich, im Jetliner-Markt.

KAPITEL 10

ALEXANDERS TOD UND VERMÄCHTNIS

Alexander hatte die östlichen Grenzen seines Reiches bis zum Fluss Hyphasis (Beas) ausgedehnt. Nun war es Zeit, nach Hause zu gehen, oder zumindest bis Babylon im heutigen Irak, das sich zum Mittelpunkt seines Reiches kristallisierte – wesentliche Teile der makedonischen Verwaltung arbeiteten von Babylon aus, und in dieser Stadt saß die Hauptmünzanstalt.

Statt dem Weg zu folgen, den er nach Indien genommen hatte, reiste Alexander weiter südlich zum Arabischen Meer. Als er die Randbezirke des heutigen Karatschis, Pakistan, erreichte, beschloss er, seine Armee in drei Divisionen zu teilen. Im Jahr 325 v.Chr. ging ein Kontingent von etwa 10.000 Soldaten und einer etwa gleich großen Zahl Begleiter über den Hindukusch zu einem vereinbarten Treffpunkt in der Nähe der jetzigen Hafenstadt Bandar-e-Abbas im alten Karmenien (heute Süd-Iran). Dieses Kontingent bestand hauptsächlich aus schlachterprobten und erschöpften Veteranen der Feldzüge, nebst Belagerungsgerät und neu hinzugenommen indischen Kriegselefanten, den Panzern der altertümlichen Kriegsführung.

Einige Divisionen schickte Alexander auch mit Schiffen über das Arabische Meer. Ihre Führung hatte er seinem General Nearchos anvertraut, der ihn ebenfalls an einem festen Punkt wiedertreffen sollte. Alexander hatte geplant, die öde und unwirtliche Gedrosische Wüste (die heutige Makran-Wüste) zu durchqueren, die zwischen Indien und dem Süden Irans lag, und zwar entlang der Küstenstrecke, damit er Vorräte für die Flotte sichern konnte, die hier an zahlreichen Punkten anlegen konnte. Doch schon bald nach seinem Aufbruch in die Wüste musste er den Plan aufgeben. Die Armee unter seinem Kommando war bis zu 50.000 Mann stark (je nachdem, welcher Quelle man glauben will), und die Begleiterschar war nochmal 25.000 Mann groß. Sehr schnell wurde klar, dass sich jeder von ihnen selbst versorgen musste, da Nahrung und Wasser in der Wüste äußerst rar waren. Um die Küstenregionen nicht aller Vorräte, die die Flotte brauchen würde, zu berauben, wandte sich die Armee landeinwärts.

Die Verzweiflung unter den Leuten wuchs, je länger sie durch die Hitze der Oktobersonne marschierten. Bis zu Napoleons desaströsem Marsch nach und Rückzug von Moskau im November 1812 hat keine Armee mehr solche Strapazen auf sich nehmen müssen wie Alexanders Armee auf ihrem 60 Tage währenden, fast tausend Meilen langen Weg durch die Wüste. Viele der Pferde und Packtiere, die weder Futter noch Wasser bekommen konnten, brachen im heißen Sand zusammen. Die Armee teilte die toten Tiere auf und aß ihr Fleisch. Die Begleiter litten noch größere Not als die Soldaten, denn während Letztere zu essen bekamen, gab es für sie, wenn überhaupt, bloß die spärlichen Reste.

Doch selbst in diesem Elend gab es beispielhafte Beweise persönlichen Führungseinsatzes. Arrian erzählt die Geschichte einiger Soldaten, die Alexander das verbleibende Wasser in einem Helm brachten, damit er seinen Durst löschen konnte. Er führte die Spitze des Zuges durch den Sand an, zu Fuß, um keinen der Soldaten glauben zu lassen, er hätte es leichter als sie. Alexander schüttete das Wasser in den Sand und sagte, diese Geste hätte seinen Durst gelöscht – er wollte nicht trinken, solange seine Soldaten kein Wasser hatten. „Die ganze Armee war in einem solchen Maße angespornt durch die Geste", schrieb Arrian zu dem Vorfall, „dass man hätte meinen können, Alexander habe jedem der Männer zu trinken gegeben."[1]

In der Nähe von Bandar-e-Abbas stieß Alexander wieder zu seiner Flotte unter Nearchos sowie zu dem Kontingent unter Führung von Kraterus, der in den Südiran vorgedrungen war und dort so viele Vorräte aufgetrieben hatte, wie er nur konnte, während er durch die Städte und Dörfer des Helmand-Tales von Afghanistan und den Osten Irans reiste. Nun brachte er so viel Essen und Wein mit, dass einige Historiker über wochenlange Gelage, schwere Orgien und unkontrollierte Unruhen schrieben. Die erlittene Not in der Wüste jedenfalls war darüber bald vergessen.

Fusion der Kulturen

Nachdem die Armee sich ausgeruht hatte, begann die Reise gen Persepolis, der ehemaligen Sommerhauptstadt der Achämenidenkönige, und von dort weiter über den Königsweg zur Winterhauptstadt Susa. Kurz vor Persepolis lag die Stadt Pasargadae – vormals Hauptsitz der Achämeniden, an dem der Gründer des persischen Reiches, Cyrus der Große, begraben lag. Alexander, der nun der Herrscher ganz Asiens war und eine große Schar persischer Untertanen hatte, beschloss, zur Grabstelle zu gehen und dem Großkönig seinen Respekt zu erweisen – so wie ausländische Würdenträger in der alten Sowjetunion zum Lenin-Mausoleum gingen. Alexander kannte seinen Platz in der Welt – nun, da er Herrscher über die Griechen, die Makedonier *und* die Perser war – und ein Besuch bei Cyrus' Grab würde bei seinen persischen Untertanen gut ankommen.

In persische Kleider gewandet ging er zum Grab, das neben einer Urne mit Cyrus' Überresten auch teure Juwelen und andere Schätze enthielt. Neugierig auf den genauen Inhalt ließ Alexander das Siegel aufbrechen und erschrak, als er das Grabinnere sah: eine zerfallene Urne, eine abgewetzte Couch und sonst nichts als Spinnweben und Staub. Sofort ordnete er Ermittlungen an und ließ die Grabwächter foltern, um zu erfahren, ob sie etwas über die Grabräuber wussten. Die Perser waren offensichtlich sehr angetan von Alexanders Vorgehen und gerührt von seinem Interesse an ihrer Kultur.

Er hatte es schon vor Jahren bewiesen – bei der Bestattung von Dareios' Frau Stateira, beispielsweise, die er nach persischem Brauch ausrichtete –, doch auf der Rückreise durch Persien hatte er sich angewöhnt, ausschließlich persische Gewänder und eine hohe Tiara zu tragen, wie sie nur die persischen Monarchen hatten, sowie die strikte Befolgung der persischen Sitten verlangt – einschließlich der *Proskynese*, dem Kniefall vor dem König. Die Perser sahen in ihren Königen direkte Nachfahren ihres Gottes Ahura Mazda und erboten ihnen daher dieselben Ehren. Die Makedonier glaubten ihrerseits, ihre Herrscher stammten von den Göttern des Olymp ab, behandelten sie allerdings wie Gleichgestellte – Kniefälle blieben den Göttern oder den toten Helden vorbehalten.[2] Entsprechend waren die Makedonier empört, als Alexander ihnen befahl, sich den persischen Sitten anzupassen.

Mit der Übernahme der persischen Sitten wollte Alexander sich als wahrer und rechtmäßiger Nachfolger der persischen Könige positionieren, statt nur als „vorübergehender Eroberer".[3] Er trug nicht nur die Gewänder persischer Könige, sondern hatte auch einige persische Adlige, einschließlich des Bruders von Dareios, in seinen Beraterstab aufgenommen.

In Susa traf er Dareios' Kinder wieder, die er hier in der Obhut griechischer Lehrer zurückgelassen hatte. Um sein Versprechen einzulösen, das er ihrer verstorbenen Mutter und Großmutter nach der Schlacht bei Issos gegeben hatte, entschied er sich, gleich zwei Töchter von Dareios zu verheiraten. Die Feierlichkeiten sollten darüber hinaus die Einheit der makedonischen und persischen Gesellschaft symbolisieren, weshalb er beinahe hundert seiner makedonischen Generäle überredete, ebenfalls persische Frauen zu heiraten. Er selbst ging mit gutem Beispiel voran, indem er sich erst mit Dareios' ältester Tochter Stateira und dann der Tochter des persischen Adeligen Artaxerxes III. vermählte.[4] Sie traten an die Stelle der zweiten und dritten Ehefrau – er war ja bereits mit der Prinzessin von Sogdien, Roxane, verheiratet, die inzwischen schwanger war.

Hephaiston heiratete Dareios' jüngere Tochter Drypetis. Alle Berater, die sich mit Perserinnen vermählten, wurden reich belohnt. Viele seiner einfachen Soldaten nahmen sich ebenfalls persische Ehefrauen und erhielten dafür eine großzügige Mitgift vom königlichen Schatzmeister. Die Hochzeitsfeierlichkeiten dauerten fünf Tage. Als die Armee Babylon im Frühjahr 324 v.Chr. wieder verließ, wurden großzügige Vereinbarungen für all jene getroffen, die sich hier niederlassen und eine Familie gründen wollten. Außerdem hatte die Armee 30.000 persische Freiwillige aufgenommen, die monatelang in der makedonischen Militärschule in Persien ausgebildet worden waren.

Im Sommer 324 v.Chr., ein Jahr nachdem sie Indien verlassen hatten, gelangte die Armee nach Opis außerhalb Babylons. Unter den Männern machte sich zusehends Missmut breit – teils weil manche von ihnen seit der Überquerung des Hellespont nun zehn Jahren unterwegs und entsprechend erschöpft waren, teils weil die Leute, gegen die sie gekämpft hatten, die Perser, unaufhaltsam an Rang und Einfluss gewannen.

Als Alexander in Opis beschloss, die ganze alte Armeegarde für ihre Dienste zu belohnen und nach Makedonien zurückzuschicken, kam es zur offenen Meuterei sowohl unter denen, die nach Hause sollten, als auch unter jenen, die bleiben mussten. Seit den Aufständen am Hyphasis, als die Truppen nicht mehr weiter wollten, hatte permanent Unruhe unter den Männern geherrscht, die um die Vormachtstellung der Makedonier in der Armee besorgt waren. Die Armee war längst keine rein makedonische mehr, und das war auch nicht das Hauptproblem, denn von Anfang an waren auch andere Nationalitäten in den Reihen der Soldaten vertreten gewesen. Was die Soldaten jedoch auf die Palme brachte, war, dass sie Befehle von Persern befolgen mussten, die immerhin nicht bloß Fremde waren, sondern bis vor kurzem auch als Erzfeinde gegolten hatten. Zudem waren die traditionellen Bande innerhalb der Armee – ähnliche soziale Hintergründe, gemeinsame Erfahrungen, Mühen und Arbeit – in der gegenwärtigen Truppenkonfiguration nur noch oberflächlich wahrnehmbar, bestand sie doch aus ebenso vielen Asiaten wie Europäern.

Aus Sicht der einfachen Soldaten hatte auch Alexander sich verändert. Er führte sie nicht in einen Kampf gegen einen klar definierten Feind, sondern jagte mit ihnen schwammigen Zielen wie der Vereinigung von Kulturen und Gesellschaften nach, was für sie bedeutete, sie mussten Kniefälle vor ihrem König machen und immer häufiger Befehlen von persischen Adligen gehorchen. Und hinzu kam, dass ihr König sich mehr und mehr zum Autokraten entwickelt hatte – er stand groß und mächtig wie eine Eiche über ihnen, jedoch wie eine Eiche ließ er unter seinem Laubdach nichts wachsen.

Alexander beging dieselben taktischen Führungsfehler, die auch in den folgenden Jahrhunderten viele Führende zu Fall bringen sollten. Nehmen wir beispielsweise Großbritanniens Oliver Cromwell und Margaret Thatcher. Beide gelangten, wie Alexander, an schwierige Punkte in der Geschichte ihrer Nation. Cromwell übernahm England 1653 als Lord Protector, nachdem das Parlament den Staat an den Rand des Ruins gebracht hatte. Die Vormacht des Parlaments und Englands Experimentieren mit dem Republikanismus kamen unter Cromwells Führung im englischen Bürgerkrieg zustande, der schließlich mit der öffentlichen Köpfung Charles I. – des Königs von England und Schottland – endete. Über 300 Jahre später, 1979, trat Margaret Thatcher ihr Amt mit dem Versprechen an, Großbritanniens langjährigem Experimentieren mit dem Sozialismus ein Ende zu setzen, das zu Massenarbeitslosigkeit, Steuersätzen von bis zu 85 Prozent sowie großen Unruhen auf dem Arbeitsmarkt wie in der Gesellschaft geführt hatte. Die Rassenkonflikte und ein Staatsapparat, der bis zur Bewegungslosigkeit angeschwollen war, lähmten das Land.

Trotz allem wurden der Mann, der die Nation aus dem totalen Chaos führte, und die Frau, die Großbritannien von einer zweit- bis drittrangigen wieder zu einer vollwertigen europäischen Macht wandelte, am Ende verachtet. Wie Alexander am Ende seiner Herrscherzeit hatten auch sie beide irgendwann den Bezug zu den Gefühlen in ihrem Land verloren. Sie hatten vergessen, mit den Menschen zu kommunizieren, obwohl doch gerade ihre Fähigkeit, die Herzen der Leute anzusprechen, sie in ihre Ämter gebracht hatte.[5]

Mohandas Karamchand Gandhi

Zum Ende seiner Karriere verliert Alexander den Blick für die Hoffnungen und Wünsche der Menschen, die ihm geholfen hatten, so vieles in so kurzer Zeit zu erreichen. Die meisten Leute in seiner unmittelbaren Umgebung teilten seine Begeisterung für die gesellschaftliche und kulturelle Vereinigung von Makedoniern, Griechen, Ägyptern, Babyloniern, Persern und Indern nicht. Trotzdem ließen sie sich auf die öffentlichen Massenhochzeiten zwischen Makedoniern und anderen Nationalitäten ein. Selbst seine Generäle scheuten sich, ihm den Spiegel vorzuhalten, und machten bei den Integrationsinitiativen wie den Massenhochzeiten mit – auch wenn die meisten der Ehen nach Alexanders Tod umgehend geschieden wurden. Viele Makedonier glaubten nicht an Alexanders göttliche Abstammung, und dennoch bestärkten sie seine Propagierung ebendieser. Alexanders private Ansichten und öffentliches Handeln waren ohnehin schon gänzlich miteinander verschmolzen.

Die Art und Weise, wie die privaten Überzeugungen das öffentliche Gebaren von Führungskräften prägt, wird in den bisherigen Managementbüchern kaum behandelt, dabei verlieren durchaus viele Führungskräfte alles, was sie errungen haben, oder lassen zumindest angeschlagene Vermächtnisse zurück, weil sie es versäumen, eine klare Linie zwischen ihren privaten Überzeugungen und ihrem öffentlichen Handeln zu ziehen. Bei Cromwell zum Beispiel sorgten seine puritanische Abstammung und seine millenaristischen Überzeugungen dafür, dass seine Entscheidungen in den Augen seiner Anhänger als göttliche Eingebungen erschienen, während er sich andere durch „Agonien spiritueller Qualen, aus denen er nach Wochen hervorging, um den einen oder anderen Weg einzuschlagen"[6], erarbeitete. Die Unvorhersehbarkeit dessen, wie weit Cromwells private Überzeugungen seine öffentlichen Entscheidungen beeinflussten, führte zu ständiger Alarmbereitschaft unter seinen Anhängern.

Die eine Leitfigur aus relativ moderner Zeit, die ihr öffentliches Handeln nicht nur von ihren privaten Überzeugungen bestimmen ließ, sondern auch die Grenze zwischen beiden willentlich aufhob, um jedwede Dissonanz von vornherein auszuklammern, war Mohandas Karamchand Gandhi. In den Augen der meisten Menschen war Gandhi ein bescheidener, hagerer Inder im schlichten Umhang, der stets einen Wanderstock bei sich hatte. Deshalb sind sie bis heute überrascht, wenn sie erfahren, dass er aus einer wohlhabenden Familie stammte, die es sich immerhin leisten konnte, ihn zum Jurastudium nach London zu schicken. Gerade im starken Kontrast zum Leben in London verfestigten sich viele seiner persönlichen Überzeugungen und Ansichten: über Kleidung (wenig und retro), Essen (vegetarisch) und soziale Interaktion (begrenzt).

Nach London verbrachte Gandhi 21 Jahre in Südafrika, zwischen 1893 und 1914. Dort entdeckte er, dass seine privaten Überzeugungen nicht nur seine Lebensweise und die seiner Familie prägten, sondern auch tonangebend für Leitfunktionen waren, die er im Kampf um die Gleichberechtigung der großen indischen Gemeinde im rassistisch polarisierten Südafrika übernahm. Die Gandhi-Familie in Südafrika, die dank seiner florierenden Rechtsanwaltspraxis finanziell sehr gut stand, ging dazu über, Brot und Vollkornkekse aus Mehl zu backen, das die Familienmitglieder selbst in Handmühlen gemahlen hatten. Im Gandhi-Haushalt wechselte man sich mit der Bedienung der aus schweren Eisenrädern bestehenden Mühle ab, weil sie alle Stolz auf ihre „Selbstständigkeit" waren – die nach seiner Rückkehr nach Indien zu einem festen Bestandteil von Gandhis Manifest für die Befreiung von der britischen Herrschaft werden sollte.

„Selbstständigkeit", „Selbstversorgung" und „Selbstbeschränkung" waren die wesentlichen Grundpfeiler von Gandhis Führung während des Strebens nach Unabhängigkeit in Indien. Auf Basis dieser Grundsätze und ihrer konsequenten Umsetzung in der Praxis wurde er zur „moralischen Autorität" und konnte seine Anhänger dazu bringen, es ihm gleichzutun. Er besaß die einzigartige Gabe, die Bedeutung von Konflikten zu erkennen und die richtige Stellung zu beziehen anstelle der politisch günstigen – selbst wenn es hieß, den Kampf für Indiens Unabhängigkeit aufzugeben (und seine Anhänger aufzufordern, an der Seite der Briten im Ersten und Zweiten Weltkrieg zu kämpfen) oder sich dem Kampf gegen die Rassentrennung in Südafrika anzuschließen (und die Briten im Zulu- und im Burenkrieg zu unterstützen). Seiner Ansicht nach vertrat Großbritannien in jeder dieser vier besonderen Situationen die richtige Position – bei allen handelte es sich um Kriege gegen die Übermacht einer einzelnen Rasse, die in Südafrika zur Unterdrückung einzelner Ethnien führte. In Gandhis Augen gab es nichts moralisch Verwerflicheres als die wie auch immer geartete Unterdrückung von Menschen aufgrund ihrer Hautfarbe, ihrer Glaubenszugehörigkeit oder ihrer Abstammung. Als moralische Autorität war er unerschütterlich.

Indiens Kampf gegen Großbritannien, so wie er ihn sah, war ein Kampf gegen wirtschaftliche Unterdrückung. Die politische Philosophie der „Selbstständigkeit" und „Selbstversorgung" war eine Grundvoraussetzung für die Freiheit als Ziel, und „Selbstbeschränkung" war ein Weg, dieses Ziel zu erreichen. Diese Überzeugung und Gandhis „moralische Autorität" machten ihn zu einem so überlegenen Gegner für jeden, der das Pech hatte, mit ihm verhandeln zu müssen. Winston Churchill, der es nie schaffte, wirklich mit ihm zu verhandeln, weil Gandhi so unerschütterlich in seinen Ansichten war, verfiel am Ende darauf, ihn mit Schimpfwörtern zu belegen wie „aufwieglerischer Fakir". Selbst seine engsten Freunde und Verbündeten, etwa Indiens erster Premierminister, Jawaharlal Nehru, versuchten häufig vergebens, Gandhi von einem Standpunkt abzubringen, selbst wenn es offensichtlich war, dass man nur so zu einer Lösung kommen konnte.

Hinzu kam Gandhis beispielloses Gefühl für Überraschung und Timing. Niemand konnte voraussagen, wann er losging und Salz vom indischen Strand aufhob, um damit das hoch explosive Salzgesetz ins Wanken zu bringen, das es den Indern verbot, ihr Salz woanders als in den von der britischen Regierung kontrollierten Geschäften zu kaufen. Ebenso wenig absehbar war, dass er auf den Aufstand seiner Anhänger gegen den Beschuss einer friedlichen Prozession mit einer öffentlichen Verurteilung des Mordes an Polizisten reagierte und sogleich eine Bestrafung für die furchtbaren Taten seiner Anhänger forderte. Gandhi wusste, mit persönlichen Opfern und Taten konnte er seine Gefolgsleute dazu bringen, die menschlichen Grundwerte zu erkennen und zu achten.

Anders als Thomas Jefferson, der sich öffentlich zur Demokratie und Unabhängigkeit der Vereinigten Staaten bekannte, privat jedoch an die Sklaverei glaubte, sie praktizierte und sogar förderte (zugegeben, das war vor der Abschaffung der Sklaverei) und ein Leben in Wohlstand und Überfluss lebte, das so gar nichts mit dem seiner Untertanen gemein hatte, war Gandhis politische Philosophie, dass er die Sache der Inder nur vertreten konnte, wenn er wie sie lebte – später gab er auf die Frage nach seinem Beruf stets „Farmer" oder „Weber" an, die Berufe der meisten armen Inder. Gandhi glaubte, wie Alexander, nur so könnte er seine Leute führen.

Im Gegensatz zu Alexander jedoch tat sich Gandhi mit den offenen Ehrbekundungen seiner Anhänger schwer und lehnte sie ausdrücklich ab.

Er ermahnte sie, er wolle nicht, dass sie „die Versklavung durch die Regierung abschütteln, um zu meinen Sklaven zu werden"[7].

Alexanders Tod

Kehren wir zurück nach Opis, wo ein Soldat von Alexanders Plänen erfuhr, die alten und verwundeten Makedonier raus aufs Weideland bringen zu lassen. Der Soldat fragte, warum Alexander nicht alle zurück nach Makedonien brachte, und stieß dabei auf lautstarke Zustimmung unter den Leuten. Ein anderer Makedonier rief sarkastisch aus, wenn er so sicher wäre, auf ihre Hilfe im Krieg verzichten zu können, sollte er doch mit seinem „Vater" allein losziehen – gemeint war Zeus Ammon, auf den Alexander sich in letzter Zeit stets als seinen Vater bezog statt auf Philipp. Die Menge lachte und johlte. Sie konnten damit leben – und hatten es ja auch getan –, dass Alexander sich als „Abkömmling" des Zeus über Herakles bezeichnete, aber dass er sich „Sohn des Zeus" nannte, wo seine Eltern doch normale Sterbliche gewesen waren, ging ihnen dann doch entschieden zu weit. Der Aufruhr unter den Soldaten war verheerend und von derselben noch zerstörerischen, auf die eigenen Reihen gerichteten Kraft wie die Kriegselefanten am Hydaspes.

Wie viel Kritik also ist zu viel Kritik? Hatte er in der Vergangenheit auf seine Kritiker gehört und hinter den Kulissen dafür gesorgt, dass jedes Aufbegehren im Keim erstickt wurde, so hielt er diese öffentlichen Angriffe auf seine Führung für inakzeptabel – zumal sie sich häuften und zusehends lauter wurden. Er befahl seinen Generälen, mehrere der Unruhestifter gefangen zu nehmen und öffentlich zu exekutieren.

Anschließend stieg er auf eine Plattform und rief den Makedoniern zu:

Meine Rede soll euch nicht davon abhalten, nach Hause zurückzukehren, denn, was mich betrifft, dürft ihr gehen, wann immer ihr wollt.

Meine Rede soll euch zeigen, was für Menschen ihr geworden seid und mit welcher Dankbarkeit ihr diejenigen belohnt, die euch Wohlstand und Größe gebracht haben.

Bevor ich zu dem komme, was ich für euch getan habe, lasst mich mit meinem Vater Philipp beginnen.

Mein Vater hat euch aufgenommen, als ihr Vagabunden und Mittellose wart, die in Tierhäuten gekleidet ein paar Schafe an den Berghängen hüteten.

Er hat euch aufgenommen, als ihr vergeblich versuchtet, euch der Drangsal der Illyrer, Triballer und Thraker zu erwehren.

Er gab euch Umhänge, in die ihr euch hüllen konntet, und holte euch von den Bergen in die fruchtbaren Ebenen. Vor allem aber gab er euch Mut – den Mut, die Barbaren zu bekämpfen, die überall waren.

Ihr brauchtet nicht mehr in die Felsnischen eurer Berge zu fliehen, um euch in Sicherheit zu bringen. Ihr konntet euer Land verteidigen und für das kämpfen, was rechtmäßig euch gehörte.

Er gab euch Land, Gesetze und Bräuche, die nicht bloß eure Sicherheit schützten,, sondern ein neues Zeitalter der Kultur und des zufriedenen Lebens einläuteten.

Er machte euch von Sklaven und verarmten Untertanen zu Herrschern über euer Land und über die Barbaren, die euch zuvor alles genommen hatten.

Er machte euch zu Herrschern über die Thessaler, vor denen ihr bis dahin Todesangst gehabt hattet. Durch den Sieg über die Phönizier gab er euch Zugang nach Griechenland über breite Wege, die ihr mühelos bereisen konntet, anders als die engen und mühsamen Pfade, die ihr vorher hattet.

Er schüchterte die Athener und Thebaner so weit ein – und ich persönlich stand ihm dabei in der Schlacht von Chaironeia zur Seite –, dass diese Nationen nicht mehr Makedonien angriffen und euch zu Steuern zahlenden Untertanen machten, sondern nun auf unsere Hilfe und Unterstützung angewiesen waren, damit wir ihre Sicherheit schützten.

Er drang auf den Peloponnes vor und wurde dort, nachdem er die Kontrolle über die Staatsgeschäfte gewonnen hatte, zum obersten Feldherrn von ganz Griechenland, der es gegen die Perser führen sollte – eine Ehre, mit der er nicht sich, sondern die ganze Nation Makedonien schmückte.

All diese Vorteile verdankt ihr ihm – und jeder Einzelne von ihnen ist in sich schon groß, aber doch klein verglichen mit dem, was ihr von mir bekommen habt.

Denn obwohl ich einige Silber- und Goldpokale von Philipp erbte, fand ich mich mit einer leeren Schatzkammer und Philipps gewaltigen

Schulden beladen. Ich lieh mir für euch, was ich für einen Feldzug brauchte, der uns aus dem Land führte, das euch nicht ernähren konnte, und öffnete uns den Weg über den Hellespont, quer über die gefährliche See, die von den Persern kontrolliert wurde.

Nachdem wir die Vizekönige Dareios' mit unserer Kavallerie besiegt hatten, eroberten wir Ionien, ganz Aeolis, Phrygien und Lydien und nahmen Miletus[8] ein.

Alle anderen Nationen ergaben sich uns freiwillig.

Ich sicherte euch das Privileg, mit jeder Eroberung immense Reichtümer anzusammeln.

Die Reichtümer Ägyptens und Zyrenes[9], die ich ohne Kampf gewann, sind euch zugekommen. Die Schätze Syriens, Palästinas und Mesopotamiens sind eure, ebenso wie die Babylons, Baktras[10] und Susas.[11] Auch die Reichtümer der Perser und die enormen Schätze der Inder gehören euch.

Ihr seid die Vizekönige, die Generäle und die Kapitäne dieses Feldzuges.

Ich habe nichts für mich behalten außer dieser roten Robe und dem Diadem. Niemand findet in meinem Besitz mehr als das, was ihr habt oder was ich für euch schütze.

Und jetzt, da ich jene nach Hause schicken will, die alt und krank sind und die, wie ich glaube, von allen dort beneidet werden, wollt ihr alle gehen.

Dann geht und erzählt den Menschen in der Heimat, dass euer König, der Persien und Baktrien eroberte, der die Oxianer unterwarf, der die Parther vernichtete und über den Kaukasus und durch das Persische Tor marschierte, der den großen Fluss Oxus überquerte und den Indos, der seit Dionysos nicht überquert worden war, der am Ozean ankam und euch durch die gedrosische Wüste führte, die keine Armee lebend durchquerte, geht, und sagt den Leute daheim, dass ihr nach all diesen Anstrengungen den Mann zurückgelassen habt, der euch durch sie führte, und in den Händen der Menschen, die er erobert hatte.

Vielleicht macht ihr euch mit euren Geschichten bei ihnen beliebt, macht sie neidisch und gewinnt die Bewunderung von Männern und Frauen, von allen, die gottesfürchtig sind.

Geht zurück nach Makedonien. Geht.[12]

Nach der Rede ging Alexander in seine Zelt und kam zwei Tage lang nicht wieder heraus.

Die Wirkung seiner Worte auf die Männer war erstaunlich. Sie liefen zum Palast und warteten, dass er sich zeigte, sagten, sie würden sich nicht rühren, ehe Alexander nicht wieder mit ihnen gesprochen hätte. Als er schließlich doch vor seine Türen trat, liefen ihm Tränen der Rührung über die Wangen. Einer seiner Ritter trat vor und sagte: „Mein König, was uns Makedonier am meisten bekümmert, ist, dass Ihr einige Perser zu euren Angehörigen gemacht habt – sie genießen die Ehre, sich ‚Verwandte Alexanders' zu nennen und dürfen euch mit einem Kuss begrüßen, eine Ehre, die noch keinem Makedonier zuteil wurde."

„Aber", unterbrach Alexander den Offizier, „ich betrachte euch alle ausnahmslos als meine Verwandten, und von jetzt an werde ich euch auch so nennen."[13] Damit war alles gesagt, und wie in dem Augenblick, in dem sich beim Gottesdienst alle ihren Nachbarn zuwenden, ihnen die Hand reichen und „Friede sei mit dir" sagen, schüttelten sich auch die Männer die Hände, klopften sich auf die Schultern oder umarmten sich – je nach nationaler Gepflogenheit.

Alexander opferte den Göttern, damit die Makedonier und Asiaten in Harmonie herrschen konnten. Er brachte Makedonier und Asiaten in Divisionen zusammen, und veranlasste mehrere Land- und Seeübungen, um den Soldaten Gelegenheit zu geben, sich aufeinander einzustellen und nebeneinander arbeiten zu lernen. In Babylon überwachte er persönlich den Bau eines Marinestützpunktes, bei dem Makedonier, Babylonier, Inder und Perser von den Phöniziern, den besten Schiffbauern des Altertums, lernten und mit ihnen arbeiteten. Nach einem ausgelassenen Fest anlässlich der Einweihung des neuen Stützpunktes erkrankte Alexander an einem schweren Fieber.

Obwohl das Fieber stieg, kehrte er zur Arbeit am Stützpunkt zurück. Am dritten Tag allerdings musste er im Bett bleiben. Seine Soldaten warteten vor seinem Zelt auf Nachricht von ihm, und als sie erkannten, dass sich sein Zustand rapide verschlechterte, baten sie darum, ins Zelt gehen und sich von ihm verabschieden zu dürfen. Als die Truppen an seinem Bett vorbeizogen, war er schon zu schwach zum Sprechen – aber er erwiderte ihre Grüße und nickte oder zwinkerte ihnen zu.

Seine Spitzengeneräle waren derweil um ihn versammelt, höchst besorgt, weil kein Nachfolger für ihn bestimmt worden war. Als man ihn fragte, wem er sein Königreich vermachen wollte, soll er gesagt haben: „Dem Stärksten." Alexander starb am vierten Tag, am 11. Juni 323 v.Chr. mit 32 Jahren. Unter den klassischen Historikern ist die Todesursache nach wie vor umstritten, wenngleich viele führende Historiker von einer Malaria ausgehen.[14]

Sein Leichnam wurde für die Beisetzung neben den anderen makedonischen Königen in Pella einbalsamiert und sollte den weiten Weg nach Makedonien zurücktransportiert werden, wurde jedoch zwischendurch von Ptolemais abgefangen, einem seiner Spitzengeneräle, der ihn zunächst in den ägyptischen Tempel von Memphis brachte und später nach Alexandria. Seine Generäle teilten den Nachlass unter sich auf: Ptolemais nahm Ägypten, wo er die Herrschaft der Ptolemäer begründete, die 300 Jahre währte – und mit Kleopatra endete, der letzten griechischen Herrscherin über Ägypten; Seleukos bekam den größten Teil Asiens östlich vom Euphrat – ein Reich, das sich von Syrien bis zur indischen Grenze erstreckte und das er von Babylon aus regierte. Seleukos trat seine indischen Gebiete an den ersten indischen Herrscher ab, der das große Land einen sollte, Chandra Gupta Maurya. Lysimachos herrschte über das gesamte alte Thrakien – heute Bulgarien und Türkei. Alexanders General Antigonus „der Einäugige" herrschte über Kleinasien – die ganze Region westlich der Tarsus-Berge bis zum Hellespont und das gesamte Gebiet östlich des Euphrats.

Antipatros, dem Alexander die Regierung Makedoniens in seiner Abwesenheit anvertraut hatte, beerbte ihn als Regent. Allerdings war Antipatros inzwischen sehr alt und starb kurze Zeit später. Sein Sohn, Cassander, regierte nach ihm Makedonien, das vom Rest des Reiches abgetrennt wurde.[15]

Alexanders engste Angehörige kam sein Tod teuer zu stehen. Als er in Babylon starb, war Roxane mit ihrem Kind schwanger. Wenige Monate nach seinem Tod brachte sie einen Sohn zur Welt, der nach ihm Alexander IV. genannt wurde. In dem Machtgerangel zwischen den Generälen wurde festgelegt, dass Antipatros als Regent für Alexander IV. und Arrhidaeus fungieren sollte, dem ältesten – wenngleich unehelichen – Sohn Philipps mit seiner thessalischen Geliebten. Aber sechs Jahre nach Alexanders Tod, als Arrhidaeus' Frau – Arrhidaeus selbst litt an schwerer Epilepsie – seinen Thronanspruch geltend machen wollte, wurden sie und ihr Mann eilig ermordet (einige Historiker vermuten Alexanders Mutter Olympias hinter der Tat, die mit einer kleinen Armee aus Epirus gekommen sein soll und Arrhidaeus, dessen Frau und Leibgarde niedermetzeln ließ).

Als Alexander IV. ins Teenageralter kam, wurde Cassander klar, dass der Junge nun bald seinen Thronanspruch geltend machen würde, weshalb er ihn und Roxane umbringen ließ. (Ehe jetzt jemand vor Mitleid mit Roxane vergeht, sei erwähnt, dass sie laut Plutarch direkt nach Alexanders Tod einen Boten zu Dareios' Tochter Stateira sandte, die mit Alexander verheiratet war, und sie und ihre Schwester Drypetis zu sich einlud; kurz nach deren Ankunft ließ Roxane beide Frauen ermorden, ihre Körper zerhacken und in einen Brunnen werfen.) Auch Alexanders unehelicher Sohn mit Barsine, Herakles, blieb nicht verschont. Cassander beförderte einen alten Krieger zum General, der als Gegenleistung dafür die Ermordung des 16-Jährigen übernahm. Um 309 v.Chr., ein Jahr nach dem Mord an Herakles, wurde auch Alexanders Schwester Kleopatra (bei deren Hochzeit Philipp umgebracht worden war), sein einziges Geschwister, ermordet.[16]

Die Kriege zwischen den verschiedenen Gruppen der Diadochen (der „Nachfolger") kulminierten in der Schlacht von Ipsos im Jahre 301 v.Chr., in der eine Koalition eine andere, von dem 81-jährigen Antigonus „dem Einäugigen" und seinem Sohn Demetrius „dem Stadteinnehmer" angeführte, besiegte. Die makedonische und griechische Armee, die unter Alexander gedient hatte, zerfiel in zahlreiche Gruppierungen, von denen einige den Diadochen folgten, während andere zu umherziehenden Söldnern wurden, die ihre Dienste dem Höchstbietenden anboten. Diese Imperien, so schrieb der französische Philosoph Charles Louis de Secondat Baron de Montesquieu über die Auflösung des Römischen Reiches, wurden mit Waffen gegründet und mit Waffen erhalten.[17]

Winston Churchill schrieb in *The History of the English-Speaking Peoples*, dass die Geschichte von Imperien zeigt, wie jeder starke Herrscher – stark im metaphorischen wie im buchstäblichen Sinne – den Boden für einen schwächeren Nachfolger bereitet. Wir werden niemals wissen, ob Alexanders Söhne – Alexander IV. und Herakles – stark oder schwach waren, aber die Generäle, die unter ihm dienten, brachten bei weitem nicht die persönliche Ausstrahlung mit, das Imperium zu führen, das sie mitgeschaffen und nun an sich gerissen hatten. Teils lag es an dem Glanz, den Alexander als Herrscher ausstrahlte und neben dem jeder andere verblassen musste, teils an der Erkenntnis, dass jeder klar nominierte Nachfolger als Bedrohung Alexanders wahrgenommen werden musste und entsprechend den tragischen Konsequenzen zum Opfer fiel, und natürlich auch zum Teil an dem relativ frühen Tod Alexanders, der eintrat, bevor er sich überhaupt mit seiner Nachfolge befasst hatte. Bei all diesen Gründen schwingt allerdings noch ein anderer mit: Alexanders Herrscherzeit lieferte Stoff für Legenden – was es jedem schwer machte, ganz gleich wie stark er sein mochte, sich als sein Nachfolger in Erinnerung zu bringen. Wer erinnert sich denn an den Nachfolger des Trainers Vince Lombardi von den Green Bay Packers (Phil Bengston) oder von George Halas bei den Chicago Bears (Jim Dooley)? Die Geschichtsbücher sind nicht nett zu jenen, die legendären Führungskräften folgen.

Alexander hat nie einen Nachfolger gefördert oder aufgebaut – weil das unweigerlich an seiner Macht gekratzt hätte. Gegen Ende seiner Herrscherzeit hat er vielmehr Spitzenpositionen zunehmend mit Leuten besetzt, deren Loyalität ihm sicher war und die ihm lange gedient hatten – was Vorrang vor Kriterien wie Eignung oder Erfolg hatte. Er tötete Kleitos, der sich gegen Alexanders Begeisterung für die persischen Sitten aussprach, Philotas, weil er von Attentatsplänen gegen ihn wusste, Parmenion aus dem einzigen Grund, weil er Philotas' Vater war, und Callisthenes, Aristoteles' Neffen und offiziellen Biographen der makedonischen Armee, weil der offen aussprach, wie er über Alexanders vermeintliche göttliche Abstammung dachte. Aristoteles selbst verlor gegen Ende von Alexanders Herrschaft jeden Respekt vor dem Führungsstil und dem Gebaren seines Protégés. „Niemand", soll er gesagt haben, „würde freiwillig einen solchen Herrscher aushalten."

Der erste Kaiser von China

In einem anderen Teil der Welt, etwa hundert Jahre nach Alexanders Tod, fand eine ähnliche Vereinigung statt, wie Alexander sie der damals bekannten Welt aufgezwungen hatte, und zwar in China. Natürlich gibt es keinen Grund anzunehmen, dass diese beiden epochalen Ereignisse in irgendeinem Zusammenhang stehen. Die chinesische Einigung war das Werk von König Cheng aus der Ch'in-Dynastie, der die sieben Staaten einigte, deren Gebiet das heutige China bilden und die sich damals gegenseitig bekriegten. Er erhielt den Titel *Ch'in Shih Huang Ti*, was so viel bedeutet wie „Erhabener Kaiser des Anfangs der Ch'in Dynastie", und gab China seinen Namen. Nach seinem Tod zerfiel das chinesische Imperium ebenso wie das makedonische nach Alexanders Tod.

König Cheng bestieg den Thron der Ch'in-Dynastie 246 v.Chr., als er gerade 13 Jahre alt war. Seine Mutter war die Konkubine eines reiches Händlers, der seinen Vater auf den Ch'in-Thron gebracht hatte, obwohl er keiner königlichen Linie entstammte.

Chengs erste Amtshandlung als König war die, mit seinen Warlords, die im Namen ihrer Herrscher die Regionalprovinzen kontrollierten, in den Krieg zu ziehen.[18] In seinem Streben nach Vereinigung folgte Cheng fairen Spielregeln – wie Alexanders Vater Philipp stützte Cheng sich auf das Schaffen von Allianzen, günstige Heiraten, List, Bestechung, Überfälle, Kidnapping und Attentate. 221 v.Chr. schließlich, nach 25-jähriger Arbeit, war es ihm gelungen, die Regionen zu einem Reich zusammenzufassen, das sich von den Steppen Tibets im Osten über die Wüsten der Mongolei im Norden bis zum Chinesischen Meer im Süden erstreckte.

Zur Sicherung der Grenzen wurden Millionen Männer rekrutiert – meist ohne Bezahlung –, die Straßen für die Armee bauen mussten. Entlang der Grenzen errichtete Cheng eine wirre Mischung aus Steinfestungen, mit Zinnen versehenen Wachtürmen und Garnisonsquartieren[19], die als Chinesische Mauer in die Geschichte eingehen sollte. Die Mauer war in vielerlei Hinsicht eine fragwürdige Errungenschaft. Während sie die marodierenden Hunnen draußen hielt (nicht aber die Mongolen, deren Nahen viele chinesische Bauern schon von weitem am Getrampel Tausender Pferdehufe erkannten), schottete sie China vom Rest der Welt ab. Mit Ausnahme der „Seidenstraße", welche die Han-Dynastie, die der Ch'in-Dynastie folgte, bauen sollte, und dem Handelsweg, den Marco Polo ungefähr 1.500 Jahre später öffnete, gab es kaum Wege oder Straßen, die nach China führten.

Man geht davon aus, dass beim Bau der Chinesischen Mauer (Ch'in Shih Huang Ti baute nur zehn Meilen davon in zehn Jahren) genauso viele Menschen starben wie Steine in der beinahe 2.000 Meilen langen Mauer verbaut sind – sie ist nicht nur einer der längsten Wege der Welt (auf der Mauer gibt es einen Weg), sondern auch das größte Denkmal der Welt.

Kanäle wurden gebaut, um die Felder in dem Land zu bewässern, das größtenteils von Agrarwirtschaft lebte, und Wasserwege verbanden die Städte mit dem Yangtse-Fluss, die sowohl der Handels- und auch der Kriegsmarine dienen sollten. Der größte architektonische Beitrag Ch'in Shih Huang Tis war das Große Grab, das Archäologen 1970 entdeckten. Es handelt sich hierbei um eine Miniaturstadt von 56 Quadratmeilen, mit Gebäuden, Parks, Gärten und künstlichen Flüssen sowie einer Armee von 7.000 Terracotta-Soldaten, die ihn in seinem Leben nach dem Tod bewachen. Man sagt, fast eine halbe Million Menschen hätten über 30 Jahre am Bau des kaiserlichen Grabes gearbeitet.

Damals stand China unter dem Einfluss zweier unterschiedlicher philosophischer und religiöser Strömungen: Einmal der Lehre des Konfuzius, der im sechsten Jahrhundert vor Christus, also etwa zeitgleich mit Buddha in Indien lebte, und zum anderen einem gesetzlich festgelegten Prinzip des konfuzianischen „Behandle andere, wie du selbst behandelt werden möchtest". Um die Vereinheitlichung der zahlreichen verschiedenen Rechtssysteme, der unterschiedlichen Dialekte, der Regierungsmethoden und sogar solcher Bereiche wie Meteorologie und Währung voranzutreiben, verbot Cheng die konfuzianischen Lehren und verdonnerte deren Anhänger zur Arbeit an den Bauprojekten. Die Bücher über die konfuzianische Lehre wurden öffentlich verbrannt.

Anders als Alexander, der die unterschiedlichen Kulturen und Religionen seines Reiches schützen wollte, war Cheng bar jeglicher ökumenischer Regung. Er erließ klare Gesetze, welche nicht nur die Gewichte und Maße, die Rechtsprechung und die Sprache systematisierten, sondern zugleich dem chinesischen Volk eine totalitäre, erstickend konformistische Kultur aufzwangen.Tausende wurden durch die Regionen getrieben, um hier eine Siedlung zu gründen oder dort eine Gemeinde. Ein Verwaltungssystem wurde aufgebaut, das die dezentralisierte Steuereintreibmaschinerie stützte, und der Kaiser brüstete sich oft damit, dass sein Reich für sich selbst sorgte, ohne dass er persönlich Gesetze durchsetzen musste. Wie Alexander glaubte auch er, von göttlicher Abstammung zu sein, und suchte später die Hilfe von Schamanen und Sehern, um mit den Göttern zu kommunizieren.

Nachdem Cheng 210 v.Chr. unter mysteriösen Umständen gestorben war, brach ein Bürgerkrieg in China aus, der mehrere Jahre andauerte, bis ein armer Bauer namens Liu Pang eine Allianz mit einem Militärgeneral namens Xiang Yu einging und die Han-Dynastie gründete, die China zu ihrem klassischen Erbe zurückführte, den Konfuzianismus wieder zuließ und den Buddhismus ins Land brachte sowie eine relativ wohlwollende Monarchie begann, die bis 1911 über China herrschte, auch wenn sich das Reich in Größe mehrfach veränderte. Vor allem bauten die Hans die Seidenstraße, die China mit Zentralasien, Indien, Babylon und Rom verband – wobei die Ein- und Ausreise nach wie vor über die Chinesische Mauer erfolgte. Ähnlich den Ptolemäern in Ägypten, die die erste Bibliothek, das erste Museum und den ersten Leuchtturm bauten (teils nach Alexanders

Ideen), schufen die Hans das erste staatliche Schulsystem der Welt, konstruierten den ersten Seismographen und den ersten Kompass.

Das Vermächtnis des Cheng Shih Huang Ti war über die 2.000 Jahre seit seinem Tod die meiste Zeit umstritten. Er war am ehesten bekannt dafür, unter den wohlhabenden Chinesen den Bau opulenter Grabstätten eingeführt zu haben, gemäß dem chinesischen Sprichwort von den drei Dingen, die man im Leben tun sollte: „Ein Haus bauen, einen Sohn zeugen und ein Grab schaufeln." Erst im 20.Jahrhundert haben Mao Tse-tung und andere Führer der kommunistischen Bewegung seinen Ruf als einen der größten Kaiser Chinas wiederhergestellt. Die Kommunisten vertraten darüber hinaus einen ähnlichen Ansatz bei der Systematisierung der Sprachen, Kultur, Bildung und Verwaltung wie Cheng Shih Huang Ti 2.000 Jahre vor ihnen. Viele Experten in chinesischer Geschichte sind sich einig darin, dass es ohne Cheng Shih Huang Tis Intervention und Voraussicht für ein einheitliches China wie für eine einheitliche Sprache, die es verbinden sollte, nie zu einer Nation geworden wäre – oder sich zumindest vollkommen anders entwickelt hätte.

Das vermischte Vermächtnis Andrew Carnegies

Andrew Carnegie, der Mann, der praktisch im Alleingang die Stahlindustrie der Vereinigten Staaten aufbaute und damit zum reichsten Mann der Welt wurde, wurde 1835 in ärmlichsten Verhältnissen in Dunfermline, der alten Hauptstadt Schottlands, nördlich von Edinburgh, geboren. Der junge Andrew wuchs in einem Dickens'schen Umfeld der Armut und des Elends auf. Die Weberei von Dunfermline, in der er als Spulenjunge arbeitete, unterwarf ihre Arbeiter derselben Unmenschlichkeit, die Charles Dickens nur wenige Jahre zuvor in den Fabriken von London erfahren hatte und über die er schrieb, während Andrew heranwuchs.

Dunfermline, einst die Heimat des feinsten handgewebten Leinens, war eine Stadt, die durch die Industrielle Revolution stark dezimiert worden war. Die automatisierten Webstühle hatten die Meisterweber der Stadt zu einem Micawber-ähnlichem Leben in geteilten Schichtunterkünften und mit spärlichsten Mahlzeiten verdonnert – wenn sie denn Glück hatten. Andrews Eltern, die neben dem Weben als Teilzeitlehrer arbeiteten, hörten davon, dass in Amerika alles besser wäre, und immigrierten 1848 mit Andrew nach Pittsburgh. Pittsburgh war im 19. Jahrhundert eine schmutzige Indus-

triestadt, deren schmieriger Qualm aus den kohlebefeuerten Eisengieße-
reien sich in die Haare und vor allem die Lungen der armen Bewohner setzte. In Pittsburgh begann Carnegie damit, sich seinen Lebensunterhalt als
Laufbursche im Telegraphenamt der Pennsylvania-Eisenbahn zu verdienen,
wo er die Vorzüge effizienter Arbeitsabläufe kennen lernte: je mehr Züge
einfuhren und je mehr Fracht sie transportierten, umso mehr verdienten
die Eigentümer. Die Geschwindigkeit war so entscheidend, dass es billiger
war, wenn ein Zug unterwegs entgleiste, die Fracht in andere Waggons
umzuladen und die defekten Wagen zu verbrennen, als den Zug wieder
herzurichten. Carnegie konnte sich mit Fleiß und Initiative schnell hoch-
arbeiten und wurde schließlich Beamter bei der Eisenbahn.

Andrew Carnegie vermisste Großbritannien schmerzlich und besuchte
es mehrfach. Bei einer seiner Reisen nach England bemerkte er, wie sich
die Eisenindustrie des Landes durch Henry Bessemers Hochöfen auf Stahl-
erzeugung verlegte. Er kam nach Pittsburgh zurück und investierte das
Geld, das er bei der Pennsylvania-Eisenbahn verdient hatte, in Hochöfen,
mit denen er Eisen zu Stahl schmolz. Der geschmolzene Stahl wurden
dann in Barren gegossen, anschließend gedehnt, geformt oder gerollt und
zu Schienen, Rohren, Streben oder Platten für die Eisenbahnen, Brücken,
Wolkenkratzer und Schiffe, die die USA – und die Welt – brauchten. Carnegie war nicht nur der Mann, der das Zeitalter der amerikanischen Stahlindustrie einläutete, sondern er betrieb auch die kosteneffizientesten Stahlwerke der Welt, weil seine Arbeiter 13 Stunden am Tag an 364 Tagen im
Jahr arbeiteten (nur der vierte Juli war frei), zu Löhnen, die am Rande des
Existenzminimums lagen und unter dem ständigen Druck, viel und gut zu
produzieren. Verfehlte irgendjemand sein Produktionsziel, wurde er sofort
gefeuert. Gab es auch nur die Andeutung eines drohenden Streiks, setzte
Carnegies Partner, Henry Clay Frick, alle notwendigen Mittel ein – Drohungen, Bestechungen, Gewalt –, um die Arbeiter zu „überzeugen", lieber
nicht zu streiken.

Obwohl seine Arbeiter sehr, sehr hart schufteten und in ständiger Angst
vor Fricks Knebelungen lebten, zeigte sich Carnegie ihnen als wohlmei-
nender Gönner. Er schaffte es, dieselbe Beziehung zu ihnen aufzubauen,
wie Alexander sie zu seinen Truppen gehabt hatte, indem er sie immerzu
ansprach, sich mit ihnen unterhielt, sie um Rat fragte und für ihre „gemeinsame Sache" warb. Er sprach sich sogar so laut für die Arbeiter aus,
dass viele andere Unternehmer ihn beiseite nahmen und ihn wegen seiner

arbeiterfreundlichen Gesinnung rügten. Doch er war wild entschlossen, der gute Polizist zu sein, und er hatte ja schließlich Frick, der den bösen Polizisten spielte und sich um alles kümmerte. So nimmt es denn wenig wunder, dass das Arbeitsklima in Carnegies Stahlwerken für die Zeit verdächtig harmonisch anmutete, während sich die Arbeiter überall sonst in den Vereinigten Staaten in Gewerkschaften organisierten und diese Gewerkschaften aggressiv ihren Einflussbereich ausweiteten. So besaß Frick mehrere Kohlereviere, in denen das Arbeitsklima ein gänzlich anderes war und eher bezeichnend für die Zeit: dauernd gab es Streiks, Streikbrecher wurden eingestellt – oft von weit her, aus Osteuropa etwa, eingeschleust –, um die streikenden Arbeiter zu ersetzen, und Gewalt zwischen den Arbeiterfronten oder den Arbeitern und den Fabrikwachen war an der Tagesordnung.

Zum Ende des 19. Jahrhunderts gingen die Arbeiterunruhen auch an Carnegie nicht mehr spurlos vorbei. Als Erstes bahnten sie sich ihren Weg in das Stahlwerk von Pittsburgh. Carnegies Methode war die, nie mit den Arbeitern zu verhandeln, sondern – wie Alexander, der tagelang in seinem Zelt schmollte, nachdem die Truppen in Opis gegen ihn revoltiert hatten – nach New York abzureisen und den Konflikt auszusitzen. Unter seinen Arbeitern hatte er genügend Informanten (das Aushorchen der Kollegen hatte er als gängige Praxis in den Fabriken eingeführt), um zu erfahren, was als Nächstes passieren würde, friedliche Demonstrationen, Arbeitsniederlegungen oder Gewalt, und wie lange sie es sich leisten konnten, nicht zur Arbeit zu erscheinen. Er wusste, da es keine andere Arbeit in Pittsburgh gab, mussten sie irgendwann wiederkommen, und als Gewerkschaftsvertreter nach New York kamen, um über die Wiedereröffnung der Fabrik zu verhandeln, folgte Carnegie ihnen nach Pittsburgh und sprach direkt mit seinen Arbeitern über ihre Sorgen – statt sich auch nur den Anschein zu geben, mit den Gewerkschaftsleuten zu verhandeln.

Er versicherte seinen Arbeitern, ihre Jobs wären sicher, verkündete „Mr. Carnegie nimmt keinem die Arbeit weg" und lud sie ein, wieder in die Fabrik zu kommen. Damit war die Macht der Gewerkschaft über die Leute gebrochen, und Carnegie wurde als Freund der Arbeiter bejubelt. Zwei Jahre später stiftete Carnegie eine große Bibliothek – viel größer, als sie sich die Arbeiter vorzustellen vermochten – für sie und ihre Kinder. Wie Alexanders Idee zur Bibliothek in Alexandria, Ägypten, war auch Carnegies Geste eine Neuheit, die eindrucksvoll das Interesse des Fabrikbesitzers am Wohlergehen seiner Arbeiter symbolisierte. Sie enthielt nicht nur Tausende Bücher, sondern war auch groß genug, um Platz für Gemeinschaftsräume, ein Kommunikationszentrum und eine Sporthalle zu bieten. Die Arbeiter liebten ihn dafür.

Aber die Liebe der Arbeiter zu Carnegie währte nicht lange, und wenige Jahre später reckten die Gewerkschaften wieder ihr (in den Augen Carnegies) hässliches Haupt und forderten sichere Arbeitsplätze sowie das Recht auf einen akzeptablen Lebensstandard. Statt den Gewerkschaftsforderungen nachzugeben, instruierte Carnegie Frick ein weiteres Mal, die Fabriken zu schließen und die Forderungen auszusitzen. Diesmal waren die Gewerkschaften jedoch besser organisiert, sodass der Streik nicht bloß länger dauerte, sondern sich auch die Einstellung der Arbeiter deutlich veränderte. Bislang hatten sie sich lediglich als Angestellte in den Stahlwerken gesehen, aber nun begannen sie zu denken, die Fabriken gehörten ebenso sehr ihnen wie den Besitzern.

Als die Arbeiter sich weigerten, das Fabrikgelände zu räumen, engagierte Frick 300 Pinkerton-Wachleute, einen privaten Sicherheitsdienst, der die wachsende Zahl der Industriellen in ihren Auseinandersetzungen mit den Arbeitern unterstützte, um die Kontrolle über die Fabrik wiederzuerlangen. In einer Schlacht, die 14 Stunden dauerte und über laufende Presseberichte in allen großen Tageszeitungen von der gesamten Nation verfolgt wurde, verloren die Wachleute nicht nur, sondern die Arbeiter und ihre Familien – selbst die Frauen und Kinder – hatten drei von ihnen sogar zu Tode geprügelt und erstochen; allerdings hatten auch sieben Arbeiter ihr Leben gelassen. Carnegie, der gerade in der idyllischen Abgeschiedenheit eines schottischen Sees Urlaub machte, wies Frick an, das Fabrikgelände notfalls verwahrlosen zu lassen, aber auf keinen Fall mit den Gewerkschaften zu verhandeln. Die Arbeiter dürften jederzeit selbst zu ihnen kommen und für sich als Einzelne über die Arbeitsbedingungen verhandeln.

Viele Gewerkschaftsmitglieder, die Carnegie für einen Freund der Arbeiterschaft hielten, schickten aufgeregt Telegramme nach Schottland, die sämtlichst unbeantwortet blieben. Carnegies Fabriken waren Ende des 19. Jahrhunderts das industrielle Rückgrat der Nation, und ein Streik in einer von ihnen kam einem Staatsnotstand gleich. Sechs Tage nach Streikbeginn schickte der Gouverneur von Pennsylvania seine Staatsmiliz los, zahlreiche Arbeiter festzunehmen und die Fabrik wieder zu öffnen, und Frick stellte nicht gewerkschaftlich organisierte Arbeiter ein, um die Streikenden zu ersetzen. Fünf Tage später brach der Streik zusammen. Die Gewerkschaften hatten es wieder nicht geschafft, ihre Autorität in Carnegies Stahlwerken zu sichern – und damit in der ganzen Stahlindustrie – und würden erst wieder Mitte des 20. Jahrhunderts dort Fuß fassen. Wann immer das Thema gewerkschaftliche Organisation in den Fabriken aufkam, erfuhr Carnegie es sofort durch seine Informanten, feuerte die betreffenden Arbeiter umgehend und sorgte dafür, dass sie nie wieder einen Job in der Branche bekamen – und das von einem Mann, dessen Vater, Mutter und Großvater loyale und aktive Mitglieder der britischen Chartismus-Bewegung gewesen waren, die sich als erste politische Gruppierung für mehr Rechte der Arbeiter eingesetzt hatte.

Bis 1892 war der Wert der Carnegie-Personengesellschaft auf 25 Millionen Dollar angestiegen und bescherte Andrew Carnegie wie seinem Partner Henry Fick beachtliche Gewinne – zunächst 50 Prozent, dann 100 Prozent und schließlich über 200 Prozent.[20] Während er andere Stahlwerke zukaufte und übernahm, förderte er zugleich die „jungen Genies", wie er sie nannte – kluge mittlere Manager, die er in gehobene Managementposten beförderte, wo sie mit der Leitung der Fabriken betraut waren und dafür ein paar Anteile bekamen.[21] Wie in vielen Personengesellschaften waren die Manager auch hier gezwungen, sollten sie das Unternehmen aus welchen Gründen auch immer verlassen, ihre Anteile zum gegenwärtigen Buchwert zurückzuverkaufen. Tausende Bürokräfte und untere Manager wurden eingestellt, ausgebildet und befördert, und Pittsburgh wurde zur Boomtown der Mittelklasse mit ausgedehnten, grünen Vororten, in denen die aufstrebende Mittelklasse der Stahlindustrie lebte, und noch grüneren exklusiven Enklaven, in denen die grauen Eminenzen der Branche auf ihren Anwesen residierten. Das Los der Arbeiter veränderte sich indes kein bisschen.

Unter diesen Managern florierte Carnegies Unternehmen. Carnegie und Frick veranlassten massive Produktivitäts- und Effizienzsteigerungsprozesse, indem sie zunächst die alten Hochöfen durch effizientere neue ersetzten. Sie lancierten sogar die erste groß anlegte Maßnahme vertikaler Integration, die die Welt je gesehen hat, indem sie nicht nur fast alle Eisenerz- und Kohlevorkommen kauften, die sie brauchten, sondern auch die Schiffe und Eisenbahnen, mit denen sie die Rohstoffe zu ihren Fabriken schafften. Um die Geschwindigkeit der Züge zu erhöhen, veranlasste Carnegie den Austausch der alten Gleise gegen Stahlgleise, und sein Unternehmen half bei der Ersetzung der hölzernen Eisenbahnbrücken über die Flüsse durch stabilere Stahlbrücken. Wann immer technische Neuerungen in der Stahlherstellung entdeckt wurden, konnte man sicher sein, dass Carnegie diese Technologien umgehend in seinen Werken installierte – wie er es 1890 mit dem offenen Hochofen getan hatte. Carnegies Stahlproduktion war nicht bloß die größte in den USA, er verdrängte sogar Großbritannien von seinem Platz als größter Stahlproduzent der Welt.

Carnegie hatte immer geplant, frühzeitig in den Ruhestand zu gehen und die Bildung nachzuholen, die er als junger Mann nicht genossen hatte. Außerdem nahmen die Spannungen zwischen Frick und ihm zu. Als Frick im Jahr 1900 den Preis für die Kohle anheben wollte, die er den Fabriken lieferte, war das der sprichwörtliche Tropfen, der das Fass zum Überlaufen brachte. Carnegie wollte Frick die Partnerschaft aufkündigen, und Frick drohte, Carnegie vor Gericht zu zerren und ihm außerdem die Knochen zu brechen – mit seinen knapp 145 cm war Carnegie ein kleiner Mann. Der nachfolgende Rechtsstreit, genannt „Der Krieg der Stahlkönige", war das damalige Äquivalent zum O.J.-Simpson-Prozess des letzten Jahrzehnts. Die gesamte Nation verfolgte jedes noch so schlüpfrige Detail der Partnerschaft, das in dem Prozess ans Licht kam. Schließlich zahlte Carnegie Frick aus – nicht zum Buchwert, wie er gedroht hatte – und gab ihm die respektable Summe von etwas über 30 Millionen Dollar.

Dunkle Wolken brauten sich über Carnegie zusammen. Die United States Steel Corporation des New Yorker Finanziers J.P. Morgan, der die weiterverarbeitenden Fabriken gekauft hatte, in denen der Stahl aus Carnegies Werken geschnitten, poliert und an die einzelnen Kunden verschickt wurde, war dabei, sich in die Stahlherstellung zu drängen und baute erste Hochöfen. Um Carnegie unter Druck zu setzen, seine Stahlwerke zu verkaufen, weigerte sich Morgan, den Stahl von Carnegie zu kaufen, und viele der Carnegie-Fabriken gerieten ins Trudeln. Carnegie verhöhnte die Morgan-Drohgebärde, wusste jedoch nicht, dass der Mann, den er als Ersatz für Frick engagiert hatte, Charles Schwab in seiner Sorge um die Zukunft der Carnegie Steel Corporation ein heimliches Treffen mit Morgan arrangiert hatte, bei dem er ihn bat, ein Kaufangebot für Carnegie zu machen. Schwab übte außerdem Druck auf Carnegie über dessen Mutter aus, die nicht verwand, wie ihr Sohn sich gegenüber den Gewerkschaften verhalten hatte, und es allemal lieber sähe, wenn er aus dem Geschäft ausstieg und sich ganz dem widmete, was er stets als seinen eigentlich Traum ausgegeben hatte: der

Philanthropie. 1901 wurde die Carnegie Steel Corporation für etwa 250 Millionen Dollar an die United States Steel Corporation verkauft.

Der Einfluss der U.S. Steel auf die moderne Welt ist dem der Diadochen – Alexanders Nachfolger – auf deren Welt vergleichbar. Einerseits leitete das Unternehmen das Zeitalter des Manager-Kapitalismus ein, in dem gut ausgebildete Fachleute aus den Rechts- und Wirtschaftsinstituten angeheuert wurden und die Karriereleiter emporkletterten – die übrigens eine ganz ähnliche Schule durchliefen wie Alexander bei Aristoteles. Andererseits war auch U.S. Steel mit eigenen Problemen und Unsicherheiten konfrontiert – zunächst einmal der Koordination und Kontrolle aller Stahlfabriken, die neu hinzugekommen waren und nun absorbiert und reorganisiert werden mussten, und dann von Seiten der Kunden, die immer öfter Stahl durch leichtere und ebenso starke Materialien wie Aluminium ersetzten, sowie die technischen Entwicklungen und verbesserten Produktionstechniken, die die japanischen und europäischen Konkurrenten einsetzten, und schließlich die billigeren und qualitativ besseren Importe – vor allem aus Japan, aber auch aus Korea und Taiwan. Im Jahr 1980 war ein Punkt erreicht, an dem das mittlerweile in USX umbenannte Unternehmen nicht nur unter dem Druck der Konkurrenz aus Japan und von wendigen Spielern wie Nucor nach Luft japste, sondern auch die brutale Übernahmeschlacht gegen den Buyout-Künstler Carl Icahn zu verlieren drohte, während es langsam aber sicher in Schimpf und Schande unterging. Wie die Geschichte der Diadochen ist die von U.S. Steel eine der bezeichnenden „Ernte"-Geschichten (im Gegensatz zu „Wachstums-" oder „Aufbau"-Geschichten) in der Wirtschaftschronik.

Ähnlich Alexander hat Carnegie eine tiefe und lange Spur in der Welt hinterlassen – und beide sind oft kritisiert worden. Carnegies Kritiker warfen ihm vor, über Gebühr Einfluss auf wissenschaftliche und medizinische Forschung oder akademische Institutionen zu nehmen. Doch diese Kritik focht Carnegie nicht an. In seinem „Gospel of Wealth" schrieb Carnegie „Der Mann, der reich stirbt, stirbt in Schande" und verschenkte so schnell er nur konnte alles, was er seinen „überflüssigen Reichtum" nannte, um „die Menschheit zu verbessern". Er verteilte $ 350 Millionen ($ 250 Millionen aus dem Verkauf und weitere $ 100 Millionen aus seinem persönlichen Vermögen) auf sieben verschiedene Trusts, von denen jeder einem bestimmten Wahlkreis zugute kommen sollte. Es gab ein paar allgemeine Bereiche, die aus den Trusts mitfinanziert werden sollten: Bildungs-, Gesundheits- und Forschungsinstitute, Bibliotheken und Institute zur Förderung des globalen Verständnisses und Friedens. Wie die Städte, deren Grundsteine Alexander gelegt hatte und die bis heute nicht nur existieren sondern sich prächtig entwickeln, finanzieren auch die Trusts und Finanzierungsmodelle, die Carnegie schuf, wie das Carnegie Endowment for International Peace und die Carnegie Corporation von New York, bis heute dringend benötigte Bildungs-, Kultur-, Wissenschafts- und Sozialvorhaben. Carnegie vergaß nie, woher er kam, und von den $ 62 Millionen, die er den drei britischen Trusts vermachte, war einer ausdrücklich für die Verbesserung der Bildungsinstitute in der Stadt Dunfermline bestimmt, wo er geboren war.

Alexanders vereinte Welt

Alexanders Vision von einer Welt, in der unterschiedliche Kulturen und Gesellschaften sich vermischten und koexistierten, ging nach seinem Tod in Rauch auf. Sein Traum war die Schaffung eines griechisch-orientalischen Imperiums gewesen, das von einer griechisch-orientalischen Herrscherklasse regiert würde und bis in die Wurzeln griechisch-orientalisch sein sollte.[22] Um dieses Ziel zu erreichen, richtete er nicht nur militärische Ausbildungsinstitute ein, an denen Asiaten in der Kunst der makedonischen Kriegsführung unterwiesen wurden, und setzte Asiaten in gehobene Positionen beim Militär und in der Regierung, sondern hatte auch damit begonnen, Tausende von Asiaten für den Dienst in der griechischen Verwaltung auszubilden. Seine Vision wich leider einer griechisch-makedonischen Alleinherrschaft unter den Diadochen, bei der Menschen derselben Herkunft mit derselben Sprache und derselben Religion herrschten, die nie die multikulturelle Ethik begriffen, deren Vermächtnis sie verwalteten. Michael I. Rostovtzeff, einer der größten klassischen Historiker, beschreibt diese post-alexandrinische Zeit der griechisch-makedonischen Weltherrschaft (gemeinhin „Hellenistische Periode" genannt) als „ein seltsames Phänomen, einzigartig in der Evolution der Menschheit"[23].

In den Nationen und Provinzen unter griechisch-makedonischer Herrschaft blieb die einheimische Bevölkerung so fremd und isoliert, wie sie es vor der Ankunft der Makedonier gewesen war. Die Ptolemäer in Ägypten führten ein Leben distanzierter Vornehmheit, schwangen sich dann und wann auf Boote und ließen sich den Nil hinuntertreiben, um ihren ägyptischen Untertanen zuzuwinken, die zumeist genauso arm waren wie vorher.

Ausnahmen bildeten lediglich diejenigen Ägypter, die Ptolemais in seinen großen wirtschaftlichen Interessen unterstützten, sprich: die die Schiffe im Hafen von Alexandria be- und entluden, das Getreide, die Stoffe und das Öl transportierten oder als Bauarbeiter an den staatlichen Projekten mitarbeiteten – Straßen, Kanälen und Gebäuden.

Ptolemais war so ausschließlich auf den Handel konzentriert, dass das ptolemäische Ägypten oft als leuchtendes Beispiel für moderne Kapitalismusprinzipien im Altertum herhalten muss. Ein makedonischer Gouverneur in Ägypten führte sogar den Arbitragehandel ein – als er von einer größeren Hungersnot in Griechenland erfuhr, intervenierte er auf dem ägyptischen Getreidemarkt, um sich das ganze Getreide zu sichern und an die Griechen zu verkaufen, die sowieso schon die Hauptkunden für Getreide waren – zu inflationären Preisen.

Obwohl Ptolemais einen schwunghaften Handel mit der damaligen Neuen Welt trieb, sollten wir nicht vergessen, was Rostovtzeff einst sagte, nämlich, dass Alexander kein Columbus war.[24] Alexander hat weder eine neue Welt noch eine neue Handelsroute entdeckt. Zwischen den Persern und den Griechen hatte es stets Handelsbeziehungen gegeben, und viele Jahrhunderte vor Alexander hatten die Perser den Königsweg aus dem persischen Osten nach Sardis im Westen gebaut – um eine sichere Route für die Händler und Kaufleute aus Ostasien nach Europa zu schaffen.

Wenngleich er nicht Columbus war, strebte Alexander mit der Eroberung Persiens und der Länder jenseits davon zweifellos eine interessante Vision an, und bei der Verwirklichung dieser Vision öffnete er einen gewaltigen Markt für griechische Güter in Asien, der ein Gleichgewicht in den Handel brachte, bei dem bislang die Griechen immer auf der Negativseite gestanden hatten (da sie all ihr Getreide und andere Grundverbrauchsgüter aus Asien importierten). Zeitweise standen sie jetzt sogar deutlich auf der Positivseite.

Leider hatten die Diadochen keine Vision. Sie waren die unverdienten Nutznießer von einer erstaunlichen Pechsträhne Alexanders und seiner Familie, die sich als Glückssträhne für sie entwickelte. Die Diadochen verfolgten kein anderes Ziel, als das Auseinanderbrechen des Imperiums zur persönlichen Bereicherung zu nutzen. Sie dachten nicht an Dinge wie Vermächtnisse für die Welt, die sie nun beherrschten. Sie waren Männer – und später Männer und Frauen – die nur ihr eigenes Erbe im Blick hatten – das heißt, jenes Erbe, das sie ihren Kindern und Enkelkindern hinterließen, nicht aber den Menschen, über die sie herrschten. Sie verwandelten die offene Passage von Asien nach Europa von einer Route für den Handel *mit der Welt* in eine des Handels (aus ihren Hauptstädten in weit entfernten Ländern) *mit Griechenland.* Während Alexander dem Traum von neuen Ländereien, der Erkundung neuer Regionen und der Assimilation anderer Kulturen nachjagte, dachten die Diadochen nur an Griechenland. Denken wir an den Pelzhandel in den USA, nachdem Lewis und Clarks Expedition im frühen 19. Jahrhundert den Weg nach Westen geöffnet hatte. Was wäre, wenn John Jacob Astor und die anderen amerikanischen und kanadischen Pelzhändler ihre Geschäfte nur mit der Ostküste der Vereinigten Staaten gemacht hätten?

Selbst die Armeen der Diadochen wurden nicht aus der Bevölkerung der jeweiligen Nationen rekrutiert, sondern aus Griechenland und Makedonien. Anders als Alexander, der große Kontingente von makedonischen und griechischen Soldaten nach Hause geschickt und durch ansässige Männer ersetzt hatte, indem er sein griechisches Heer mit den einheimischen Streitkräften verband, verließen sich die Diadochen auf Trupps von arbeitslosen Makedoniern und Griechen, die ihre Dienste als Söldner auf dem freien Markt feilboten.

Die Diadochen und die griechische Bourgeoisie waren so hellenozentrisch, dass sie den möglichen Nutzen anderer Regierungsmodelle, wie sie sich während der hellenistischen Periode zu entwickeln begannen, gar nicht erst prüften. Nehmen wir beispielsweise Polybius, den größten Chronisten der römischen Verfassung, der das Denken vieler politischer Philosophen wie Montesquieu oder die Gründerväter, die die Verfassung der Vereinigten Staaten entwickelten und formulierten, wesentlich prägte. Polybius war wohl der größte griechische Historiker des Hellenismus (beinahe ein späterer Thukydides) und sagte einiges zur römischen Verfassung, insbesondere zur Gewaltenteilung unter den Konsuln, dem Senat und den Versammlungen, die sich gegenseitig kontrollierten und ein ausgewogenes Machtverhältnis garantierten.

Polybius war 17 Jahre lang als Geisel in Rom festgehalten worden, zwischen 167 und 151 v.Chr., und hatte während dieser Zeit reichlich Gelegenheit, die politischen und administrativen Strukturen der Römer zu studieren. Doch obwohl er zugestand, dass „die Römer in weniger als 53 Jahren erfolgreich fast die gesamte bewohnte Welt dazu brachten, sich ihrer Regierung unterzuordnen – ein einzigartiges Phänomen in der Geschichte", erlaubte es ihm die hellenozentrische Überlegenheit unter keinen Umständen zuzugestehen, dass die Römer eine Verfassung geschaffen hatten, wie es sie nie zuvor gegeben hatte. Er tat die Regeln, die der Herrschaft der römischen Verfassung zugrunde lagen, als nicht wesentlich anders ab als jene, nach denen die rapide verfallenden hellenischen Monarchien funktionierten.[25]

So wie die Diadochen aus dem tiefsten Inneren ihrer opulenten Paläste regierten, hinterließen sie natürlich keinerlei Spuren im gesellschaftlichen oder wirtschaftlichen Leben ihrer Untertanen. Ganz im Gegenteil: Sobald Alexander tot war, ließen sich seine Ritter, bis zum letzten Mann, von ihren nichtgriechischen oder nichtmakedonischen Frauen scheiden. Zudem hatten einige der Diadochen wenig Interesse, in ihre Reiche zu investieren – sie wollten sie schlicht ausbeuten. Während ihrer 300-jährigen Herrschaft in Ägypten bauten die Ptolemäer gerade mal zwei neue Städte, und das war's auch schon.

Einige andere Diadochen wie die Seleukiden und die Antigonaeder bauten viele neue Städte und Siedlungen. Genau genommen sind von den 80 und mehr Städten, die Alexander zugeschrieben werden, nur etwa ein Dutzend tatsächlich von ihm gebaut. Der Rest stammt von diesen Diadochen, die sie nach Alexander benannten, um weiterhin den Mythos zu ihren Gunsten nutzen zu können, der ihn umgab. Leider zogen diese neuen Städte und Siedlungen ausschließlich Griechen und Makedonier an, die sich hier niederließen.

Eine Region der hellenistischen Periode leistete jedoch auch nach Alexanders Tod wichtige Beiträge zur Kunst und Kultur. Diese waren sogar so beispiellos und tonangebend, dass die Welt bis zur italienischen Renaissance im frühen 14. Jahrhundert nichts Vergleichbares mehr gesehen hat, was die Vielfalt und Vielzahl angeht. Ein Gebiet, in dem die Kunst besonders blühte, war der östliche Rand des Seleukidenreiches, wo Tausende griechischer Künstler sich den Männern aus Alexanders Armee anschlossen, die sich hier niederließen. Bis heute haben viele der Klöster, Skulpturen, Artefakte, Bilder und Münzen aus jener Ära überlebt, welche die Vermischung der Kulturen bezeugen. Die Buddha-Statuen in diesem Gebiet sind vielfach in griechischen oder römischen Mustern abgebildet, und die Münzen sind oft auf einer Seite in Griechisch, auf der anderen in Sanskrit beschriftet.

Viele dieser Griechen konvertierten sogar zur örtlichen Religion, einige zum Buddhismus, andere zum Hinduismus. Einer der letzten griechischen

Herrscher, Menander, der zum Buddhismus konvertierte, hatte sogar einen Sanskrit-Namen, Milind. Sein langer sokratischer Dialog zur Einschätzung des Nutzens der Konversion mit einem buddhistischen Missionar „Die Fragen des Milind", bleibt einer der wichtigsten Texte des Buddhismus. Fast 500 Jahre über seinen Tod hinaus wirkte der Einfluss Alexanders Vision auf diesen entlegenen Teil der Welt – das östliche Ende des Irans, Afghanistans, Usbekistans, Tadschikistans und Westindiens –, während die Welt, aus der er kam, sich auflöste und ins römische Reich einging.

Ägypten konnte, mit Roms Hilfe, den größten Teil Westasiens erobern. Aber Ägyptens Hegemonie endete mit dem Selbstmord der letzten Monarchin, Kleopatra. Gemeinsam mit ihrem Mann, dem römischen General Mark Anton, war sie kurz davor gewesen, ihren Traum von der einen Welt zu verwirklichen – wie ihn auch schon Alexander gehabt hatte –, als Mark Antons Flotte durch Octavian, den Bruder seiner geschiedenen und verstoßenen Frau Octavia, im Herbst 31 v.Chr. bei Actium eine herbe Niederlage erlitt, und so auch dieser Traum, 300 Jahre nach Alexanders Tod, endete.[26]

Griechenland und Makedonien blieben bis ins vierte Jahrhundert nach Christus unter römischer Herrschaft, gingen dann an Byzanz und wurden danach, im 15. Jahrhundert, Teil des osmanischen Reiches. Erst im 19. Jahrhundert erlangten Griechenland und Makedonien Souveränität.

Kleopatra und das Ende der hellenistischen Periode

In seinem Roman *Unsterblichkeit* schreibt der tschechische Schriftsteller Milan Kundera von einem Mann, der ein unauslöschliches Vermächtnis hinterlassen will. Ein solches Vermächtnis würde ihn unsterblich machen, weil er, trotz seines unvermeidlichen Todes, in den Köpfen und Herzen der Menschen weiterleben würde.[27] Es ist das große Verlangen nach einem Vermächtnis, das Kleopatra dazu veranlasste, eine Natter (eine tödliche ägyptische Kobra) in einem Korb mit Feigen in ihr Schlafgemach zu schmuggeln, weil der Tod durch Schlangenbiss nach dem Glauben der Ägypter zu Unsterblichkeit göttlicher Art führt – der Seele.

Wir wissen nicht, ob Kleopatra diese Unsterblichkeit im Leben nach dem Tod erlangte, aber sie erlangte auf jeden Fall Unsterblichkeit als die Femme fatale, die ihre Schönheit einsetzte, um zuerst Julius Caesar zu verzaubern (während sie mit dessen jüngerem Bruder Ptolemais XIV. verheiratet war) und nach Caesars Tod seinen engen Freund Mark Anton. Ein erstaunlicher Zufall wollte es, dass Caesars Neffe und Mark Antons Schwager, C. Julius Caesar Octavius, mit 32 Jahren (genau in dem Alter, in dem Alexander starb) dem Chaos ein Ende setzte, das seit Caesars Tod in Rom herrschte, und das Mittelmeer sicherte, indem er die Streitkräfte Kleopatras und Mark Antons bei Actium schlug.

Am 29. August im Jahre 30 v.Chr. stand Octavian vor dem einbalsamierten Leichnam Alexanders, der in Alexandria aufgebahrt war, und erklärte, die hellenistische Periode wäre mit dem Tod Kleopatras offiziell vorüber. (Dies war die „Stunde Null", wie die Deutschen den Moment in der Geschichte nennen, an dem der Zweite Weltkrieg endete.) In weniger als drei Jahren übertrug ihm der römische Senat den Titel des Imperator Caesar Augustus, einem religiösen Begriff, der nicht bloß für den Kaiser stand, sondern auch auf übermenschliche Kräfte verwies[28], und Augustus Caesar, der erste römische Kaiser, sollte im Verlaufe seines kränklichen Lebens viele der Grundsätze für eine vereinte Welt verwirklichen, die Alexander zu schaffen einst aufgebrochen war.

Nachdem alle Diadochen tot waren, begann man sich wieder für das Leben und Vermächtnis Alexanders des Großen zu interessieren. Zahlreiche Geschichten wurden geschrieben. Diodorus von Sizilien, der als unkritischer Informationssammler aus vielen Quellen gilt, schrieb eine der ersten. Plutarch folgte beinahe 120 Jahre nach Diodorus mit seiner Biographie von 46 römischen und griechischen Leben, in denen die Helden kaum heroischer und die Teufel kaum teuflischer sein könnten. Arrian kam fast ein halbes Jahrhundert nach Plutarch und soll es am besten verstanden haben, die Quellen zu klären, zu interpretieren und zu integrieren. Dennoch steht und fällt das Vermächtnis Alexanders nach wie vor damit, wer es untersucht oder definiert.

Wie Kundera schrieb, führt Unsterblichkeit oft nicht zu dem glorreichen Vermächtnis, das man plant, sondern eher zu einem lächerlichen, in dem man nicht für seine couragierten Taten oder sein Wohlwollen erinnert wird, sondern für peinliche und unglückliche Entgleisungen und Ausrutscher. Denken wir zum Beispiel an Columbus' Vermächtnis. Bis vor kurzem sangen die meisten amerikanischen Schulkinder fröhlich den Reim „In fourteen hundred and ninety-two, Columbus sailed the ocean blue". Kurz vor den Feiern zum 500. Jahrestag seiner Reise jedoch bekam, wie die *Newsweek*-Kolumnistin Meg Greenfield schrieb, „der große Navigator eine Torte ins Gesicht"[29]. Greenfield schrieb, „sein Vermächtnis wurde von einem des Mutes, der Phantasie und des Fleißes" zu einer „Sammlung von Schurkereien, zu denen Genozid, Rassismus und rücksichtslose Verwüstung und Vergewaltigungen gehören"[30].

Auch Alexanders Vermächtnis ist eine Revisionsphase durchlaufen. Bis vor wenigen Jahren wurde von ihm vor allem die Vision der vereinigten Welt erinnert und seine Arbeit an deren Verwirklichung zu einer Zeit, in der die Macht des persischen Reiches den Stab für ihn reichlich hoch hängte. Man erinnerte von ihm, dass er mehr erreichte als er sich vorgenommen hatte, dass er eine Weltsicht der kulturellen und sozialen Koexistenz förderte, dass er Institutionen, Nationen und Städte baute, die bis heute überlebt haben. In seinem ununterbrochenen Streben nach Verwirklichung seiner Ziele machte er gewiss auch Fehler und war skrupellos in der Vergrößerung seines Reiches oder der Durchsetzung seiner persönlichen Überzeugungen. Für seine Pläne ließen Tausende ihr Leben. Einige Historiker haben es sogar vorgezogen, sich ausschließlich diesen Entgleisungen zuzuwenden und erinnern an ihn als machthungrigen Megalomanen, Zerstörer von vielen großen Zivilisationen, Marodierer erster Güte, habgierigen Autokraten und Massenmörder.

Auf welches Ende von Alexanders Vermächtnis man sich auch konzentrieren will, was er richtig und was er falsch machte, es besteht kein Zweifel, dass seine Taten und seine Entscheidungen, seine Strategien und seine Taktiken, seine Führungsqualitäten und seine Vision stets als Wegweiser und Leuchtfeuer für all jene taugen, die Institutionen aufbauen wollen, ob große oder kleine, ob persönliche oder professionelle. Sein Verständnis für andere Kulturen und sein Respekt vor anderen können uns helfen, die Doppeldeutigkeiten wie die Unsicherheiten der Welt zu klären, in der wir leben. Man muss seinen Charakter und seine Errungenschaften mit einiger Skeptik studieren und über das hinaus gehen, was ein Klassiker, ein Biograph oder ein Historiker anzubieten vermag – zumindest aber begreifen, dass es viele Interpretationen gibt.

Alexander hat als Individuum Unsterblichkeit erlangt, das den Mut hatte, dorthin zu gehen, wo noch niemand hingegangen war, zu tun, was noch niemand getan hatte, und seine Ziele auf eine Weise verwirklicht, die nicht nur ihm zugute kam, sondern wegweisend für Generationen nach ihm war. Er tat es in einer Zeit, als die Geschichte ihn vor die Wahl zwischen dem demokratischen – wenngleich nicht perfekten – Humanismus der Griechen und dem Totalitarismus der Perser zu stellen schien. Die Geschichte von Alexander dem Großen kann jedem als leuchtende Sonne dienen, der gewillt ist, sich durch den Nebel der kritischen Propaganda gegen ihn zu kämpfen oder durch die dunklen Wolken von Hohn und Spott. Jede Zeit wird ihn durch ihre eigene soziale und moralische Schablone betrachten, und jede dieser Interpretationen wird uns ein bisschen mehr über ihn verraten. Fraglos aber bleibt, dass er uns auch nach 2.500 Jahren solcher Interpretationen immer noch in dem inspiriert, was wir tun.

Zusammenfassung der Themen

1. KEIN KLARER NACHFOLGEPLAN

In der Wirtschaft wie in der Politik ist die Planung der Nachfolgeregelung eine der größten Herausforderungen. Wie Regierungen machen auch die wenigsten Unternehmen klare Pläne für den Verlust ihrer Führungskraft. Die Geschichte von Alexanders Tod und der Zusammenbruch seines Imperiums unter seinen Nachfolgern ist ein vielsagendes Beispiel für die Konsequenzen, die es hat, nicht auf den Verlust einer solchen Führungspersönlichkeit vorbereitet zu sein.

2. LOYALISTEN VOR TALENTEN FÖRDERN

Auch wenn die Ritter hoch qualifizierte Führungskräfte waren, hat Alexander keinen von ihnen als seinen Nachfolger aufgebaut – weil er damit seine eigene Herrschaft in Gefahr gebracht hätte. Gegen Ende seiner Herrscherzeit hat er sogar häufiger Leute für gehobene Positionen gewählt, deren Auswahl einzig nach dem Kriterium der Loyalität getroffen wurde und nicht unbedingt nach ihrer Eignung in der Menschen- oder Kriegsführung. Viel zu oft hinterlassen starke Führungspersönlichkeiten Unternehmen ohne jegliches Führungspotenzial in den eigenen Reihen, das die nach ihrem Weggang entstehende Lücke ausfüllen kann.

3. WER KRITIK UNTERDRÜCKT, ERNTET KONFORMISMUS

Die Ritter, die als Kollegen und Gleichgestellte mit Alexander begonnen hatten, hörten nach Parmenions und Philotas' Ermordung auf, Alexanders

Ansichten, Pläne und Entscheidungen infrage zu stellen. Zum Ende seiner Herrscherzeit galt die Devise „Füße still halten", und alle leitenden Generäle und Gouverneure taten brav alles, was Alexander sagte oder wollte.

4. PRIVATE WERTE, ÖFFENTLICHES HANDELN

Allerdings büßte er mit den Jahren gerade jene Qualitäten ein, die ihm zum Erfolg verholfen hatten. Seine privaten Werte und sein öffentliches Handeln wurden eins, und er dachte nicht mehr darüber nach, inwieweit seine persönlichen Überzeugungen diejenigen verletzten, die er bisher angeführt hatte und die seine Ansichten vielleicht nicht teilten.

5. MANGEL AN VERWALTUNG

Jeder, der mit Alexander zu tun hatte, wurde unglaublich reich – reicher als er oder sie es sich in den wildesten Träumen ausgemalt hatte. Doch seine Nachfolger bauten die politischen und militärischen Institutionen nicht aus, die erst Philipp und dann Alexander mit so viel Mühe aufgebaut hatten. Teilweise liegt die Schuld dafür bei Alexanders Nachfolgern, teilweise aber auch bei Alexander selbst. Er war so sehr mit der Integration und Vereinigung der Welt beschäftigt, dass er nicht darauf achtete, genau die Institutionen auszubauen, die es den Makedoniern möglich gemacht hatten, fast die gesamte bekannte Welt zu erobern.

AUSGEWÄHLTE LITERATUR

Adcock, F. E. *The Greek and Macedonian Art of War.* Berkeley and Los Angeles: University of California Press, 1957.

Allison, Graham T. *Essence of Decision: Explaining the Cuban Missile Crisis.* Boston: Little Brown, 1971.

Ambrose, Stephen E. *D-Day, June 6, 1944: The Climactic Battle of World War II.* New York: Simon & Schuster, 1994.

Argyris, Chris. *Flawed Advice and the Management Trap: How Managers Can Know When They're Getting Good Advice and When They're Not.* Oxford: Oxford University Press, 2000.

–, *Knowledge for Action: A Guide to Overcoming Barriers to Organizational Change.* San Francisco: Jossey-Bass, 1993.

Aristoteles. *The Politics of Aristotle,* trans. Peter L. Phillips Simpson. Chapel Hill: University of North Carolina Press, 1997; *The Politics of Aristotle,* ed. and trans. Ernest Barker. Oxford: Oxford University Press, 1946: and *The Politics,* trans. T.A. Sinclair and Trevor J. Saunders London: Penguin Books, 1981.

Armstrong, Karen. *Holy War: The Crusades and Their Impact on Today's World.* New York: Random House, 1988.

Arrian. *Anabasis of Alexander,* trans. P.A. Brunt. Cambridge. MA: Harvard University Press, 1983.

Badian, Ernst. *Studies in Greek and Roman History.* Oxford: Basil Blackwell, 1964.

Barr-Sharrar, B., and E.N. Borza. *Macedonia and Greece in Late Classical and Early Hellenistic Times.* (Studies in History of Art, Vol. 10) Washington: National Gallery of Art, 1982.

Barzun, Jacques. *From Dawn to Decadence:* 500 Years of Western Cultural Life. New York: HarperCollins, 2000.

Beard, Mary. *The Parthenon.* London: Profile Books, 2002.

Beatty, Jack, ed. *Colossus: How the Corporation Changed America.* New York: Broadway Books, 2001.

–, *The World According to Peter Drucker: The Life and Work of the World's Greatest Management Thinker.* New York: The Free Press, 1998.

Boorstin, Daniel J. *The Creators: A History of Heroes of the Imagination.* New York: Random House, 1992.

Boot, Max. *The Savage Wars of Peace: Small Wars and the Rise of American Power.* New York: Basic Books, 2002.

Boritt, Gabor S., ed. *Jefferson Davis's Generals.* Oxford: Oxford University Press, 1999.

Borza, Eugene N. *In the Shadow of Olympus: The Emergence of Macedon.* Princeton, NJ: Princeton University Press, 1990.

Bosworth, A.B., *Alexander and the East: The Tragedy of Triumph.* Oxford: Oxford University Press, 1996.

–, *Conquest and Empire: The Reign of Alexander the Great. Cambridge:* Cambridge University Press, 1988.

Bosworth, A.B., and E.J. Baynham, ed. *Alexander The Great in Fact and Fiction.* Oxford: Oxford University Press, 2000.

Bradley, Ben. *A Good Life: Newspapering and Other Adventures.* New York: Simon & Schuster, 1995.

Burckhardt, Jacob. *The Greeks and Greek Civilization,* ed. Oswyn Murray and trans. Sheila Stern. New York: St. Martin's, 1999.

Burkert, Walter. *Ancient Mystery Cults.* Cambridge, MA: Harvard University Press, 1987.

Burns, James MacGregor, *Leadership.* New York: Harper and Row, 1978.

–, *Roosevelt: The Lion and the Fox.* New York: Harcourt Brace, 1956.

Camphell, Joseph, with Bill Moyers. *The Power of Myth.* New York: Random House, 1988.

Carney, Elizabeth. *Women and Monarchy in Macedonia.* Norman, OK: University of Oklahoma Press, 2000.

Caro, Robert A. *Master of the Senate: The Years of Lyndon Johnson.* New York: Alfred A. Knopf, 2002.

Cartledge, Paul. *Ancient Greece: Cambridge Illustrated History.* Cambridge: Cambridge University Press, 1998.

Cawkwell, George L. *Philip of Macedon.* London: Faber and Faber, 1978.

Chandler, Alfred D. Jr., *Strategy and Structure: Chapters in the History of the American Industrial Enterprise.* Cambridge, MA: MIT Press, 1962.

–, *The Visible Hand: The Managerial Revolution in American Business.* Cambridge, MA: Harvard University Press, 1980.

Chandler, David G. *The Military Maxims of Napoleon,* trans. Lieutenant-General Sir George C. D'Aguilar. London: Greenhill, 1987.

Churchill, Winston. *A History of the English-Speaking People,* Vol. 1–4. London: Cassell, 1956.

–, *The Second World War,* Vol. 1–6. London: Cassell, 1948–1954.

Clausewitz, Carl von. *Vom Kriege.* Rowohlt, 1979.

Clayton, Tim, and Phil Craig. *Finest Hour, The Battle of Britain.* New York: Simon & Schuster, 1999.

Collingwood, R. G. *The Idea of History.* Oxford: Clarendon Press, 1993.

Collins, James C. and Jerry I. Porras. *Built to Last: Successful Habits of Visionary Companies.* New York: Harper Business, 1994.

Crankshaw, Edward. *The Fall of the House of Habsburg.* London: Longmans, Green, 1963.

Cusumano, Michael A., and David B. Yoffie. *Competing on Internet Times: Lessons from Netscape and its Battle with Microsoft.* New York: Free Press, 1998.

Das, Gurcharan. *India Unbound.* London: Profile Books, 2002.

Davis, Paul K. *100 Decisive Battles: From Ancient Times to the Present.* Oxford: Oxford University Press, 1999.

Diodorus Siculus. *Library of History,* trans. C. Bradford Welles. Cambridge, MA: Harvard University Press, 1963.

Dixon, Norman. *On the Psychology of Military Incompetence.* London: Random House, 1976.

Dodge, Theodore. Ayrault. *Alexander.* Boston, MA: Houghton Mifflin, 1890.

Drucker, Peter F. *The Age of Discontinuity: Guidelines to Our Changing Society.* London: Heinemann, 1969.

–, *The Changing World of the Executive.* London: Heinemann, 1982.

–, *The Practice of Management.* London: Butterworth-Heinemann, 1982.

Eccles, Robert G., and Nitin Nohria, with James D. Berkley. *Beyond the Hype: Rediscovering the Essence of Management.* Boston: Harvard Business School Press, 1992.

Ellis, Joseph J. *Sie schufen Amerika.* C. H. Beck Verlag, 2002

Engels, Donald W. *Auf den Spuren Alexanders des Großen.* Reclam, 2002

Errington, R. Malcolm. *A History of Macedonia,* trans. Catherine Errington. Berkeley and Los Angeles: University of California Press, 1990.

Finley, M. I. *Democracy Ancient & Modern.* New Brunswick, NJ: Rutgers University Press, 1985.

Fischer, David Hackett. *Historians' Fallacies: Toward a Logic of Historical Thought.* New York: Harper & Row, 1970.

Fischer, Louis. *The Life of Mahatma Gandhi.* New York: Harper & Row, 1950.

Fox, Robin Lane. *Alexander The Great.* London: Allen Lane, 1973.

Frankel, Max. *The Times of My Life and My Life with the Times.* New York: Random House, 1999.

Fraser, P.M. *Cities of Alexander the Great.* Oxford: Oxford University Press, 1996.

Fuller, J.F.C. *The Generalship of Alexander the Great.* New Brunswick, NJ: Rutgers University Press, 1960.

–, *Julius Caesar: Man, Soldier, and Tyrant.* New Brunswick, NJ: Rutgers University Press, 1965.

–, *Military History ot the Western World,* Vol. 1–3. New Brunswick, NJ: Rutgers University Press, 1955–1961.

Gardner, John W. *Excellence.* New York: W.W. Norton, 1984.

–, *On Leadership.* New York: Free Press, 1990.

–, *Self-Renewal: The Individual and the Innovative Society.* New York: W.W. Norton, 1981.

Ghemawat, Panka. *Commitment: The Dynamic of Strategy.* New York: The Free Press, 1991.

Gilbert, Martin. *First World War.* London: Weidenfeld & Nicolson, 1994.

Graham, Katharine. *Wir drucken!* Kindler, 1999.

Grant, Michael. *The Classical Greeks.* London: Weidenfeld & Nicolson, 1989.

Grant, Ulysses S. *Personal Memoirs.* New York: C. L. Webster, 1885.

Graves, Robert. *The Greek Myths.* New York: George Braziller, 1957.

Green, Peter. *Alexander der Große. Mensch oder Mythos.* Ploetz, 1984.

–, *Alexander to Actium: The Historical Evolution of the Hellenistic Age.* Berkeley and Los Angeles: University of California Press, 1990.

Hamilton, Edith. *The Echo of Greece.* New York: W.W. Norton, 1957.

–, *The Greek Way.* New York: W.W. Norton, 1930.

–, *Mythology.* Boston: Little Brown, 1942.

Hammond, N.G.L. *Alexander der Große.* Ullstein, 2004.

–, *The Genius of Alexander the Great.* London: Gerald Duckworth, 1997.

Hanson, Victor Davis. *The Wars of The Ancient Greeks: And Their Invention of Western Military Culture.* London: Cassell, 1999.

–, *The Soul of Battle: From Ancient Times to the Present Dax, How Three Great Liberators Vanquished Tyranny.* New York: The Free Press, 1999.

–, *The Western Way of War: Infantry Battle in Classical Greece.* New York: Alfred A. Knopf, 1989.

Herman, Arthur. *How the Scots Invented the Modern World.* New York: Crown, 2001.

Hesketh, Roger. *Fortitude: The D-Day Deception Campaign.* New York: Overlook Press, 2000.

Hibbert, Christopher. *Nelson: A Personal History.* London: Viking, 1994.

–, *Wellington: A Personal History.* London: HarperCollins, 1997.

Hobsbawm, Eric, and Terence Ranger, ed. *The Invention of Tradition.* Cambridge, MA: Cambridge University Press, 1983.

Homer. *Ilias.* dtv, 2004

Horne, Alistair with David Montgomery. *How Far from Austerlitz? Napoleon 1805–1815.* London: Macmillan, 1996.

–, *The Lonely Leader: Monty 1944–1945.* London: Macmillan, 1994.

Howard, Sir Michael. *Strategic Deception in the Second World War. British Intelligence Operations Against The German High Command.* New York: Norton, 1990.

Huntingon, Samuel P. *The Clash of Civilizations and the Remaking of World Order.* New York: Simon & Schuster, 1996.

–, *Political Order in Changing Societies.* New Haven, CT: Yale University Press, 1968.

Jardine, Lisa. *Der Glanz der Renaissance.* List, 1999

Jenkins, Roy. *Churchill: A Biography.* New York: Farrar, Straus and Giroux, 2001.

Johnson, Paul. *The Renaissance: A Short History.* New York: Random House, 2000.

Jones, Archer. *The Art of War in the Western World.* Oxford: Oxford University Press, 1987.

Kagan, Donald. *On the Origins of War and the Preservation of Peace.* New York: Doubleday, 1995.

Kaplan, Robert D. *Warrior Politics: Why Leadership Demands a Pagan Ethos.* New York: Random House, 2002.

Katzenbach, Jon R., and Douglas K. Smith. *The Wisdom of Teams: Creating the High-Performance Organization.* Boston. MA: Harvard Business School Press, 1993.

Keay, John. *The Honorable Company: A History of the English East India Company.* London: HarperCollins, 1991.

–, *India: A History.* London: HarperCollins, 2000.

Keegan, John. *The First World War.* London: Hutchinson, 1998.

–, *A History of Warfare.* London: Hutchinson, 1993.

–, *The Mask of Command.* London: Penguin Books, 1987.

–, *War and Our World.* London: Hutchinson, 1998.

Kennedy, Paul, ed. *Grand Strategies in War and Peace.* New Haven, CT: Yale University Press, 1991.

Kershaw, Ian. *The „Hitler Myth": Image and Reality in the Third Reich.* Oxford: Oxford University Press, 1987.

–, *Hitler 1889–1936: Hubris.* London: Allen Lane, 1998.

–, *Hitler 1936–1945: Nemesis.* London: Allen Lane, 2000.

Klingman, William K. *Abraham Lincoln and the Road to Emancipation: 1861–1865.* New York: Penguin Putnam, 2001.

Kundera, Milan. *Die Unsterblichkeit.* Fischer, 1992.

Landes, David S. *The Wealth and Poverty of Nations.* New York: Norton, 1998.

Liddell-Hart, Basil H. *Strategie*, Rheinische Verlagsanstalt, 1955.

–, *Strategy.* London: Faber & Faber, 1954.

Lourie, Richard. *Sakharov: A Biography.* Hanover, NH: Brandeis University Press, 2002.

Luttwak, Edward N. *The Grand Strategy of the Roman Empire: From the First Century A.D. to the Third.* Baltimore, MD: Johns Hopkins University Press, 1976.

Macaulay, Thomas Babington. *The History of England.* London: Longman, Brown, Green, and Longmans, 1849.

Machiavelli, Niccolò. *Der Fürst.* Insel, 2001

Manville, Phillip Brook. *The Origins of Citizenship in Ancient Athens.* Princeton, NJ: Princeton University Press, 1990.

Martin, Thomas R. *Ancient Greece: From Prehistoric to Hellenistic Times.* New Haven, CT: Yale University Press.

Mason, Philip. *The Men Who Ruled India.* Kolkata, India: Rupa, 1985.

Melchert, Norman. *The Great Conversation.* New York: McGraw-Hill, 1991.

McCullough, David. *John Adams.* New York: Simon & Schuster, 2001.

McKeon, Richard. *Introduction to Aristotle.* New York: The Modern Library, 1947.

McLynn, Frank. *Napoleon: A Biography.* London: Jonathan Cape, 1997.

Middlekauff, Robert. *The Glorious Cause: The American Revolution, 1763–1789.* Oxford: Oxford University Press, 1982.

Miller, Perry. *Errand into the Wilderness.* Cambridge, MA: Harvard University Press, 1984.

Milton, Giles. *Big Chief Elizabeth: How England's Adventures Gambled and Won The New World.* London: Hodder & Stoughton, 2000.

Mitford, Nancy. *Frederick the Great.* London: Hamish Hamilton, 1970.

Montesquieu, Charles Louis de. *Meine Gedanken.* dtv, 2001

Montogomery of Alamein, Filed Marshal Viscount. A Concise History of Warfare. London: William Collins, 1968.

Morris, Edmund. *Theodore Rex.* New York: Random House, 2001.

Nalebuff, Barry J., and Adam M. Brandenburger. *Co-Opetition.* London: Harper-Collins, 1996.

Napoleon. *Ich, der Kaiser.* Marixverlag, 2003.

Neustadt, Ray, and Ernie May. *Thinking in Time: The Uses of History for Decision Makers.* New York: The Free Press, 1986.

Nohria, Nitin, Davis Dyer, and Frederick Dalzell. *Changing Fortunes: Remaking the Industrial Corporation.* New York: John Wiley, 2002.

Norwich, John Julius. *Shakespeare's Kings.* London: Penguin Books, 1999.

Ohmae, Kenichi. *The Mind of The Strategist: The Art of Japanese Business.* New York: McGraw-Hill, 1982.

Pagden, Anthony. *People and Empires: A Short History of European Migration, Exploration, and Conquest from Greece to the Present.* New York: Random House, 2001.

Pagonis, Lt. Gen. William G., with Jeffrey L. Cruikshank. *Moving Mountains: Lessons in Leadership and Logistics from the Gulf War.* Boston, MA: Harvard Business School Press, 1992.

Pakenham, Thomas. *The Boer War.* London: Weidenfeld & Nicolson, 1979.

Peters, Thomas J., and Robert H. Waterman Jr. *In Search of Excellence: Lessons From America's Best-Run Companies.* New York: HarperCollins, 1982.

Plutarch. *Alexander.* Reclam, 1980
–, *The Age of Alexander. Nine Greek Lives,* trans. Ian Scott-Kilvert. New York: Penguin, 1973.
Polybius. *The Rise of the Roman Empire,* trans. Ian Scott-Kilvert. New York: Penguin, 1979.
Porter, Glenn. *The Rise of Big Business:* 1860–1920. Wheeling, IL: Harlan Davidson, 1992.
Porter, Michael E. *Competitive Advantages: Creating and Sustaining Superior Performance.* New York: The Free Press, 1985.
–, *Competitive Strategy: Techniques for Analyzing Industries and Competitiors.* New York: Free Press, 1980.
Potter, John. *The Antiquities of Greece.* London: J. Nicholson, 1715.
Pratt, Fletcher. *The Battles That Changed History.* New York: Doubleday, 1956.
Quinn, James Brian. *Strategies for Change: Logical Incrementalism.* Homewood, IL: Richard D. Irwin, 1990.
Ray, John. *Reflections of Osiris: Lives from Ancient Egypt.* London: Profile, 2001.
Rostovtzeff, Michael I. *Gesellschaftsgeschichte und Wirtschaftsgeschichte der hellenistischen Welt.* Primus Verlag, 2002
Rufus, Quintus Curtius. *Geschichte Alexander des Großen.* Goldmann, 1961
Sage, Michael M. *Warfare in Ancient Greece: A Sourcebook.* London: Routledge, 1996.
Schom, Alan. *Napoleon Bonaparte.* New York: HarperPerennial, 1997.
Schön, Donald A. *Education the Reflective Practitioner.* San Francisco: Jossey-Bass, 1987.
–, *The Reflective Practitioner: How Professionals Think in Action.* New York: Basic Books, 1983.
Selbourne, David. *The Principle of Duty.* London: Sinclair-Stevenson, 1994.
Stalk, George Jr., and Thomas M. Hout. *Competing Against Time: How Time-Based Competition Is Reshaping Global Markets.* New York: The Free Press, 1990.
Stark, Freya. *Alexander's Path.* London: John Murray, 1958.
Starkey, David. *Elizabeth: Apprenticeship.* London: Chatto & Windus, 2000.
Starr, Chester G. *A History of the Ancient World.* Oxford and New York: Oxford University Press, 1965.
Strassler, Robert B., ed. *The Landmark Thucydides: A Comprehensive Guide to the Peloponnesian War.* New York: Simon & Schuster, 1996.
Strouse, Jean. *Morgan: American Financier.* New York: Random House, 1999.
Sun Tzu. *Die Kunst des Krieges.* Droemer Knaur, 2001.
Thapar, Romila. *A History of India,* Vol. 1. London: Penguin Books, 1966.
Thomas, Hugh. *Die Eroberung Mexikos.* Fischer, 2000.
Thompson, Julian. *The Lifeblood of War: Logistics in Armed Conflict.* London: Brassey's, 1991.
Titamayenis, T.T. *History of Greece: From the Earliest Times to the Present.* New York: D. Appleton, 1883.
Tuchman, Barbara W. *Stillwell and the American Experience in China, 1911–45.* New York: Macmillan, 1970.
Tushman, Michael L., Charles O'Reilly, and David A. Nadler, ed. *The Management of Organizations: Strategies, Tactics, Analyses.* New York: Harper & Row, 1989.
U.S. Marine Corps. *Warfighting.* New York: Doubleday, 1994.
Van Creveld, Martin. *Kampfkraft,* Rombach, 1991.

–, *Supplying War: Logistics from Wallenstein to Patton.* Cambridge, MA: Cambridge University Press, 1977.

–, *The Transformation of War: The Most Radical Re-interpretation of Armed Conflict since Clausewitz.* New York: The Free Press, 1991.

Vernant, Jean-Pierre. *The Universe, the Gods, and the Mortals: Ancient Greek Myths,* trans. Linda Asher. London: Profile, 2001.

Warsh, David. *Economic Principles: Masters and Mavericks of Modern Economics.* New York: The Free Press, 1993.

Weigley, Russell F. *The Age of Battles: The Quest for Decisive Warfare from Breitenfeld to Waterloo.* Bloomington and Indianapolis, IN: Indiana University Press, 1991.

Weir, Alison. *The Life of Elizabeth I.* New York: Random House, 1998.

Wilcken, Ulrich. *Alexander the Great,* trans. G. C. Richards, with an introduction by E. N. Borza. New York: W. W. Norton, 1967.

Wills, Garry. *Lincoln at Gettysburg: The Words The Remade America.* New York: Simon & Schuster, 1992.

Womack, James P., Daniel T. Jones, Daniel Roos. *Die zweite Revolution in der Autoindustrie.* Campus Verlag, 1992.

Wood, Michael. *In the Footsteps of Alexander the Great: A Journey from Greece to Asia.* London: BBC Books, 1997.

Wood, W.J. *Civil War Generalship: The Art of Command.* Westport, CT: Greenwood Press, 1997.

Woodward, Bob. *The Commanders.* New York: Simon & Schuster, 1991.

Worthington, Ian, ed. *Ventures into Greek History: Essays in Honor of N.G.L. Hammond.* Oxford: Oxford University Press, 1994.

Zinn, Howard. *A People's History of the United States: 1492–Present.* New York: Harper-Collins, 1980.

ANMERKUNGEN

Einleitung

1   Lisa Jardine, *Worldly Gods: A New History of the Renaissance*, Macmillan, London, 1996, S. 67–68 (deutsch: *Der Glanz der Renaissance*, List, 1999).
2   Ken Auletta, „The Lost Tycoon", *The New Yorker*, 23. und 30. April 2001, S. 151.
3   Steven J. Ott, Hrg., *Classic Readings in Organizational Behavior*, Brooks/Cole Publishing Company, Belmont, CA, 1989, S. 10. (Zitat frei a.d. Amer.).
4   Theodore Ayrault Dodge, *Alexander*, Da Cap Press, Boston, 1996, S. 153.
5   Geoffrey Parker, Hrg., *Cambridge Illustrated History: Warfare*, Cambridge University Press, Cambridge, MA, 1995, S. 36–37.
6   Thomas R. Martin, *Ancient Greece: From Prehistoric to Hellenistic Times,* Yale University Press, New Haven, CT, und London, Reden 9.31, S. 188.
7   Quintus Curtius Rufus, *The History of Alexander*, Übers. John Yardley, Penguin Books, London, 1984, Buch vier, Abschnitt 7, Zeile 31 (Zitat frei a.d. Engl.) (deutsch: *Geschichte Alexander des Großen*, Goldmann, 1961).
8   Borza, Eugene N., *In the Shadow of Olympus: The Emergence of Macedon*, Princeton University Press, Princeton, NJ, 1990, S. 282. Borza führt allerdings aus, wenngleich wenig von den kulturellen Spuren geblieben ist, welche die Makedonier hinterließen, so werden sie doch stets für ihren effizienten Einsatz der Militärmacht in Erinnerung bleiben.

Kapitel 1
In der Gegenwart des Großen

1   Homer, *The Iliad*, Übers. Robert Fagles mit einer Einführung und Erläuterungen von Bernard Knox, Penguin Books, New York, 1990, Buch 6-570, S. 211.
2   Plutarch, *The Age of Alexander*, Übers. Ian Scott-Kilvert, Penguin Books, London, 1973, S. 254 (Zitat frei a.d. Engl.) (deutsch: *Alexander*, Reclam, 1980).
3   Peter Green, *Alexander of Macedon, 356–323 B.C.: A Historical Biography,* The University of California Press, Berkeley, CA, Los Angeles, CA, London, 1991, S. 15. (deutsch: *Alexander der Große. Mensch oder Mythos*, Ploetz, 1984).
4   Plutarch, S. 254.
5   Zitiert aus J. M. Edmonds, *Elegy and Iambus with the Anacreontea II*, G. P. Putnam's Sons, New York, 1931, S. 175 (Zitat frei a.d. Amer.).
6   Nach dem gleichnamigen Roman von John Jay Osborne Jr.
7   Bei T. S. Eliot lesen sich die Zeilen wie folgt: „Wo ist das Leben, das wir während des Lebens einbüßten! Wo ist die Weisheit, die wir im Wissen einbüßten? Wo ist das Wissen, das wir in den Informationen einbüßten!" (Zitat frei a.d. Engl.).

[8]   David Leonhardt, „A Matter of Degree? Not for Consultants", *The New York Times*, 1. Oktober 2000, Teil 3, S. 1.

[9]   Norman Melchert, *The Great Conversation, Bd. 1: Pre-Socratics through Descartes*, 4. Ausgabe, McGraw-Hill, New York, 2002, S. 159.

[10] Ebd.

[11] Aristoteles, *Nichomean Ethics,* Übers. W. D. Ross, Buch 2, Abschnitt 1; zitiert aus: „Introduction to Aristotle", hrg. Richard McKeon, The Modern Library, New York, 1947, S. 331 (Zitat frei a.d. Amer.).

[12] Ebd.

[13] Barbara W. Tuchman, *Stilwell and the American Experience in China, 1911–45*, Bantam Books, New York, 1970, S. 155.

[14] Ebd.

[15] Bruce Catton, „The Generalship of Ulysses S. Grant", aus: Grady McWhinney, Hrg., *Grant, Lee, Lincoln and the Radicals: Essays on Civil War Leadership*, Louisiana State University Press, Baton Rouge, LA, S. 6 (Zitat frei a.d. Amer.).

[16] Ebd.

[17] Barbara W. Tuchman, S. 155 (Zitat frei a.d. Amer.).

[18] Forrest C. Pogue, *George C. Marshall: Global Commander*, U. S. Air Force Academy Harmon Memorial Lexture # 10, 1968.

[19] Alden M. Hayashi, „When You Trust Your Gut", *Harvard Business Review*, Februar 2001, S. 59–65.

[20] Aus einem Interview mit Professor C. Roland Christensen, das ursprünglich 1985 erschien, *Graduate Management Admissioons Council Spring/Summer 2000 Selections*, Vol. 16, Nr. 2, S. 4.349.

Kapitel 2
Die Geburtsstunde der Strategie

[1]   A. B. Bosworth, *Conquest and Empire: The Reign of Alexander the Great*, Cambridge University Press, Cambridge, 1988, S. 12.

[2]   Michael E. Porter, „What Is Strategy?", *Harvard Business Review*, November/Dezember 1996, S. 70.

[3]   Lionel Giles' Beschreibung der Worte Sun Tzus. Giles ist Kurator für Bücher am British Museum in London und war einer der ersten Übersetzer von Sun Tzus *The Art of War* ins Englische. Die Übersetzung war seinerzeit, 1910, ein Geschenk an seinen Bruder gewesen, der Soldat in der britischen Armee war. Giles hatte gehofft, der vor 2.400 Jahren geschriebene Text könnte einige wertvolle Lektionen für den Soldaten von „heute" enthalten – wobei mit „heute" der Vorabend des Ersten Weltkrieges gemeint war (deutsch: Sun Tzu, *Die Kunst des Krieges*, Droemer Knaur, 2001).

[4]   Chester G. Starr, *A History of the Ancient World*, Oxford University Press, New York und Oxford, 1991, S. 370.

[5]   J.F.C. Fuller, *Julius Caesar: Man, Soldier, and Tyrant*, Da Capo Press, Reading, MA, S. 86.

[6]   Stephen E. Ambrose, *D-Day, June 6, 1944: The Climatic Battle of World War II*, Simon & Schuster, New York, 1994, S. 74.

[7] Ebd.

[8] Martin Van Creveld, *Command in War*, Harvard University Press, Cambridge, MA, und London, 1985, S. 20 (deutsch: *Kampfkraft*, Rombach, 1991).

[9] Peter Green, *Alexander of Macedon, 356–323 B.C. – A Historical Biography*, University of California Press, Berkeley und Los Angeles, CA, London, 1991.

[10] Paul K. Davis, *100 Decisive Battles – from Ancient Times to Present*, Oxford University Press, Oxford, 1999, S. 29.

[11] George Stalk Jr., Philip Evans und Lawrence E. Shulman, „Competing Capabilities: The New Rules of Corporate Strategy", *Harvard Business Review*, März/April 1992.

[12] Kenneth R. Andrews, *The Concept of Corporate Strategy*, Dow Jones-Irwin, New York, 1971 und Richard D. Irwin, Inc., 1980 und 1987, S. 22 (Zitat frei a.d. Amer.).

[13] Barbara Tuchman, *Stilwell and the American Experience in China, 1911–45*, Bantam Books, New York, S. 56.

[14] George Stalk Jr. und Thomas M. Hout, *Competing Against Time: How Time-Based Competition Is Reshaping Global Markets*, The Free Press, New York, 1990, S. 58.

[15] Jonathan Fahey, „Love into Money", *Forbes*, 7. Januar 2002, S. 60.

[16] Michael E. Porter, „What Is Strategy?", *Harvard Business Review*, S. 69 (Zitat frei a.d. Amer.).

[17] Ebd.

[18] James Brian Quinn, *Strategies for Change: Logical Incrementalism*, Richard D. Irwin, Inc., Homewood, Ill., 1980, S. 158 (Zitat frei a.d. Amer.).

[19] Ebd.

Kapitel 3
Die Männer, die Könige sein könnten

[1] Lisa Endlich, *Goldman Sachs: The Culture of Success*, Touchstone Books, New York, 2000, S. 69 (deutsch: *Goldman Sachs*, Heyne, 2002).

[2] Plutarch, *The Age of Alexander*, Übers. Ian Scott-Kilvert, Penguin Books, London, 1973, S. 261 (Zitat frei a.d. Engl.).

[3] Ebd.

[4] David McCullough, *John Adams*, Simon & Schuster, New York, 2001, S. 408.

[5] David Starkey, *Elizabeth*, Chatto & Windus, London, 2000, S. 222.

[6] Katharine Graham, *Personal History*, Alfred P. Knopf, New York, 1997, S. 341 (Zitat frei a.d. Amer.) (deutsch: *Wir drucken!*, Kindler, 1999).

[7] Janet Lowe, *Warren Buffett Speaks: Wit and Wisdom from the World's Greatest Investor*, John Wiley & Sons, Inc., New York, 1997, S. 70 (Zitat frei a.d. Amer.) (deutsch: *Warren Buffett spricht*, Börsenmedien AG, 1998).

[8] Alison Weir, *The Life of Elizabeth I.*, Ballantine Books, New York, 1998, S. 43 (Zitat frei a.d. Amer.).

[9] Ebd., S. 44.

[10] Ebd.

[11] Joseph J. Ellis, *Founding Brothers: The Revolutionary Generation*, Alfred P. Knopf, New York, 2001, S. 124 (deutsch: *Sie schufen Amerika*, C. H. Beck Verlag, 2002).

Kapitel 4
Neue Herrscher, neue Maßstäbe

1 J.F.C. Fuller, *The Generalship of Alexander the Great*, Da Capo Press bei Perseus Books Group, Reading, MA; Original erschienen bei Rutgers University Press, New Brunswick, NJ, 1960, S. 81.

2 Ebd.

3 *The Nation*, Editorial, Vol. 260, Nr. 16, 24. April 1995, S. 545.

4 Patrick J. Maney, „Hundred Days' Standard Long Outmoded", *The State*, Columbia, SC, Editorial, 28. April 2001, S. 11.

5 Ebd.

6 Ebd.

7 Ebd.

8 Walter Lippmann, *New York Herald Tribune*, 8. Januar 1932; zitiert in Herbert Mitgangs *New York Times Book Review* mit dem Titel „The Crusader in the Unseen Wheelchair: A New Life of FDR", *The New York Times*, 31. März 1990, Teil 1, S. 17 – eine Kritik von Frank Freidels Buch „Franklin D. Roosevelt: A Rendezvous with Destiny", Little Brown 1990.

9 James A. Barnes, „The First 100 Days Are Often Hectic", *The National Journal*, 12. November 1988, Vol. 20, Nr. 46, S. 2.840.

10 Henry F. Graff, „In the Van of History", *Newsweek*, 3. Mai 1993, S. 39.

11 Joel Swerdlow, „How to Handle the First Hundred Days; Words of Wisdom for Jimmy Carter from President Adviser-Survivors of Honeymoons Gone By", *Washington Post*, 9. Januar 1977, S. 10 (Zitate frei a.d. Amer.).

12 Philip Johnston, „Verdict on Blair's 100 Days", *The Daily Telegraph*, 9. August 1997, S. 4.

13 Gerald Baker, „Perspectives: A hundred days and the FDR factor – Roosevelt's first three months began a fad. Now it's Bush's turn", *Financial Times*, London, 28. April 2001, S. 3 (Zitat frei a.d. Amer.).

14 Richard e. Neustadt, „The Contemporary Presidency: The Presidential Hundred Days – An Overview", *Presidential Studies Quarterly*, 1. März 2001, Nr. 1, Vol. 31, S. 121.

15 Stephen Hess, „First Impressions: A Look Back at Five Presidential Transitions", *Brookings Review*, Frühjahr 2001, Vol. 2, Nr. 4 (Zitate frei a.d. Amer.).

16 Ebd.

17 Ebd.

18 Betsy Morris, „He's Smart. He's Not Nice. He's Saving Big Blue", *Fortune*, 14. April 1997, S. 68.

19 David Kirkpatrick, „Lou Gerstner's First 30 Days", *Fortune*, 31. Mai 1993, S. 57 (Zitat frei a.d. Amer.).

20 Betsy Morris, S. 68. (Zitat frei a.d. Amer.).

21 William J. Broad, „Fumes and Visions Were Not a Myth for Oracle at Delphi", *The New York Times*, 19. März 2002, Teil F, S. 1.

Kapitel 5
Heilige Kühe, güldene Schilde und ein gordischer Knoten

[1] Hugh Thomas, *The Conquest of Mexico*, Hutchinson, London, 1993, S. 222–223 (deutsch: *Die Eroberung Mexikos*, Fischer, 2000).

[2] Ebd.

[3] Die Zahlen sind nach Angaben aus unterschiedlichen Quellen geschätzt: Arrian (30.000 Infanteristen und 5.000 Kavalleristen), Diodorus und Justin (32.000 Infanteristen und 4.500 Kavalleristen), Plutarch (30–43.000 Infanteristen und 4–5.000 Kavalleristen).

[4] Andrew Douglas, John O. Burtis und Kristine L. Pond-Burtis, „Myth and Leadership Vision: Rhetorical Manifestations of Cultural Force", *Journal of Leadership Studies*, Nr. 4, Vol. 7, S. 55.

[5] *The Economist*, „Do you Sincerely Want to Go Crazy?", 19. Januar 2002, S. 69.

[6] Diodorus Siculus, Übers. C. Bradford Welles, Buch XVII, Harvard University Press, Cambridge, MA, Heinemann Ltd., Loeb Classical Library, London, 1963, S. 167.

[7] Ebd.

[8] Wills, S. 34 (Zitate frei a.d. Amer.).

[9] James Philbin, „A Contratrian View of the Great Emancipator", *The Washington Times*, 12. Februar 2000, S. B3.

[10] Wills, S. 38.

[11] Nach Arrian, *Anabis of Alexander*, Übers. E. J. Chinnock, George Bell and Sons, London, 1893, Buch 1, 11–16.

[12] Paul K. Davis, *100 Decisive Battles: From Ancient Times to the Present*, Oxford University Press, Oxford und New York, 1999, S. 158.

[13] Buster Olney, „New York Yankee Mystique as They Once Again Are Taking Part in Baseball's World Series", *Weekend All Things Considered*, National Public Radio, 27. Oktober 2001.

[14] Arrian, *Anabis of Alexander*, Übers. P.A. Brunt, Harvard University Press, London und Cambridge, MA, 1976, S. 131.

[15] Werner Burkert, „Ancient Mystery Cults", Harvard University Press, Cambridge, MA, 1987.

[16] Hugh Trevor-Roper, „The Invention of Tradition: The Highland Tradition of Scotland", in: Eric Hobsbawm und Terence Ranger, Hrg., *„ The Invention of Tradition"*, Cambridge University Press, Cambridge, 1983, S. 15.

[17] Ebd.

[18] Winston Churchill, 4. Juni 1940, vor dem Unterhaus.

Kapitel 6
Sieben unterschiedliche Führungsstile

[1] David W. Oldach, Robert E. Richard, Eugene N. Borza und R. Michael Benitez, „A Mysterious Death", *The New England Journal of Medicine*, 38, 1.764–1.769, 11. Juni 1998; und Eugene N. Borza, „Malaria in Alexander's Army", *Ancient History Bulletin*, Vol. 1.2, 1987, S. 36–38.

2   Arrian, *The Anabasis of Alexander*, Buch II, Übers. Edward James Chinnock, George Bell & Sons, London, 1893, S. 76.

3   Fernando Bartolomé, „Nobody Trusts the Boss Completely – Now What?", *Harvard Business Review*, März/April 1989, S. 135–142 (Zitat frei a.d. Amer.).

4   Andy Server, „It's Saga that Brings Together Bill Gates, Bernie Ebbers, and Bill Miller – and even Warren Buffett", *Fortune*, 22. Juli 2002, S. 131–142 (Zitat frei a.d. Amer.).

5   Jomini, *Precis de l'art de la guerre*, S. 333, zitiert in: F. E. Adcock, *The Greek and Macedonian Art of War*, University of California Press, Berkeley und Los Angeles, CA, 1957, S. 69 (Zitat frei a.d. Amer.).

6   Peter Green, *Alexander of Macedon, 356–323 B.C.: A Historical Biography*, The University of California Press, Berkeley und Los Angeles, CA, 1991, S. 227.

7   Diese Ansprache basiert auf Arrians *The Anabasis of Alexander*, Buch II, Übers. Edward James Chinnock, George Bell & Sons, London, 1893, S. 82, sowie auf zwei weiteren Übersetzungen von Arrian-Titeln: *The Campaigns of Alexander* vom Aubre De Sélincourt, Penguin Books, London , 1971, S. 112, und von P.A. Brunt, Harvard University Press, Cambridge, MA, und London, 1976, S. 145–147.

8   Peter Green, *Alexander of Macedon, 356–323 B.C.: A Historical Biography*, University of California Press, Berkeley und Los Angeles, CA, 1991, S. 230.

9   Lord Montgomery of Alamein, *A Concise History of Warfare*, Worsworth Books, Hertfordshire, UK, 2000, S. 18.

10 Martin Fletcher, „In Memory of the Fallen", *The Times*, 4. März 2002, S. 4.

11 William „Gus" Pagonis mit Jeffrey L. Cruikshank, *Moving Mountains: Lessons in Leadership and Logistics from the Gulf War*, Harvard Business School Press, Boston, MA, 1992, S. 158–197.

12 J.F.C. Fuller, *The Generalship of Alexander the Great*, Da Capo Press, Boston, MA, 1960, S. 155.

13 Arrian, *Anabis of Alexander*, Buch II., Übers. Edward James Chinnock, George Bell & Sons, London, 1893, S. 96 (Zitat frei a.d. Engl.).

14 Ebd.

15 Arrian, *The Campaigns of Alexander*, Übers. Aubrey De Sélincourt, Penguin Books, London, 1971, S. 123 (Zitat frei a.d. Engl.).

16 Michael Wood, *In the Footsteps of Alexander the Great*, BBC Books, London, 1997, S. 67.

17 Arrian, *The Campaign of Alexander*, Übers. Aubrey De Sélincourt, Penguin Books, London, 1971, S. 281 (Zitate frei a.d. Engl.).

18 Arline B. Tehan, „The Father of a Nation: Going Beyond Myth, Biography Captures Mandela in His Humanness, Greatness", *The Hartford Courant*, 16. Januar 2000, s. G3 – Buchrezension von Anthony Sampsons, *Mandela: The Authorized Biography*, Knopf 1999, New York (Zitat frei a.d. Amer.).

19 Nadine Gordimer, *Burger's Daughter*, Viking Penguin, New York, 1980 (Zitat frei a.d. Amer.) (deutsch: *Burgers Tochter*, Fischer, 1981).

20 Arrian, *Anabasis of Alexander*, Buch II, Übers. Edward James Chinook, George Bell & Sons, 1893, S. 103 (Zitat frei a.d. Engl.).

21 Ulysses S. Grant, *Personal Memoirs*, Penguin Putnam, New York, 1999, S. XIX (Zitat frei a.d. Amer.).

[22] Quintus Curtius Rufus, *The History of Alexander*, Übers. John Yardley, Penguin Books, London, 1984, S. 62.

[23] Rufus, S. 151 (Zitat frei a.d. Engl.).

[24] Michael Useems Buch *Leading Up: How to Lead Your Boss So You Both Win* (Crown, New York, 2001) bietet gleich im ersten Kapitel einen interessanten Einblick in die Führungsfähigkeiten sowohl McClellans als auch anderer Bürgerkriegsgeneräle.

[25] Der Wortlaut der fraglichen Passage ist: „Oh, welch perverse Bräuche herrschen in Griechenland! Wenn eine Armee Trophäen des Sieges über den Feind aufstellt, erkennen die Menschen den Sieg nicht als die Tat derjenigen, welche die Taten vollbrachten. Stattdessen kommt dem General die Ehre zu" – aus: Euripides, *Andromache*, hrg. und übers. von David Kovacs, Loeb Classical Library, Harvard University Press, London und Campbridge, 1995, S. 337 (Zitat frei a.d. Engl.).

[26] Sein ausgesprochen lesenswertes Buch heißt *The Soul of Battle: From Ancient Times to the Present Day, How Great Liberators Vanquished Tyranny*, The Free Press, New York, 1999.

[27] Thomas C. Schelling, *Arms and Influence*, Yale University Press, New Haven, CT, 1966, S. 2.

[28] Angeblich wussten Premierminister Winston Churchill schon zwei Tage vorher von der geplanten Bombardierung Coventrys. Seine Informationen entstammten einer Quelle mit dem Decknamen „Ultra". Heute glauben viele, Churchill entschied sich gegen eine Evakuierung der Stadt, weil er damit den Deutschen einen Hinweis auf den britischen Zugang zu Informationen aus dem höchsten Kreisen der deutschen Regierung gegeben hätte. Dieser Ansicht waren auch mehrere Leute, die damals an der Entscheidung beteiligt waren, und Churchill selbst schrieb es wiederholt in seinen Büchern.

[29] Shawn Tully, „The Jamie Dimon Show", *Fortune*, 22. Juli 2002, S. 88–96.

[30] Ronald R. Sims und Johannes Brinkmann, „Leaders as Role Models: The Case of John Gutfreund at Solomon Brothers", *Journal of Business Ethics*, Vol. 35, Nr. 4, S. 327–339.

[31] Ebd.

Kapitel 7
Eine globale Strategie, um die Welt zu einen

[1] Sawhney, Mohanbir S., „Leveraged High-Variety Strategies: From Portfolio Thinking to Platform Thinking", *Journal of the Academy of Marketing Science*, Winter 1998, Vol. 26, Nr. 1, S. 54–61 (Zitate frei a.d. Amer.).

[2] Huw V. Bowen, „400 Years of the East India Company", *History Today*, Juli 2000.

[3] Emma Rothschild, „The Politics of Globalization circa 1773", *OECD Observer*, 1. September 2001, S. 12 (Zitate frei a.d. Engl.).

[4] J.F.C. Fuller, *The Generalship of Alexander the Great*, Rutgers University Press, New Brunswick, NJ, 1960; erschienen bei Da Capo Press Inc., Verlagsgruppe Perseus Group, S. 103.

[5] N.G.L. Hammond, *Alexander the Great: King, Commander, and Statesman*, Bristol Classical Press, London, 3. Aufl. 1980, S. 123 (Zitat frei a.d. Engl.) (deutsch: *Alexander der Große*, Ullstein, 2004).

[6] P.M. Frasers *Cities of Alexander the Great* (Clarendon Press, Oxford, 1996) listet etwa ein Dutzend Städte auf, die Alexander selbst gründete: Alexandria, Ägypten, Herat und Kandahar, Afghanistan, Khojend, Tadschikistan, Boukephala, außerhalb Rawalpindis in Pakistan, und Naisan, Iran.

[7] Ebd.

[8] Gurcharan Das, *India Unbound*, Profile Books, London, 2002, S. 117 (Zitat frei a.d. Engl.).

[9] Nanette Byrnes, Dean Foust, Stephanie Anderson, William C. Symonds und Joseph Weber, „Brands in a Bind", *Business Week*, 28. August 2000.

[10] *Encyclopaedia Britannica*, Vol. 1, S. 766.

[11] Ken Auletta, „The Howell Doctrine", *The New Yorker*, 10. Juni 2002, S. 68 (Zitate frei a.d. Amer.).

[12] Diodorus Siculus, Bücher XXI–XXXII, Harvard and Heinemann, Cambridge, MA, und London, Übers. F.R. Walton, S. 95 (Zitate frei a.d. Engl.).

[13] Ebd., S. 85.

[14] Arrian, *The Campaigns of Alexander*, Penguin Books, London, Übers. Aubrey de Selincourt, 1958, überarbeitet, mit neuer Einführung und Anmerkungen von J.R. Hamilton, 1971, S. 163 (Zitate frei a.d. Engl.).

[15] Ebd.

Kapitel 8
„Schnauze kontra Schwanz" – Logistische Strategie

[1] Andrè, Hrg., *Le Testament Politique du Cardinal de Richelieu*, Paris, 1947, S. 480.

[2] A.B. Bosworth, *Conquest and Empire: The Reign of Alexander the Great*, Cambridge University Press, Cambridge, 1988, S. 99, und Arrian, *Anabasis of Alexander*, Buch III, 5–25, Übers. P.A. Brunt, Harvard University Press, Cambridge, MA, Loeb Classical Library, 1976, S. 311.

[3] Engels, S. 71 (Zitat frei a.d. Engl.).

[4] Quintus Curtius Rufus, *The History of Alexander*, Übers. John Yardley, Penguin Books, London, 1984, Buch 6, 14–17, S. 129 (Zitat frei a.d. Engl.).

[5] James P. Womack, Daniel T. Jones, Daniel Roos, *The Machine That Changed The World*, Macmillan, New York, 1990, S. 160 (Zitate frei a.d. Amer.) (deutsch: *Die zweite Revolution in der Autoindustrie*, Campus Verlag, 1992).

[6] Ebd.

[7] Faith Keenan, „The Marines Learn New Tactics – from Wal-Mart", *Business Week*, 24. Dezember 2001.

[8] James W. Crawley, „Supplying the War Machine: Pentagon's intricate 10,000-mile pipeline keeps fighting forces equipped and ready", *The San Diego Union Tribune*, 30. Dezember 2001, S. A1.

[9] Larry Goodson, „Simple Strategies to Win Afghan War", *The Irish Times*, 24. September 2001, S. 16.

[10] Donald W. Engels, *Alexander the Great and the Logistics of the Macedonian Army*, University of California Press, Berkeley und Los Angeles, 1978, S. 73.

[11] Ebd.

[12] Engels, S. 91.

[13] Michael Wood, *In the Footsteps of Alexander the Great*, BBC Books, London, 1997, S. 136.

[14] Donald W. Engels, *Alexander the Great and the Logistics of the Macedonian Army*, University of California Press, Berkeley und Los Angeles, CA, 1978, S. 21 (deutsch: *Auf den Spuren Alexanders des Großen*, Reclam, 2002).

[15] Lt. Gen. William G. Pagonis mit Jeffrey L. Cruikshank, *Moving Mountains: Lessons in Leadership and Logistics from the Gulf War*, Harvard Business School Press, Cambridge, MA, 1992, S. 147 (Zitate frei a.d. Amer.).

[16] Lee Smith, „Lessons from the Gulf", *Fortune*, 28. Januar 1991, S. 86.

[17] Lt. Gen. William G. Pagonis mit Jeffrey L. Cruikshank, *Moving Mountains: Lessons in Leadership and Logistics from the Gulf War*, Harvard Business School Press, Cambridge, MA, 1992, S. 147.

[18] Ebd., S. 118.

[19] Graham Sharman, „The Rediscovery of Logistics", *Harvard Business Review*, September/Oktober 1984, S. 71 (Zitat frei a.d. Amer.).

[20] Wood, S. 144.

[21] Ebd.

Kapitel 9
Die Kunst der Täuschungsstrategie

[1] Hugh Thomas, *The Conquest of Mexico*, Random House, London, 1993, S. 5.

[2] A.B. Bosworth und E. J. Baynhams, Hrg., *Alexander the Great in Fact and Fiction*, Oxford University Press, Oxford, 2000, enthält ein interessantes Kapitel mit der Überschrift „A Tale of Two Empires: Hernán Cortés and Alexander the Great", in dem Ähnlichkeiten und Unterschieden in den imperialistischen Ansätzen der beiden Männer erörtert werden.

[3] N.G.L. Hammond, *Alexander the Great: King, Commander & Statesman*, Chatto & Windus, London, 1980, und Bristol Classical Paperbacks, 1989, S. 198.

[4] Sun Tzu, *The Art of War*, Oxford University Press, Oxford, 1963, Übers. S. B. Griffith, S. 93.

[5] Rita Gunther McGrath, Ming-Jer Chen, Ian C. MacMillan, „Multimarket maneuvring in uncertain spheres of influence: Resource diversion strategies", *Academy of Management Review,* Oktober 1998, Bd. 23, Nr. 4, S. 724.

[6] Tim Hindle, „Why Honesty Is the Best Policy", *The Economist*, 9.–15. März 2002, S. 9 (Zitat frei a.d. Engl.).

[7] A. B. Bosworth, *Alexander and the East: The Tragedy of Triumph*, Oxford University Press, Oxford, 1995, S. 71.

[8] Michael Howard, *Strategic Deception in the Second World War: British Intelligence Operations Against the German High Command*, Norton, London und New York, 1990, S. 115.

[9] Winston Churchill, *The Second World War*, Bd. 5, *Closing the Ring*, Cassell, London, 1952, S. 338 (Zitat frei a.d. Engl.).

[10] Howard, S. 128.

[11] Roger Hesketh, *Fortitude: The D-Day Deception Campaign*, Overlook Press, New York, 2000. S. 194.

[12] J.F.C. Fuller, *The Generalship of Alexander the Great*, Da Capo Press, Reading, MA, 1960, S. 47.

[13] Historiker haben sich lange gestritten, wann, wie und von wem der Kavallerieangriff geführt wurde, aber im Großen und Ganzen einigt man sich auf diese Variante.

[14] Lionel Giles, Übers. von Sun Tzus *Art of War*, 1910 (Zitate frei a.d. Engl.).

[15] „Towards the Wild Blue Yonder – Boeing v Airbus", *The Economist*, 27. April 2002.

[16] Benjamin C. Esty und Pankaj Ghemawat, *Airbus vs. Boeing in Super jumbos: A Case of Failed Preemption*, Harvard Business School Working Paper 02-061, 3. August 2001 (überarbeitet 14. Februar 2002).

[17] Ebd.

[18] Matthew Brelis, „Faster vs. Bigger", *The Boston Globe*, 6. Mai 2001, S. C7.

[19] Arrian, *The Anabasis of Alexander*, Übers. Edward James Chinnock, George Bell & Sons, London, 1893, Buch V, S. 290.

[20] Basil H. Liddell-Hart, *Strategy*, 2. Aufl., Faber & Faber, London, 1954, 1967, Meridian Books, 1991, S. 334 (Zitate frei a.d. Engl.) (deutsch: *Strategie*, Rheinische Verlagsanstalt, 1955).

[21] Ebd.

Kapitel 10
Alexanders Tod und Vermächtnis

[1] Arrian, *The Anabasis of Alexander*, Übers. Edward James Chinnock, George Bell & Sons, London, 1893, Buch VI, Kapitel XXVI, S. 333 (Zitate frei a.d. Engl.).

[2] Ian Worthington, „How Great was Alexander?" *The Ancient History Bulletin,* Bd. 13.2, 1999, S. 39–55.

[3] A. B. Bosworth, *Conquest and Empire – The Reign of Alexander the Great*, Cambridge University Press, Cambridge, 1988, S. 99.

[4] Bosworth, S. 156.

[5] Therese Raphael, „An English Lesson for France's President", *The Wall Street Journal*, 13. Juni 2002, S. A16.

[6] Roy Strong, *The Story of Britain*, Oman Productions Ltd., London, 1996, S. 271 (Zitat frei a.d. Engl.).

[7] Curt Schleier, „Organizer Modandas Gandhi: Persistence Helped Him Lead India to Independence", *Investor's Business Daily*, 20. April 2001, S. 2 (Zitat frei a.d. Engl.).

[8] Sämtliche Regionen Anatoliens (heute Türkei).

[9] Libyen.

[10] Im heutigen Afghanistan, Turkmenistan und Tadschikistan.

[11] Im Südwesten des Iran.

[12] Die Rede entstammt dem Buch Arrians, *The Anabasis of Alexander*, Übers. E. J. Chinnock, George Bell & Sons, London, 1893, Buch VII, Kapitel IX und X, S. 356–360 (Zitate frei a.d. Engl.).

[13] Arrian, S. 362.

[14] Unter anderem Eugene N. Borza (siehe auch „Some Observations on Malaria and the Ecology of Central Macedonia in Antiquity", *American Journal of Ancient History*, 4. Ausg., S. 102–104).

[15] A. B. Bosworth, *Conquest and Empire – The Reign of Alexander the Great,* Cambridge University Press, Cambridgee, 1988, S. 174.

[16] Peter Green, *Alexander to Actium: The Historical Evolution of the Hellenistic Age*, University of California Press, Berkeley und Los Angeles, CA, 1990, S. 28–29.

[17] Montesquieu, *Considerations on the Causes of the Greatness of the Romans and their Decline,* übers. und mit Einführung und Anmerkungen von David Lowenthal, The Free Press, New York, 1965, Hackett, 1999, S. 170.

[18] Chester G. Starr, *A History of the Ancient World,* Oxford University Press, New York und Oxford, 1991, 1983, 1974, 1965, S. 174.

[19] *The New Encyclopedia Britannica*, Bd. 16, S. 74.

[20] Nohria, Nitin, Dyer, Davis und Dalzell, Frederick, *Changing Fortunes: Remaking the Industrial Corporation*, John Wiley, New York, 2002, S. 165.

[21] Nohria, S. 164.

[22] Michael I. Rostovtzeff, „The Hellenistic World and Ist Economic Development", Ansprache vor der American Historical Association anlässlich der Tagung in Chattanooga am 28. Dezember 1935, abgedruckt in: *American Historical Review*, 41:2, Januar 1936, S. 231–52.

[23] Michael I. Rostovtzeff, *Hellenistic World: The Social and Economic History of the Hellenistic World*, Oxford University Press, Oxford, 1941, Bd. 2 (Zitat frei a.d. Engl.) (deutsch: *Gesellschaftsgeschichte und Wirtschaftsgeschichte der hellenistischen Welt*, Primus Verlag, 2002).

[24] Ebd.

[25] Peter Green, S. 282 (Zitate frei a.d. Engl.).

[26] Peter Green, S. 679.

[27] Milan Kundera, *Immortality,* Übers. Peter Kussi, Grove Press Inc., New York, 1991, S. 48 (deutsch: *Die Unsterblichkeit*, Fischer 1992).

[28] Chester Starr, S. 547–571.

[29] Meg Greenfield, „Goodbye, Columbus", *Newsweek*, 15. Februar 1999, S. A29.

[30] Ebd.

REGISTER

Achaemeniden 227, 238f.
Achilles 36, 61, 141ff., 201, 278
Actium 308f.
Adams, John 102,
Adams, Samuel 213
Agincourt 150f.
Airbus 274ff.
Al Kaida 67
Aldi 255
Alexandria 20, 157, 220ff., 236, 238, 244, 254, 292, 292, 305, 309
Alexandropolis 66
Amazon.com 142
Ambi, König 264ff.
American Motors Corporation 80
Amgen 101
Amphiktionenrat 47f., 66, 70, 89, 123, 137
Amphissa 66f., 70, 80f., 89
Amyntas, König 24, 41, 44, 103, 117, 174f.
Andrews, Kenneth R. 79f.
Antigonaeder 307
Antigonus 33, 292f.
Antipatros 109ff., 114ff., 139, 163f., 292,
Aornos 259
Arabisches Meer 211, 280
Arafat, Yassir 101, 187
Archilochos 45
Argos 42, 67
Ariobarzanes 142, 166f.
Aristophanes 60
Aristoteles 23, 39, 44ff., 51ff., 60ff., 73, 140, 193ff., 199, 220, 257, 264, 266, 294, 303

Plassey 213
Platea 67ff., 89, 94
Plato 45, 52, 60f.
PLO 101
Plutarch 43, 90, 98, 135, 293, 309
Polybius 30, 306
Porsche 85
Poros, König 192, 266ff., 271ff., 277f.
Porter, Michael E. 68, 87ff.
Poseidon 139, 171, 215
Poteidaia 40
Procter & Gamble 224, 264
Prometheus 252
Ptolemäer 221, 296, 304, 307
Ptolemais 56, 174, 195, 221f., 253, 260f., 292, 305, 308

Quebec 217ff.
Quinn, James Brian 94

Ralston Purina Company 262f.
Rawlinson, Thomas 159
Rayburn, Sam 125
Reagan, Ronald 129, 173
Revere, Paul 213
Rhodier 163, 216
Rhodos 176
Richelieu, Kardinal 237
Ridgeway, General Mathew 56
Rogers, Will 125
Rommel, Feldmarschall Erwin 238, 246
Roosevelt, Franklin D. 121f., 124ff., 138
Roosevelt, Theodore 102
Rostovtzeff, Michael I. 304f.
Roxane (Alexanders Frau) 262, 283, 292f.
Rufus, Quintus Curtius 37, 179, 196, 201

Salamis 25, 93, 107
Salomon Brothers 203f.
Samarkand 198, 253f.
Samson, Anthony 193